治理的哲学

——解析《老子》系统思想本义

（上册）

刘春成　著

中国商务出版社

CHINA COMMERCE AND TRADE PRESS

图书在版编目（CIP）数据

治理的哲学：解析《老子》系统思想本义 / 刘春成
著. —北京：中国商务出版社，2021. 8
ISBN 978-7-5103-3590-7

Ⅰ. ①治…　Ⅱ. ①刘…　Ⅲ. ①道家②《道德经》—研
究　Ⅳ. ①B223. 15

中国版本图书馆 CIP 数据核字（2021）第 170081 号

治理的哲学
——解析《老子》系统思想本义
ZHILI DE ZHEXUE
—JIEXI LAOZI XITONG SIXIANG BENYI

刘春成　著

出版发行：中国商务出版社
地　　址：北京市东城区安定门外大街东后巷 28 号　　邮　　编：100710
网　　址：http://www.cctpress.com
电　　话：010-64212247（总编室）　　　010-64269711（事业部）
　　　　　010-64208388（发行部）　　　010-64266119（零售）
邮　　箱：bjys@cctpress.com
印　　刷：廊坊一二〇六印刷厂
开　　本：700 毫米×1000 毫米　1/16
总 印 张：41. 5
总 字 数：445 千字
版　　次：2021 年 12 月第 1 版
印　　次：2021 年 12 月第 1 次印刷
书　　号：ISBN 978-7-5103-3590-7
总 定 价：127. 00 元（全二册）

作者的话

旧的真理若想保持其对人们思想的影响力，就必须不断地用后来人的新语言和新概念对它重做解释。那些曾经被证明是最有效的表达方式由于不断地被使用而越来越失去其原有的意义。

——冯·哈耶克

随着中国的再次崛起，中华文化愈发受到世人的重视，作为中国哲学思想集大成者，《老子》一书也更加被人关注。

《老子》在人类思想史中具有不可替代的价值，对于哲学发展具有类似于总纲的重大影响。《老子》由道经和德经构成，故又名《道德经》，全书八十一章，共约五千字，深受历代圣贤、君王的推崇。不同朝代共有四位皇帝对《道德经》做过系统批注，社会贤达关于老子思想的研究著作更是汗牛充栋。从作者的真伪到成书的年代，从单个文字辨析到文章断句，从唯物主义与唯心主义之辩，这些相关研究的深度和广度是其他哲学家著作所不能比拟的。

如果抛开一些比较极端的学术之争，把各方比较认同的《道德经》版本作为一部综合的哲学著作进行研究，发掘其中蕴含的

< 1 >

宝贵智慧，用以指导现实的社会治理，或许可以让这个思想宝藏发挥巨大的现实作用。西方经济哲学大师冯·哈耶克说："旧的真理若想保持其对人们思想的影响力，就必须不断地用后来人的新语言和新概念对它重做解释。那些曾经被证明是最有效的表达方式由于不断地被使用而越来越失去其原有的意义。"①

老子思想博大精深，系统完整，包罗万象。老子思想的系统性在同时期的人类哲学成果中独一无二，对其他思想流派亦影响深远。任继愈认为老子思想是完整的哲学思想体系。② 张松如认为，"老子以九流百家之祖的姿态出现于春秋时代……系统地提出了宇宙本体论的问题，并以理论思维的形式，造成了一个较完整的哲学理论体系。"③ 在先秦诸子的思想中大都能看到老子思想的影子，诸子思想某种程度上很像是老子系统思想在不同子领域的具体化和专业化表达。

每读一遍《道德经》，笔者都会有新的感悟，先是觉得语句生动醍醐灌顶，进而悟得字字珠玑奥妙无穷。研究《道德经》自然会涉及诸子百家的著作，越是通过对照学习，就会越发震惊于老子思想的系统完整、内容的微妙玄通。

研究《道德经》首先需要以放空的心态去对接圣人的思想。

后世之人若想真正理解老子的深刻思想，首先要秉持一颗诚挚的心。如能以放空的心态认真研读《道德经》，一定会因其博大视野和深刻思想而心生敬畏：数千年之前，在现代人以为那还

---

① ［英］弗里德里希·奥古斯特·冯·哈耶克：《自由宪章》，中国社会科学出版社 2012 年版。该书于 1960 年首次出版。

② 任继愈：《任继愈谈老子哲学》，石油工业出版社 2018 年版。

③ 张松如等：《老庄论集》，齐鲁书社 1987 年版。

< 2 >

是完全原始、野蛮、落后的时代，老子凭借一己之力构建出如此精妙的思想系统，能够系统认知客观世界和人类社会，并把社会治理者苦思冥想而不得其解的难题，用精炼清晰的语言提炼出来，还给出极富实践价值的建议；这些建议历经时代变迁，依然是高屋建瓴，落地即能生根，其高超的智识实在是令人惊异！

读懂《道德经》要有情境感，要系统理解前后观照。

读《道德经》确实有意思，每多读一遍就有更多的感悟；而且，只要不抱着成见，每一次的感悟都会有柳暗花明、拨云见日的感觉。可惜现在出版的某些关于《道德经》的注释比较偏颇，有的就像机器翻译世界名著的感觉，一字一句直接翻译过来，其精髓和韵味已荡然无存；有的缺乏对于大道的基本敬畏，自己理解本已肤浅，也敢无畏地用"消极""唯心""避世"等带有狭隘的时代偏见的感性词语来评价老子的系统思想。

学习老子的系统思想，切不要以世俗肤浅的心机对圣人妄加猜测。

以老子为代表的先秦思想贤人学识渊博，是人类智慧和知识的集大成者，他们的思想包罗万象，这方面是现代学者难以企及的。"在这个体系里……几乎涉及了后来各种哲学派别所要共同探索的一切重大哲学问题……必然要对后世哲学家在不同时代的经济基础上提出的各种哲学理论，从思想资料上，表现出某种影响。"[①] 经过几千年来的发展，人类的科学技术确实有很大进步，使得人类认识具体现象的技术能力得到了很大加强，有人会因此而平添几

---

① 张松如等：《老庄论集》，齐鲁书社 1987 年版。

< 3 >

分时代优越感，以为现代人在智慧方面也强于古人了，这恰恰是悟道的大忌，基于细分学科的各种研究假设来片面理解老子的系统思想，那必然是盲人摸象，纵然可管窥些许局部，却也难见圣人思想的全貌。

读懂《道德经》要对每一个字的本意细细琢磨。

由于是古汉语作品，《道德经》要全部翻译成现代汉语非常困难，遇到困惑时应多方思考求证，而不要轻易质疑圣人的观点，因为任何狂妄自大都是阻碍悟道的巨大障碍。《东方智慧：竹书老子》的作者蔡清旦主张：学习和研究《道德经》，首先要从研究每一个字的意思入手。这一点显然很重要。因为中国文字在两三千年间经历了演变，很多字的含义发生了变化，有的变化还很大。所以恰当地理解每一个字在老子时代的字义，对于理解和研究《道德经》极为重要。在这方面，杨逢春和蔡清旦在《东方大智慧：竹书老子》一书中提出的研究观点和严谨治学态度，对本书的写作有很大帮助。

读通《道德经》，不能只盯住个别字句。

《道德经》全书信息密度极高，流传版本又比较多，于是几千年的老子研究中出现了一种特有的现象——"抠字眼"的学者很多。对于古字形的辨析早已形成一个学科方向，不同学者因某一个字的差异、某一句话的有无便可著书立说。这类学者的严谨训诂对于人类知识的积累深化有重要意义和价值，但也容易使读者陷入《道德经》字句、版本差异的八卦迷阵之中，而忽视了《道德经》整体思想的系统性。老子系统思想作为一个复杂系统，它所包含的模块是随时可以拆解又随时可以封装的，将其前后连

< 4 >

贯起来通读便会发现，个别字句的差异其实很难造成完全对立的认知。

"道可道，非常道。"伟大的智慧是可以描述的，也应该被不断解读以焕发时代光彩。冯振先生主张"坚持以老解老，以子证子的方法"①，就是以《道德经》解释《道德经》，或者以诸子思想解释老子思想。当然，任何一个时代对于伟大智慧的解释都会有特定的时代烙印，在系统性上也会较老子的思想有差距。正是基于这样的认知，笔者才敢把自己的感悟记录下来，与大家共享。

当前信息技术的发展普及，使我们进行《道德经》版本比较的能力超越了此前任何时代，但这也使我们难免面对众多版本而一筹莫展。本书在引用《道德经》原文时，参考的主要版本有：王弼的《老子道德经注》《河上公章句》，陈鼓应的《老子注译及评介（修订增补本）》，以及《御批〈道德经〉缀辑》和《苏子由道德经注》等。此外，还比对了不同朝代的其他若干版本，这些书目已在参考文献中逐一列出。

"为学日益，为道日损"，是学习《道德经》时最深的感悟。

如果大家读了几遍《道德经》就能理解其中深刻的思想，那当代就成了一个圣人遍地的时代了。知易行难，对于这一点老子讲得很清楚。他说："吾言甚易知，甚易行也；天下莫能知，莫能行。"《道德经》所讲的道理很容易懂，给出的方法也很容易做到，但是需要坚持，需要有恒心，需要抑制个人的欲望和急于求成的冲动，这恰恰是一般的聪明人不愿意做也做不到的。因为聪明人

---

① 冯友兰："评冯振著《老子通证》"，文章选自《近代中国学术批评》，中华书局 2008 年版。

往往喜欢走捷径，喜欢在任何情况下都争得优势，结果眼前占便宜了，而大方向偏了。老子寄希望于那些有大智慧的、宁愿不断吃亏的人。每个时代有每个时代的美好，每个时代也有每个时代的艰辛，只有那些安于"被褐怀玉"的人才能成为时代的圣人。

《道德经》是一本通俗的科普读物，也是一个无尽的智慧宝藏。

《道德经》语言生动、文字精练，初读起来感觉立意朴实无华，语言通俗易懂，所要表达的意思都跃然纸上。大家很容易对书中观点感同身受，产生共鸣。书中所言的道理也是大家都认为对的，只是实际中能够做到的程度却有很大差距。

《道德经》总篇幅并不是很长，但是其寓意深邃、字字珠玑，字面背后的深刻含义绵绵若存，每每读来总有新意。随着所思所悟的不断深入，笔者感觉其中包含的智慧涵盖了人类众多学科的最高智慧，如同一部鸿篇巨制，含义深邃无比。比如，第二十章讲的"众人皆有余，而我独若遗"。不求甚解的人可能觉得老子讲的道理很浅显，但若是深入思考，就会懂得其中高明的智慧、暗藏的玄妙。

《道德经》是实用策略的大全，也是精英处世的法则。

有人说《道德经》是讲大道理的，对于解决实际问题帮助不大，其实不然。结合现实中遇到的问题，《道德经》常常令人有顿悟，其中既有"治大国如烹小鲜"这样的感性认知，也有"有德司契，无德司彻"的具体策略。将这些感悟用于实际问题的处理时，你会感到自己的纠结少了很多，思路也变清晰了，想出来的办法简洁又高效。正如老子在第四十八章中讲到的，"为学日益，

< 6 >

为道日损，损之又损，以至于无为，无为而无不为。"这种感觉真是酣畅淋漓！

《道德经》能帮助精英人士在更复杂的系统中认清自己所处的位置和所要完成的使命，更加合理高效地履行自己的职责、避免功败垂成，还能帮助营造和谐的环境，使得周围的人们心情愉悦，对于各自的职责也会有清醒的认识。正如第九章讲的"功遂身退，天之道"，对于名利回报会有一种释然的心态，不致被名利所累。

哲学研究主张用批判的方法来研究前人的理论成果，但是，批判不是简单地否定，更不是人为地歪曲，而是要努力还原前人的认识全貌，以继承并完善的态度去开展研究。人类社会的治理水平在发展进步，但若据此就把古人的治理思想定义为落后的或初级的，显然并不妥当。每一代学者都是思想研究历史中的一个片段，今天批判者的观点或许就是未来学者批判的靶子。努力继续前人的智慧，为后人提供发展的基础，应该说这就是哲学研究的乐趣所在。

刘春成

2021 年 12 月 1 日

< 7 >

目录 Content

道　经

道经

虽然存在巨大的文化差异，位于东方的中国与西方一些国家却都曾在历史上出现一些贯通自然科学和人文科学的跨界型大师，而近现代以来出现的则多是在某一细分领域中有深刻造诣的专业型大师，这一现象颇值得思考和玩味。

科学进步在某种意义上是把人类的智慧细化了，这种细化推动形成了各种学科领域。不同的学科领域为了自圆其说，又各自形成了基于特定假设的知识体系，这在客观上造成了人类智慧的分割甚至对立。学科之间的割裂使得对于复杂世界的认知因为人为的假设而简化。把复杂的现实人为简化，就如同"盲人摸象"中几位盲人的做法，他们把各自所了解到的大象的局部当成大象本身。盲目的人们非要把复杂的大象强行类比成自己熟悉的某种相对简单的事物，以为这样就把大象搞清楚了，并且言之凿凿。这则寓言故事所展现的问题今天依然存在。技术进步使得现代人的专业知识比古人深入了很多，但是对于复杂的自然系统和社会系统的认知智慧却并不比古人高明，有时甚至是退化了。

"道经"所讲的"道"，是直面复杂世界的大道，是不曾分割过的人类大智慧。这种智慧不回避混沌与模糊，不追求简单一致的认同，而是给每一个人都提供了符合自己具体情况的认识论，从而使"知行合一"成为可能。

第一章　混沌可知　大道复杂

道可道，非常①道。名可名，非常名。无，名天地之始；有，名万物之母。故常无，欲以观其妙；常有，欲以观其徼。此两者，同出而异名。同谓之玄，玄之又玄，众妙之门。

——《道德经》第一章

"道可道，非常道。名可名，非常名。"

这是《道德经》传世本的开篇之言②，集成了老子系统思想的大智慧。它看似通俗易懂，细细体会却是深奥无比。两千多年来，各个时代的求道者对于这句话的深刻含义有着"不可言传"的意会和默契，然而细究起来，不同的人实则有着截然不同的理

---

① 马王堆汉墓帛书《老子》甲、乙本中，"常"作"恒"，避汉文帝讳，改为"常"，全书皆如此。因为《道德经》开篇已广为流传，此处未做变更，本书有些章节原文引用中已将"常"字替换为"恒"。

② （宋）范应元在《道德经集注直解》中指出："长久之道自然而然，万物得之以为生而不知。老氏应运说经垂世立教始与标名，故以道可道章为首。"

解。这种认识上的"和而不同"①，恰恰展现出老子系统思想的奇妙之处，可谓百人百见而其意不散。

《道德经》在第一章中提出了许多重要的概念——有些概念是成对的，包括"道"与"名"、"有"与"无"、"天"与"地"、"妙"与"徼"等，还有一些独立的概念如"万物""玄"等——它们是开启老子系统思想的钥匙。在后面的章节中，我们还会接触到另外一些重要概念，都是由老子首先提出的，它们是老子系统思想的基础支撑。全面正确地理解这些概念，是读懂《道德经》的前提。由于千百年来的历史变迁，中国文字在字形字义上发生了变化，《道德经》中的这些概念不仅从繁体字变成了简体字，其所代表的意思也产生了很大的差异。从现代汉语的角度来看，这些概念的字面意思简单但理解起来很难。现代人若想恰如其分地理解这些概念，就必须打破现代汉语常用语义的制约，努力回归老子时代字义的原貌，这对于学习体悟老子系统思想来说非常重要。

"道"是老子系统思想的核心概念。它在老子系统思想中是一种超然的存在，人类能够感知的一切存在都是由道产生，其中也包括人类自己。**用系统理论来理解，"道"就是一个深不可测的巨大的复杂适应系统②，它的宏观系统尺度超出了我们现在所能认**

---

① 《论语·子路》："君子和而不同，小人同而不和。"

② 复杂适应系统（Complex Adaptive Systems，简称 CAS）是美国圣菲研究所（Santa Fe Institute，SFI）创始人之一、遗传算法发明人约翰·霍兰（John Holland）提出的一个重要概念。霍兰认为：复杂性是生成的，不是给定的；复杂性生成的内因是系统或事物为了维持生存和求得发展而适应环境，在适应中涌现出复杂性。复杂适应系统是指，系统中的成员是具有适应性的主体（agent），能够与其他主体进行相互作用，持续地"学习"和"积累经验"，改变自身的结构、行为方式，进而主导系统的进化演变。

知的宇宙规模，它的微观系统尺度可以把质子、夸克等微小粒子作为进一步解封研究的子系统。这种多维度的无限存在和极其复杂的系统运行状态，决定了人类只是"道"这个系统中的一个特定主体，人类所处的星系和人类所形成的社会也只是这个系统中一个微不足道的子系统。人类能够验证的最复杂的系统只是"道"的一部分，验证能力的不完整给人类正确认知"道"带来了困难，以至于很多人会觉得"道"是离散的不可知的。为了实现不同语境下的恰当表述，本书中分别使用了"道"和"大道"① 两个词汇，其含义是完全一致的。这也是现代汉语词汇更加丰富所带来的便利，使得我们在表达时可有更多的选择，不再像老子时代的思想者那样用一个字来表达多重含义。

　　智慧是专属于人类的天赋，当人类认识到"道"的存在时，便也意识到了与"道"一脉相承的人本身的复杂性，人类的主观能动性使得我们产生了探究"道"这个巨大的复杂适应系统的愿望。老子未被人类已掌握的可验证能力所限制，力求以与"道"相适应的、复杂的、自适应的系统思想去认知"道"的存在，能够说清楚的就直接用来指导人类的实践活动，说不清楚的就承认"道"的混沌，但是绝不以偏概全，也不试图通过条件假设去简化"道"的复杂性。这种思想方式能够让人类的个体行为、各种规模的组织行为（小至家庭，大至国家间的联合体）更符合"道"的运行规律，使得我们所处的各种子系统能够更符合"道"这个母系统的运行规律。老子之所以能够全面系统地看待"道"

---

① 《道德经》第二十五章："吾不知其名，（故强）字之曰道，强为之名曰大。"

的复杂性，与其所在的时代有很大关系。先秦时期的思想桎梏较少，为哲学家提供了充分思考和研究的自由空间，这也是"百家争鸣"产生于这一时期的根本原因。后来的社会环境虽然也有如唐宋的经济文化繁荣期，但是整体上社会治理思想固化。"前识者，道之华而愚之始"①，已经失去了产生老子这样的"圣人"所需要的社会环境。

人类对于"道"的认知有多个层次，既无上限也无下限。老子将其简单分成"上士、中士、下士"② 三等，这三等中又会有上中下的细分区别。处在不同层次的悟道者，对于"道"的理解也会有差异，"上士、中士、下士"在悟道方面的差异，既有自身禀赋的原因，也有社会环境的影响。处于文化繁荣时期的朱熹把鲜活的"道"变成了固定的"纲"；处于混乱困苦时代的王阳明却摆脱教条，以"致良知"的灵动来顿悟老子系统思想中"道"的精妙。可见，只要在悟道的过程中秉持谦逊、积极、开放的心态，再结合自己的社会历练，就能够加深理解，逐步进入到一种螺旋式上升的境界。

"道可道"，讲的是"道"是可以被揭示和被理解的，大道是真实存在并不断运行的，这种存在和运行是有规律可循的，有它的规则、形态，也有它的结果。"道"的运行在人类社会以及个体生命运行中有着奇妙的映射。通过对"道"的认知，人类不断优化和完善社会构架和知识体系，不断深化对于人类的内在系统的

---

① 《道德经》第三十八章："前识者，道之华而愚之始。是以大丈夫处其厚，不居其薄，处其实，不居其华。故去彼取此。"

② 《道德经》第四十一章："上士闻道，勤而行之；中士闻道，若存若亡；下士闻道，大笑之。"

认识，包括生命的物质系统和意识系统。所以，对于"道"的探索会引发人类的各种研究活动，这些研究的成果逐步构建起人类的知识体系，大的知识体系有宗教、美学、哲学、科学等。随着人类验证能力的增强，每一门大学科又被划分成更多的细分学科，比如自然科学划分为物理、化学、生物等，其中物理又可细分为实验物理、理论物理等。随着各种交叉学科的增多，人类社会庞大的知识体系还在继续扩张。这些不同领域的学科研究以实证的方式，帮助人们深化和细化对于"道"的认知，并将其运用于适应世界和改造世界的行动中。也就是在宏观和微观领域，把"夷、希、微"①的可验证范围不断丰富，用不断优化的手段证明这三者最终是合而为一的，这就是把"道"变得"可道"，让更多非专业人士也可以了解比较深奥的道理和知识。

对于个体的人来说，随着人类知识总量的迅速增加，要比较全面地掌握这些知识变得越来越难，但是，这些不断深化的实证知识也使得人们意识到人类整体智慧的原生系统性。千百年来人类发展形成的知识体系，以及不断丰富的实证经验，使得"道"作为最大系统的唯一性更易理解。

"**非常道**"，讲的是"道"的永恒变化和演进规律。大道所体现的客观存在是永恒的，就这种永恒而言，有限的人类生命也只是无数个循环阶段中的一个而已。人类从产生到存续的这段历史，只是"道"这个巨大自适应系统中的一个特定子系统，大道这个巨大的自适应系统在广袤的时空背景下整体是比较稳定的，但它

---

① 《道德经》第十四章："视之不见名曰夷，听之不闻名曰希，搏之不得名曰微。此三者不可致诘，故混而为一。"

并非静止不变的"常道"，在具体的时空条件下"道"在随时变化和演进，这就是"大曰逝，逝曰远，远曰反"①，有时候从子系统的角度来看，其变化还是非常剧烈的。人类如果能够把握大道的本质，就能够应对特定的时空条件和各异的环境表象，对表面相似而本质不同的事件采取恰当措施，达到恰到好处的效果。这种因时而动、因势利导的行为方式，是永恒的大道在不同时间、不同条件和不同环境之下的最恰当的表现；这种恰逢其时、恰到好处的状态就是"非常道"。

理解了"道"的原生性和变化性，所有的人为对立的认知就无须争辩出无上的唯一。所谓哲学之争、宗教之争、文明之争，从大道的层面来看，就如同盲人摸象，对立的各方都有一定的道理，但各自揭示的都是"道"的一部分，而非系统完整的"大道"②。

"名"是人类独有的一种认知能力，是人类对于"道"的主观认识，即用语言和文字记录下来对于"道"的理解。人们通过"名"这种描述方式，可以对"道"进行交流和传播。通过"名"的方式，人类把超然存在的大道与人类的生存发展结合起来，从理念认知到系统分解，从定性认识到定量分析，从形态认知到物质解析，人类对于大道的认识由肤浅到深入、由混沌到清晰，逐步形成了一整套规范的理论和学科体系。

---

① 《道德经》第二十五章："有物混成，先天地生。寂兮寥兮，独立而不改，周行而不殆，可以为天地母。吾不知其名，（故强）字之曰道，强为之名曰大。大曰逝，逝曰远，远曰反。"

② 《道德经》第二十五章："（故强）字之曰道，强为之名曰大。"本书中经常用"大道"一词来表达"道"。

"名可名"，体现出人类特有的主观能动力。与万物对自然的被动适应不同，人类凭借"名"的能力可以观察和记录大道与人类行为之间的互动，并总结出互动的规律，进而形成一种知识来指导人类的行为。因此，人类在适应大道的同时还具有了一定的能动性，这种能动性使得人类可以在一定程度上与我们所处的大道系统进行互动，并通过智力和体力的付出，在某些方面给大道系统带来局部改变，使得大道系统更有利于人类的生存和发展，这就是"可名"。

"非常名"，体现出人类认知能力的反复和演进。由于人类对于未知事物的认知特点，对于大道的语言描述也不可能做到一成不变。也就是说，"常名"是不存在的，体现在各种不同领域、不同学科上，必然是一个从模糊→清晰→再模糊→再清晰的循环认知过程，这种表达上的不稳定性就是"非常名"。比如，物理学作为人类基础的认知学科之一，它的发展就是一个很好的证明。大家曾经认为牛顿的经典物理学已经把外部世界的物理规律认识得很完整了，结果爱因斯坦的相对论一出现，就把人类的认识带入了一个全新的认知语境，原以为放置于所有空间范围都适用的公理变成了特定条件下某一子空间的定理。"非常名"体现出人类不断突破自身认知极限，不断更新对于"道"的认知过程，这也是"道恒无名"[1] 的原因。

> "无，名天地之始；有，名万物之母。故常无，欲以观其妙；常有，欲以观其徼。"

---

[1] 《道德经》第三十二章："道恒无名。朴虽小，而天下莫能臣。"

讲了"道"和"名",老子又推出了另外两组重要的概念,那就是"无"和"有"、"天地"和"万物"。"无"和"有"是"道"的存在形式,也就是老子对于"道"的状态给出的"名";"天地"和"万物"则是人类可以感知并验证的客观存在,也是人类感悟了解大道存在的物质表现。

老子认为"天地"是"不可致诘"① 的,这说法不限于地球上的天空和大地,而是人类所能探及的所有空间。从宏观角度讲,"天地"可以延伸到包括太阳、月亮以及其他星辰在内的宇宙空间。"天地"间与地球关系最为紧密的太阳和月球是两个比较特殊的主体,在此系统中,"地"是地球,"天"是指除了地球以外太阳系乃至银河系等其他存在,包括人类通常可以观察到的行星、卫星、彗星、流星等。"天地"系统的宏观规模可以达到人类尚未确定的星云系统,置身其中的太阳系也只若一粒尘埃。从微观角度讲,"天地"也可以缩小到极其微小的尺度,可以小到只能借助仪器探查的任何存在相互作用的系统。比如一个分子,其内部也是一方"天地",包含无数的微小粒子,存在着复杂的运行规律和相互关系。

老子讲的"万物"指的是在"天地系统"内的一切客观存在,既包括地球上存在的海洋陆地、山川河流、动物植物等子系统或主体,也包括大到星球天体,小到各种微小粒子的不同层级的系统,以及从单细胞生物到人类这等高级复杂的生命系统,这些子系统或主体的规模不同、特点不同,数量更是无法胜数。

---

① 《道德经》第十四章:"视之不见名曰夷,听之不闻名曰希,搏之不得名曰微。此三者不可致诘,故混而为一。"

"无，名天地之始"，所谓的"无"是指能够使"天地"系统出现的状态和能力，也是创世的根源和能力。时至今日，科学界也有一种主流推测，认为是某一次大爆炸形成了宇宙。这从另一个角度说明，宇宙是由"无"而生"有"。所以，我们现在可以感知的一切，都是从这个被老子称为"无"的状态开始的。但是，"道"在"天地"出现之前已经存在了多长时间？除了"天地"之外"道"是否还有其他子系统？人们至今也不清楚。在"无"的状态下，"道"的运行规律也显得混沌神秘，令人着迷却难以探究。从"无"到"有"的质变是一个根本性的转折，仿佛一个突变。"天地系统"一旦形成，就进入了"有"的状态，就可以依靠人类智慧去认知和验证。

"有，名万物之母"，"有"意味着出现了新的存在形式，正如宇宙存在了，万事万物就开始产生了，包括物质的和非物质的各种事物，都是在"有"的基础上产生的，所以说"有"是万物之母。在我们目前的科学认知水平之下，"天地系统"是人类可以认知的最复杂的系统，它也可以被看作是万物之母。

后面第二十五章将讲到，"有物混成，先天地生。寂兮寥兮，独立而不改，周行而不殆，可以为天地母。"这个"先天地生"的混成之物就是"道"，"道"是人类可以想象到的客观存在的终极复杂系统。人类的认知能力可以实现对于"道"的系统感知，也可以对"道"进行分解认知和验证，只是人类的认知和验证永远都会面对更大的未知系统和技术障碍。"道"这个母系统产生了子系统"天地"，所以古人用人伦关系来类比，"道"就是"天地"的"母"，是可以推测的。除了"天地"之外，"道"应该还有人类尚未认知的其他子系统存在，它们也是以"道"为"母"的。"道"以"无"的状态作为"天地"的原始起点，也就是"道"在"无"的状态下存在时，有一个时期"天地"子系统还不存在。然后突然间，在"道"的系统中产生了"天地"子系统，这时候大道就进入了"有"的状态，变成了人类可以认知和验证的对象。

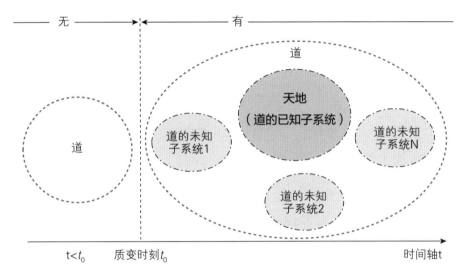

图1-1 "无，名天地之始；有，名万物之母"

"无"是"天地母"，"有"则是"万物母"。二者的逻辑关系也很清晰，是母系统和子系统的关系。"母"在老子系统思想中是指母体系统，这个系统是可以认知的，就是第六章讲的"玄牝"①。当大道以"有"的状态出现时，基本都是与"天地"系统相伴随。"有，名万物之母"，这句话也可以理解为："天地"这个母系统，逐步生成了"万物"所代表的无数个处于不同层级、不同类型的子系统，各子系统的运行规则也是在"天地"系统中

①《道德经》第六章："谷神不死，是谓玄牝，玄牝之门，是谓天地根。"

不断地进行着调整和演变。

"故常无，欲以观其妙；常有，欲以观其徼。"这句话表明了老子系统思想的辩证观，也是重要的认识论和方法论。

"常无，欲以观其妙。""常无"可以理解为人类能够清楚认知的边界以外的事物，这些事物随着人类认知能力的增进可以从"无"变成"有"；"欲"是人类渴望理解永恒的"无"的本能追求，这种认知追求会变成推动人类进步的动力，使得人类行为具备了从"无"到"有"的创造力，进而在"有"的状态下创立各种知识子系统，比如人类创立的各种大学科。人类作为"天地"这个复杂巨系统中具备很强适应性与学习力的主体，具有探索并掌握各种基本规律的能力，能够研究各种宏观问题的精妙，这就是"欲以观其妙"。"妙"是人类基于对"常无"的理解，逐步建立起来的关于大道的认知体系。"妙"包括了自然学科和人文学科方面的各种大学问，所涉及的都是大是大非的问题。

"常有，欲以观其徼。"如果人类能够理解"常有"这个永恒的"有"的状态，就能理解万物产生和发展的万千变化，也能找到办法解决万物发展中出现的各种问题。"徼"是不同事物发展变化的具体表现，是可验证认知的极限。无论是看起来庞大复杂的系统问题，还是细微具象的技术问题，都是"徼"。科学技术的发展也证明了这种判断。随着人类文明的发展，知识体系日益复杂，知识门类不断衍生，人类对微观领域的认识不断深入。比如大型粒子对撞机、FAST①、基因编辑、纳米机器人、3D 打印器

---

① FAST 为 "Five-hundred-meter Aperture Spherical Radio Telescope" 的缩写，即 500 米口径球面射电望远镜。

官，等等。在宏观和微观层面上，各种新认知、新技术层出不穷，不断提升着人类在具体领域的行为能力。

在不同版本中，这段文字还有另外一种句读方式："故常无欲，以观其妙；常有欲，以观其徼"。可以理解为：人类能够克制自己的欲望时就可以在系统认知方面取得突破；当人类反被欲望驱使时，就会不断地去探究具体的创新和突破。其实，从整体上来分析，这两种不同的断句方式，并不会对老子系统思想的理解造成重大困惑。

"此两者，同出而异名。同谓之玄，玄之又玄，众妙之门。"

"无"的表现是混沌而系统的，可以想象却无法实证，这种表现就是妙；"有"的存在是丰富多彩的，可以实证却无法穷尽，这种表现就是"徼"。"无"和"有"的这两种存在形式都是源于大道，是人类对于大道存在形式的两种不同表达，"无"和"有"都是真实存在却又无法穷尽探究的，这种特点就被称为"玄"。"无"也是"玄"，"有"也是"玄"，从"无"到"有"，从"有"到"无"，这就是"天地之始"和"万物之母"之间"玄之又玄"的转变。人类的认知就在"道"的这两种状态中循环往复、螺旋式上升，在此过程中人类逐步积累了丰富的实践经验，形成了复杂的学科体系，建立了一个个专业学科。这些学科把人类对于"道"的认知以特定的方式和语言体系表达出来，以此来提高和改善人类的认知和行为能力，这些不同门类和不同领域的认知就是"妙"。可以说，在"无"和"有"的不断转变中，人类打开了一个又一个奇妙学科的大门。

人类是这个世界的精灵，拥有独特的智慧，故而能够认知"道"的存在，进而从"无"和"有"的发展变化中，观察具体现象，研究具体问题，逐步积累形成人类社会丰富多彩的知识体系。这种对于终极存在的追问是因人类的出现而产生，也会伴随人类的发展而存在，不会有终结的时刻。当然，人类也只是世间万物中的一员，"道"对待人类和其他万物是一样的公平①，既不会吝啬一分也不会偏私一毫。所以，人类应对未知事物保持好奇，为了理想而勇于奋进；人类也要和世间万物和谐相处，心存敬畏而知止。对于必须面对的未来，人类既要顺其自然不断发掘新的认知，也要"为而不争"②，实现可持续的发展。

---

① 《道德经》第五章："天地不仁，以万物为刍狗；圣人不仁，以百姓为刍狗。"
② 《道德经》第八十一章："故天之道，利而不害；圣人之道，为而弗争。"

第二章　美善无定　功成弗居

天下皆知美之为美，斯恶已；天下皆知善之为善，斯不善矣。故有无相生，难易相成，长短相形，高下相倾，音声相和，前后相随。是以圣人处无为之事，行不言之教，万物作焉而不辞，生而不有，为而不恃，功成而弗居。夫唯弗居，是以不去。

——《道德经》第二章

在本章，老子提出了"天下"和"圣人"的概念，并对圣人认知事物和处世的特点进行了描述，这与第一章的内容紧密衔接，形成了老子系统思想的基本认知基础。

> "天下皆知美之为美，斯恶已；天下皆知善之为善，斯不善矣。"

"天下"，就老子系统思想的本意而言，应该是指所有存在人类认知、人类行为以及人类治理的地方，目前主要存在于地球之上，少量涉及地球外的空间，而总体空间规模基本限于太阳系内。"天下"也是人类可以进行治理协同的最大组织规模。它是比国家更大的概念，不一定是一个大一统的严密组织，而是基于不同语言文字、不同文化传承、不同民俗信仰、不同技术规制的人类社会集合体。在这个"天下"，不同的"成员"之间也可以达成一些共识，可以制定一些共同的行为规则，还可以分享各自的智慧结晶。

"圣人"① 是老子系统思想中一个重要的组成主体。圣人是人类悟道的最高境界，圣人的行为方式与大道最为相似，圣人的思想和行为方式是人类宝贵的财富，世代流传永不泯灭，并且"夫唯弗居，是以不去"。从目前可以查证的资料来看，老子是最早使用"圣人"这个概念的，《黄帝内经》《易经》等著作中也有"圣人"的概念，与老子所定义的圣人基本一致。在老子之后，儒家将孔子尊称为"圣人"，其他诸子百家也有各自尊崇的圣人，后世把某个行业领域的翘首推崇为"圣人"，具体如医圣、诗圣、剑圣、武圣等称谓，但这些专业领域的卓越人物与老子相比还是有差距的。

在长期的文化演变中，社会各方面对于圣人的评判标准逐步形成了共识。圣人是众多的社会个体中具有优异天赋并勤奋努力的一类杰出人物，他们具有超强的认知能力，对于人类智慧有着完整通达的综合把握，通达人生百态和社会万象，能够结合人类

---

① 对于"圣人"的解释，《说文解字》曰："圣者，通也。""聖"字上左有"耳"以表闻道，通达天地之正理；上右有"口"以表宣扬道理，教化大众；下边的"王"代表统率万物为王之德，德行普遍施行。

当前的实践能力，最大限度地把抽象的"道"与现实的社会行为结合起来，启迪当世并惠及后人，引导人类社会的发展进步。圣人是知行完备的至善之人。圣人一旦出现，其对于人类社会的影响就会长久存在。圣人是有限世界中的无限存在，是人类与复杂混沌的大道的连接枢纽，是大道在现实社会的代言人，正所谓"才德全尽谓之圣人"①。

本章还有两个重要的概念：一个是"美"，一个是"善"。

"美"是人类永恒关注的话题之一，从古至今，东西方的思想家们一直都在探讨、争论和实践，在此过程中甚至形成了一个重要的学科——美学。在哲学、艺术、建筑等领域，美学得到了进一步细化研究，现代美学更是流派众多、观点纷呈。世间的每一个人都能感受到美，都拥有对美好事物的鉴别能力，但是在回答究竟什么是"美"的时候，答案却千差万别。

西方思想界对于美给出了一些各成体系的认识：古典主义认为，美是"形式的和谐"；新柏拉图派认为，美是上帝的属性；理性主义认为，美是完善；经验主义认为，美是愉快；启蒙主义认为，美是关系；德国古典美学认为，美是理念的感性显现；车尔尼雪夫斯基认为，"美是生活"②；等等。这些观点源于不同的时代、不同的视角，都很深刻，也都有其局限性。

中国文字是象形文字，在造字时就融入了人文的理解。在甲

---

① 《资治通鉴》："是故才德全尽谓之圣人，才德兼亡谓之愚人，德胜才谓之君子，才胜德谓之小人。"

② 尼古拉·加夫里诺维奇·车尔尼雪夫斯基（1828 年 7 月 12 日—1889 年 10 月 29 日），俄罗斯唯物主义哲学家、文学评论家、作家。"美是生活"这一论断出自其著作《艺术与现实的审美关系》。

骨文中，美是指头戴装饰的人①。我们可以进一步理解，美是一种基于人的好恶判断之后被人们所喜爱的存在，这种存在可以是物质形态的，也可以是非物质形态的。在《道德经》中，与"美"相关的表述有很多。比如第三十一章中，"胜而不美，而美之者，是乐杀人"；第六十二章中，"美言可以市，尊行可以加身"；第八十一章中，"信言不美，美言不信"等。这些表述体现了老子对于美的综合认知，前后结合起来研究分析，就能对"美"有更恰当、更深刻的理解。

"善"是人类依照"大道"去行事时所展现出来的最高境界，是人类行为与"大道"恰到好处的吻合。"善"可以是一种最佳的行为方式，也可以是一种崇高的品性，还可以是一种令人期待的美好状态。在现实社会中，"善"体现为可以感知的行动能力，这种行动能力总是在恰当时刻表现出来。这种能力通常不是以强势的方式展现，而是以平和的方式悄然发生作用。在一般人浑然不觉、难以置信的情况下，恰到好处地解决问题，达成符合大道的结果。

《道德经》中关于"善"的描述也有很多，后面章节中还会有不同情境下的介绍。比如，第八章讲到"上善若水"，以及"居善地，心善渊，与善仁，言善信，正善治，事善能，动善时"等"七善"；第二十七章讲到"善行无辙迹；善言无瑕谪；善数

---

①　"美是指一个人头上装饰着高耸弯曲的羽毛或类似的头饰状，用来表示'美丽''美好'等义。头饰在古代氏族的部落，是一种很重要的社会地位表征。"参见许进雄：《新编进阶甲骨文字典：甲骨文发现 120 周年纪念版》，台湾字亩文化出版社 2020 年版。

不用筹策；善闭无关楗而不可开；善结无绳约而不可解"，以及"善救人""善救物"等；第七十九章讲到"和大怨，必有余怨，安可以为善"，等等。把这些论述融合起来理解，才是老子对于善的完整解读。

通过上述分析，可以初步建立老子系统思想中关于"美"和"善"的认知。接下来，老子从"大道"的角度，对人类这两大行为境界进行分析，指出人类在美和善的实践中，存在着奇妙的辩证特性。

"**天下皆知美之为美，斯恶已。**"基于美的复杂性，人类在美的认知能力上也是有差异的。第一层次是"知道美"，面对物化的"美"，比如，自然风景、青铜器、陶瓷、雕塑、油画、诗歌等，大部分人都能够欣赏，并给出美与不美的判断，这也是美能广泛存在的原因。第二层次是"制造美"，能够遵从既有的规则或模式，知道怎样产生这些物化的美，也就是怎样"为美"，只有熟知美的规律、潜心钻研、不断实践、精益求精才能做到。比如，建筑师、画家、诗人、作曲家等。第三层次是"创造美"，这需要一种特殊的能力，能够把某种前所未有的特别感悟，变成一种对于美的理解，进而完善和改变既有的规则和模式，指导第二层次的人们去形成物化作品，这就更不容易了。众所周知，在现实社会中，人们大都是第一层次的审美者；第二层次的人所占比例不会很高，但绝对数量比较可观；第三层次的人，则是社会的稀缺人才。

原本稀缺的东西，由于某种原因可以大量复制，就会成为一种通俗的产品，如果数量大增还可能由珍稀变成平凡。比如，玻璃在很长时期内都是一种稀缺物质，以至于被当成神的用品。《西游记》里的沙僧本是天庭的卷帘大将，因为失手打碎了玉皇大帝的琉璃盏而被贬下凡间，可见当时玻璃的珍稀和价值不菲。后来，人类掌握了以工业化手段大规模生产玻璃的技术，于是玻璃制品就从一件难求的奢侈品变成了寻常的生活用品，身价也一落千丈了。

　　抹杀审美个性与大道不符，众口一词的审美观也是社会蒙昧的表现。假如在某个时期，在相当大的范围内人们对于美的评价整齐划一，形成某种特定的表达形式，那么这一定是人性遭到了压制的时期，难以创造出巧夺天工的大美之物。欧洲中世纪①的保守宗教对于艺术、科技的桎梏就是这样的例证。在那个时代，宗教裁判所的裁决是判断对错、美丑的唯一标准，哥白尼、伽利略等伟大的发现者都受到了残酷的迫害，文化艺术创造被人为限制，在西方文明史上留下了一段黑暗的记忆。

　　在二十世纪八十年代，中国也有过"众美而实不美"的例子。当时"文革"②刚刚结束，民众长期处于物质和文化生活的贫乏状态，对于时尚的追求很盲从，以至于只要有一种流行事物出现，大家就一窝蜂地模仿，结果闹出笑话。当时曾经流行过一种宽松条纹衫，身材好的人穿起来显得飘逸，于是大众竞相效仿。然而，这种衣服对身材和气质要求很高，大部分人穿起来并不好

---

　　①　"中世纪"：指公元 476 年—公元 1453 年，这一时期的欧洲天主教禁锢人们思想，造成科技和生产力发展停滞，社会发展比较缓慢。"中世纪"（The Middle Ages）一词由 15 世纪后期的意大利人文主义者比昂多最先使用。

　　②　全称"无产阶级文化大革命"，发生于 1966 年 5 月至 1976 年 10 月。这场由文化领域发端的"大革命"对教育、科学、文化的破坏严重，很多知识分子受到迫害，学校停课，许多科研机构被撤销，造成了"文化断层""科技断层""人才断层"。

看，就像当时住院病人穿的病号服，一时间满大街都是"病人"。盲目跟风过后，成为笑谈。

不管是基于权威的胁迫还是民众素养的缺乏，一旦出现众人一致的绝对化的"美"，那不仅是"审美"出现了问题，更重要的是社会治理出现了问题，这种情况下就不是"美"而是"恶"了；"恶"会对社会的良性发展造成不好的影响，需要社会各方面共同采取行动来加以纠正。

"**天下皆知善之为善，斯不善已**。"基于善的复杂性，人类对善的认知能力也是有差异的。第一层次是"己善"，属于可以被广泛感知的"善"，比如孝悌、勤奋、爱心等，这些"善"大部分人都能够认同，在自身条件允许的情况下愿意去做，大部分也能做成。第二层次是"善人"，这一类人需要一些特定的资源和能力，依靠这些特质去做恰到好处的事情，从而帮助有需求的主体，这种"善"就只有少数人能够做到了，比如社会慈善家，比如惩恶扬善、扶危济困的侠客。要达到这个层次，不仅要有心愿意去做，还要有能力能够把善行做成。第三层次是"上善"，这需要一种特殊的能力，能够从大道中感悟出新的能力，可以将这种能力引入人类社会，并通过具体行动惠及众生，这就了不起了，"上善若水""功成而弗居"等就是这种境界。在社会中，第二层次的人不可能很多，第三层次的人就很罕见了。

精妙的"大道"是很难把握的，所以在现实世界中要高水平地应用它是非常困难的。普通人能够轻松认知并熟练运用的智慧，大都是以约定俗成的方式存在，比如民族习惯、风俗、规矩等。第三十八章中会讲到"前识者，道之华而愚之始"就是这个意思。这些礼制和规制可以让广大民众接受一些浅显的大道，但也容易流于形式化，甚至可能成为"不善"的典型。比如，过去提倡小学生做好人好事，其中一项就是捡到钱交给警察，于是很多学生放学后边走路边低头找钱，可想而知，能够捡到钱的概率有多低。结果求表扬心切之下，就有同学把自己的零花钱说成是捡的钱交上去，甚至还有同学偷拿父母放在家里的钱上交，这样好事也就变成坏事了。还有一个案例是讲一位政府高官作风很亲民，经常去坐公交车体察民情，偶遇一个网友，被拍照发到网上，该官员受到高度赞扬。结果，很多地方领导也竞相模仿，装模作样去坐公交，而且安排摄影记者跟拍，然后发到网上。被火眼金睛的群众发现举报后，这种蹩脚的"偶遇"不仅没有提高官员的美誉度，反而成了形式主义和弄虚作假的典型。

"美"与"恶"、"善"与"不善"这种看似对立实则辩证的道理，在自然界和人类社会中是广泛存在的。认识到人性的复杂性，再用美的眼光和善的心态去看待社会中无时无刻不存在冲突的一些客观现象，不片面不偏激，多一些视角、多一些维度，就可以更全面地认知这个由"道"化生的多姿多彩的大千世界。

> "故有无相生，难易相成，长短相形，高下相倾，音声相和，前后相随。"

这些自然而直观的辩证关系，体现了人类所共有的感知能力，只不过若要细细地品味这几种关系，不同的人在不同的境遇下，也是各有一番滋味。老子用极其精练的语言把这些大家都能理解但又很难准确阐释的辩证关系进行了生动描述，这就是一种高超的"名"。

"**有无相生**。"这是说，"无"和"有"是一种相生的关系，不仅无能产生有，有也可以复归于无。"夫物芸芸，各复归其根。"① 天地孕育的万物形态万千，并且四季轮回、叶落归根，周而复始，就是典型的无和有的互动相生。人类的知识创新、技术发展、文明演进也是从无到有、从有再到无，然后再从无到有的过程。比如我们的语言、文字、工具等，都是从无到有，然后发展进步到一定阶段就会遇到瓶颈需要突破，很像是同一问题又回到原点，在下一次创新到来时，就会实现一个螺旋式上升之后新一轮的从无到有。再比如蒸汽机、电动机、核电站、计算机在被发明之前都是"无"的状态，有些甚至首先出现在各种科幻作品中，后来被发明家们变为了现实。这种"有"的状态一旦出现就会迅速发展，形成围绕这些核心创新而衍生的技术和产业体系。当这些体系发展到一定阶段后，一些领域看似没有进一步发展的空间了，此时就是又一种从"有"到"无"的状态，预示着新变革的发端。等到下次原始创新横空出世，再度把这些领域带入一个全新的"有"的状态。这种从"有"到"无"再到"有"的巨大转变，从"地心学说"向"日心学说"的变革就是典型例子。在此过程中，由亚里士多德建立起来的、原本对于人类文化进步做出过巨大贡献的、看似无懈可击的"地心学说"，到了伽利略的时代却成了阻碍科学发展的障碍。旧的框架一旦被突破，

---

① 《道德经》第十六章："夫物芸芸，各复归其根。归根曰静，静曰复命。"

就可以进入一个新的认知层次。这种"知常"的能力推动了人类认知的进步，科学家们按照这种规律去实践并不断取得新的成果。

"难易相成。"在人类社会中"难"与"易"是相辅相成的关系，而非对立关系，更谈不上哪一个好哪一个坏，任何事物的发展成功都是难与易相互转化的结果。要成就一项大事业，必然是一个波澜起伏、迂回曲折的过程，需要克服一个个障碍，突破一个个制约性节点。在这个过程中，必然要把看似难以克服的障碍，以合乎大道的智慧进行分解，变成一个个相对容易解决的子问题，再通过对既有经验与能力的整合提升逐一加以解决，即，此过程包含着一次次的试错和一次次的创新。最终，随着一个前所未有的大障碍的完全克服，人们所拥有的能力也就提升到了一个新的层次。

"长短相形。"长与短是事物外在形态的差异，不代表功能的强弱，也不存在优劣的比较，而是根据所面对的具体需求，确定哪种形态更合适。只有认识到长和短的这种形态上的辩证关系，面对各种具体问题时才能恰当使用资源，用最合适的方式取得最好的结果。人们常说的"尺有所短，寸有所长"就是这个道理。

"高下相倾。""高"与"下"是彼此相向的关系，从高处向下看时需要俯身，从低处向上看时需要仰首，这是基本生活常识。因此，"高"与"下"之间是一种吸引，是相映成趣，而非尊贵与卑下的关系，更不应成为欺压与反抗的关系。高处有高处的风光，低处也有低处的风景，位置不同必然各有天然的感知盲点，若彼此倾向就可以补充完善，形成系统完整的认知。

"音声相和。"通常所说的声音包括"音"与"声"两个概念，二者和谐搭配以后，才能有"声音"的效果，表达人类丰富的思想和情感，展现出大自然的多姿多彩。声音是人类进行思想交流和感情沟通的重要媒介，也是人类表达认知的重要能力。"音"有高低之分，对应的是声波的频率；"声"有大小之别，对应着声波的振幅。发出"音"和接收"声"都是要消耗能量的，声波在一定范围内变化的频率和振幅，可以组成万千变化，形成大自然万籁有声的场景。

"*前后相随*"，"前"与"后"互动形成了跟随关系，彼此的方向一致而位置不同。"相随"不是先进与落后的关系，也不是主导与被动的关系，更不是对立的关系，而是方向上一致、行动上协同。在大系统中，各主体因"相随"而聚集①成一个有共同行动力的群体，具有特定的系统标识②。"相随"带来了个体能力的聚合效应，对大系统运行会产生特定的影响和作用。与"相随"不同，如果主体间是相向而行，甚至是背道而行，就不会有这种效果了。

分析完这些辩证关系之后，老子回归到大道的高度，阐释了圣人是如何依照大道行事的：

---

① "聚集"，英文为 aggregation，霍兰提出的复杂适应系统的主体所具有的一种属性。由于个体具有"聚集"的属性，它们在一定条件下，在彼此都接受时，可组成一个较大且较高层次的新的个体——聚集体，在系统中像一个单独的个体那样行动。

② "标识"，英文为 tagging，霍兰提出的复杂适应系统的一种行为机制。"标识"是在聚集体形成过程中，复杂系统所需要的一个起凝聚作用的旗帜或标志。霍兰把它称为"标识机制"，这也是一个隐喻。标识机制是一种贯穿始终的机制，其意义在于引导主体辨别方向、选择目标、区分合作者与竞争者。

"是以圣人处无为之事，行不言之教，万物作焉而不辞，生而不有，为而不恃，功成而弗居。"

"是以圣人处无为之事。"圣人在做事的时候，不会自以为是，不会强迫民众，而是充分考虑民众的理解力，把深奥的道理和超前的思想，通过民众乐意接受的方式来传达和渗透，形成协同一致的系统合力，从而能够克服困难，在自然而然中就把重大事情做成，以至于普通民众都没有意识到在此过程中曾经有过什么困难，也就不会意识到圣人对于成就事业的重大作用，对圣人的伟大智慧和巧妙的行事能力更是无从体察。这种恰到好处但又化于无形的行为方式往往表现为"无为"。其实"无为之事"就是民众在圣人引领下完成的一系列伟大的功业，从而让每一个普通的参与者都能感觉到自己的贡献，而圣人却甘居幕后，让人忽略自己所做的最为重要的贡献。在后面的章节中，老子会进一步说明"无为"的巨大能量，那就是"无为而无不为"，这是老子对于大道运行的客观评价，也是在现实社会中圣人的行为标准。在《道德经》中还有一些最能体现大道的主体，比如"道、天地、善为道者"等，其行为都是以"处无为之事"为标准。

"行不言之教，万物作焉而不辞。"真正的圣人不会自以为高明，不会以煽情的言语教化民众，而是将自己融入民众之中，默默地为民众树立行为的楷模。在圣人引导下，万物兴旺，社会和谐，各种社会组织生机勃勃。即使面对如此巨大的成就，圣人也不会自我彰显，不会因为教化了万物而索取回报，更不会因为做出了巨大贡献而居功自傲。在成就和声誉面前，圣人总是把业绩归功于他人，归功于民众，而将自己的奉献当成分内之事。

"**生而不有，为而不恃**。"圣人以超乎常人的能力使得民众生活得很好，并带领民众一起成就了很多伟大的事业，在此过程中圣人发挥了决定性作用。这里的"生而不有"，是指圣人对于普通民众的再造之德；"为而不恃"，是指圣人有作为但却不居功自傲，不谋私利，更不会因为领导国家或组织造就伟业而自高自大、蔑视民众。

"**功成而弗居**"，圣人不仅在行道的过程中很低调，不去争名争利，不会使民众付出巨大代价来显示自己的决策高明。圣人的高尚之处还在于成功之后把功劳都归于大道，归功于每一个参与行动的普通民众，认为成功是大道在起作用，也是民众共同按照大道认真实践的结果。圣人将自己在顶层设计、关键环节把控等方面不可替代的作用刻意淡化，不突出自己的功劳。

"夫唯弗居，是以不去。"

"**夫唯弗居，是以不去**。"不居功是人性最崇高的表现，说明个人修养德行已达到了最高深的境界。应该说这也是老子对于拥有一定资源、掌握一定权力的治理者的最高期待。好的治理者应该把干好事、干成事当作自己行为的准绳，取得了巨大成就而不居功自傲，更不屑于损公肥私、沽名钓誉。这样的治理者自然会受民众拥戴，被历史肯定，永远也不会被后人忘记。

第三章　欲望平和　国泰民安

不尚贤，使民不争；不贵难得之货，使民不为盗；不见可欲，使民心不乱。是以圣人之治，虚其心，实其腹，弱其志，强其骨，恒使民无知无欲，使夫智者不敢为也。为无为，则无不治。

——《道德经》第三章

《道德经》通篇表达的系统思想是一以贯之、相辅相成的，而且老子的思想主张总是立场鲜明、简明清晰，这使得《道德经》与同时代的其他思想著作相比，思想体系更为完整，对于政治、军事、科技、文化等相关领域的影响也更为深远。

> "不尚贤，使民不争；不贵难得之货，使民不为盗；不见可欲，使民心不乱。"

这段话一直被一些人当作证据，以证明老子主张治理者应推行愚民政策，使得民众变得愚昧，以便利治理者的统治。这种观点在宋明清时代的注释中比较常见。近现代还有一些研究人员倾向于把老子所生活的时代当成是制度野蛮、治理颓败、技术落后的混乱时期，认为老子必然是某种没落势力的代言人，难以超越时代的落后和闭塞，因此对老子系统思想的评判难免带着现代人的时代优越感。尤其是在二十世纪五六十年代，在那个特殊的时代背景下，一些研究者将老子作为没落统治阶级的代言人，以更为激烈的态度对其主张进行了批判。不过，这些批判大多流于表面化，论证也不够充分，其观点往往前后不一致[①]。深刻分析一下就会理解，后人之所以会对老子的主张产生各种误读，是因为这些观点的持有者对于老子思想的理解是不系统的，其中有的忽略了老子系统思想在不同篇章之间的呼应关系，有的是把个别特定语句对立起来，过于拘泥于某个字词的字面意思而忽略其语境，其结果必然是曲解了老子的本意。技术的进步和制度的优化并不必然地使现代人类个体的智慧优于古人，或许有些方面还恰恰相反。随着人类知识体系日渐丰富和细化，各学科分支、信息量激增使得现代人的知识总量有所增加，但整体智慧反而因为各种割裂和碎片化而变得"专而不博"，特别是在哲学思辨与系统思维方面，与老子这等古代圣人相比差距更大了。

"**不尚贤，使民不争**。"老子深知在任何一个国家、一个组织、一个团体之中，具有丰富智慧和强大创造力的人物都是少数，大部分成员只是智力一般、能力平平的普通人，尊重并正

---

① 对于老子思想的不同评判，参见任继愈著作《老子今译》与《老子新译》。

确引导普通民众是治理的关键。平等对待民众是老子系统思想的重要主张，符合大道的社会治理体系不应以个人能力的强弱来划分人的高低贵贱，这与"天地不仁，以万物为刍狗；圣人不仁，以百姓为刍狗"① 在思想上是一致的。因此，顺应"道"的治理者不会鼓励普通民众把卓立于群的"贤者"当成自己的榜样，而是引导大家结合自身实际情况确立适合自己的发展目标。

"贤"者是指在现实社会治理中，在面对"人之道"的具体考验时，那些能够做出的最符合大道行为的治理者。"尚贤"的意思是"以悟道、行道能力强大的主体为上"，也可以简单理解为"推崇拥有资源多、个人能力强的社会主体"。如果鼓励民众以"贤"作为体现人生价值的评价标准，也就是鼓动老百姓都去梦想成为了不起的大人物，比着看谁更能做出惊天动地的大成就，那就必然使得普通民众为了实现不可能的目标而去竭力争取，甚至为了达到目的而不择手段，到头来注定会是徒劳无功。正确的治理方式应该是尊重每一个人的存在价值，对那些为社会发展默默奉献的生存方式也给予充分的尊重和保护。这样一来，绝大部分民众就会自觉遵守社会规则，客观认识并发挥自己的生存能力。"不争"是指在适合自己的生活状态下恰当地发挥自己的人生价值，须知在平凡的岗位上依然能够"行行出状元"，不应为了不切实际的人生目标而盲目行动。

"不贵难得之货，使民不为盗。" 自私有财产出现之后，财富

---

① 《道德经》第五章："天地不仁，以万物为刍狗；圣人不仁，以百姓为刍狗。天地之间，其犹橐籥乎？虚而不屈，动而愈出。"

的稀缺性就是永恒的。拥有财富多寡或许是个人能力强弱的一种表现，但是，拥有财富的多少不应该成为评价个人贵贱的标准。"难得之货"肯定是稀缺的东西，但却不一定是有实用价值的东西，作为商品可以体现其交换价值，却不应以此来判断拥有者社会地位的高低。因此，要保持良好的社会秩序，治理者就要带头树立以重视实用价值为导向的社会价值观，重视社会运行和民众生活必不可缺的基本物质保障，不鼓励奢侈生活和过度消费，不过于看重物质财富，不刻意追求珍稀宝物所带来的荣耀。对社会资源具有较大调配能力的治理者若能够适当控制自己的物欲，那么拥有财富较少的广大民众也会理性看待财富的多寡，不会产生拜金主义，更不会为了拥有贵重财物而不择手段、铤而走险。在"不贵难得之货"的社会风气下，普通民众即使面对暂时的物资匮乏，也能保持良好的心态，自觉遵守社会治理秩序，做到安贫乐道。

"**不见可欲，使民心不乱。**"治理者不要向民众宣扬各种充满私欲诱惑的人生目标，不要把欲求无度当作上进心，对于贪婪行为要从社会良知和治理制度方面加以制约。特别是治理者不应为了个人野心而去蛊惑民众，激发民众的不良欲望。有了良好的社会价值导向，民众才会心态平和、安居乐业。良好的社会生态环境不会滋生社会动乱的隐患，平稳的社会秩序会带来物质财富和精神财富的增加，这就是可持续发展的太平盛世。这一段话对于国家治理富有现实意义：在教育方面，政府不应该鼓励所谓的精英教育，而应该保证民众掌握一技之长，能够凭借自身的技能稳定谋生；在消费方面，政府不应该单单为了追求经济增长而助推畸形的高消费，而应该鼓励普通人用劳动创造幸福的人生；在社会价值观方面，不应该用那些昙花一现的所谓潮流去刺激民众一夜暴富、一夜成名的幻想，而应该让民众注重个人品格的磨炼，通过日积月累的努力而收获成功。

> "是以圣人之治，虚其心，实其腹，弱其志，强其骨，恒使民无知无欲，使夫智者不敢为也。"

在本章中，"圣人之治"作为一个概念首次被提出。"圣人之治"是老子系统思想中理想的社会治理情境，这应该是一个系统完整、运行有效的治理体系，涉及政治、经济、文化、科技、军事等各个社会领域。《道德经》的其他章节还从不同角度来完善和细化对这个治理系统的阐述。要给"圣人之治"这个复杂系统下一个准确定义是很难的。为了让现实社会中的治理者能够比较准确地感知"圣人之治"的本质，老子用了与民众个人生存状态密切相关的几个感性词语来生动解释这种理想体系所要实现的状态。表面上看起来这些指标只是每个人都具有的基本特征，与社会治理制度和治理行为没有直接的关联，其实不然，仔细思考会发现这些指标与复杂的社会治理行为有着密切关联。治理者如能按照老子所开出的这份精准的处方，结合所属时代的生产力发展水平和社会制度现状，再针对整个社会的"心、腹、志、骨"分别施治，即可得到一个符合当下时代特点的完善可行的治理体系。

"虚其心"，不是通过欺骗的手段让民众心灵空虚、思想愚昧、没有追求，而是通过建立可信的社会环境，让不同类型的社会主体对于社会发展和个人前途都能持有比较稳定的预期，让广大民众内心坦荡轻松，不执迷于个人私念。"虚"是去除内心混乱的认知定势，不预设认知障碍和条条框框，而以充分开放的心态去理解并接纳社会生活中的"道"。对于有能力的社会主体而言，"虚其心"会让他们追求内心精神境界的升华，而不产生动乱的野心；对于普通民众而言，"虚其心"会让他们没有生存压力带来的恐惧，也没有不劳而获的贪心。从社会精英到普通民众，人人都有社会信任和自知之明，大家都能够各尽所能、各得其所。

"**实其腹**"，是让民众衣食无忧，让全社会都拥有相对丰富的物质生活保障，注重物质的实用价值，而不追求物欲的无限膨胀。"实"就是要以较高水平满足人们的物质需求。这种满足应是恰当有效的，以及有限度的，其限度应与"腹"相匹配。"腹"本义是指人类消化吸收营养的生理系统，这里既包括人类为了更好生存而获取必要的能量，也包括为了更好发展而获得适当的物质支撑和保障。"实其腹"和"为腹不为目"① 所表达的意思是一样的，体现了老子系统思想对于物质追求的一贯态度。当然，要恰当地满足民众的物质需求也是很不容易的，在中国历史上任何一个朝代想要真正解决所有民众的温饱问题都是非常困难的。从世界范围来看，时至今日，粮食安全都是一件头等大事。解决温饱问题不仅要求治理者拿出智慧，也需要民众积极配合，上下齐心、勤劳奋斗、勤俭互助，而不能指望天上掉馅饼。

---

① 《道德经》第十二章："是以圣人为腹不为目，故去彼取此。"

"**弱其志**"，不是说让民众浑浑噩噩、消极懈怠、不思进取，而是依靠合适的治理制度，通过恰当的价值理念和行为导向，让民众拥有良好的处事态度，对于自己的发展目标和社会价值有恰当的认知和定位，态度积极而淡定，既不好高骛远，也无非分之想。若想在全社会做到这一点，需要构建恰当的社会价值体系，让各社会阶层、各社会主体之间彼此包容、互相理解，各司其职、各尽其力，实现各自的社会价值，而不是看到与自身不同的主体便充满敌意，总是试图通过否定他人来肯定自己。

"**强其骨**"，是说每个社会主体自身的健康都是重要的社会财富，身心健康的人可以为社会创造更多的财富，为社会发展做出更大的贡献。而且，一旦面临天灾人祸，拥有强健体魄的民众也更有能力保家卫国，与国家共进退。但是，让民众普遍拥有强健的体魄，绝不是一件容易的事情，既需要建立全社会的健康生活模式，也需要良好公共服务体系的支撑。"强其骨"尤其需要民众主体意识的支持，需要广大民众有主动改善提升个人生活质量的意愿，且在此过程中能够自我尊重、自我约束、自我赋能。

在古汉语中，"知"和"智"这两个词有时是通用的，它们与现代汉语的语义有重大差异。所以，若能恰当地理解老子所讲的"知"的含义，就能够避免因理解偏差而导致的认知上的"好径"①，走上误解其系统思想的岔路，距其本意愈行愈远。在老子看来，"知"不是什么大道理大学问，而是一些片面的道理和偏执

---

① 《道德经》第五十三章："大道甚夷，而人好径。"

的想法，会使得民众性情执拗而处事偏狭；"智"也不是什么大智慧大聪明，而是富有心机的小聪明，甚至有狡诈之意。"智者"是与"圣人"相对立的存在，其行为准则也与圣人相反，他们不会对民众负责，且很可能为了一己私利去蛊惑利用民众，给民众带来巨大的损失和伤害。

"恒使民无知无欲。"高明的治理者会建立恰当的治理制度和治理体系，并营造能支撑治理体系长期良好运行的社会环境。在这样的社会氛围中，广大民众对于生存环境比较满意，对于治理者也就高度信任，民风淳朴宽厚，社会各主体和谐相处，民众不会生出奸诈念头，也没有害人之心。这里的"无知"不是不学无术而是不生"机心"，在社会分工中各凭本事、安居乐业，这便形成了代代相传的世家精神和工匠精神；具有这种价值观的社会主体，可以延续、能够积累，是社会中的稳定因素和积极因素。这里的"无欲"也不是没有追求，而是立足于自身的能力和付出而获得相应的回报，合理实现自身价值；对于超出自身价值的回报没有非分之想，不会为了获取不当收益而投机取巧，更不会去做损人利己的事情。

"使夫智者不敢为也。"在符合大道的治理环境下，社会秩序良好，民众安居乐业。但是，老子也冷静地指出，不管在什么时候，不管在何种治理制度之下，总有一些所谓的"智者"，他们会用美好的假象来迷惑民众，用极端的说教来蛊惑民众，进而控制民众的思想，把民众当成对抗治理的工具，一心想以极端方式实现个人的野心。他们没有任何道德底线，丝毫不顾忌社会秩序破坏之后可能会给民众带来的伤害。他们对于既有的社会财富和民众生计没有丝毫珍惜，为了实现一己欲望无所不用其极，哪怕身后巨浪滔天。一旦有机可乘，他们就会煽动民众作乱，趁乱达成自己的野心，历史上一再出现的一些邪教、动乱和怪象就是这个原因。老子始终认为这种"智者"是社会治理中最大的祸患，在《道德经》多个篇章中都提醒治理者要保持高度警觉，要不断检视和改进自身的治理行为，不给这些人以可乘之机。在老子看来，这些"知者"其实并不可怕，只要治理者能够依照大道行为，在"虚其心，实其腹，弱其志，强其骨"等方面让民众切实受益，建立"无知无欲"的良好社会风气，民众就会自觉抵制那些不符合大道的歪理邪说，不会被心怀叵测的"智者"欺骗，那些有野心的人也就不敢轻举妄动。

"为无为，则无不治。"

"为无为，则无不治"，这是治理的最高境界，即充分发挥每一个社会主体的作用，激发每一个人的正能量，帮助每一个人有效地把握和控制私欲，从而形成社会治理的聚合效应。这样不仅国家和组织能够成就一番伟大事业，每一个主体自身也能够各得其所，民众安乐而社会安宁，内部祥和而外部友好。懂得"圣人之治"的治理者一定是明道重德的人，他们会恰到好处地控制自己的欲望，把自己杰出的能力用在把大家的事情办好，在行事过程中始终遵循"道"，不过度突出自己的作用，但却依然得到了民众的拥戴，这就是"为无为"的境界。治理者真正做到了"为无为"的境界，就一定会获得各方面的认可，得到民众的真心拥戴；其治理理念和政策措施也会得到充分认同和全面落实，美好的社会治理理想就能够顺利实现。"无不治",这简洁的三个字所体现的"圣人之治"蕴含着强大的公信力和行动力,它能够集聚起全社会的力量,克服各种艰难险阻,从而使"无不治"成为治理成功的标志。

第四章　虚而有用　大道起源

道冲，而用之或不盈。渊兮似万物之宗。挫其锐，解其纷，和其光，同其尘。湛兮似或存。吾不知谁之子，象帝之先。

——《道德经》第四章

本章讲"道"的存在状态和发挥作用的方式。阅历丰富的人都知道，那些强势宣称自己才是绝对真理的思想和言论，往往经不起历史和实践的考验。倒是那些听起来平实、实施起来入情入理的思想，反而与大道一脉相承，能够跨越时空、历久弥新、代代相承。老子的系统思想就是这样的典范。

> **"道冲，而用之或不盈。渊兮似万物之宗。"**

"道冲"，是老子对于大道存在状态的生动描述，这是一种看似不可名的名。"冲"是一种直观的虚空，但同时也是真实的存在，它有别于其他实体事物形成的物化系统，与人类感官可以获得的各种具象信息比起来，"冲"是混沌的和不确定的，它对应着"夷、希、微"① 等人类感知不到的"道"的真实存在状态。老子对于"道"还有进一步的描述，如"无状之状，无物之象"②。这些"有"的状态用人类现有的科技能力还不能实证，那么与"有"相对应的"无"的状态就更难以验证了。大道给人类带来"冲"的感觉，这会让人类在"无"和"有"的状态中循环往复不断深入。这便又回到了第一章讲的那种"玄之又玄，众妙之门"的感觉。

"**而用之或不盈**"，这是说，与"道"的形态难以把握不同，"道"的容量巨大，"道"发挥作用之后的结果是人类可以感知的。世上已知的万物都是"道"的产物，而且万物之间复杂的关系也是由"道"而形成的。曾经困惑人类的生物链、进化关系、科技文明、生态环境、星际引力等，也只不过是"道"的小作品。"道"就是这样一个规模无限、包容一切的系统，该系统以"无"和"有"的状态承载了种类与数量都大得无法胜数的主体，它们之间通过相互作用还在不断形成新的"有"和"无"。人类已知的一切已经非常庞大了，正在探索和逐步证实的存在还有更多。这种新的认知既有线性的，也有大量非线性的。对于这些认知对象，"道"这个系统都能充满弹性、一如既往地容纳，"道"本身就好像没有变化一样，一点也看不出系统可能要满载的迹象，这就是"用之或不盈"。

---

① 《道德经》第十四章："视之不见名曰夷，听之不闻名曰希，搏之不得名曰微。此三者不可致诘。故混而为一。"

② 《道德经》第十四章："是谓无状之状，无物之象，是谓惚恍。"

大道的能力令人震撼，令人着迷，更令人向往。于是，人类中的精英也想模仿大道的方式去行事，去推动人类社会这个"大道"子系统的运行，从而生出了基于人类特有认知能力而存在的"美、恶、善、不善"① 等认知。不同的人对于"道"的认知境界高低各异，不同的认知境界与"道"结合，又分别产生了"德、仁、义、礼"② 等更容易被人理解的具象概念。

"*渊兮似万物之宗*。"由此看来，"道"就像一个深不可测、永不干涸的源头，很深邃很辽远。世间万物都是自然而然、源源不断地由这个源头产生，作为一个个单元主体进入"道"这个巨大的系统中来。每一个主体从出现到消逝都会与世上的其他万物产生各种关联，引发更多的事件，而这一切都是循大道而生的。大道能包容世上一切事物，又能产生一切事物，蕴含着无穷无尽的生机，所以说"道"就像是万物之宗。

> "*挫其锐，解其纷，和其光，同其尘。湛兮似或存。*"

面对繁纷复杂的大千世界，"道"依循其特有的机制和行为，恰当地协同特性各异的众多主体，使其各具特点又能有机协同，进而实现系统的正常运行。

"*挫其锐*。"虽说每个主体都有自己的特殊性，但有些特性会

---

① 《道德经》第二章："天下皆知美之为美，斯恶已；天下皆知善之为善，斯不善矣。"

② 《道德经》第三十八章："故失道而后德，失德而后仁，失仁而后义，失义而后礼。"

成为该主体在系统中的安全隐患。"锐"① 指特定主体所具有的锋芒，因尖锐锋利而具有相当的破坏力，会对其他主体甚至该主体自身造成不可预期的伤害，还可能给系统整体的运行造成负面影响。一个具有"锐"性的主体在与其他主体的相互作用中，容易引发冲突甚至是相互伤害。"道"的作用机制是在不对主体进行大改造的前提下，以"挫"的方式加以微小调整，便能把特定主体身上的这些细小锋芒适当去除，且不影响主体整体特性的发挥。去除了"锐"性之后，不同主体之间的差异和对立就会转变为互补和协调，不同系统主体之间就能够有效协同，达到理想的系统效能。

"**解其纷**。"世间万物都不可能完全独立地存在，每一个主体都会跟其他数不清的主体发生直接或间接的关联，所以在哲学家眼里，人就是一切社会关系的总和②。主体之间的一些关系有利于促进系统效能的提升，但也有一些关系不利于系统合力的形成，这些不利于系统聚合力量的关系就是"纷"，在现实治理中会表现为主体之间的纠葛或矛盾，对其处理不当就会影响系统的正常运行。"道"的作用机制就是能够结合特定复杂系统的具体特点，理顺主体间的各种消极纠葛的关系，把主体间的既有关系整合成一种符合系统运行需求的特定秩序，从而实现系统发展

---

① 古文中写作"剫"，籀文（春秋战国时期流行的一种秦国的字体）中的字形是一把刀在炉火上加热的样子，这是把铁锻打成钢的动作。铁经过锻打后可以增加硬度，即锐利度，所以有"锐利"的意义。本是锻铁的工序，后来也应用到铜制武器上。许进雄：《新编进阶甲骨文字典：甲骨文发现 120 周年纪念版》，台湾字亩文化出版社 2020 年版。

② 原文为："人的本质不是单个人所固有的抽象物，在其现实性上，它是一切社会关系的总和。"《马克思恩格斯选集》第 1 卷，人民出版社 1992 年版，第 18 页。

的愿景。

"和其光。"参与到大道系统中的不同主体都具有各自的优势和特点，"光"正是特定主体在复杂系统中的标识，以此来区别于其他系统主体。如同辽阔宇宙空间中的点点繁星，它们各有各的特点且亮点纷呈。但是，一颗星辰的光辉构不成整个璀璨的星河，所有主体的特点简单叠加在一起，也不能形成一个浑然一体的系统。大道的作用机制恰好能够把这些不同主体所具有的离散的标识整合起来。"和"不是对不同主体所具有的"光"的简单加总，而是对众多的"光"进行有机整合，进而形成系统的整体标识和多元化特性，展现系统正常运行的良好状态。

"同其尘。"在"道"这个复杂系统中，所有的主体都是由"道"生成的，"道生之，而德畜之"①。与"道"的伟大和长久相比，其他万物的存在都是短暂的。万物在大道系统之中形成了众多子系统，不同主体最终都要回归到大道系统这个共同的起点，经过重新组合后又形成新的主体，以新的形态出现在大道系统中。比如在森林系统中，每年树叶飘零后会回归土壤，成百上千年的大树枯死后也是回归土壤，它们各自从天地间吸收营养并长成了迥然不同的物质形态，生命存续时间相差甚远，但最终都会回归到同一个起点。"夫物芸芸，各复归其根"② 就是这个道理，回归土壤的枯叶或枯树又会被微生物分解成一些最基本的元素，然后又被动植物当作营养吸收，你中有我，我中有你，组合形成新的

---

① 《道德经》第五十一章："道生之，而德畜之；物形之，而器成之。是以万物莫不尊道而贵德。"

② 《道德经》第十六章："夫物芸芸，各复归其根。归根曰静，静曰复命。复命曰常，知常曰明。"

主体。从时间的跨度来看，仿佛大道系统不断地生成各种主体，又不断地将它们拆解化为一些最为基本的构成微粒，此即"同其尘"。

"湛兮似或存。""道"在世间万物的发生发展中都发挥着不可替代的作用。"道"是一个伟大的客观存在，它有其存在的形态，只是这个形态太宏大、太抽象、太复杂，以至于凭借人类最强大的认知能力也只能肯定它的存在，却始终无法用人类已有的度量衡标准和评价指标来对它进行描述，更无法完整探究"道"的系统构成。

在社会治理中，大道通过世间万象来显现它的作用，大道每一次发挥作用都是貌似相同实则迥异，也就是规律相同而表象不同。大道会在不同的时间以不同的形态、不同的结构、不同的影像、不同的习俗表现出来。如果人们完全套用以往发生过的事件来分析当下的情况，那就一定会出差错。可见，大道的实施不能照搬硬套，要与大道的具体应用情况结合，调和冲突、化解纠纷、集成优点、同化习惯、统一规则。这种变通不是对大道的否定，而是对大道的追随和调适，是人与大道相融合的正确行为方式。人类在恰当变通之后就能运用大道解决现实问题，能够让大道自然而然地发挥作用。

"吾不知谁之子，象帝之先。"

"道"是如此的伟大，它可以创造万物、涵养万物，可是谁也说不清"道"是从何而来。其实"道"是一个最根本的巨系统，人类能够感知到的一切都是它的子系统。"道"还是"象帝之先"，也就是"先天地生"①。"道"与人类的关系是很清晰的，正是有"道"的存在才产生了人类，人类去悟道行道又推动了社会的进步发展。这不是神话，不是迷信，也不是宗教，而是一种基于"道"的系统思想，它可以把哲学中尖锐对立的唯物主义与唯心主义有机地结合起来，形成关于人类终极疑问的更为系统的认识论。就如同"无"和"有"可以通过"玄之又玄"②的组合转变，从而形成人类丰富的智慧体系一样。

相较于人类存在的周期而言，"道"的系统是一个没有起点也没有终点的无限系统。因为"道"是在人类能够感知和认识的极限时点之前就早已存在，所以人类永远也无法明确大道是怎样出现的。老子系统思想的这一表达被后世一些学者认为是唯物主义的起源，以此给老子戴上一顶"唯物主义鼻祖"的帽子，作为对老子的褒奖。然而也有一些学者以"道"无法验证为由，坚持认为老子的思想属于唯心主义。在二十世纪五十年代，中国内地学界曾就此进行过一轮激烈的哲学辩论，但最终也没有定论，只是多了一个"客观唯心主义"③的名词。其实，老子提出的"道"是一个包容了唯物主义和唯心主义的大系统，即使今后再生出什么新名词，其本质也只是基于"有"和"无"的转变而产生的又一次"玄"变，"道"的系统依然是"用之或不盈"。

---

① 《道德经》第二十五章："有物混成，先天地生。"
② 《道德经》第一章："此两者，同出而异名。同谓之玄，玄之又玄，众妙之门。"
③ 任继愈：《老子新译》，上海古籍出版社 1978 年版。

第五章　道德不仁　善在守中

天地不仁，以万物为刍狗；圣人不仁，以百姓为刍狗。天地之间，其犹橐籥乎？虚而不屈，动而愈出。多言数穷，不如守中。

——《道德经》第五章

这一章讲的是大道和圣人的行为原则和特点，这是与人性原则相通却又远高于人性情感的境界。

> "天地不仁，以万物为刍狗；圣人不仁，以百姓为刍狗。"

本章出现了一个重要概念，就是"仁"。恰当地理解"仁"这个概念，对于研究老子系统思想非常重要。老子将人类认知"道"的境界高低做了界定，即"道、德、仁、义、礼"①，其中

---

① 《道德经》第三十八章："故失道而后德，失德而后仁，失仁而后义，失义而后礼。"

"道"是最高的境界，"道"之下是"德"，"德"之下是"仁"，
"仁"之下是"义"，"义"之下是"礼"。"仁"是在"人之道"①
的制约前提下，个人能够达到的最高境界。虽然比之"道、德"
还有差距，但是比之"义、礼"，"仁"是更高的境界，所以儒家
把"仁"看成是人性的最高境界。在老子看来，到了"礼"的这
一层次，就是把"道、德、仁、义"固化到各种规则中，虽然在
治理中便于执行和监督，但也容易教条和僵化，造成形似而神异，
与大道的本意偏离较多。

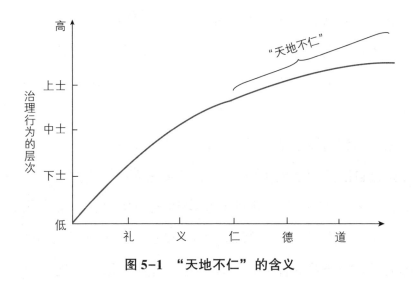

图 5-1　"天地不仁"的含义

在人类可以认知的范围内，"天地"和"圣人"是最接近于
大道的，其行为都是在"道"和"德"的层次，所以老子才会说
"天地不仁，以万物为刍狗；圣人不仁，以百姓为刍狗"。此处
"不仁"的意思不是"仁"的反义，也不是"低于仁"，而是

---

① 《道德经》第七十七章："天之道，损有余而补不足；人之道则不然，损不足
以奉有余。"

"超乎仁"，也就是超越了"人之道"的大公平，是基于"天之道"和"圣人之道"的"为而弗争""利而不害"①，亦是更高境界的"一视同仁"，后面第三十八章会有更详细的分析。人类因为有感情从而有了好恶亲疏，基于感情的判断和行为做不到对所有事物一视同仁。所以，在老子的系统思想中，"仁"作为一种认知和行为，其层次低于"德"，更低于"道"。

现在人们一提到"仁"，往往会觉得它是人世间最高的道德境界，这是受儒家思想的影响所导致，所以看到"不仁"这个字眼就觉得很刺眼、很不舒服，顿时会产生很负面的感觉②。特别是把"不仁"与"天地、圣人"联系在一起就会更加困惑，认为老子的思想是轻视普通民众，从而误解了老子系统思想的真实含义。

老子思想的核心是"道"，孔子思想的核心是"仁"。孔子也曾经说过自己是"述而不作""窃比于我老彭"③，这里的"老彭"讲的就是老子和彭祖④。孔子的儒家思想是从"仁、义、礼"开始，进而细化到"仁义礼智信、温良恭俭让、忠孝廉耻勇"，几乎涵盖了人类修养的各个方面。但是，这种细化和固化的"道"，必然受制于特定的社会制度和治理体系，一旦时代变迁就会产生

① 《道德经》第八十一章："天之道，为而弗争。圣人之道，利而不害。"
② 现代人普遍了解"不仁不义""为富不仁"等成语，容易将"不仁"这种说法与负面情感联系在一起。
③ 《论语·述而篇》："子曰：述而不作，信而好古，窃比于我老彭。"
④ 彭祖，传说故事中的人物。姓篯名铿，颛顼玄孙，生于夏代，至殷末时已七百六十七岁（一说八百岁）。事见《神仙传》及《列仙传》。旧时以彭祖为长寿者的象征。彭祖被认为是在老子之前的道家代表人物。

不适应，甚至会阻碍社会的进步和发展，这就是"道之华而愚之始"①的道理。孔子思想可以看作是以"仁"为核心的学说，"仁"字在《论语》中出现了一百多次。"道"可说是老子系统思想的核心，"道"字在《道德经》中出现了七十几次，与之相对应的"德"字在《道德经》中出现了四十几次。

"仁"是基于人性和人力的行为方式，虽然也力求最大限度的公平性和普遍性，但是受制于人性的缺陷与人力的不足，这种力量的作用注定是有限的，这就是"人之道"和"天之道"的差别。而"天地"和"圣人"是基于"道"的规则行事，体现的是"道"的能力和行为方式，所以"道"的作用范围和持续性远胜过基于人性和人力的"仁"。

"天地不仁，以万物为刍狗；圣人不仁，以百姓为刍狗"，表面上看似乎天地和圣人很无情，深入体悟就会发现，这才是大道无所不在的大包容、大平等、大公正。

"**天地不仁，以万物为刍狗。**"天地系统是按照大道的规律在行事，不会为了迎合人性弱点而降低行为水准而以"仁"自居；对于世间存在的万物，天地能够一视同仁地对待。祭祀是一件神圣的事情，具有很强的仪式感，这一点古今中外都一样。"刍狗"是用来祭祀的牲畜（也就是"牺牲"），是人类从众多的牲畜中选出来的精品，以"刍狗"代表虔诚的敬意。由此可见，能够作为"刍狗"的牲畜一定是人类有所看重的所有物。老子以"刍狗"来说明，对于天地而言，世间万物都是最好的，天地能够像

---

① 《道德经》第三十八章："前识者，道之华而愚之始。"

人类对待稀有物品那样去珍爱世上存在的每一个事物。这是一种稳定而永恒的强大能力，只有"无为而无不为"① 的大道才能担负起这种了不起的大爱。比如阳光普照、刮风下雨，对世间万物都是一样的，不会因为某种事物特殊而多一些或者少一些。"天地不仁"讲的就是天地系统为万物提供了一个无差别的生存环境，不同物种基于自身的条件会有不同的适应之道，逐步形成与世界相适应的自身特点。天地系统对万物的无差别对待，恰恰是世界万物共生共存、千姿百态的根本，这种"道"的厚重博大，远远比无原则迁就弱者的"仁"更了不起。

"圣人不仁，以百姓为刍狗"，是说圣人也是依照"道"行事的，而"道"在人身上体现出来就是"德"②。"德"也是分层级的，在圣人和明道有德的治理者身上体现出来的是高层级的，《道德经》中分别用"孔德""玄德"③ 和"上德"④ 来描述。符合"道"的德就是对于民众公平，让民众能够自由、自主、自然地生活。如同天地对万物的一视同仁，圣人对于老百姓也是一视同仁，不会有偏爱和忽视，避免因为偏爱造成社会的失衡。在现实社会中，人和人之间会有各种特定的关系，比如血缘、情感等，如果囿于这些关系，就必然会有特定情形下的特殊关照，这就与大道相违背了。并且这些特殊关照多了还会形成各种弊端，治理

---

① 《道德经》第三十七章："道常无为而无不为。"

② 《道德经》第二十一章："孔德之容，惟道是从。"

③ 《道德经》第十章："生之畜之，生而不有，为而不恃，长而不宰，是谓玄德。"第五十一章："生而弗有，为而弗恃，长而弗宰，是谓玄德。"第六十五章："常知稽式，是谓玄德，玄德深矣，远矣，与物反矣，然后乃至大顺。"

④ 《道德经》第三十八章："上德不德，是以有德；下德不失德，是以无德。上德无为而无以为；下德无为而有以为。"

就会出现问题。圣人心怀天下，其行为的目的是让社会能够长久和谐地存续。因此，"圣人之治"不会因为各种特定关系而对民众亲疏有别。

> "天地之间，其犹橐籥乎？虚而不屈，动而愈出。多言数穷，不如守中。"

　　"天地之间，犹如橐籥乎？" 老子认为天地是按照"道"运行的，第四章已经讲过"道"的运行方式是"道冲，而用之或不盈"。天地系统是类似"道"的一个子系统，这个子系统本身也是一个巨系统。天地系统的构成和运行，人类至今也无法准确解释。为便于理解"冲"在天地运行中的表现，老子把天地形象地比喻为一个橐籥（tuó yuè），也称"橐爚"，这是古代冶炼时使用的鼓风吹火器具，很像后来的风箱。它是中空的，通过外力鼓动就能源源不断地产生风力助燃；鼓动力度不同，所产生的风力也不同。老子系统思想认为，天地系统的运行与橐籥的运行原理类似，会根据其受到的外力大小而做出相应的反应。

　　"虚而不屈。" 橐籥的中空部分在不鼓动的时候很平静，其中充满了空气，但自身似乎并没有强大的能量，此时完全处于"虚"的状态。随着橐籥的压缩和舒张，空气从其中排出而后再充满；虽然每次都会把中空的气体排出，但随着再次扩张，空气又会重新充满，这种现象就是"不屈"。

　　"动而愈出。" 当橐籥被压缩的时候，中空部分的气体聚集密度增加而产生了压力，于是从相对狭窄的风口"挤"出就形成了风力，风力加快了空气流动而产生了助燃的功效。这个过程不断循环往复，而且随着鼓动的程度不同，产生的风力也不同，对于燃烧的影响也不同。只要不断持续运动，就可以一直提供助燃的空气。

天地与世间万物的关系就如同橐籥与燃烧的关系一样。相对于万物而言，天地本身是不生不死的客观存在，但是天地每时每刻都在参与万物的生长演化，这种无差别心的参与是永恒的。正如橐籥鼓动的风的强弱会影响到燃烧的情况，天地在时间推移、四季循环中也或大或小地影响着万物的变化，地球上的气候变化甚至导致了不同事物的兴衰。例如曾经在侏罗纪横行大地的恐龙，如今只有博物馆中的化石还能证明它们曾经辉煌的存在；曾经浩瀚的海洋，在几百万年后展现在世人面前的却是干旱的沙漠。

"虚而不屈，动而愈出"就是合乎"道"的一种运行规律，看起来朴实无华，却恰恰是智慧和力量之源。只要通过合适的力度和方式，就能恰到好处地生成所需的能量，并且这种能量生成可以源源不断，"用之不勤"①。"既以与人，己愈多"②，越是使用越是强大，始终能够匹配系统运行的需求。

"多言数穷，不如守中"，对于"道"的表述也是如此。"道"的应用和表象纷繁复杂，如果想逐一穷尽地说明它们是根本做不到的。人类的认知本身就处在一个不断演进的过程中，对于很多

---

① 《道德经》第六章："谷神不死，是谓玄牝，玄牝之门，是谓天地根。绵绵若存，用之不勤。"
② 《道德经》第八十一章："圣人无积，既已为人，己愈有；既以与人，己愈多。"

事物的认知还不够清晰，也无法描述清楚，这就是"恍惚"①。然而，"道"的真谛也很简洁，只要用心感悟，就会有收获，不需要多余的辞藻。有时候"道"只能意会不可言传，但这种感悟终会通过个人的行为展现出来。要很好地理解和把握大道，不仅需要拥有如同橐籥一样"虚而不屈"的内心，还要有恒心、能坚持，经过时间磨砺和个人体验，方能够悟出"道"的含义。如果图省事走捷径，反而容易误入歧途。"多歧亡羊，多方丧生"②的寓意就在于此。后面第五十三章讲到"大道甚夷，而人好径"时，会进一步阐释这个道理。

---

① 《道德经》第二十一章："道之为物，惟恍惟惚。"
② 《列子·说符》："大道以多歧亡羊，学者以多方丧生。"

第六章　造就万物　亘古不休

谷神不死，是谓玄牝，玄牝之门，是谓天地根。绵绵若存，用之不勤。

——《道德经》第六章

越是高深的道理，越能够娓娓道来，这是读老子著作的最大感受。在这一章里，老子通过描述传说中的生养之神的永恒性与持久性，来说明大道在人类可以感知的范围内的运行规律。

按照现在通行的说法，老子写《道德经》时已是八十岁高龄的长者，在同时代的人看来已经是活神仙了。他所理解的"道"贯通政治、军事、自然、人文、科技等众多领域，体现了人类认识世界的顶级智慧，这种认知境界高于当时世界其他地区的人类文明领军人物，即便是后人也难以超越。历史的发展证明，后世的思想家大多只能从某个侧面去理解大道，少数能比较系统地阐释大道的思想家，就成了后世的准圣人。像明朝的王阳明在龙场悟道之后达到了"知行合一"境界，从一介书生转变成为伟大的政治家、军事家。

> **"谷神不死，是谓玄牝，玄牝之门，是谓天地根。"**

老子思想是一个以"道"为核心的系统思想，其中包容了宗教、美学、哲学、自然科学、人文科学等众多领域的人类智慧。正因为如此，在讲解大道的时候，老子采用了很多生动形象的描述手法，这些生动的语言和词汇来自不同的学科，看似信手拈来，实则体现了老子智慧的博大精深、兼容并蓄。恰当地理解老子的这种表达特点，对于理解其系统思想会有很大的益处。在本章中就有"神"和"谷神"这两个首次出现的词汇，原本是神话传说中的概念，被老子借用来表达大道系统内各种子系统和存在主体的形成机制。老子把这种形成机制描述成一种具有生命特征的生养机理，具有生生不息的生命力，以此表明大道与人类可认知的客观事物之间的关系。

需要明确的是，老子所讲的"神"不是世人通常所说的神话传说，也不是各种宗教宣扬的各路"神仙"，而是对于大道存在的一种认知表达，这种存在介于大道与人之间。对于多数人而言，直接理解"无"和"有"①的状态比较抽象，但理解"神"的存在状态反而会更容易一些。"神"字在《道德经》中出现的次数很少，除了本章之外，仅在另外两章中出现：第二十九章讲到"天下神器，不可为也"；第六十章讲到"以道莅天下，其鬼不神；非其鬼不神，其神不伤人；非其神不伤人，圣人亦不伤人"。

---

① 《道德经》第一章："无，名天地之始；有，名万物之母。"

"神"是大道给予人类的某些特定启示，是大道通过与人类熟知的某种事物结合，以具象化的特质展现出来，用以引导人类的具体行为，比如火神、山神、水神等。"神"大多存在于宗教或民俗中，这些神会生动地给人以启发。时至今日，很多无神论者在一些特定情况下，也会倾向于相信"神"的存在，并祈求得到"神"的某种庇护和帮助。

"*谷神不死*。"人类一直在探究世间万物的起源，从造物主的假说到自然进化论，几千年来，人类一直在不懈探究却依然没有定论。老子基于大道的认识论，提出世间万物可以形象地认为是由一个始终存在的特殊母体生养而成的。"谷神"就是老子提出的生养之神，她是大道的生养能力在天地系统中的代表，她的生养使得天地系统生机勃勃、充满活力。"谷神"是永恒存在的，是与大道同生共存的功能系统，所以对于人类及万物而言，这个生育之神是"不死"的。"谷神"与天地系统是同生共存的，都是合乎大道的产物，天地系统中存在的各种主体都是"谷神"生养的。对于"谷神"而言，万物的出现和消失就是一次生养过程，而不同物种的进化演变和生死轮替对于"谷神"而言都只是些微不足道的瞬间。

"*是谓玄牝*。"因为"谷神"具有的这种伟大的生养能力，老子就又给她起了一个名字叫"玄牝"。**这个神奇的母体无差别地生成不同的事物**[1]，从庞大的宇宙星体到微小的物质粒子，从复杂的人类到简单的微生物，都是由"谷神"而生，然后开始各自

---

[1] 《道德经》第五章："天地不仁，以万物为刍狗。"

的生长历程。**谷神发挥的作用是在"天地"这个系统内实现"有"和"无"之间的轮替**。"牝"原意是指雌性的鸟兽，与之相对的"牡"是雄性的鸟兽，"牝牡"被引申为与阴阳、生命延续相关的各种含义。前面在第一章中曾讲到"常有"和"常无"这两种状态，并把这两种状态称为"玄"。通过"玄之又玄"来了解大道存在的极限状态和演变转化，这是研究"妙"和"徼"的根本途径。"玄牝"是永恒存在的根本性的母体，可以产生无限大和无限小的主体；"玄牝"也是人类可以感知的最初始最复杂的母性，是大道生养能力在天地系统的具象存在。"谷神"就是这样一个永生的母体，她源源不断地产生各种各样的子系统和千差万别的存在主体。

"*玄牝之门，是谓天地根*。" 如果把天地视为一个生命系统，那么它也有一个生育系统，类似于雌性动物的产门，通过"有"和"无"的交互状态，不断产生新的主体，取代消亡的主体。**这个过程不是一对一的准确对应，而是在总体规模和数量上相对平衡，从而达到复杂系统的动态平衡**。在这个复杂系统中，人类可以感知到万物的生生死死、优胜劣汰，它们不断变化但总体稳定。这个神秘的产门被老子称为"天地根"，千差万别的主体都是从这个神秘的产门中孕育产生。如同大树深埋于地下的丰富根系，它会与所处的土壤环境形成和谐的平衡，以稳定的状态支撑大树生态系统的生长变化。相较于不容易观察的根系变化，大树的外在形态伴随时间的推移和季节的更替会不断变化：枝叶会萌发也会凋零，但树干会逐年变得更加粗壮。对于"玄牝"这个伟大的母体而言，万物没有贵贱高低之分，正合乎大道对待万物的平等和包容。这与第五章的"天地不仁，以万物为刍狗"再度呼应，进一步完善了老子对于"道"的描述。

"绵绵若存，用之不勤。"

"玄牝"这种天地系统间的生育能力是一种若有若无的存在，看起来很隐秘柔弱也没有清晰的形态，人类可以凭智慧感知到，却无法描述其具体的过程。天地系统的持久存在可以证明，"玄牝之门"这个看似若有若无的存在，实际上是真实和持之以恒的，它造就了各具特色的世间万物，构成了丰富多彩的大千世界。"玄牝"这种神秘的生育能力与人类可以观察到的其他激烈变幻的现象相比，显得有些飘忽不定，甚至会在某些时期给人造成错觉，使人类误以为可以从根本上影响甚至驾驭这个系统，这种苗头在工业时代、信息化时代和人工智能时代的初期阶段表现尤其明显。在人类技术的进逼之下，这种伟大的生育能力看似已经到了山穷水尽的地步，但转眼之间又会柳暗花明。针对人类为了更好生存而做出的种种改变，玄牝展现出其应对从容的一面，这依然是"道"的本来态度。正可谓"万物作焉而不辞，生而不有，为而不恃，功成而弗居"[1]。

本章以寥寥数语解释了生养之"道"的真谛，言简意赅，是"多言数穷，不如守中"[2] 的又一种体现。

---

[1] 《道德经》第二章："是以圣人处无为之事，行不言之教，万物作焉而不辞，生而不有，为而不恃，功成而弗居。夫唯弗居，是以不去。"

[2] 《道德经》第五章："虚而不屈，动而愈出。多言数穷，不如守中。"

第七章　持之以恒　无私而成

天长地久。天地之所以能长且久者，以其不自生，故能长生。是以圣人后其身而身先，外其身而身存。非以其无私邪？故能成其私。

——《道德经》第七章

与第六章的抽象凝练相比，这一章对天地之道和圣人之道的表述非常直白流畅。老子系统思想主张“人法地，地法天，天法道，道法自然”①，这是一个逐步升级的系统结构，在这个序列中，每一个后者都比前者更复杂、更长久、更深奥，这一点我们在后面会有更具体的分析。

---

① 《道德经》第二十五章：“域中有四大，而王居其一焉。人法地，地法天，天法道，道法自然。”

> "天长地久。天地之所以能长且久者，以其不自生，故能长生。"

"**天长地久**"，这是一个常识。相对于人类的生命周期而言，天地系统是相对稳定的存在状态，无论在时间上还是在规模上都是无限的。天地是人类能够感知的恒定参照系，人类早期的时间标准（如历法等）都是按照太阳和月亮的运转周期来确定的，近现代科学的大量测度标准也是依照天地系统的运转周期来制定的，并伴随着人类认知能力的提高而不断精确。

在第一章中，我们曾对"天地"这个概念进行分析，包括广义和狭义两个方面。本章中的"天地"是大尺度的天地系统概念，不仅包括地球、太阳、月亮，还有人类可以观测到的其他星系，这是比银河系还要大很多的系统存在。"长"既是系统存在的时间概念，也是对系统稳定性的表述；既是相对人类社会而言在存续时间和系统稳定上的超然，也是相对恒定的存在。"久"表示天地系统能够保持某种状态和规律性运动，始终维持复杂的能量转变，能够自动维持几乎永不间断的持续运行。

其实，现代科学已经验证了天地系统也在缓慢演变，只是其时间跨度非常大，需要以天文单位来计量才能看到相对的变化。比如，按数亿年的时间间隔可以清楚看到，地球表面原有的海洋可能变成了山地，原有的河流可能变成了平原。这种变化对于地球上的物种而言是沧海桑田的大变化，而对于地球自身而言只是外形的些许调整，对于太阳系来说就更是微不足道的事情了。

地球是人类赖以生存的家园，离开了地球人类几乎无法生存。

除了人类，地球上还生存着万物。地球生态本身就是如此的复杂深奥，人类在面对生态环境变化时，根本没有自己想象中的那般强大。地震、火山爆发、飓风等大型自然灾害随时会给千百万人带来灭顶之灾。即使是变化缓慢的气候环境，日积月累也可能给人类的生存造成毁灭性打击。这些对人类而言犹如世界末日般的灾害场景，对于整个地球系统而言只是一个小小的阶段性调整，甚至只相当于系统运行中的随机扰动而已，稍加调整就可以适应新的状态。地质与考古研究已经证明，一些曾经非常活跃的地球物种由于生存环境的变化而神奇地灭绝了，但地球生态系统至今依然正常运转着。

同样地，一旦置身于更大的天地系统，地球也显得非常渺小。就算在太阳系以及银河系中，也有很多能够给地球带来巨大影响的偶发事件，它们足以给人类生存造成致命影响。在这些潜在威胁面前，地球也处于被动地位。而目前即使把人类的全部力量加起来，对于这些影响而言也是微不足道的。若是放眼更大的系统，人类的能力就更显得弱小了。人类即便是尝试着去感知和认识这些系统都显得力不从心，更遑论去对这些大得难以想象的系统施加影响了。

"**天地之所以能长且久者，以其不自生，故能长生。**"若将天地系统与有生命周期的万物相比，天和地都是无限长久的。与世间万物通过繁衍生息、代际演化来保持物种的存续比起来，天地系统没有代际交替。自从太阳、地球等主要星球作为天地系统中的重要主体出现之后，就没有像人类和万物那样必须通过个体的不断繁衍来实现种族的基因延续与生命迭代。天地系统的发展是通过系统内部众多主体的迭代而完成的，在极大跨度的时间长河中，天地系统保持了比较稳定的前后同一性，这种稳定关系也构成了人类出现和发展的基础环境。从人类目前的认知能力来看，这种稳定关系具有足够长久的时间延续。

太阳朝出夕落，月亮阴晴圆缺，它们仿佛一直在为世间万物服务，亿万年来始终如此。在这个漫长的岁月长河中，天地之间的万物生生死死，或存或亡，无数的主体曾经蔚然出现却又转瞬消失。现存的生物也都经历了无数代的演化，而天地系统的运行规律依然如故。天地不进行自身的复制和繁衍，是从更高级的系统中获得支撑自身系统运行的能量，而不是从系统内部的子系统或者更微小的主体那里去摄取能量。所以对于更低级的子系统和主体而言，天地是长生的，这种不需要自我"生产"的能力只有符合大道特点的系统才能具备。

> **"是以圣人后其身而身先，外其身而身存。"**

圣人能够认识到天地系统的长生所反映出来的大道。圣人的智慧和行动方式就像天地系统一样是浑然一体的，能够集成人类的总体智慧并用这种智慧去影响和教化不同类型的人群，就像天地对待万物一样。不同类型的人群会随着岁月变迁、通过代际更替而延续，不同的群体之间还会有交流与融合，由此产生的变异会在后续的演化中展现出来。但是，作为人类智慧的系统集成却是相对恒定不变的，变化的是人类智慧的不断延展与深化，人类可感知的对象总量在不断积累增加，感知能力也在持续增强。但是人类智慧本身是基本稳定的，而能够把握人类总体智慧的圣人也就具有了类似于天地系统才有的属性。

"**是以圣人后其身而身先。**"在大家都争先展现能力的时候圣人会甘居人后，在众人无能为力时圣人又总会挺身而出、力挽狂澜。面对社会治理中难以克服的困难，圣人总能在更高的层次和更大的系统内去分析和解决问题。不需要否定此前人们已经付出的努力，所以不存在先下手为强、抢占先机的压力。在任何时候，面对任何困境，圣人都能立足现有的系统状态和资源禀赋，恰当地找到突破路径和办法。对于系统中的其他相关主体而言，往往只有在面对真正的挑战时才会意识到自身能力的不足。此时，圣人一旦出现就自然会处于引领位置，并且会得到民众的认同和追随，做到"处前而民不害"[①]。依照大道行事的圣人既能系统地聚合众人之力，也能发挥好每一个系统主体的作用，实现每一个普通主体的自身价值。

"**外其身而身存。**"圣人的智慧一旦形成就注定会是人类社会恒久重视的宝贵财富，所以圣人的价值体现不能借助系统内部其他主体的评价标准。圣人的思想可以伴随人类社会的整个发展过程，如同天地之于世间万物那样。只要人类存在，圣人所代表的人类大智慧就会为社会治理提供指导和帮助，圣人的形象就会被铭记，其思想就会被延续。从这个意义上讲，圣人对于人类社会而言就是不死的，是与人类社会同寿的。如果天地系统能够一直保持适宜人类生存的环境，那么圣人也可以看作是与天地同寿的。

圣人了解大道系统的运行特点并能够按照"道"的原则去行

[①] 《道德经》第六十六章："是以圣人处上而民不重，处前而民不害。"

为处世。"外其身"是说置身于利害得失之外，结合所处社会的实际情况，以大道对待万物的方式来参与社会治理。不以社会流行的价值标准来评价自己，也不以躯体的长生来显示自己的神异。在现实社会中，圣人不是先考虑自身利益，而是把民众的利益放在更加重要的位置上。正因为如此，圣人反而成为民众的典范和楷模。

圣人的"身存"不是肉体不灭，而是智慧永存，这正是老子系统思想有别于后来一些道家思想的地方。圣人不追求个人名利，不计较个人得失，反而被民众视为榜样和精神领袖，长久地受到敬仰和推崇，不断地引领社会发展。他们的处世方式令人景仰，被后人当作楷模学习和追随。他们的言论和形象，生动地存活在后世人们的心中。

"非以其无私邪？故能成其私。"

"非以其无私邪？"按照世俗标准来评价，圣人是无私的，也是博大包容的。圣人在处世时宠辱不惊①，不追求世俗的肯定和赞美，不被个人欲望所驱使，不为功名利禄而动心，而甘于"坐进此道"②。正如天地不会因为人类的赞美或诋毁而改变其对待万物的行为那样。要达到如此高的境界，必须在认知和行为上超然于世俗社会的一般规则之上，这种超然的状态正是大道的体现。经过岁月的长期积累和诸多的事实验证之后，圣人的思想和行为

---

① 《道德经》第十三章："宠为下，得之若惊，失之若惊，是谓宠辱若惊。"

② 《道德经》第六十二章："夫立天子，置三公，虽有拱璧以先驷马，不如坐进此道。"

会被人类更加深刻地理解和景仰。

"**故能成其私**。"圣人不是没有主体意识，而是追求置身于比世俗标准更高的维度，追求像大道那样行事，希望能像天地对待万物那样对待身外之物，这是常人无法理解的。作为人类社会中的个体，能够在有限的生命周期内达到这种思想境界，无疑是实现了最高的人生价值。圣人总能按照大道的规律客观地对待自己以及身外之物，在大小不一、类型不同的各个系统中，始终将自己置于最恰当的位置，在自然生存方面只求享尽天寿，在社会功用方面不图一时之利，而是希望通过人类社会的长久检验来展现个人价值，实现与人类共生共存。

老子是真正能够"成其私"的圣人。虽然老子的生卒时间不详，《道德经》的成书时间犹有疑问，部分章节的内容是否为后人所续还有争议，并且大家对《道德经》中某些具体文字的理解也各执一词，但这一切都无法否定老子思想相较于其他诸子思想的系统性，也无法否定老子对于其他诸子思想的影响。老子的系统思想超然于群体私利之上，特别是不屈服于世俗的强权力量，不像其他诸子那样对治理者发出"我能够帮助你"的逢迎，而是说服治理者采取"我要依道而行"的主动。仅从这一点来说，老子思想就是其他思想家不可比拟的。

第八章　上善可循　功成无患

上善若水。水善利万物而不争，居众人之所恶，故几于道。居善地，心善渊，与善仁，言善信，正①善治，事善能，动善时。夫唯不争，故无尤。

"上善若水。"

"**上善若水**"，是广为流传的一个警句，很多伟大人物都以此为座右铭。从老子系统思想的整体看来，除了"道"本身以及恒久长远的天地系统之外，"上善"是在天地系统中万物可能达到的最高水准，指的是能够在最合适的时间，在最合适的地点，进行最恰当的活动，达成最适宜的结果。把这样崇高的评价给了无色无味、看似平淡无奇的水，是因为水所具备的一些特殊品质。

水的形态多样，有关水的画面更是千姿百态：淅沥的雨水、

---

① "正"和"政"通用，所以本书版本使用"正"字。

晶莹的雪花、玲珑的冰块、迷幻的雾气……山间的溪水潺潺流淌，既能滴水穿石，也能砥砺巨岩；沉静的湖泊水波荡漾，是各种水栖生物依恋的栖息地；大河大江冲积形成的肥沃平原，孕育了丰富的陆栖生物以及伟大的人类文明；浩瀚的大海蕴含丰富，为各种生物以及人类的生存发展提供了巨大的能量、资源和水路运输的便利。水的功用极为丰富，可供养殖、灌溉、洗涤、炊饮、医疗等生产生活之用，也可以转化为洁净能源和动力。

在某些特定情况下水也会展示其激烈的一面，辽阔的海洋有时会怒浪滔天，广袤的陆地有时会遭遇暴雨、洪水、暴风雪等气象灾害，这些情况对人类生活带来了不利甚至局部灾害，但从地球系统的运行来看，则是资源配置与能量转换的必然结果，是天地系统"以万物为刍狗"[①] 的一种表现。

人类的发展需要大智慧者的引领，东西方最早的智慧集大成者不约而同地认识到了"水"的伟大之处，并沿着不同的路线进行了深入的思考，从而推动了人类系统智慧的巨大发展。

古希腊思想家泰勒斯[②]与老子的生活时代接近，他们对于水的看法也有很多相似之处。泰勒斯一生游历广泛、社会经验丰富，有经商、航海、工程建造及从政经历，在工程、数学、天文方面都有重要建树。他提出了"水生万物，万物复归于水"的宇宙观。这种"水本原说"的哲学观点为当时的人类社会提供了一种可知论的思想路径。他认为世间万物虽然看似扑朔迷离，但若它

---

① 《道德经》第五章："天地不仁，以万物为刍狗。"

② 泰勒斯（Thales，约公元前 624 年—公元前 546 年），古希腊时期的思想家、科学家、哲学家，创建了古希腊最早的哲学学派——米利都学派，是西方思想史上第一个有记载有名字留下来的思想家，被称为"科学和哲学之祖"。

们从根本上都来自各种形式的水，那么这些事物的产生、变化也就都可以通过水的规律来说明。泰勒斯的"水本原说"与老子认为水"几于道"的系统思想相比，有着相似的认知方法，即通过观察水的规律来认知世间万物。不过，泰勒斯认为水就是本源，而老子系统思想认为人和水都是万物之一，水的特点更接近于大道。可见，在系统性认知方面，老子站在一个更高的层级。

> **"水善利万物而不争，居众人之所恶，故几于道。"**

"水善利万物而不争"，一语道破了"水"的最大优点：水的能力巨大，能够无所不在地帮助万物；同时，水又非常谦虚低调，与万物相处时能够"为而不争"①。

"水善利万物"，是说水在地球上无处不在，万物的生存也都离不开水。老子高度评价水的作用机制，将水对万物的帮助和支持用"善"来表达，用现代汉语讲就是"恰恰好"。我们在第二章专门分析了"善"的含义，这是在多个维度上的"恰恰好"，水对于万物的帮助，就当得起一个"善"字。

与其他重要的资源比起来，水的物质特性看似平淡，但其实内涵丰富、变化万千，是人类赖以生存的其他重要物质所难以比拟的。比如，火也很重要，但不能随处存在，火也不是对万物都有利，在释放大量热量时，火有可能给植物、动物等生灵带来灭顶之灾；空气也很重要，且无处不在，人不可片刻缺少空气，这方面似乎比水还重要，但也有很多生物是不需要空气的，而且空

---

① 《道德经》第八十一章："故天之道，利而不害；圣人之道，为而弗争。"

气中比较缺乏养分，这也比水差了一些。水的表现不很强势却很
有效，即使是在激流冲刷巨石的时候，表现出来的观感也是岩石
将水流击碎，日久天长才能观察到水石相击的结果其实是水磨
石穿。

水利而不害、为而不争，默默付出不求回报，既不炫耀也不
抱怨，这与大道对待万物的态度是相同的，与圣人的行事风格是
一致的。所以，治理者可以通过观察水的特点来树立治理理念并
实施治理行为。水的"善利"和"不争"还表现在，它在帮助万
物的时候通常是辅以其他物质，并突出这些物质的作用。比如，
人的身体中水所占的比重最高，其他各种成分只占较少部分，各
种成分需要与水结合才能发挥作用，但是在评价贡献的时候，其
他成分的功劳会比较突出，水的巨大作用却往往被忽略。这在一
般人看来会觉得是水受了冷落，但在圣人看来，这恰恰是水与
"德""道"相契合的体现。

"居众人之所恶。"水的"善"还有更容易被人忽视的一面，
那就是水经常处在人类与很多其他物种不喜欢、难适应的地方，
从高寒缺氧的雪山到曲折蜿蜒的沟壑，从幽暗寒冷的洞穴到艰险
陡峭的峡口，从了无生机的荒漠到危机四伏的沼泽，这都是令人
恐惧厌恶的地方，而"水"正是在历经这些"人之所恶"的处境
之后，才为人类带来了洁净的饮用水源，形成了富饶的冲积平原，
提供了充裕的发展资源。

"居众人之所恶"还表现为水能净化他物，世间万物在生存
时会产生大量废物和垃圾，而水是能力最强大的污染处理者。江
河带来生活生产所需要的清水，带走人类和万物产生的废物。有

些河流湖泊处理不了的污水和垃圾，最后会进入大海得以消纳。人类社会的繁荣富裕，人类文化的丰富绚烂，正是基于水的默默无闻甘居恶地，不断带来我们需要的物质，消纳我们废弃的物质。

> "居善地，心善渊，与善仁，言善信，正善治，事善能，动善时。"

结合人类社会的治理实践，好的治理者应该从水的这些特点得到更多的具体启示，那就是从"居、心、与、言、正、事、动"七个方面深刻观察水的行为特点。这七个方面几乎涵盖了人类社会治理行为的方方面面。具体说来，"居"指治理的立场，"心"指治理的态度，"与"指治理的原则，"言"指治理的沟通，"正"指治理的措施，"事"指治理的行为，"动"指治理的时机。

一是在治理立场方面的"善"，就是"居善地"。治理者要确保自己思想行为的立场和出发点始终处于恰当的位置。治理者的立场对了，才会有正确的观察和感知，才能凭借个人的感知能力去发现事物的本质，从而找到治理的良策。对于治理者来说，最恰当的立场当然是与大道一致，坚持遵循大道就可以随时随地做到"知天下""见天道"①。只有处于恰当的位置，才能够最好地发挥人的能动性。"居"是治理者主动选择的能力，是依照大道做出的选择，"地"是治理者在社会环境和自然环境中的位置。"善地"是治理者主动选择与被动适应的结合，这里既有必然性也有偶然性。明道有德的治理者会发挥好自身的能动性，通过主动选

---

① 《道德经》第四十七章："不出户，知天下；不窥牖，见天道。"

择来优化被动身处其中的大环境，以自身对大道的坚持来应对必然出现和意外发生的具体事态，从而使自己能够始终适应不同的环境和事物，恰当选择自身的立场是"居左"或"居右"①，也就是确保自己的感知和行为都处于恰当立场上。

二是在治理态度方面的"善"，就是"心善渊"。治理者时刻面对着不断变化的环境，需要协调复杂的人际关系，满足各种主体的不同诉求。要想很好地完成这些繁重的事务，治理者在行为过程中就要有一个恰当的态度，始终做到心胸广阔而深沉，在"众人熙熙，如享太牢，如春登台"之时，能够做到"我独泊兮其未兆，沌沌兮，如婴儿之未孩"；在"众人皆有余"之时"而我独若遗"；对待普通民众能够做到"俗人昭昭，我独昏昏。俗人察察，我独闷闷"。始终以平和包容的态度去面对各种变化，"澹兮，其若海；飂兮，若无止"②，既能够维持系统的正常运行，又对治理系统内在的复杂性有清晰的认识和判断。

"心"是一个人对待外部事物的根本态度，"渊"是圣人处事的态度和风格，圣人的"心"是能够包容各种不同存在的"百谷王"③。"善渊"表现出治理者自身的深邃宁静和对于万物的平和包容，如同自然界中蕴含丰富的深潭，诸多溪水汇集于此又奔流

① 《道德经》三十一章："君子居则贵左，用兵则贵右。……偏将军居左，上将军居右。"

② 《道德经》第二十章："众人熙熙，如享太牢，如春登台。我独泊兮其未兆，沌沌兮，如婴儿之未孩。儽儽兮，若无所归。众人皆有余，而我独若遗。我愚人之心也哉！俗人昭昭，我独昏昏。俗人察察，我独闷闷。澹兮，其若海；飂兮，若无止。众人皆有以，而我独顽似鄙。我独异于人，而贵食母。"

③ 《道德经》第六十六章："江海之所以能为百谷王者，以其善下之，故能为百谷王。"

而出，深潭之内物种丰富多样，生态结构复杂，而深潭在整体上却能够保持长期稳定、波澜不惊。明道有德的治理者面对繁杂事物和复杂问题的时候，总能够保持良好的心态，从容应对，宠辱不惊①。不以物喜，不以己悲。

三是在治理原则方面的"善"，就是"**与善仁**"。治理者在对待治理对象时的原则要能体现大公无私的大爱，能够看透人性的不足，以恰当的原则促使人性中好的方面得到展现，尽量克服和抵制人性中不好的方面，做到"报怨以德"②。

"与"是治理者和社会其他主体之间的关系，体现的是治理者的处事原则；"仁"是人性中的高境界，是没有偏私、博大公平的爱护。一般的社会主体很难理解"道"和"德"的境界，但普遍可以理解和接受"仁"。"善仁"是指在治理中体现人性之爱，治理者能够比较客观公正地对待所有成员，对基于社会规则认定的弱者也会给予更多的关照，也就是佛家所说的菩萨心肠。这与第五章中讲到的"天地不仁""圣人不仁"并不冲突，它们是两种不同系统层级上的"善仁"，后者是超越人类社会之上的更高境界，秉持的原则是"利万物而不害""为而弗争"。

四是在治理沟通方面的"善"，就是"**言善信**"。治理者在与民众沟通的时候要能实现恰好的信用。"言"是通过语言和文字表达出来的治理理念，包括制度、法律、规范、习俗等；"信"首先是治理者的自信，讲出来的话自己信服并愿意去实践。这种"信"还表现为让别人也相信。"言善信"的治理者的见解能够深

---

① 《道德经》第十三章："宠辱若惊，贵大患若身。"
② 《道德经》第六十三章："为无为，事无事，味无味。大小多少，报怨以德。"

入人心，在最大范围内产生共鸣，也就是"上下同心，其利断金"。

五是治理力方面的"善"，就是"**正善治**"。治理者要有高超的治理能力，尤其要有很高的治理智慧，让民众信服和拥戴。"正"通"政"，指治理国家的方式，是百姓和普通人都能理解的道理和行为方式。老子系统思想主张"以正治国"①，也就是要求治理行为要让民众很容易理解并接受。"治"是指社会运行有条理、有秩序，社会环境平稳安定。"善治"体现为恰好的治理和行政水平，不追求轰轰烈烈，而是井井有条，各司其职，各归其位。第六十章讲的"治大国，若烹小鲜"，第八十章讲的"小国寡民"，所说的都是这个道理。

六是处理具体难题的"善"，就是"**事善能**"。要求治理者要有真本事，除了"正善治"的大智慧，治理者还要有处理具体难题的机变能力，大智慧与处理具体问题的能力是相辅相成的，这样才能真正服人。"事"包括计划之内和预料之外的具体问题，有的事可以按照既有的经验来解决，有的事需要用创新的办法才能解决。"能"更多地体现为面对意料之外的突发问题，治理者能够以创新的方式加以解决的能力。"善能"是顺应大道的恰当行为，是恰到好处的创新，是"善有果而已"②，是"无为而无不为"③，是追求本质上恰如其分的正确。

七是治理时机的"善"，就是"**动善时**"。要求治理者在具备

①《道德经》第五十七章："以正治国，以奇用兵，以无事取天下。"

②《道德经》第三十章："善有果而已，不敢以取强。"

③《道德经》第三十七章："道常无为而无不为。"第四十八章："为学日益，为道日损。损之又损，以至于无为，无为而无不为。"

了前六个方面的"恰如其分的正确"之后，还要有一个重要的限制条件，就是把握时机，在正确的时间做正确的事情。治理者能力的发挥一定要与正确的时机相结合，也就是把上述六大能力，与治理的时间、空间和载体恰如其分地结合，才能真正达到"上善"的境界。

对于"时"的重要性，孔子也很强调。孔子的许多观点与老子的观点是契合的，比如《论语》开篇就强调，"学而时习之，不亦乐乎。"其中，"学"讲的是一个人要通过努力学习拥有真学问；"习"讲的是除了有学问还要有强大的实践能力，也就是真本事；"时"讲的是抓住恰当的时机，包括恰当的时间、地点和人物等各种条件的组合。治理者在"学"的基础上，选择适当的"时"将成果加以展现，这种"习"才是"动善时"，才能达到"乐"的境界，获得发自内心的满足和愉悦。

"夫唯不争，故无尤。"

如果治理者能够做到以上七个方面的"善"，就能够在实践中履行"上善"的治理，做到上承大道下顺民心，能够在"**不争**"之中成就非凡业绩，而不会给自身留下隐患；能够在成功之后依然享有安稳的生活归宿，拥有一个完整无憾的人生。

治理者为国尽忠、为民尽力，可以无私付出而不求回报，这是求道者的高尚情怀；治理者在辛勤付出之后有一个温馨的结局，与人有益而与己无患，也是有德之人的应有归宿。这种看似平凡的"不争"，恰是大道的体现，一般的治理者很难做得到。

中国历史上不乏明道有德的治理者，为帝者如汉高祖、康熙皇帝，更多的是那些社会栋梁，如越国的范蠡、汉初的张良、北宋的范仲淹和苏轼、明代的王阳明、清末的曾国藩、民国的张治中等，他们"达则兼济天下，穷则独善其身"，"居庙堂之高则忧其民，居江湖之远则忧其君"，人生精彩，结局圆满。

"无尤"，就是一番波澜壮阔之后的平静，是历尽劫波之后的安逸，是慎终如始的善果。

第九章　泰极丕来　功成身退

持而盈之，不如其已。揣而锐之，不可长保。金玉满堂，莫之能守。富贵而骄，自遗其咎。功遂身退，天之道。

——《道德经》第九章

这一章的内容通俗易懂，倡导治理者建立正确的价值观，按照"道"去为人处世。与普通民众相比，治理者个人能力更强，更富有进取精神，这是治理者取得成就的基础；反过来看，普通民众通常具备的优点，如心平气和、随遇而安、知足常乐，恰恰是治理者容易缺失的。

对于普通民众而言，由于自身能力有限，能够掌握的资源匮乏，就算非常努力，穷其一生也难以取得较大的成就，难以拥有更多的财富。所以，如果通过努力能够拥有较多的物质财富，能够不断提高自己的谋生能力，并使自己的社会地位有所提升，绝大多数普通人会把这些目标当成人生价值的终极体现。

治理者身处比较重要的社会位置，掌握的资源也远远超过普通民众，在这种情况下，如果治理者也把追求和拥有尽可能多的稀缺资源作为人生奋斗的目标，就会丧失自身可以实现的更高价值，还会加剧社会资源分配的不均衡，造成民众对治理的不满，形成难以消弭的社会矛盾，最终治理者也会身受其害。《红楼梦》描写的贾史王薛四大家族、民国时期的蒋宋孔陈四大家族、二十世纪八十年代后期出现的"官倒"、二十一世纪以来在经济领域形成的一些利益集团，都是治理者价值观出了问题的例证。东南亚部分国家在经济起飞的时候也没有处理好这种问题，才会先后出现以菲律宾马科斯家族为代表的贪腐政治家族、以泰国他信家族为代表的政治经济丑闻等。

"持而盈之，不如其已。"

端着盛满液体的容器，若要保持平衡，不把容器里的液体洒出来，短时间之内容易做到，可时间一长，就算是大力士也难以保持好平衡，容器内满满的液体在晃动之下必然会溢出。正确的做法应该是，先把容器放下，使之保持平稳，然后就可以尽可能多地装入液体，容器里的液体即使已经完全充盈，也不会溢出。

治理者做事情也是这样，任何一个组织和机构都是一个复杂系统，必然存在很多发展变化中的矛盾，就像一个大力士面对一个充盈着液体的容器，如果组织自身不稳定，其内部的矛盾就会不断显现和激化，进而打破系统的平衡。正确的做法是，将治理的组织和机构置于一个更大的系统中并保持稳定的状态，然后再逐步稳定形势并逐一解决组织机构内部的问题。这种状态类似于佛教中所讲的"放下",是一种因"舍"而"得"的状态,因为放下和舍弃,反而有可能让事物自然发展到最好状态。因此,老子建议治理者在达成一定成就之后,应首先放弃执念。

"揣而锐之,不可长保。"

古时候为了增强兵器的性能,工匠们会反复加热捶打兵刃,使其变得很锋利。这样的捶打增加了兵器威力,但是与其他厚重的兵器相比,这种锐利的兵器需要更多的维护和保养,需要常常打磨,否则很容易被锈蚀,或者因反复斫砍而变钝。这说明了一个道理,那就是锐利的东西对于使用环境要求比较严格,经常使用的话容易损坏。锐利的武器在单打独斗的时候可能会占有优势,但是在大规模战斗中,面对众多厚重的兵器时就没了优势,反而容易受到挫折。

治理者在做事情时也同此理。如果治理者的性格过于鲜明,内心敏感多疑,在面对复杂的组织系统时,虽然处事清晰高效,但面对挫折时很难心平气和,反而容易伤及自己。周瑜是三国时期的一位杰出人才,少年得志、才冠群雄,但是他性格偏激,心胸不够开阔,在与诸葛亮的几次较量中稍处下风,就耿耿于怀而郁积成疾,结果英年早逝,空留一腔遗憾。

"金玉满堂,莫之能守。"

治理者创立了显著的业绩,自会收获一些物质和名誉,这符合人类社会的正常价值观。但如果治理者对于这种回报过于期望,就会走向反面。治理者贪图荣华富贵，并想把荣耀无限传承下去，这实际上是做不到的，但总有人在欲望的驱使下重蹈覆辙，不加节制地巧取豪夺，最终给治理者及其所属集团带来毁灭性打击，这种事例在人类社会治理历史中比比皆是。以清朝为例，乾隆年间的和珅已经位极人臣，深得皇帝信任，却仍爱财如命，敛财之巨堪比国库，是真正的金玉满堂，到头来终被嘉兴皇帝抄家赐死。民间因此流传"和珅跌倒，嘉庆吃饱"一说，描述得颇为生动。《红楼梦》里贾史王薛四大家族都曾盛极一时、极尽荣华。《红楼梦》第四回的《护官符》描述道："贾不假，白玉为堂金作马。阿房宫，三百里，住不下金陵一个史。东海缺少白玉床，龙王来请金陵王。丰年好大雪，珍珠如土金如铁。"这种祖上创下的基业，终究难以在只知享受的后人手中延续，"眼看他起高楼，眼看他宴宾客，眼看他楼塌了。"到头来，家破人亡财散去，荣华富贵转眼空。

"富贵而骄，自遗其咎。"

"富贵而骄，自遗其咎。"治理者能够成就一番功业，离不开自己的努力，更离不开大环境提供的机会和民众的支持。只有清醒地认识到这一点，才能慎始善终，留名身后。纵观人类历史，能够创业打天下的精英人物不在少数，但在成功之后还能慎终如始、得以善终的却不是很多。协助刘邦创建汉朝的大功臣中，张良真是一位明道之人，行事恰当知进退，因而得以善终；而一代名将韩信只知进不知退，居功自傲、野心勃勃，结果落了个惨死的下场。清朝雍正年间的年羹尧，因为能征惯战而被皇帝重用，但是功成名就以后却不懂得收敛谦逊，被皇帝倚重犹不自律，被皇帝猜忌而不自警，被皇帝处罚而不自省，最后不仅身败名裂，还祸及家人和朋友。

> ## "功遂身退，天之道。"

"**功遂身退**"，这短短四字是对每个时代的精英人物的忠告，也是对治理者自我欲望的警醒。它寓意深刻，凝练了精英人士所应遵循的正道。前半程的目标是"功遂"，能够做到这一点的一定是人中龙凤，具有非凡的能力。在干事业的过程中若能够依照大道而行，"天行健，君子以自强不息"①，通过努力成就一番事业，获得了应有的地位和声望。"天行健"的"行"就是"道"。王引之说："行，道也。天行谓天道也。"② 后半程的目标就应是"身退"。真正高明的精英人士为而有度，能够清醒地认识自己在社会、组织和机构中的定位，不会勉强而为，更不会逆道而为；他们深知人力有限，个人的能力在达到顶峰之后就会走向反面，所以在最恰当的时候由奋楫勇进转变为举贤让能，为后来者开创新的治理境界提供了基础。这跟大道在"有"和"无"两种状态之间"玄之又玄"③ 的转变是一个道理。

明代的王阳明在历经磨难之后悟通了"道"，因此在文治武功方面都取得了令人敬仰的成就。他创建了"阳明心学"，其主张"知行合一"的思想与老子系统思想一脉相承。王阳明本人也

---

① 《易经》："乾卦，象曰：天行健，君子以自强不息。"
② （清）王引之：《经义述闻（卷二）》，"乾行也、天行也、天行健"条。
③ 《道德经》第一章："此两者，同出而异名。同谓之玄，玄之又玄，众妙之门。"

秉持"我心光明，夫复何求"的豁达洒脱，在人生的巅峰飘然仙去。清末的曾国藩也是功成身退的典型。他在平定太平天国的过程中功勋卓著，他建立的湘军强悍而实力强大，他培养的门生广布官场，但在功成名就之后曾国藩低调谨慎，终于成就了一代名臣的清名，被后世诸多伟人推崇。

治理者在一生中保持清醒并实现"功遂身退"非常不容易，只有那些明道有德的"上士"[①]，始终遵循"圣人之道，为而弗争"的原则，在人生的巅峰不再执意前行，而是稳定局面留待后人，为后继者留下良好的治理基础和充足的治理资源，而不是留下重大的治理矛盾和潜在的治理隐患。这种"退"比起"进"实则更不容易。这个道理对于较高层次的治理者来说理解起来并不难，也就是老子讲的"甚易知，甚易行"，但在实际中往往是"莫能知，莫能行"[②]。治理者若能知而行之，就是明道有德之人，甚至成为一代圣人，他们功在当代、利在千秋，必会留名青史。治理者若与此"道"悖行，那就是精明的不端之人，甚至是窃国大盗和乱世枭雄，虽然也能得逞一时，却终将身败名裂身后遗羞。

"天之道"，这在本书中是初次出现。在老子的系统思想中，"天之道"是一个重要的概念，它是在大道系统中可以被验证的最高层级的系统运行机理，是治理者通过感悟大道实践大德，在突破人性制约之后所能够达到的最高境界。

——"天之道"表现在治理者的人生观和价值观上，是人生

① 《道德经》第四十一章："上士闻道，勤而行之；中士闻道，若存若亡；下士闻道，大笑之。不笑不足以为道。"

② 《道德经》第七十章："吾言甚易知，甚易行也；天下莫能知也，莫能行。"

的"功遂身退"。

——"天之道"表现在社会贡献和人生作为上，是对民众福祉和社会发展的"利而不害"①。

——"天之道"表现在治理实践中，是将"高者抑之，下者举之；有余者损之，不足者补之"②的思想，演绎成一整套符合大道的治理政策和治理行为。

——"天之道"表现在应对外部挑战上，就是游刃有余地赢得胜利；在回应社会需求时，做出恰如其分的安排；在提供社会服务时，给予富有前瞻性的服务；在化解复杂矛盾时，能够恰到好处，做到"善胜、善应、自来、善谋"③。

对于社会中的每一个民众、每一个治理者来说，人类社会都是一个复杂系统，而且是与大道系统、天地系统一脉相承的复杂系统。其中有一个递进规律就是"人法地，地法天，天法道，道法自然"④，因此这些不同层级的系统，其内在的结构和规律是基本相通的。所以老子系统思想认为"域中有四大"，分别是"道、天、地、人（王）"⑤。这几个系统是治理者必须面对的最根本的存在，治理者若能将这几个系统所蕴藏的道理和规律研究明白，那么在任何时候对任何事都能够做出恰当的判断和决策。

---

① 《道德经》第八十一章："故天之道，利而不害；圣人之道，为而弗争。"

② 《道德经》第七十七章："天之道，其犹张弓欤？高者抑之，下者举之；有余者损之，不足者补之。天之道，损有余而补不足；人之道则不然，损不足以奉有余。"

③ 《道德经》第七十三章："天之道，不争而善胜，不言而善应，不召而自来，繟然而善谋。"

④ 《道德经》第二十五章："人法地，地法天，天法道，道法自然。"

⑤ 《道德经》第二十五章："故道大，天大，地大，王亦大。域中有四大，而王居其一焉。"

第十章　山水依旧　境界迥异

载营魄抱一，能无离乎？专气致柔，能婴儿乎？涤除玄览，能无疵乎？爱民之国，能无知（为）①乎？天门开阖，能为雌乎？明白四达，能无为（知）乎？生之畜之，生而不有，为而不恃，长而不宰，是谓玄德。

——《道德经》第十章

本章讲的是治理者应当具有的个人修养和行为能力，也就是"德"。在老子的系统思想中，"德"是与"道"对应的重要概念，是每一个主体在依照大道行为时，展现出来的悟"道"的境界。"德"是"道"在人类行为中的映射，是可以体验感知的"道"。

"德"是一个形而上的概念。"德"是人们对于"道"的认知而产生的思想意识，行为主体在这些思想意识的指导下进行实际行动。不同程度的认知会达成不同的行动结果，这些结果会被其

---

①　本章采用的是王弼本的内容，括号内容是其他版本，比如唐景龙碑、焦竑本等。

他行为主体对照大道的特点进行评价，或者褒扬或者针砭；在足够长的评价周期内，这些不同的行为结果大都能得到恰当的评价。其中，老子认为人类能够达到的最高境界就是本章所讲的"玄德"，用比较形象的表述就是"孔德之容，惟道是从"①，具备最高水平"德"的人，其行为方式是和大道完全一样的。

第五十一章说到"道生之，而德畜之"②，讲的也是"道"和"德"之间的辩证关系。"德"是基于每一个具体个人对于大道的不同感悟，在现实社会中表现出来的行为追求和行为结果，每个人的悟道程度存在差异，展现出来的"德"也各不相同。"德"是人类可以感受和认知的，与现实社会的行为规范密切衔接，在很多方面又高于现实的社会规范。如果把确定的法律法规、社会规则视为维持社会治理的"显性秩序"，那么"德"会比"显性秩序"更为丰富和宽泛，这些超出的部分更像是"隐性秩序"，在以其特有的方式发挥作用。

老子系统思想认为，从严格意义上讲，每一个人都是大道的产物，无论一个人是否有心悟道，多少都会受到大道的影响。但只有那些有心悟道的人才有可能成为"善为道者"③，在有心悟道的人中有相当一部分最终也未能成为"善为道者"，至于那些无心悟道的人就更不在此列了。与每个人的悟道层次相对应，个人

---

① 《道德经》第二十一章："孔德之容，惟道是从。"

② 《道德经》第五十一章："道生之，而德畜之；物形之，而器成之。是以万物莫不尊道而贵德。"

③ 《道德经》第十五章："古之善为道者，微妙玄通，深不可识。"第六十五章，"古之善为道者，非以明民，将以愚之。"

体现出来的"德"也可以大体分为"上德"与"下德"①，对应到具体的人则可以分为"上士、中士、下士"②，他们对于"道"的态度迥然不同，个人的行为表现也相去甚远。

要达到"玄德"的境界是很难的。所以本章一开始，就以设问的方式提出了玄德必须具备的六个条件：载营魄抱一而不离，专气致柔如婴儿，涤除玄览能无疵，爱民之国而无知，天门开阖能为雌，明白四达而无为。

"载营魄抱一，能无离乎?"

"抱一"在本书中第一次出现，后面还会讲到"圣人抱一为天下式"③。"抱"是正面接触，是把对象主体拥入怀中与心贴近，这是人类对于珍贵爱惜的对象所采用的接触方式。"一"是人类对于大道的认知极限，"其上不皦，其下不昧"④，老子用"抱一"来表达对大道的珍惜和坚守。

身体承载着灵魂，二者融合统一，形成合力去实践大道，这是一种高超的境界。在现实状态下，一个人要完全做到身心合一是很难的，复杂的社会环境会影响人的思想和行为，导致身与心的分离。向往大道并与之同行，是绝大多数治理者的初心和理想，

---

① 《道德经》第三十八章："上德不德，是以有德；下德不失德，是以无德。上德无为而无以为，下德为之而有以为。"

② 《道德经》第四十一章："上士闻道，勤而行之；中士闻道，若存若亡；下士闻道，大笑之。"

③ 《道德经》第二十二章："曲则全，枉则直，洼则盈，敝则新，少则得，多则惑。是以圣人抱一为天下式。不自见故明；不自是故彰；不自伐故有功；不自矜故长。"

④ 《道德经》第十四章："视之不见名曰夷，听之不闻名曰希，搏之不得名曰微。此三者不可致诘，故混而为一。一者，其上不皦，其下不昧。"

最终却只有少数治理者能做到功成身退，这就说明身心的统一是何其不易。

人类拥有理解大道的智慧，也有满足欲望的冲动。眼耳鼻舌身意，是人类具有的感官能力，由此可感知外部世界的色声香味触法。来自外部的各种刺激和相互矛盾的信息，会使人产生身心冲突，原本基于正常生存的需求，可能会演变成难以满足的欲望。在欲望驱使之下，人会做出与道相悖的行为——原本怀有公心的治理者，被环境熏染后，可能会心态失衡，转而追求个人和小集团的功名利禄。

"专气致柔，能婴儿乎？"

刚刚出生的婴儿精气充足，身心高度融合，这种天性与大道一致，但此时表现出来的身体状态，却是浑然天成的柔弱轻软。"柔"经常和"弱"连用为"柔弱"。实际上二者不同，"柔"与"刚"或"坚"相对应，"弱"与"强"相对应。具有"柔"的特性的物质有水、丝、纤维、韧带等，它们都是刚性很小而强度很大，可以发挥"天下之至柔，驰骋天下之至坚"① 的关键作用。但是，这种宝贵的先天禀赋会随着人的长大而减弱，人的身体和思想会受到外部影响而逐渐损耗这种专注能力，思想和行为也会与大道渐行渐远，所以悟道修道的人追求把注意力集中到大道上来，如同初生的婴儿那样"专气致柔"，并持之以恒地保持这种状态。

---

① 《道德经》第四十三章："天下之至柔，驰骋天下之至坚。无有入无间，吾是以知无为之有益。"

治理者也会面临这样的情形：组织和机构在新创之际，一般都具有高度的凝聚力，目标清晰明了，大家能够集中精力协同解决遇到的每一个问题，此时的治理行为与大道相合而事半功倍，组织机构能够顺利发展；但是，随着组织机构的发展壮大，如果治理能力不能与之匹配，这种专注的优势就会消失，组织和机构的发展也会偏离主线，造成组织力量分散、相互掣肘，日积月累就会产生严重的后果。

"涤除玄览，能无疵乎?"

有心追求大道的人都想把自己心中的杂念清除，也就是追求内心的清净，这又是一个看似简单却阻碍人类获得大智慧的问题。一个人刚刚来到这个世上时，内心是清净的；随着不断长大成熟，见识增加了，杂念却也越来越多，内心的清净越来越少。要做到悟通大道，而且能清净无为，是非常困难的。

"**玄览**"就是如同一面毫无瑕疵的镜子，客观真实地映射世界。镜子一面是透明的，而另一面是不透明的，正是这种一明一暗、一虚一实，成就了镜子的优势。镜子可以容纳万物，来则有、去则无，不会忽略每一个对象，也不会过于突出某个对象。而在现实中，人们的内心更像是摄像机或者照相机，表面上摄像机似乎是把发生的事件客观地记录下来了，但实际上都是经过自己的好恶选择，一则由于视野本身的限制，二则由于聚焦的操作，会过于突出一些事物，同时又模糊、忽略了另一些事物。这种片段式的记录会长期存在，形成认知定式，从而对新事物产生先入为主的偏见。

"爱民之国，能无知（为）乎？"

治理国家需要智慧，面对国家这样一个巨型的复杂系统，需要恰到好处的系统驾驭能力。一个国家的治理阶层若能真正地热爱民众，就会在实践中找到恰当的治理模式。在这个大模式之下，针对纷繁复杂的具体领域和事务，还会有一系列与之匹配的合适机制。这种系统治理会让民众身心愉悦，会把国家命运与民众个人命运联系在一起。要实现这种高水平的治理，治理阶层一定是有大智慧的，这种智慧在系统上与大道一致，与天地相和；在实施中与民众相融，恰合于"上善若水"。通过第八章中讲到的"七个善"来实现这种治理，前后对照，愈显出老子系统思想的精妙。

"天门开阖，能为雌乎？"

本章的六个反问句中，第二问"专气致柔，能婴儿乎？"与这里的第六问相映成趣，一个强调"柔"，一个强调"雌"。

国人对于"天门"这一概念历来有多重解读。大家对它的理解从人体与外界连通的某个重要部位，引申至社会变迁的关键节点，其中混杂着天人观、风水学、气功、中医、政治等多种社会学说的观点和维度。从这点可以看出，老子系统思想堪称中华文化的源头活水。

其中一种观点是从人体感官角度来解释"天门"。例如，河上公认为"天门谓鼻孔"，鼻孔呼吸有天门开阖之象。在这种解读下，"天门开阖，能为雌"被发展为一种气功修炼之术。然而，由于中国古代缺乏对于自然科学的系统解释和验证能力，这种修炼遂披上了神秘的宗教玄学外衣。此外，在中医体系中，"天门"指人体的天门穴，据中古时期的《灸经图》记载，天门位于"脑后小大骨上一寸"①。中医中亦有"开天门"的说法，这是一种开经络、活气血、调阴阳的推拿方法，被广泛用于治疗相关疾病。

另一种观点是从人的内心与外界的沟通角度来解释"天门"。例如，庄子认为"天门"是人的内心与外部沟通的门户②，只有内心与外部达成一致，天门才会打开。南宋道家范应元认为"天门者，以吾心之神出入而言也"③。从这个视角来看，"天门开阖"可以与第五十二章的"开其兑，济其事，终身不救"对照来理解。在"天门开阖"之际，若身处一个"五色、五音、五味"④高度泛滥的社会环境，则人的内心的各种名利感官欲望也将被激发。"为雌"则表达的是"守柔""知止""塞其兑"的含义，即有效地管控自身的欲望和野心，不让其肆意膨胀。

还有一种解读更倾向于形而上的解释，将"天门开阖"比作社会变革。比如，王弼说："天门，谓天下之所由也。开阖，治乱之际也。"即，天门是指社会治理产生的根源，而且是在治理体系发生重大变化，或者是改朝换代的时候才会开阖。对照第六章中讲过的"玄牝之门"，那是"天地根"，此处的"天门"即是社会变革的根。虽然天门开阖对于社会变革会有这么大的影响，

---

① 黄永武：《敦煌宝藏》，台湾新文丰出版公司1986年版，第45卷。此处"小大骨"疑为尖骨。
② 《庄子·天运》："其心以为不然者，天门弗开矣。"
③ 陈鼓应：《老子今注今译》，中华书局2020年版。
④ 《道德经》第十二章："五色令人目盲，五音令人耳聋，五味令人口爽。"

但其运作规律却是低调的，保持着"为雌"状态，绝不会主动行为。按王弼的注释，"雌应而不唱"①，虽不主动，但会响应与配合。也就是说，只有当社会发展到一定阶段，社会整体的运行形成了某种势不可挡的趋势，在内部条件发生变化和外部力量的强大作用下，社会治理体系的根本性变化才会启动。此时，社会主体的内外部相互作用而产生共鸣，形成磅礴而真实的力量，从而带来世间的巨变。这种社会变革既可能是暴力革命，也可能是和平演变。老子在这里讲的不是神话和玄学，而是复杂而系统的社会运动的哲理。

"明白四达，能无为（知）乎？"

治理者对大道能够有深刻的理解，对于社会就会有通达的认知，既明道又了解社会，这是治理者的高超境界。把握社会发展的大趋势，对于当下的实际情况了如指掌，既长于战略又精通战术（高明的战略加灵活的战术），按照大道行事，把所有事情都恰如其分地安排好。在这种情况之下，治理者就可以充分施展才能，带领民众一起建功立业。这个过程一定是积极作为的过程，属于合乎大道、能力超凡而行为低调的大善大美。历史上的"文景之治""贞观之治"，就有些"明白四达"的意味。

"生之畜之，生而不有，为而不恃，长而不宰，是谓玄德。"

在本章，老子首次描述了"德"的最高境界，这就是"玄

---

① 王弼："雌应而不唱，因而不为。"

德"。前面第二章曾讲到圣人的境界是"生而不有，为而不恃，功成而弗居"，这里的表述与之呼应。

"**生之畜之，生而不有**"，这是大道和大德的特点，具体到社会或组织的治理上，就是依照大道行事，开创国家或组织的美好未来，引领国家或组织步入良性发展的道路。但在此过程中，治理者不会因为个人的非凡贡献，而把国家或组织当成自己的私有领地或囊中之物。

"**为而不恃**。"天地的伟大在于不会自以为是，好的治理者依照大道而为，自然也不会居功自傲、私欲膨胀。《道德经》第五十三章对于违道自恃的表现做了深刻的分析，并明确指出，那些行为是"盗夸，非道也哉"①。

"**长而不宰**。"治理者带领组织发展壮大，随着组织规模增大，管理的复杂性必然会呈现非线性的增加，这个时候就要依照大道建立相应的规则体系，让各种事务在规则体系内自由发展，治理者不必对每一个具体进展都精细掌控。

"**玄德**"一词在《道德经》里共出现了三次，另两次分别是在第五十一章和第六十五章②。"道"的力量以个人的能力无法达到，"德"则是大道依附于人的体现，是人类中的精英人士凭借自己的天赋，经过努力可以达到的境界。我们在第一章中就分析了"玄"的含义，那是一种在"无"和"有"之间螺旋式上升的状态。"玄德"就是人类个体能够达到的与大道相匹配的最高境界。

---

① 《道德经》第五十三章："朝甚除，田甚芜，仓甚虚。服文彩，带利剑，厌饮食，财货有馀。是谓盗夸，非道也哉。"

② 《道德经》第五十一章："生而弗有，为而弗恃，长而弗宰，是谓玄德。"第六十五章："常知稽式，是谓玄德，玄德深矣，远矣，与物反矣，然后乃至大顺。"

治理者在现实社会中能够做到"生之畜之，生而不有，为而不恃，长而不宰"，那就已经达到悟道行道的最高境界了，这种境界可以促进人类治理智慧的不断完善和发展。此时，治理者展现出来的行为就是至上的大德，治理者作为个体便也成就了人生的最高价值。

第十一章　有无相成　利用无穷

三十辐共一毂，当其无，有车之用。埏埴以为器，当其无，有器之用。凿户牖以为室，当其无，有室之用。故有之以为利，无之以为用。

——《道德经》第十一章

"有"和"无"是老子系统思想中的重要概念，也是老子系统思想的基础，既可以用于认识宏观世界，又对微观应用有重要的指导作用。本章还有两个重要概念与"有"和"无"紧密联系，那就是"利"和"用"。从老子系统思想对于"利"和"用"的描述中，同时可以看到老子关于经济学、物理学、机械工程、建筑学等学科的思想。

"利""用"和"有""无"的关系是什么呢？

"利"体现的是事物的价值，表现为凝结着资源、劳动和资本投入的具体实物，存在状态表现为"有"的状态，也就是看得见、摸得着的实物，可以通过评估和交换表现出相应的交换价值。"利"所体现的价值，是与其所处社会的通行规则相对应的，同样的事物在不同的社会环境下会有不同的经济性。

"用"体现的是事物的使用价值，表现为使用者可以感受到的应用体验和使用功能。本章提到的这些事物，其使用功能是以"留空"形式来实现的，也就是"无"的状态产生"有"的功能。不同的使用者对于功能的感受基本一致，不会因为社会环境的变化而有什么不同。

"三十辐共一毂，当其无，有车之用。"

古时候马车的车轮是一个比较复杂的产品，其中毂、辐、辖是紧密连接的三要件，而毂是核心。"毂也者，以为利转也"[①]，这是要求毂能够灵活旋转，因为它是车轮转动的核心部件，不但两个车轮之间的轴要插在毂里面，每个车轮的辐条也要汇集在这里。为此，车毂的选材和加工要求很严格，只有特殊的木材和特定的工艺，才能制成合格的车毂。高品质的车毂要嵌入三十根车辐，从而保证车轮能够有效承载并转动。直观地看，是上好木材做成的有形的毂和辐条构成了实体的车轮；从深层次的结构学来看，则是那些上好的有形的原料，通过复杂的工艺构成了车毂上相应的空档。正是这些被空置的、看起来空无一物的空档部分，也就是"当其无"处，使得众多的车辐构成一个整体，以木圈、木条等辖制组合成完整的系统，实现了车轮的功能。

---

① 引自《周礼·冬官考工记·轮人辀人》。

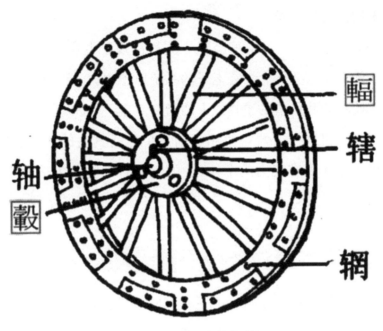

图 11-1　古代车轮构造图

> "埏埴以为器，当其无，有器之用。"

古人在生产生活中大量使用黏土烧制成的陶器，这些陶器广泛用于储存物资或者烹饪食物。黏土块本身是没有这些使用功能的，只有通过对黏土进行造型，形成不同的器型和可用空间，才使得不同的器物具有不同的使用功能。陶器的内部只有做成一定的空间，才可实现盛物的功能，也就是"当其无，有器之用。"

"埴"是黏土，"埏"就是和、揉的意思。"埏埴"是指通过人工的糅合，将黏土做成不同的器型，经过晾晒烧制成为生活生产用具，从而达到人们预期的用途。要制造出好的陶器，一是需要好的原料，黏土的质量要好，这是基础支撑；二是需要好的工艺，把天然的泥块变成形态各异的器具，形成不同的容纳空间，才能满足不同的功能需求。

"器"这个词在《道德经》中先后出现了九次，是老子系统思想中的一个重要概念。在老子的系统思想中，"器"是对于具有一定实用功能和价值的事物或人的指称。"器"可以是实体，也可以是制度或机制[1]。"器"可用于描述个体所具备的才干和能力，也可以指有才干有能力的个体[2]，尤其是自然物或人造物中出类拔萃的个体[3]。

> "凿户牖以为室，当其无，有室之用。"

最初人类居住的原始房子是在洞穴基础上形成的，有点像现代的窑洞，就是在实体的山壁上或土崖上凿出的居住空间。户是门，牖是窗，将凿出的空间装上门窗，就形成了可挡风遮雨、防御野兽的居住空间。墙壁门窗构成了居室的物理架构，这是居室中"有"的形体存在；而由这些实体围合而成的空间，则是居室中"无"的存在，恰恰是这些空间让居住者得到了安全、自在和舒适，实现了居室的真正功能。

> "故有之以为利，无之以为用。"

老子善于通过生活中的简单例子，发掘其中所蕴含的深意。

"有之以为利。"各种物质条件是达成生活目标的必要条件，

---

[1] 《道德经》第二十八章："朴散则为器，圣人用之则为官长，故大制不割。"

[2] 《道德经》第四十一章："大白若辱，大方无隅，大器晚成；大音希声，大象无形，道隐无名。"

[3] 《道德经》第六十七章："不敢为天下先，故能成器长。"

也就是"有"。这些物质条件可以通过各种投入、数据指标加以描述和分析，容易被人们关注，可以与现实中的经济社会治理规范衔接，转化为社会中的利益和声誉，也就是社会系统中的"利"。"有"的这些特点具有世俗的价值观，容易理解，符合人的欲望追求。

"无之以为用。"把相关的物质条件集成起来，通过调整使之契合成为新的系统，产生聚变效应，就会形成全新的功能。这种能力能够催生新的事物以及功用，它是透过表象到达本质的能力。

老子系统思想可以作为指导科学研究的认识论和方法论。从系统思想出发，不同的专业领域逐步演化出自成系统的不同学科，比如冶炼、机械、医学、水利工程等。从各个领域的中国经典著作中，我们都能看到老子系统思想或深或浅的影响。在中国思想史发展中有着重大影响的诸子百家，其思想主张大都可以在老子系统思想中找到对应的表述，这些学派的代表人物通常是将老子系统思想的一部分发展为自成一家的理论。因此他们的思想各有侧重，比如偏重军事的兵家孙子，偏重政治的纵横家苏秦、张仪，偏重社会治理的儒家孔子，偏重法治的法家韩非子，偏重自然科学与工程技术的墨家墨子，偏重哲学思辨与美学的道家庄子等。

一些研究中西方发展史的专家学者误以为是中国传统文化使得中国在科学思想方面落后于西方，这显然是对以老子为代表的中国哲学思想奠基者的低估与误解。在老子系统思想诞生的年代，中国在科技、人文、艺术等各方面遥遥领先于同时期的西方。近代中国之所以在科技方面落后于西方，根本原因是在两千多年的大一统集权制度下，各王朝的统治者为了维护家天下的长久存在，选择了独尊儒术，致使其他思想学派受到社会环境的压制，被迫变得封闭，创新能力和发展活力衰落，有时甚至转向迷信和宗教，与其初始状态渐行渐远。对此，严复在《点评老子道德经》中讲到，"夫黄老之道，民主之国之所用也，故能长而不宰，无为而无不为。君主之国未有能用黄老者也，汉之黄老貌袭而取之耳。君主之利器唯儒术乎？而申韩有救败之用。"

老子系统思想主张治理者要集成人类智慧，恰当地指导人类社会的发展和演变。但是，在现实社会中总有一些聪明有余智慧不足的治理者想走捷径，急功近利而不行大道，将系统思想碎片化、教条化，甚至演变成迷信和江湖骗术。老子早就料到了这一点，他一针见血地指出："大道废，有仁义；智慧出，有大伪。"① 与大道背道而驰，只会造成"天下多忌讳""法令滋彰"②，结果是山川依旧花落去，岁月流水王朝覆。千秋万代政权永续的梦想被历史上一代代的王朝更替所粉碎。

---

① 《道德经》第十八章："大道废，有仁义；智慧出，有大伪；六亲不和，有孝慈；国家昏乱，有忠臣。"

② 《道德经》第五十七章："天下多忌讳，而民弥贫；民多利器，而邦家滋昏；民多伎巧，而奇物滋起；法令滋彰，而盗贼多有。"

第十二章　贪得生患　明道平实

五色令人目盲，五音令人耳聋，五味令人口爽，驰骋畋猎令人心发狂，难得之货令人行妨。是以圣人为腹不为目，故去彼取此。

——《道德经》第十二章

治理者作为常人自会有七情六欲，也需要面对社会上的各种诱惑，需要满足个人的正常欲望。老子系统思想没有抹杀人性的正常要求，而是主张治理者可以有正常的欲望，应当满足个人基本的物质需求，但明确反对治理者利用自己拥有的权力和资源去追求过度膨胀的个人欲望。

> "五色令人目盲，五音令人耳聋，五味令人口爽，驰骋畋猎令人心发狂，难得之货令人行妨。"

人的物欲通常都会对人的感官产生影响。比如沉迷于多彩的美景和美色，流连于美妙的音乐和逢迎的话语，贪恋于口感丰富的美食和美酒，放任于随心所欲的行为，执着于拥有无穷的物质回报。这些人性的放纵会使得治理者忽略本应高度重视并始终坚持的原则，最终导致治理行为的失败。

自然界																五行	人类社会												
五臭	五谷	五虫	五牲	五宫	五晨	五器	五象	五味	五色	五气	五化	五季	五音	五方	五时		五脏	六腑	形体	情志	变动	五官	五声	五神	五液	五事	五性	五政	五祀
膻	麦	鳞	羊	青龙	星	规	直	酸	青	风	生	春	角	东	平旦	木	肝	胆	筋	怒	握	目	呼	魂	泪	视	仁	宽	户
焦	菽	羽	鸡	朱雀	日	衡	锐	苦	赤	暑	长	夏	徵	南	日中	火	心	小肠	脉	喜	呕	舌	笑	神	汗	言	礼	明	灶
香	稷	倮	牛	黄龙	地	绳	方	甘	黄	湿	化	长夏	宫	中	日西	土	脾	胃	肉	思	哕	口	歌	意	涎	思	信	恭	中霤
腥	麻	毛	犬	白虎	宿	矩	圆	辛	白	燥	收	秋	商	西	日入	金	肺	大肠	皮毛	悲	欬	鼻	哭	魄	涕	听	义	力	门
朽	黍	介	豕	玄武	月	权	曲	咸	黑	寒	藏	冬	羽	北	夜半	水	肾	膀胱	骨	恐	栗	耳	呻	志	唾	貌	智	静	井

图 12-1　五行配属

"**五色令人目盲**。"眼睛可以感受自然界的光线，从而形成对于颜色的认知。受视觉感知能力的限制，人类只对可见光比较敏感，肉眼无法感知红外线和紫外线部分。五色①是人类最早命名的基本颜色，后来人们又通过染色技术获得了丰富多彩的人造世界。

　　人类对于这个五彩的世界日益展现出欲望和情感，希望把一些原本稍纵即逝的场景长久地保留下来，这是人类能力的一大提

---

① （宋）范应元：《道德经集注直解》，"五色，青赤黄黑白也。"

升。但是，当人们习惯于这种人为的虚幻模仿之后，对于真正的客观存在就会忽视，甚至产生错觉，认为人工超过自然，于是出现了对于现实存在的视而不见。不是真的看不到，而是慢慢忽略了那些对于人类发展有着重大影响的现象。

长期观赏绚烂多彩的图像内容，虽能愉悦身心，却也会损伤眼睛这一视觉器官。现在的照明与显像技术高度发达，比古代强之百倍，但是现代人的视力却在普遍下降，这与电子产品的泛滥和过度使用密不可分。电视机的发明使得人们开始长时间地注视屏幕，智能手机和平板电脑的流行则创造出更大的诱惑——海量的文字、图像、影音变得触手可及，令人眼花缭乱的动漫游戏，更是把追求强烈的视觉刺激变成了人们生活的一部分。与此同时，各种眼疾频频发生，对无数未成年人的视觉造成了永久伤害。这种直接的伤害，其实是人类沉迷于视觉享受的后果。

对于治理者而言，五色可以是社会上存在的各种诱惑，包括令人眼花缭乱的社会时尚，也包括权力带来的个人光环。治理者一旦被这些诱惑所吸引，就会打破内心的平静，影响客观分析的能力，在决策时就会受到诸多干扰，难免会做出错误的决策。

"五音令人耳聋。" 人类对于声波的感知与色彩感知类似，同样是有限的，无法感知超声波和次声波。"五音"① 是中国古人发现的最基本的五个音阶，经过有规律的排列组合可形成各种乐曲。美妙的音乐是人类的精神食粮，可以放松身心，表达情感。但同样地，过度宣泄的乐曲也会给人们造成情绪上的不当影响。比如

---

① （宋）范应元：《道德经集注直解》，"五音，角徵宫商羽也。"

过于激昂的音乐会让人精神亢奋，过于悲伤的音乐会让人情绪低落，过于消沉的靡靡之音会让人行为颓废……这些不良的影响都是通过听觉来影响人们的。当人们习惯于这些人为的五音环境，就会忽略大自然中原本存在的丰富音律，对于大道的感知能力就会受到影响。

过度的音响频率会对耳朵这一听觉器官造成伤害，过去是这样，现代社会更是如此。随着技术的进步，人工合成高强度音频的能力也空前强大，重金属音乐、摇滚音乐应运而生。迪厅、3D影院等场所的高音量环境，会导致人类听力受到不同程度的伤害，诸如对于正常的声音不敏感、过早出现耳聋现象等。

而治理者被各种"杂音"所包围和干扰，就会失去对于民众心声的倾听能力，听不到对治理和决策有价值的信息，甚至基于有偏差的信息做出违背大道的治理决策。长此以往，可以预见这样的治理行为会给社会和组织带来怎样的不良结果。

"**五味令人口爽**。"人类为了生存需要各种营养，而营养需要从外界食物中摄入。从可以食用的食物中人类逐步获得了对于味道的感知，"五味"① 就是人类最早认识到的基本味道。酸、甜、苦、辣、咸是基本的五种味道。后来，人类逐步学会使用各种香料来调和食物的味道，使得美食逐步具有了更加丰富奢华的特点。

因为味道美好而贪多美食，或者过度追求某种味觉刺激，则超越了人类的基本需求，可能引发疾病。比如过度追求味觉刺激而超剂量食用调味品，会造成对身体的伤害；迷恋于美味而过量

---

① （宋）范应元：《道德经集注直解》，"五味，酸苦甘辛鹹也。"

饮食，则会造成营养过剩，影响身体健康。肥胖症、高血压、糖尿病、心脑血管病等"富贵病"都是饮食不当造成的，已经成为危害现代人健康的主要病因。

如果治理者热衷于享受美味的食物，就会进而追求食物的精细和珍稀，热衷于生活享受，必然不会体谅民众的疾苦。长期脱离民众生活的结果就是导致"何不食肉糜"①的怪论发生，埋下治理失败的隐患。

"**驰骋畋猎令人心发狂**。"捕猎动物以获得肉食补给曾经是古代人类重要的生存方式。当人们为了获取食物而去打猎的时候，只是为了满足果腹的基本需求，心态是平和谦卑的，对于大自然的无私给予，乃至对于猎物，都会心存感激。但是，当人类的生产能力逐步强大以后，人类可以通过有计划的种植和养殖活动来获得充足的食物以后，就会把猎取自然界中的野生动物当成是征服欲望的满足和发泄。在这种情境之下，人性的野蛮和凶残就会被激发，宣泄不良的情绪的行为也会视为理所当然。

如果把治理视同畋猎那般，就是把国家社稷和民众当成了射猎的对象，自然会失去对于"天下神器"②应有的敬重。治理者会以掌控者自居，视天下为一己的玩物，其结果必然是"物壮则老"③的盛极而衰，即"固张而歙、固强而弱、固兴而亡"④。有时，治理者用畋猎来保持治理阶层和军队的血性，类似于现代军

---

① 《晋书·惠帝纪》："及天下荒乱，百姓饿死，帝曰：'何不食肉糜？'其蒙蔽皆此类也。"

② 《道德经》第二十九章："天下神器，不可为也。为者败之，执者失之。"

③ 《道德经》第三十章："物壮则老，是谓不道，不道早已。"

④ 《道德经》第三十六章："将欲歙之，必固张之；将欲弱之，必固强之；将欲去之，必固兴之。"

队的实战演习，这是有其可取之处的。清朝的康熙皇帝就常以围猎活动来锻炼八旗子弟的战斗意识。反之，如果把猎杀动物泛化为一种娱乐和社交活动，对于被猎杀的动物不仅没有怜悯之心，甚至演变成一种宣扬治理者的权势地位的仪式，以暴虐方式表达治理者凌驾于众生之上的虚荣，就会把人性带向恶的方向。

那些原本就有野心的治理者，畋猎杀戮这类感官刺激会激发他们进一步争权夺利的欲望，生出目空一切的狂妄的征服感。在这样的社会氛围下，各种居心叵测的枭雄就会利用一切可乘之机兴风作浪，为了获得更大的利益甚至不惜生灵涂炭、血流成河。

"*难得之货令人行妨*。"对于物质的追求是人类的一种本能，最初只是为了生存需要，但人类的欲望并没有因为饱暖而止步。随着生产的进步和社会阶层的衍变，物质财富成了一个人社会身份的重要标志，对于财富的追求也不再满足于保障生存，而成为个人能力和社会价值的体现。把物质财富当成追求目标时，其实已脱离了对于物质本身使用价值的需求，而成为满足欲望的一种表现。在物质至上的社会氛围里，人们会过度追求物质财富，对于稀缺物品，不论其实用价值如何，都会争先拥有。在此情况下，对于稀缺物品的争夺甚至会导致各种争端，引起杀戮和战争。

治理者为了满足个人欲望而追求高额的物质回报，就会利用手中的权力去谋取不当利益，而且当其失去了依照大道行事的初心之后，这种对于"难得之货"的占有欲或将导致完全无法预料的行为，因贪婪而渎职贪腐、因贪婪而横征暴敛、因贪婪而铤而走险者在每个朝代每个时期都有，一念之差使其治理行为偏离了正确的轨道，其结果是害人害己。

"五色、五音、五味"是人类获得感官享受的能力，"驰骋畋猎、难得之货"是人类满足欲望的能力，过度使用这些能力就会导致各种伤害，放纵欲望必然会招致恶果。其实"目盲、耳聋、口爽、心发狂、行妨"只是表象，而造成对于个人和社会治理的伤害才是根本。

> **"是以圣人为腹不为目，故去彼取此。"**

"圣人为腹不为目"，这是符合大道的行为方式。老子系统思想认为，治理者坚持大道做好事情，也需要必要的物质基础和生活保障来维持良好的个人状态。人类维持生命的能量主要是通过食物来获得的，"为腹"就是注重物质资料的实用价值，以保障个人生存的基本条件为目的。在这个基础上，多一些少一些或者好一些差一些，只是需求的差别而无贪欲的成分。"为目"则不然，是在实用价值之上，追求对所拥有物质的视觉欣赏，也就是追求物质的形态美，暗含着排场奢侈等形式主义意味，由此唤起的物欲是无穷无尽的。所以，圣人明白大道，坚持按照大道行事，在对待物质财富方面必然会重视其实用价值，会恰当地取舍必要的物质条件，不追求满足那些超出正常需要的物欲。

"故去彼取此。"懂得大道的治理者能够悟透人生成功的本质，会把必要的生存需求与无度的欲望区分开来，特别是会高度警惕因欲望而滋生的贪婪之心，并恰到好处地依照大道进行治理活动。圣人代表着社会治理者所能具备的最高悟道水平，他们在自身行为和治理行动中都会始终坚持大道，不会被外界的物质诱惑所左右，更不会放纵私欲、沉迷于荒淫的个人享乐。这就与后世佛教对于"色、声、香、味、触、法"① 的认知相似，圣人依照大道成就自我、造福民众，对人性把握有度，合理满足欲望和需求，在治理过程中做到"无为而无不为"，最终方能实现"功遂身退"② 的最高境界。

---

① 《心经》："是故空中无色，无受想行识，无眼耳鼻舌身意，无色声香味触法，无眼界，乃至无意识界。"

② 《道德经》第九章："功遂身退，天之道。"

第十三章　宠辱不惊　行道天下

宠辱若惊，贵大患若身。何谓宠辱若惊？宠为下①，得之若惊，失之若惊，是谓宠辱若惊。何谓贵大患若身？吾所以有大患者，为吾有身，及吾无身，吾有何患？故贵以身为天下，若可寄天下；爱以身为天下，若可托天下。

——《道德经》第十三章

上一章中，老子指出圣人"为腹不为目"②，主张治理者应该带头坚持健康生活，反对贪欲无度。本章中，老子系统思想认为，治理者在履行治理行为的过程中应追求依照大道行事的原则，特别是要处理好两大具体问题：一是如何看待个人的宠辱得失，二是如何处理个人生死与社会治理事业的关系。

"宠辱若惊，贵大患若身。"

---

① 有些版本此处作"宠为上，辱为下"。
② 《道德经》第十二章："是以圣人为腹不为目，故去彼取此。"

"宠辱"对于每一个具有社会属性的人来说都是一个考验，对于治理者而言尤其如此。得宠与受辱在本质上是一样的，都是个人受到的外部评价或名利得失超出了正常范围，而且自己能够切实感受到这种不正常。"身"代表着一个人的生命，生命的得失就是生死考验，这对每个人来说都是非常重要的大事；人生在世，有生就有死，这又是最正常不过的事情。但是，有理想有追求的人最怕的就是壮志未酬身先死，所以突发的生死危机，往往是对人性的最大考验。

"宠辱若惊。"受宠，是因为被他人过分看重，社会地位和作用价值被有意抬高，得到的回报也超出了个人付出和预期；受辱，是因被他人有意针对和压制，社会地位和个人价值被刻意贬低，个人的努力和付出也得不到应有的肯定，人格和心理受到伤害，并且受到的打击和伤害超出了正常的预期。在现实社会中，受宠会使人感到惊喜或不安，受辱则会让人感到惊吓或恐惧，都会导致人的内心失衡，进而造成言行偏离大道甚至与大道完全相悖。

"贵大患若身。"有能力的人都想干成一番事业，但是面对突如其来的巨大的宠辱，只有少数人能够做到波澜不惊；面对巨大的利益诱惑和生死考验，仍能坚持依照大道行事者更是凤毛麟角。面对巨大的恩宠，有的人会得意张狂。像明朝的大太监魏忠贤奸猾邀宠，位极人臣之后肆意妄为，做出很多荒诞可笑的事情，结果人生黯然收场，还落得千古骂名。有的名人在遭受屈辱的时候不堪忍受，身心极度痛苦而不能自我纾解，结果采取极端行为自我伤害，像著名文学家老舍在"文革"中遭受屈辱后，就以投湖自尽的方式表达了对于所受屈辱的愤怒。这是把遭受到的打击迫害看得过重，结果是一代文豪过早陨落，空留许多遗恨，是国家的损失也是个人的失败。

> "何谓宠辱若惊？宠为下，得之若惊，失之若惊，是谓宠辱若惊。"

"*何谓宠辱若惊*？"一个人会因为宠辱而心惊，其实是因为自身尚未参透大道，对于自己的作用和价值没有恰当的定位，当然也不可能做出恰当的选择。有人只能靠投机取巧去谋取不当回报，而更多的人只能惶恐应付。

"*宠为下*"，被宠者的位置，一定是从属的，而且自知所受的宠幸是出于居上位之人的恩惠，而这种恩惠完全依赖于上位者的好恶和心情，因此能否投其所好就成了得宠和受辱的关键。

"*得之若惊，失之若惊*。"对于过度的恩宠心中惊喜但又无法坦然面对，这种内心的矛盾与折磨会使得原本正常的人格被扭曲，行为处事也就必然偏离大道，无法做出正确的选择。超乎常态的恩宠通常会以功名利禄等方式体现，这些身外之物会给被欲望操控之人带来惊喜，暂时的投机成功则会加剧他们进一步投机邀宠的冲动；反之，一旦失去恩宠就会跌入深渊，为万夫所指，被民众唾弃。这种巨大的反差使得他们终日"惕然惶然而不敢宁"[1]，表面风光而内心惊惧，对于非分所得心中惶然，生怕一着不慎就会导致个人的全盘覆灭，所有荣华富贵也将随之灰飞烟灭。

---

[1]　（明）周如砥：《道德经集义》，"则未得而患得，既得而患失，惕然惶然而不敢宁。"

"**是谓宠辱若惊**。"在老子系统思想看来，"得宠"与"受辱"就像一把悬在那些醉心于玩心术的"智者"① 头上的利剑，始终伴随着他们的人生起伏。求宠者即使可以谋得一时得势，但是却注定一生都处在患得患失的惶恐之中。孔子则将这一类人称为"鄙夫"②，认为他们不但在谋取权势利益时会处心积虑，在得势后更是会绞尽脑汁去保住既得利益。由于恐惧一旦失去权势和利益就会遭受灭顶之灾，他们做事情就会没有底线，无所不用其极。

> "**何谓贵大患若身？吾所以有大患者，为吾有身，及吾无身，吾有何患？**"

"**何谓贵大患若身？**" 身体是人类生命的载体，也是个体智慧的载体。人类可以通过基因在代际传递生命信息，但是却不能把前辈的知识积累和智慧感悟通过遗传方式延续下来，这导致人类的集体智慧始终以循环往复的螺旋式上升的方式在发展。当然，这也使得人类能够与天地系统形成微妙的和谐。

"**吾所以有大患者，为吾有身**。" 人类对于生命的重视是一种天性。大道系统能够浑然天成③、不生不死，天地系统能够"天

---

① 《道德经》第三章："不见可欲，使民心不乱。是以圣人之治，虚其心，实其腹，弱其志，强其骨，恒使民无知无欲，使夫智者不敢为也。"

② 《论语·阳货》："子曰：鄙夫可与事君也与哉？其未得之也，患得之。既得之，患失之。苟患失之，无所不至矣。"

③ 《道德经》第二十五章："有物混成，先天地生。寂兮寥兮，独立而不改，周行而不殆，可以为天地母。"

长地久"①，人与"道""天地"是有着相似特点的复杂系统②，但是人的生命与大道和天地比起来却是很短，所以对于人类来说，尽量保持身体的健康长存，就可以做很多与大道系统、天地系统相吻合的事情。

人们之所以面对大的忧患就像身体受到危害那样，是因为人的肉体是比较脆弱的，在自然灾害和意外伤害之下都可能受到致命的损伤，所以一般人对于性命都很在乎，在突如其来的兴奋和惊吓之下，人们通常会说"高兴得要命、紧张得要命、害怕得要命"等等。这些表述充分体现出人类对于性命的高度重视，本质上是因为个人的智慧和能力只有通过身体的承载才能变成行动，生命活动是依靠身体这个载体而存在的，智慧也要依靠身体这个载体而发挥作用。一旦面临危及性命安全的压力时，人会本能地感觉到很大的忧患，这是绝大多数人的正常心理。

对于自然界中的绝大部分动物而言，父母养育孩子只有付出，没有索取；人类社会也是如此，绝大多数为人父母者对于孩子关爱有加、无私奉献，但难免会把自己的意志加诸子女身上。相较于人性的伟大，大道生养万物比为人父母者更加伟大，大道对于万物有"生而不有、长而不宰"的大德③，人类对于大道和天地系统也应充满敬意并尽力效仿大道行事。

孔子对曾子说，爱惜身体是"孝之始"，遵照大道行事是

---

① 《道德经》第七章："天长地久。天地之所以能长且久者，以其不自生，故能长生。"

② 《道德经》第二十五章："故道大，天大，地大，王（人）亦大。域中有四大，而王（人）居其一焉。"

③ 《道德经》第十章："生之畜之，生而不有，为而不恃，长而不宰，是谓玄德。"

"孝之终"①，推己及人，才可实现大我。社会治理者掌握着重要的治理权力，在国家治理和社会发展中可以发挥较大的作用，也就更应该自觉认知大道并依照大道去采取治理行动，在治理活动中少看重个人得失、多考虑民生福祉和社会进步，这才能够获得民众的信任和支持。

"及吾无身，吾有何患？"当智慧与才能超凡的人持有一种坚定信念时，就可以很好地把控自己的欲望而成为德行很高的君子；悟道更高的人还能够为了实践大道而付出毕生精力，他们就是进入"无身"境界的"圣人"了。乍听起来这很不可思议，其实在人类文明进程中一直都存在着信奉这种思想及为之奋斗的精英人物，他们不但自己对于大道有着深刻的感悟，还能够影响并带动民众共同践行这种信念，使得社会治理更加合理。在这一点上，东西方文化高度一致。圣人能够做到"无身"是因其对照大道参透了人生的道理，即以"天之道"② 校正了"人之道"③，能够从扰乱心境的宠辱成败中超脱出来，亦能够勘破生老病死的自然轮替，从而做到"未得乐其意，得之乐其治"④，不管在什么情况下都能够恰当地思考、决策和行动。做到了"上善若水"，就能够

---

① 《孝经·开宗明义》："身体发肤，受之父母，不敢毁伤，孝之始也。立身行道，扬名后世，以显父母，孝之终也。"

② 《道德经》第九章："功遂身退，天之道。"第七十三章："天之道，不争而善胜，不言而善应，不召而自来，繟然而善谋。"第七十七章："天之道，其犹张弓欤？"第八十一章："故天之道，利而不害；圣人之道，为而弗争。"

③ 《道德经》第七十七章："天之道，损有余而补不足；人之道则不然，损不足以奉有余。"

④ 《荀子·子道》："子路问于孔子曰：君子亦有忧乎？孔子曰：君子，其未得也，则乐其意；既已得之，又乐其治。是以有终身之乐，无一日之忧。小人，其未得也，则忧不得；既已得之，又恐失之。是以有终身之忧，无一日之乐也。"

"夫唯不争，故无尤"①。

当一个明道有德之人将自己掌握的大道以恰当方式留给社会的时候，人类的智慧就可以不依赖于个体肉身的存在而实现传承，因此即使一个人的寿命没有那么长，却也可以在人类智慧的集成和传承方面发挥巨大的作用。就老子本人而言，据说他是一位长寿老人，但是其思想的形成肯定不是在终老之时，而是在其壮年时就已经形成。孔子寿命也比较长，但其重要思想同样是在壮年时就已经成型，其他诸子百家无不如此。后世不同时代对于老子系统思想认识比较深刻的人物也大都是青壮之士，最有名的如王弼，注解《老子》时不过二十多岁；其他如苏辙、王阳明、范应元、周如砥、曾国藩等人，都是在中青年时期就达到了对于老子系统思想的认知高度。

> *"故贵以身为天下，若可寄天下；爱以身为天下，若可托天下。"*

"故贵以身为天下，若可寄天下。" 如果治理者能够把天下视如自己的身体一样珍贵，愿意将自身对于大道的认知转化成能够促进社会治理进步的实际行动，并把个人宝贵的生命投入到为天下百姓服务的操劳之中，这种治理者对于社会和大众而言是难能可贵的，民众也会发自内心地愿意把国家的最高治理权力赋予他们，期待这样的治理者能够整合不同的族群和文化，实现普天之下的长治久安。把天下交给这样的治理者是民众的幸事，更是人

---

① 《道德经》第八章："上善若水。水善利万物而不争……夫唯不争，故无尤。"

类的幸事。中国古代传说中的尧、舜等就是这样的治理者。

"**爱以身为天下，若可托天下**。"如果治理者能够做到如同爱护自己身体一样地去关爱天下的百姓，如同爱惜自己生命一样关照民众的福祉，对待民众的诉求如同对身体的健康一样认真，甚至可以为了民众的利益而牺牲自己，那么天下发展的希望就可以寄托在这些人身上。中国古代传说中的后羿射日、女娲补天、大禹治水所歌颂的就是这样的典范，他们舍弃自己的身体和利益为亿万民众换来适宜的生存环境，体现出的是对于民众的大爱。在当代社会治理者中，焦裕禄正是具有这种品质的人，他舍身治沙换得兰考县民众的幸福生活，功在当代、利在千秋，是当代治理者的楷模。

治理者若能够自重自爱，舍小我为大众，就可以把国家和组织治理好。当然，有远大志向的治理者也应该爱惜身体，这不是因为贪生怕死，也不只是为了长寿，而是为了有足够的精力和体力去处理好复杂的社会事务，去解决现实中的各种困难和问题。"贵以身为天下""爱以身为天下"体现的既是一种高尚的人性，也是一种高境界的自制力。

第十四章　大道无极　规律可循

视之不见名曰夷，听之不闻名曰希，搏之不得名曰微。此三者不可致诘，故混而为一。一者，其上不皦，其下不昧。绳绳不可名，复归于无物。是谓无状之状，无物之象，是谓惚恍。迎之不见其首，随之不见其后。执古之道，以御今之有，能知古始，是谓道纪。

——《道德经》第十四章

老子系统思想是一门综合性学问，是基于人类拥有的全部智慧，并结合现实社会发展和社会治理的实际情况，适时采取适宜策略的系统哲学。用现代知识分类标准来说，老子系统思想既涵盖数学、物理、化学、电子学、机械工程学等科学与工程领域，也包括历史学、政治学、社会学、地理学等人文社科领域，需要治理者将众多学科智慧融会贯通，然后通过立法约束、组织规范、政策调控等方式在具体的社会治理中加以实施。

老子系统思想既具有综合性也有开放性和发展性，需要与时俱进地创新和发展。在思想创新受到禁锢的集权帝国时代，它不可避免地被片面理解甚至歪曲。比如道教以老子系统思想为依托，结合易学、养生、方术等内容，将老子的系统思想宗教化、神秘化；此外，"以儒解道、以佛解道"等解读方式也造成了很多认识上的偏颇。即使在唐宋这些文化相对开放的朝代，也只是表现为在人文认知方面比较接近老子系统思想的原貌，而在恰当理解"非常道""非常名"、推动创新发展方面依然比较保守，更多地表现出唯心主义的认知特点。

"视之不见名曰夷，听之不闻名曰希，搏之不得名曰微。"

这是从自然科学的角度解释大道的特点，"之"代表的是客观存在的物质对象或现象，而人类凭借现有的感知能力还无法证明它们的存在，老子系统思想把这种极限状态称之为"夷、希、微"。

明明有某种物质存在，但人类肉眼看不到，这就是"夷"；

明明有某种声波存在，但人类耳朵听不到，这就是"希"；

明明有某种实体存在，但人类肢体触摸不到，这就是"微"。

如果把人类可以利用的仪器设备也作为"视、听、搏"的手段，那么"夷、希、微"就是人类拥有的感知客观世界的能力的极限，这种极限随着人类认知和技能的发展还会不断拓展，但是永远也达不到尽头。这里的"夷、希、微"，既是微观概念，也是宏观概念，代表了当前阶段人类认识客观世界的极限水平。

"视、闻、搏"是人类感知外部世界的主要能力，与佛家所讲的"眼、耳、鼻、舌、身、意"是相通的。人类出于对未知事物的好奇，会不断地去探索未知之境。今天人类已经可以通过创造出的仪器测量光、波、粒子，在更精微或更宏大的尺度上实现对物质的视觉、听觉、触觉认知，人类的认知方式由直接依靠人体器官延伸到借助仪器设备，但这两种方式在本质上是相同的。仪器设备的使用虽然会带来认知范围的极大提升，但作为人类感知能力的延伸，也始终达不到"道"所代表的那个极点，我们距离终极的"夷、希、微"依然是咫尺天涯。

从微观层面探求"道"的极致就如同"剥洋葱"一样，揭开了一层表象后自然有所收获，但马上就面对新一层的障碍，若要一探究竟，就必须再接再厉：

——"视之不见"在微观层面上表现为：人类虽然通过各种仪器设备观测到了更加微小的粒子，却发现已经探知的存在还可以进一步分解。比如，在电子显微镜之下，人类目前可以观察到病毒级别的存在，但再往下就看不到了。一旦将病毒视为一个整体，那么想要看清它的内在构成还需要进一步提高视觉能力。

——"听之不闻"在微观层面上表现为：人类通过仪器设备可以分辨更多的声音来源，可以感知更多的频率载体的存在，但对超低频和超高频范围内的声波，人类的认知还很有限，应用能力也尚待提高。比如，人类掌握声呐技术后，探听到原以为寂静无声的大洋深处存在着丰富的声音资源，但是依然有很多音频目前还无法被捕捉而被笼统地归类为背景噪音；即便是那些可以识别出来的声音，人类对其中很多自然主体发出的音频的作用和机理还茫然不知。

——"搏之不得"在微观层面上表现为：人类通过仪器设备可以进行精细的显微操作，却更加迫不及待地想要发现更微小的存在和更底层的逻辑。比如，对已知粒子的探测一直是物理学的重要内容，像大规模的粒子加速器和对撞机这类耗资巨大、设计复杂、能耗超高的设备，也只是当前人类探测更微小粒子存在证据的有限手段。

从宏观层面上探究"道"的极限也极不容易，可以形象地描绘为"天外有天"，即每当人类的认知能力前进一大步后，就会发现在更多更广的维度上面临着更大的未知空间：

——"视之不见"，人类努力地探究天地系统中距人类最遥远的地方，却始终看不到尽头，因为在人类目力所及之外还有更大的范围和空间，这也是"夷"。虽然人类已经凭借各种设备提高了视觉能力，比神话中的"千里眼"看得还远，比如通过天文望远镜人们先后观测到太阳系→银河系→河外星系→总星系，但是在视线所及之外，依然有我们看不到的广袤空间。

——"听之不闻"，用耳朵去听远方发出的声音却听不到，古人称为"希"。如今我们通过设备已经提高了"闻"的能力，远远超过了神话中的"顺风耳"。比如，人类最大的射电望远镜FAST已经可以接收到百亿光年以外的空间传来的射电信号[①]，但是，即使拥有了这个被誉为能够"聆听宇宙的大耳朵"，人类依然听不到星际更深处发出的声音。

———

① 余建斌:《巨型射电望远镜"FAST":聆听宇宙的"大耳朵"》，科学网，2015 年 8 月 10 日。http://news.sciencenet.cn/htmlnews/2015/8/324538.shtm

——"**搏之不得**",人类触觉可以到达的能力即是"搏"。如今依靠太空飞行器(航天器),人类"搏"向太空的能力大大增强了,登陆月球、登陆火星已经成为现实,但是人类即将开展的火星之旅依然是有去无回的"单程票",至于人类将要登上的其他适宜生存的星球,依然是一个遥不可及的梦想,这正是当前人类的"搏之不得"。

伴随人类探知能力的增强,宏观规模越来越大,微观尺度越来越细,但是更加宏大的系统和更加微小的粒子依然存在,看不透、听不清、测不准,在人类与精确感知能力之间,永远有一道道充满弹性的、混沌的障碍需要突破,某些时候人类感觉自己的准确认知能力就要达到终极了,却又马上陷入更大的不确定之中。几次轮回下,每个时代最伟大的科学家最终都会接受类似老子系统思想的认识论。

> "**此三者不可至诘,故混而为一。**"

对于人类认知能力的作用和发展,老子系统思想给出了系统总结以及恰当的方法论。面对大道系统的无限性,人类对于宏观世界和微观世界的探求能力总会存在极限状态,而"夷、希、微"就是某个特定时期人类感知能力的极限。"视、听、搏"这三种不同的认知方式在发展过程中面临的障碍各不相同,但这些探索有一个共同特点,那就是永无止境。这些认知上已达到的极限可以定义为一种状态,被称为"一",是指人类认知能力的集合,从不同途径获得的全部认知在同一个节点相遇而汇集到一起,进而生成一个比较完整的系统认知,这是人类可感知的大道的最新形态，也是当前人类能够达到的最深刻最全面的"可道"和"可名"①。

　　人类对于大道系统的清晰认知是有限度的：在"一"这个有限的系统内部，人类能够将对于"道"的认知进行验证，可以通过特定的手段去进行模拟、还原、再现，可以用既有的观测手段去收集各种信息，可以用已有的验证方法去判别真伪……人类对于这个已知系统是说得清的；而一旦超出"一"这个有限系统的边界，人类就无法运用既有的技术手段去验证。在前沿研究者之间尤其会存在不同的猜想与假设，短期内难以有效验证它们的真伪，即，人类对于更大系统的认知存在不确定性。比如，目前人类对于太阳系的认知比较完整全面，对于人类而言太阳系是一个比较清晰确切的系统，但人类对于银河系还远未达到系统认知的程度，对于宇宙诞生与演化的观测研究也才刚刚起步。科学家尝试通过发射卫星等多重手段更精确地观测微波背景辐射，以追溯宇宙诞生早期的情况。人类关于宇宙诞生、结构方式及未来演化也仅仅建立了一些初步的推论，其中隐藏的诸多奥秘还待一点点揭开。

　　形象地说，"一"如同一个吉尼斯纪录，它只是当下的极限，始终存在着被改写的不确定性，一旦这个纪录被突破，人类认知又将进入一个全新的境界。

　　"一者，其上不皦，其下不昧。绳绳不可名，复归于无物。"

---

① 《道德经》第一章："道可道，非常道。名可名，非常名。"

　　"**一**"是人类当前所能感知到的大道极限，也是进一步认知大道真正形态的开端。这个新起点是可以感知的客观存在，既可以是微观的存在，也可以是宏观的存在。

　　"**其上不皦**"，"其上"是指宏观上超出人类已有认知极限的"道"的存在，对于这些未知领域的规律和特点，人类会有很多猜测和假想，也会由此形成很多幻想和推测，但这些认知都不确定，尚不能形成人类普遍认同的知识。"皦"指明亮、清晰，意味着人类可以洞察和理解。"其上不皦"，是说在宏观上存在着比"一"更宏大的系统，在微观上存在着比"一"还细微的系统，人类当前还无法通过"视、听、搏"等手段来认识和总结这些系统的规律，对它们的认知依然处于混沌的状态。

　　"**其下不昧**"，"其下"是指人类已知的系统，在这个已知领域内，人类对于大道的认知是清晰的，可以通过"视、听、搏"等手段来认识和总结规律，按照规律去推知未来，也就是"执古之道，以御今之有"。这体现出人类的能动性。"昧"是暗、昏、不明，"不昧"就是可以了解和把握。在"一"这个已经被认知的系统内，人类可以展现自身的能动性，在各个子系统中按照已经掌握的大道规律去行动，推动社会治理的不断发展。

　　"**绳绳不可名**"，人类对于既有认知总是无法做出清晰准确的判断与描述，也就是说对于完整而复杂的"一"，人类也是"不可名"的。"绳绳"体现出人类对于"道"的认知是丰富和复杂的，结绳记事是为了让记忆长久，如果所记录的事情过于复杂或庞大，那么就会超出人类的能力，反而在完整性和准确性上都不清楚了。事物过于复杂而导致记不清楚与事物非常简单而不需要记录的机理虽然不同但结果是一样的，在人类"视、听、搏"的认知范围内都难以留下清晰的痕迹。

"**复归于无物**"，是说在既有的认知能力之下，人类觉得"一"依然很幽深也很渺茫，难以名状、难以描绘，完全超出了人类的既有知识，形成不了完整的认知；既无法具象实证其细微所在，也无法抽象描述其整体状态，于是"复归于无物"。"物"是人类可以探知并描述的客观存在，是现代哲学所说的物质对象，"无物"不是不存在而是无法准确认知的对象，我们在认识世界时，经常会处于这种混沌状态，也就是"常无"。

> **"是谓无状之状，无物之象，是为惚恍。"**

"一"的存在方式是动态变化的，因此难以准确描述。比如，"宇宙到底是以什么样的形状存在"一直是个疑问，虽然人类确定宇宙是有形状的，但却不能清晰描述出来，这种认识状态就是"可名"但"非常名"。还有，像"夸子"这样的微小粒子几乎难以观察到，但却真实存在，看似无物却有存在的迹象。再有，人们利用"视差"原理测量恒星位置时，采用"秒差距"[①] 这一单位，恒星在天空中看似只发生极细微的位移，却意味着非常遥远的距离。人类在认知的领域中，时而会高歌猛进，连连攻城略地、开疆辟土；时而又会遭遇当头一棒，陷入新的迷茫与徘徊。这就是"惚恍"的状态，老子系统思想认为这就是人类处于认知

---

① 秒差距（parsec），天文学的一个距离单位，用 pc 表示，意义可简单理解为：从一个远方星体上来看地球和太阳，太阳与地球之间的最大张角为 1 角秒（1/3600度）时，这个星球和地球的距离是 1pc，约为 3.259 光年。

极限时的两种状态。

这里涉及四个很重要的概念，"状""象""惚""恍"，需要分别给予恰当的解释。

"状"，是指在某一个时间节点或者是某一个瞬间，诸多变化因子定格时，系统的存在情形。"状"是客观存在的，但是不稳定，它在被观察到的时候，就已经处在变化之中了。

"象"，是客观存在通过感官带给人的感受和印象，人类会对这种感受和印象进行描述，这种"可名"的认知就是"象"。"象"等于是对于"状"的"命名"，可以被多数人认同，成为人们在特定时期的共识。孔子对于《易经》的贡献，就是在具体的爻辞基础上，总结出"象"。读者可以去比较研究一下，会有很大的受益。

"惚"，是突然间从清晰变得混沌，原本已经能够自成体系的认知，因为某一方面新的突破，造成原有系统的崩溃，突然间出现的大量不确定性，使系统进入剧烈的调整状态。

"恍"，是在思维困顿中豁然开朗的灵光乍现，在事态剧烈变化的情况下有可能发现瞬间相对稳定的存在形态，即使暂时无法认识其物理存在，也可以感知物质在发挥着的作用，这是系统重建稳定的发端。

"无状之状"，这是指一种极端情形。"状"是客观存在的，"无状"是一种明明存在却又验证不了的情形，但若据此就认为"无状"就是"不存在"，那就完全错了，因为现在的"无状"，在未来某个时候就可能变成"有状"了。

"无物之象"，也是一种极限情形。"象"是人对于客观存在的"物"的抽象认识。在"无物"的状态下，其"象"也就更加晦涩难懂，难以被认知能力一般的人群普遍理解与接受。这就像通过镜子看现实世界：有些东西我们用肉眼看不到，或者被人为地忽略了，即使镜子真实地反映了也不会被发现，但这不代表镜子没有把它们反映出来。一旦我们能力增强，就有可能验证那些事物的存在，也就可以从镜子中看到其映射所在。

"惚恍"，是"有状之状"与"无状之状"的相互转化，也是"有物之象"与"无物之象"的相互转化。现代科学基本上就是在不断地实证"惚恍"。

"迎之不见其首，随之不见其后。"

"一"是一个完整的系统，但是其维度非常复杂，不是简单的线性结构，而是复杂的非线性结构。所以，当人们与"一"迎面相对的时候，无法精准地确定它的最前端；当人们跟随"一"同向发展的时候，也找不到它的末端。这体现出人类认知能力与"一"之间的奇妙关系：人类能够意识到"一"从何处来，也大概知道"一"往何处去，但是无法确定其始终。可以想见，"一"是一个具有成长性的巨大的复杂系统；不过，与"有物混成，先天地生"① 的大道相比，"一"无论在宏观规模还是微观细致程度方面还是有很大差距的，这就是"道"的奇妙之处。

"执古之道，以御今之有，能知古始，是谓道纪。"

---

① 《道德经》第二十五章："有物混成，先天地生。寂兮寥兮，独立而不改，周行而不殆，可以为天地母。吾不知其名，（故强）字之曰道，强为之名曰大。"

"**执古之道，以御今之有**。"老子系统思想可以有效地指导人类社会中的现实行为。人类能够总结出来经过历史验证的正确的认识论和方法论，这些"古之道"在过去的时代曾指导人类对于自身及所处世界都开展了相当多的有益探索，掌握了许多客观规律，取得了迄今为止极其丰富的发展成果。"今之有"则是指当下的具体情况和难题，要求治理者做出恰当的决策并采取适当的行动。老子系统思想认为，"执古之道"就是要继续运用这些方法论，同时结合新的情况、新的特点去处理当前的新问题。当然，随着时代的变迁和环境的变化，每一个时代所面对的问题都会表现为相对新的形态，但是万变不离其宗，掌握了正确的方法论就可以"御今之有"，驾驭并解决好当代的问题。

"**能知古始，是谓道纪**。"人类社会系统的形成和发展的规律在很大程度上与大道系统是一样的。人类社会的很多特征在人类出现的那一刻就存在了。随着人类对于社会系统的不断认知和系统自身的不断发展演化，其复杂性逐步展现出来。我们越是能够知晓人类自古以来的发展，就越能够更好地把握大道的规律。

1904 年，严复[①]在五十二岁时手批《老子》[②]，当时主要以近代西方的机械唯物论、天演进化论、民主自由学说，以及自然科学方面的知识来诠释老子思想。1914 年左右，年过花甲的严复则

---

①　严复（1854—1921），字又陵，后改名复，字几道，福建侯官县人，近代极具影响力的资产阶级启蒙思想家，著名的翻译家、教育家，新法家代表人物。

②　严璩《侯官严先生年谱》云："甲辰（1904）府君五十二岁。手批《老子》，为南昌熊季廉所见取去，次年熊君付刊于日本东京。"此书最早于 1905 年 12 月在日本东京印刷发行，书名《侯官严氏评点〈老子〉》。1931 年商务印书馆据东京本重新排印，改名为《严复评点〈老子道德经〉》。参见王栻主编的《严复集》（第 5 册），中华书局 1986 年版。

回归了"传统不可弃"的观念。他在《思古谈》中介绍并认可了"刺士经约翰"（John Ruskin，1819—1900，今译罗斯金）的观点。他说，"凡物为数百千年人类所宗仰赞叹者，必有至高之美，实非以其见赏者众，而人类平均之识力感会，足以得其物之真也。乃以过实之誉，无据之毁，理不久存之故。惟识真之品题，其始也，发之最少数之人，而久之乃达于社会……其为物愈上，则其知者愈希。始于是最少数之一二人，其次智足以通此一二人之所言而信之，由是焉而喻于下级，历时綦久，又经无数人之反激摇撼，此真且是者弥坚确而光明，而遂为不易之定论。古之神物，其不朽而传于今者类如此。"

近现代以来，自然科学的较快发展对人类的认识影响很大。近现代以来的社会治理者大多是受自然科学熏陶较深的人，以至于对万事万物的理解产生了一种"唯科学论"。但是，他们却往往忽略了一个重要的前提，那就是现代科学对于大道的认识仍处在一个很短的中间阶段，远未达到至善至美的境界。目前的科技能力还不足以透彻、系统地认识我们所处的世界，在这种情况下，人类在认知客观世界的时候，无意中将科技的力量绝对化，将人类现有的科技认知能力作为评价世界的"公理"或"绝对标准"，这就导致了一种思维上的僵化，而这从某种意义来说，就同中世纪宗教的桎梏一样，成了人类认知大道的反面力量。

人类认知世界的能力始终有其局限性，怎样做才是合适的呢？希望本章讲述的道理，能为治理者带来一些启发与触动。

第十五章　有道之士　过人之能

古之善为道者①，微妙玄通，深不可识。夫唯不可识，故强为之容：豫兮若冬涉川，犹兮若畏四邻，俨兮其若客，涣兮其若凌释，敦兮其若朴，旷兮其若谷，混兮其若浊。孰能浊以静之，徐清。孰能安以动之，徐生。保此道者不欲盈。夫唯不盈，故能蔽而新成。

——《道德经》第十五章

对于明道有德之人的直白赞美，在《道德经》中并不多见，本章却以生动形象且富有激情的表达，勾勒出了"善为道者"的形象轮廓。

> "古之善为道者，微妙玄通，深不可识。"

"**善为道者**"，这是一种高山仰止的境界，也是人类行道的最

---

① 帛书乙本为"善为道者"，王弼注本及一些版本为"善为士者"。

高境界。学道、悟道、行道——从入门到顿悟，从顿悟到实践，从实践到成就一番功业，最后在功成之后身退。在这个过程中，能够做到基本了解大道就不容易，能够通过学习达到顿悟并掌握大道的内涵就更难了，如果进而能够修炼到身怀绝技并以天下苍生为念去行道济世，这就是民众之幸、天下之福了。这其中任何一次进阶都不会一蹴而就，而是充满艰辛的上下求索的实践历程。在《德经》部分还有大量相关的表述，诸如治理者对于大道需要"勤而行之"①，要经历"明道若昧，进道若退，夷道若纇"②的磨砺。简而言之，这个过程就是努力练就高强的本领，凭借本领干成一番利国利民的事业，使得民众安居乐业、国家强盛发达，同时又不会过度损耗社会资源和自然资源，形成一种良性的可持续发展的模式。

"*微妙玄通，深不可识*。"在"善为道"的境界，治理者能够明白通达，拥有常人难以琢磨的丰富智慧，善于解决各种疑难问题，在任何情况下都能够采取恰当的行为，获得理想的结果。老子系统思想对于按照大道行事的特点及效果有过很多描述，像第八章讲到的"上善若水"的行事方式，水具备的"七善"③特性是何等的奇妙；第十一章讲的"有之以为利、无之以为用"，展现了虚实之间的辩证互用，使人茅塞顿开；第五章讲的"圣人不仁，以百姓为刍狗"，表达了圣人对于普罗大众的一视同仁，及

---

① 《道德经》第四十一章："上士闻道，勤而行之。"

② 《道德经》第四十一章："明道若昧，进道若退，夷道若纇。上德若谷，广德若不足；建德若偷，质真若渝。大白若辱，大方无隅，大器晚成；大音希声，大象无形，道隐无名。夫唯道，善始且善成。"

③ 《道德经》第八章："居善地，心善渊，与善仁，言善信，正善治，事善能，动善时。"

其背后蕴含的大仁大义①等。可以想见，具备这种综合能力的人，在不算漫长的人类历史中一定是寥若晨星。

大道本身是复杂而混沌的，善为道者也是高深莫测。他们对宏观的认识和对微观的探究，都能够达到既明白又超脱的境界。他们拥有四种了不起的能力，就是"微""妙""玄""通"。

知微见著——善为道者能够把握问题的关键和要害，善于通过直面最困难的问题，以突破极限的创新达成战略目标。第十四章曾讲到"搏之不得名曰微"，可见，"微"是绝大多数人认识不清、无法把握的极限状态，善为道者恰恰能够把握和运用"微"，在极端情况下能够创新突破，并取得成功。

运用之妙——善为道者能够把握"妙"的尺度，把众人搞不清楚的复杂问题分解成可以分别处理的专业问题。世间万物生于有，通过"有"发展出世界的复杂性，这让很多问题看起来千头万绪。而"妙"能将复杂的大问题梳理清楚，整合各种资源，通过"微"的能力去一一解决。这种感觉是举重若轻，赏心悦目。

剖玄析理——"玄"是善为道者具有的高超抽象的逻辑思维能力，可以有效衔接抽象思维与实务操作，处理好远大目标与现实能力之间的矛盾。对于当前认知和能力达不到的领域，也会有很好的认识论和方法论去面对，这种能够处理好已知与未知关系的能力，可以使人天才般地预见解决的途径和实现的节点，因此会给当代人以神秘感，给后世人以震惊感，从不同的时空视角来看都很令人惊奇。

---

① （元）陈观吾：《道德经释义》，"今夫儒者高仁义，老氏不言仁义，而未尝不用仁义。儒者蹈礼法，老氏不言礼法，而未尝不用礼法。"

明白通达——善为道者掌握了"**通**"的特性，就能够不拘泥于一时一事，始终统揽全局，通达社会关系，通晓各种学问，看得清根本与得失[①]，在任何情况下都能调整到恰到好处的状态。第十章曾讲过"明白四达，能无为乎?"这种"刚刚好"的状态就是老子系统思想反复强调的，后面我们还会不断加深了解。

比如，钱学森[②]先生就几乎达到了这种"微妙玄通"境界。他在专业领域内极为精通，早就达到了见"微"的境界；他对各种学科涉猎广泛，在"两弹一星"研发中所展现的卓越的跨领域统筹能力，就是"妙"的典范；他以深厚的学识和实践能力创立了系统科学的中国学派，并对未来科技发展提出了很多重大预言，对老子系统思想的发扬光大令人称"玄"；他的人生波澜壮阔，"一通百通"且成就非凡，还能颐养天年，真正是明白通达之人。

老子讲到的"古之善为道者"在时间上距离现代社会就更加遥远，从老子充满景仰之情的表述可以看出，古人在大智慧方面已经卓有大成，只是受制于当时比较落后的技术水平和生产能力，很多智慧无法马上变成现实。对于古人智慧的崇敬，不仅仅见于东方文化，西方文化同样如此。文艺复兴时期被视为科学楷模的

---

① 《道德经》第四十八章："为学日益，为道日损。损之又损，以至于无为，无为而无不为。"

② 钱学森（1911—2009）：世界著名科学家、空气动力学家、中国载人航天奠基人、中国科学院及中国工程院院士、中国两弹一星功勋奖章获得者，被誉为"中国航天之父""中国导弹之父""中国自动化控制之父"和"火箭之王"。二十世纪五十年代，由于钱学森回国效力，中国导弹、原子弹的发射向前推进了至少20年。

阿基米德①曾说，"给我一个支点，我就能撬起整个地球。"此话展现出来的就是历史伟人的"微妙玄通"，这种大智慧是全人类共同的宝贵财富。

> "夫唯不可识，故强为之容：豫兮若冬涉川，犹兮若畏四邻，俨兮其若客，涣兮其若凌释，敦兮其若朴，旷兮其若谷，混兮其若浊。"

"**夫唯不可识，故强为之容**。"由于对"善为道者"无法准确地定义，就如同对于"道"做不到准确描述一样，老子就通过特征描述的方法，总结出善为道者的七个主要特点，以此勾勒出善为道者的大概形象。

第一个特质是"**豫兮若冬涉川**"。善为道者在凝重认真的时候，气质平和稳定，仪态庄重大气，面临险境而气定神闲，胸有成竹，能够化险为夷。就如同体型庞大的大象在冬季结了冰的河面上行走。冰封的河面上下，一方是超然的重物，"豫，象之大者"②，形态健壮，气势磅礴；另一方是深不可测的寒冷水流，一旦冰层破裂导致大象跌入冰河，其后果可想而知。这种场景，在旁人看来惊心动魄，而当事者却能够沉稳把握，最终有惊无险，不害于物。

第二个特质是"**犹兮若畏四邻**"。善为道者行事小心谨慎，

---

① 阿基米德（公元前 287 年—公元前 212 年），伟大的古希腊哲学家、百科式科学家、数学家、物理学家、力学家，静态力学和流体静力学的奠基人，并且享有"力学之父"的美称。阿基米德和高斯、牛顿并列为世界三大数学家。牛顿和爱因斯坦都曾从阿基米德身上汲取过智慧和灵感，称他是"理论天才与实验天才合于一人的理想化身"，文艺复兴时期的达芬奇和伽利略等人都拿他来做自己的楷模。

② （东汉）许慎：《说文解字》。

在与众人相处的时候也非常低调。"犹"是心中始终保持警觉，慎终如始，如同警觉的犬类那样对细微动静也不掉以轻心，与对手和盟友相处尽量不出风头，对周围环境保持敏锐的感知能力，及时观察周边其他主体的行为，认真关注各种变化，随时预判可能发生的潜在危险，能够防微杜渐而不鲁莽行事。

第三个特质是"俨兮其若客"。善为道者还具有庄严稳重的风范，"俨"是慎独慎微的表现。善为道者非常注意行为举止的分寸，"若客"就是始终以面对众人的环境来要求自己的行为，不会因为环境熟悉而放松行为规范。善为道者展现出屈己待人的谦逊态度，于点滴细节中展现悟道修养，其善行已内化为习惯，在举手投足间既能对相关主体产生积极的影响，又能以小见大，展现出善为道者对于大道的深刻理解和恰当运用。

第四个特质是"涣兮其若凌释"。善为道者面对复杂问题是富有耐心的，在解决困难问题的时候不会急于求成，而是从整体系统的角度统筹谋划，按照系统的解决方式逐步化解矛盾。如同冰凌融化时的状态一样，"涣"是一个多方面互动的发展变化，伴随坚冰消融，周边的环境和生态也进入了一个新的季节，而不是某一个特定方面的单独变化，这就是系统性地化解矛盾的状态。

第五个特质是"敦兮其若朴"。善为道者心地厚道为人沉稳，看起来简单敦厚、朴实无华，不追求奢华，不贪慕虚荣，坚持人的本真，展现大道的本色。"朴"① 是大道在人身上的物化表现，

---

① 《道德经》第十五章："敦兮其若朴。"第十九章："见素抱朴，少私寡欲。"第二十八章："复归于朴。朴散则为器。"第三十二章："朴虽小，而天下莫能臣。"第三十七章："化而欲作，吾将镇之以无名之朴。镇之以无名之朴，夫将不欲。"第五十七章："我无为而民自化，我好静而民自正，我无事而民自富，我无欲而民自朴。"

是不加修饰的原生的道。"朴"也是老子系统思想中的一个重要概念。善为道者平时表现得很平实，能够与民众融为一体，富有亲和力，而不是鹤立鸡群。这是悟道层次提升以后的回归，也是更高水平的"看山还是山，看水还是水"的包容境界。

第六个特质是"旷兮其若谷"。善为道者的心胸开阔，就像广阔的山谷一样，能够容得下别人的不同意见，还能从别人的观点中发现和形成新的支撑。面对复杂的事物和丰富多样的主体，治理者需要宽阔包容的胸怀，有"江河能为百谷王"①的气度，善于统筹协调不同事物的多样性和各类主体之间的差异性，从而达成不同主体的聚合效果，实现系统整体效能的优化和稳定。

第七个特质是"混兮其若浊"。善为道者的思想深刻、阅历丰富，"混"是说善为道者有着深厚的知识积累和实践积淀，对事情有独到的见解，处理具体问题时总能游刃有余。"浊"表现的是善为道者的复杂性特点，他们的行为方式既融于大众又特立独行。"俗人昭昭，我独昏昏"②，在普通人眼里他们很普通也并不突出。但其初始判断常常出人意料，最终结果却总是能令人信服。

"孰能浊以静之，徐清。孰能安以动之，徐生。"

"孰能浊以静之，徐清。"已经被外力搅得很浑浊的一潭水，怎样才能够使其重新变得清澈宁静？善为道者给出了一个好办法，

---

① 《道德经》第六十六章："江海之所以能为百谷王者，以其善下之，故能为百谷王。"

② 《道德经》第二十章："俗人昭昭，我独昏昏。俗人察察，我独闷闷。澹兮，其若海；飂兮，若无止。"

那就是停止外力的搅动，并给予充分的时间，让水体自身逐渐澄清。这是复杂系统自适应调整的过程，随着泥沙逐渐沉淀，水清泥定，各归其所。"静"是去除外力的扰动，依靠系统自身的调节能力，重回正常的运行状态。"静"在《道德经》中首次出现在本章，其后在七个章节再度出现，它是老子系统思想的重要概念之一，体现的是大道系统恰到好处的状态，也是悟道过程中要努力追求的状态。

"*孰能安以动之，徐生*。"怎样才能使原本处于稳定状态的复杂系统运动起来，进入一个恰当的运行状态？善为道者也有好办法。复杂系统由静止到运行的调整不可能一蹴而就，需要坚持不懈地、慢慢地推动，系统经过一段时间的能量积累就变得动力十足了。在此期间，系统内部各个子系统和众多主体也被动员起来，通过协同逐步适应变化的状态，在运动中达到新的系统稳定状态。四季轮回的自然界把这一点诠释得淋漓尽致，经过漫长冬季的休眠，最先出现的只是点点绿芽，所有的生机由此而萌发，万物竞发，春回大地。

"徐清"和"徐生"的道理很浅显也很深奥，反复揣摩总会有一些新的收获，这就是老子说的"吾言甚易知，甚易行也"①。但是在实践中，很少有人能够将"大道至简"的认知一以贯之，其原因是人性的取巧。"大道甚夷，而人好径"②，很多聪明人总想走捷径，结果往往是聪明反被聪明误。

---

① 《道德经》第七十章："吾言甚易知，甚易行也；天下莫能知也，莫能行。"
② 《道德经》第五十三章："使我介然有知，行于大道，唯施是畏。大道甚夷，而人好径。"

> **"保此道者不欲盈。夫唯不盈，故能蔽而新成。"**

"保此道者不欲盈。" 善为道者做事情很有分寸，不会被欲望所驱使，更不会走极端。治理者若能按照善为道者的七个特点去行事，在处理复杂问题时，就能恰到好处地采取相应对策，既无不足，也不会过分；在取得近期成效的同时，还留有长远发展和改进的空间，进而持续推动社会和组织的发展衍变。"盈"是一种极端的满负荷状态，难以持久保持，系统为了保持"盈"的状态就必须试图维持刚性稳定，而刚性稳定对于复杂适应系统而言是不可能实现的。"持而盈之，不如其已"①，一味地持盈保泰必将导致系统崩溃和毁灭。

"夫唯不盈，故能蔽而新成。" 如能按照"不欲盈"的原则去实践，就会在恰当的时候实现突破，在紧要的关头实现反转，保证国家和组织的可持续发展。"蔽"通"敝"，指既有事物衰败、虚弱的状态，这显然不是一个事物最美好的阶段。这种状态有两种发展趋势：一种是继续枯槁下去，最终走向灭亡；另外一种就是涅槃重生，原本衰败的事物慢慢恢复生机，如同野草重生、枯树发芽，重新焕发出美好的状态。符合大道的系统发展规律是在"兴盛→衰败→兴盛"的持续轮回中，实现系统的进化与优化。这种"蔽而新成"不是必然会实现的，需要那些按照大道行事的主体努力采取行动才会成功。如果主体的行为不符合大道，甚至与大道相悖，那么系统终将走向灭亡。

---

① 《道德经》第九章："持而盈之，不如其已。揣而锐之，不可长保。金玉满堂，莫之能守。"

普通人喜欢现成的美好，有道的人更善于去创造美好。好的治理者能够把别人搞乱的局面变好，能够把本以为没有希望的事情干成。国家的发展和社会的进步是一个永远没有终点的征途，今天的创新就是在打破昨日的成规，明天的进步同样需要否定今天的定势。治理者不墨守成规、不刚愎自用，就能客观看待各种问题，找到解决问题的恰当方法，实现"蔽而新成"。

第十六章　知常明道　善治天下

致虚极，守静笃。万物并作，吾以观复。夫物芸芸，各复归其根。归根曰静，静曰复命。复命曰常，知常曰明。不知常，妄作凶。知常容，容乃公，公乃王，王乃天，天乃道，道乃久，没身不殆。

——《道德经》第十六章

对于治理者而言，一旦认识到大道对于治理的重要性，树立依道行为的主动意识，就希望能够清晰完整地认知大道系统，更加深入地了解大道的作用机制。

关于认知大道的恰当方法，老子系统思想给出了很好的建议，就是"知常"。这是一个由现象到本质，逐步深入地发现规律、认识规律的过程。并且，由可以观察到的规律，逐步延伸到无法直接观察的大道系统的特点，并以此作为个人思想认识和行动的根本指针。

> "致虚极，守静笃。万物并作，吾以观复。"

"虚"和"静"是认知大道系统时需要把握好的两个重要状态。其中"虚"是大道与各种主体（也就是"万物"）的包容性关系，体现的是大道"虚而不屈，动而愈出"① 的存在状态，展现的是天地系统生生不息的"玄牝"② 特点；"静"③ 是大道系统的基本运行状态，大道系统之所以能够长久保持稳定运行而不会衰落，在于其运行的根本道理是"静胜躁"。老子系统思想提出人类社会的治理也应该仿照大道系统，坚持"清静为天下正"的根本理念，而治理者在实施治理行为要始终牢记"静为躁君"④ 的道理。

"致虚极"，要求治理者在感悟大道的时候，坚持"虚"的状态，尽最大可能地把自己的内心完全放空，无限迫近极限状态，这样才能实现认识上的突破。"致虚极"包括放下习以为常的思维方式、最为确信的评价标准、最为擅长的做事方法、最为得意的成功经验、窃以为喜的独门诀窍等，治理者要发自内心地进行自我否定，把自己调整到"如婴儿之未孩"⑤ 的状态，让自己的心灵修炼到看似虚无，实则极为敏锐、极富吸收力的状态。这种修炼与修禅入定、瑜伽冥想有些相似，是思维的高阶状态。达到"致虚极"的状态后，治理者就可以感悟到在躁动情况下体察不

---

① 《道德经》第五章："天地之间，其犹橐籥乎？虚而不屈，动而愈出。"

② 《道德经》第六章："谷神不死，是谓玄牝，玄牝之门，是谓天地根。绵绵若存，用之不勤。"

③ 《道德经》第四十五章："静胜躁，寒胜热。清静为天下正。"

④ 《道德经》第二十六章："重为轻根，静为躁君。"

⑤ 《道德经》第二十章："我独泊兮其未兆，沌沌兮，如婴儿之未孩。"

到、感触不深的"道"。"致虚"须追求"极"的程度。修炼时要把自己心里装着的那些杂念放下。这种"虚"不是凡人所说的无所事事，它是置身于大千世界而心中无挂碍①的一种境界，在这种境界中去追求那个永远也达不到的"极"，就会使得一个人脱胎换骨、超凡入圣了。

"**守静笃**"，"静"是与"动"相对的更高水平的存在状态，如今科技发展也证明了这一判断的正确性。向宏观层面看，遥远夜空中闪亮的繁星安静而清冷，实际上这些星星"眨眼"式的运动是一次次远比地球上可以观察到的火山爆发更强大无数倍的能量释放。向微观层面看，一滴水看似晶莹透亮清净无声，其实在其内部存在一个复杂运动的大系统，数目庞大且关系复杂的电子、质子在不停地高速运动。再向人类内心看，当一个人静坐冥想时表现得最安静，而此时恰恰是专注力、感悟力最高的时候，是集成思考、实现认知突破的最佳时机。"守静"须达到"笃"的程度。本章深刻揭示了什么是"静"，那就是一种万物回归根本的状态。"笃"是圣人感悟大道时一心一意地坚持回归根本的状态，不被个人的知识结构所制约，不被世俗推崇的物质欲望所驱使，是符合"载营魄抱一，能无离乎？专气致柔，能婴儿乎"②的内在心智的基础，体现出圣人追求"道"的信念与坚持。

"**万物并作，吾以观复。**"世上的万物繁茂、生生不息、纠缠复杂，这些人类可以直观认识的复杂性，蕴含着与"道"一致的

---

① 《心经》："依般若波罗蜜多故，心无挂碍，无挂碍故，无有恐怖，远离颠倒梦想，究竟涅槃。"

② 《道德经》第十章："载营魄抱一，能无离乎？专气致柔，能婴儿乎？……生之畜之，生而不有，为而不恃，长而不宰，是谓玄德。"

内涵，人类可以在这些循环往复的发展变化过程中观察到内在的规律，找到感悟大道的正确方法。世间万物的共生组成一个复杂的巨系统，这个系统的运行是天地系统使然，而天地系统则是大道的一个典型的子系统，其中的规律法则复杂交织，各种显性秩序和隐性秩序在发挥着各自的作用。在日复一日、年复一年看似重复的时光里，各种可预期的事件和各种不可预期的系统涌现①在持续上演，有新事物出现，也有旧事物消失，无时无刻不在发展变化。"复"是系统运行的周期性特点，老子系统思想主张通过"观复"的方法，去综合观察世间万物产生、发展、变化的实际情况；通过系统深入的观察分析，可发现其中存在的规律和规则。

"夫物芸芸，各复归其根。"

"夫物芸芸，各复归其根"，廖廖几字即勾画出一幅大自然规律变化的图景。种类纷繁的植物随着节气生长变化，植物依靠根部从土壤中吸取养分，发芽、茁壮、开花、结果，然后是凋零枯萎、叶落归根，再次回归大地，变成养分，待时机到来时，继续参与以后的植物生发。"复归于根"是基于物种生命周期的循环往复，是无数次的周期性循环，这种循环是系统内所有资源共同参与进行的，而不是系统内单个主体的循环。比如一个单体植物不是靠自身实现的平衡，而是基于生态系统获得平衡，森林中不同

---

① 涌现，英文为 emergence。1999 年，经济学家杰弗里·戈尔茨坦（Jeffrey Goldstein）在《涌现》（Emergence）杂志上提出了现今对"涌现"的定义。Goldstein 最初将涌现定义为：复杂系统在自组织过程中产生的新颖而连续的结构、模式和特性。（The arising of novel and coherent structures, patterns and properties during the process of self-organization in complex systems.）

生物死亡后融入土壤，分解为各种无机质后成为土壤中的基础养分，然后随机地被传送、吸收，重新参与新一轮的生物生长。这种在一定规模的系统内部形成的周期运行就是生命的"归根"现象。

"归根曰静，静曰复命。"

"静"，有时候表现为特定子系统的生命周期结束（子系统结束"有"的状态而进入"无"的状态），子系统的组成单元（基础主体，比如水分、元素等）回归到母系统中，与母系统中所有基础单元一起静待下一个具有生命周期的子系统的孕育，母系统则回归到稳定的基础状态。

"*归根曰静*。"在自然界中，每一次的"归根"，可能是一个季节，也可能是一年，甚至若干年。每当一个周期完成的时候，就会有一次从"有"到"无"、从"动"到"静"的流转，这种玄妙的转变，使得系统又回归了周期性起始状态。这种基于系统运行平衡的"归根"可以放大到更大尺度的系统，比如由植物扩大到包括动物植物、微生物在内的所有生命体，或由有生命的系统扩大到无生命的自然存在，比如河流、冰川、沙漠、山脉等。河流枯竭，冰川消融，绿洲消失，这些自然物质的存在方式都有其生发与归根的周期，它们在时间上比有生命的动物和植物要长很多，但最后也都是回到一个平衡点"静"，进而再开启新一轮的循环。

"*静曰复命*。"当一个系统达到新的起始点时，就会由静而动，启动新的活动形态，"复命"就意味着新的子系统又将涌现，母系统又要开始一次新的周期运行。对于有生命的物种来说，可以认为是新生命个体的发端。新的生命在基础物质构成、个体特征表现方面与父代祖代系统是相似的，但是其物质构成又都是由自身的特殊境遇而重新组合过的。比如，很多植物是靠种子繁衍后代的，植物成熟后，种子可能随风飘落、没入附近土壤中，只要未被人为清理，就会年复一年地生长繁衍。但是年复一年长出的大量植株中绝不会出现两株完全相同的，这种规律性的代际延续和再现就是"复命"。

"复命曰常，知常曰明。"

"**复命曰常**。"天地系统内的大量子系统和难以计数的基本主体以"复命"的方式，通过代际循环和无数个体的生死变迁得以存在和变化，而天地系统自身则保持着稳定的运行状态。"常"就是对这种系统稳定性表现的描述，"常"展现出的是大道系统的规律性。"常"是在更高层级系统中对于较低子系统规律的认知，又可以针对不同子系统的实际运行，抽象出普遍的规律和原则，因而更加具有理论研究和跨周期分析的价值。

"**知常曰明**。"系统主体通常被动地处于特定的子系统和既定的具体位置，这种初始状态是系统主体自身无法选择的，是高级系统"以万物为刍狗"① 的一种随机的结果。"知常"则是一种个体能力，是特定的系统主体从自己的特定位置出发，能够通过系统认知，感知更大的系统存在，从而能够针对自身面临的具体情况，做出符合大道的判断，并适时采取相宜的行动。"知常"的治理者能够恰当地认知人类社会存在和发展的根本意义，恰当认知

---

① 《道德经》第五章："天地不仁，以万物为刍狗。圣人不仁，以百姓为刍狗。"

人类在大道系统中的地位和作用，并在现实中针对各种具体情况采取符合大道的对策，进而"功遂身退"①，达到"百姓皆谓：'我自然'"②的上善结果，也就是"明"。"明"是治理者悟道行道的最高境界，对于体现为各种规律的"常"能够通达运用，对更高级的复杂系统也能够自然顺应，对于更具体的子系统能够统筹把控，对于实施细节能够精准了解。"知常"是认知大道并能够依照大道做好具体事情的本事，这种通达有效的能力，就是"明"。治理者若能够达到"明"的程度，其采取的行为一定会与"德"相符；社会若由这样的治理者来掌控，社会运行的情况也一定是与大道相符合。

"不知常，妄作凶。"

"不知常，妄作凶。"治理者若做不到"知常"，做出的决策就会良莠不齐，就一定会有失误做错事，造成或大或小的损失。不同境界的人对于"道"的认知差异巨大。第四十一章讲到："上士闻道，勤而行之；中士闻道，若存若亡；下士闻道，大笑之。不笑不足以闻道。""知常"的治理者是"上士"，他们能够深刻感悟大道，善于在治理行为中展现大道，且有自知之明，对待治理活动能够慎终如始。"不知常"的治理者属于"中士"和"下士"。其中，属于"中士"的治理者内心虽期望能按照大道行事，但是悟道水平有限，一旦把握不好，就背离了大道。属于"下士"的治理者对于大道不以为然，他们自身修养不足，自以为是，

---

① 《道德经》第九章："功遂身退，天之道。"
② 《道德经》第十七章："功成事遂，百姓皆谓：'我自然。'"

因无知而妄为。治理者"妄作"就会产生各种问题和矛盾，不但会给民众和社会造成损失，而且对治理者本身也会产生不好的影响，这种不良的结果就是"凶"。"不知常"的治理者权力越大、位置越高，其"妄作"的结果就越糟糕，造成的后果就越凶险，轻则引发社会主体间的矛盾和冲突，重则危及国家和社会的整体安全。

> "知常容，容乃公，公乃王，王乃天，天乃道，道乃久，没身不殆。"

对于大道的理解和把握是思想认识逐级提高的一个过程，是逐步在更大的系统中理解大道的认识规律，符合"人法地，地法天，天法道，道法自然"① 的内在逻辑。治理者在这种系统认知的提升过程中能够获得更高层次的认知和更大的能力，其治理成果也会产生更为长久的影响力。

"知常容。"懂得大道运行规律的治理者胸怀广阔，有"江海能为百谷王"② 的气度，具有"善下之"的优良品质，能够容纳各种不同的事物，让它们按照各自规律去发生和发展。因此，"知常"的治理者会有强大的凝聚力，能够最大限度地团结一切可以团结的力量，能够通过最为有效的组织开发将系统中的人数优势转化为人力资源优势。

"容乃公。"治理者通过"容"的能力聚集了大量的主体，形

---

① 《道德经》第二十五章："故道大，天大，地大，王亦大。域中有四大，而王居其一焉。人法地，地法天，天法道，道法自然。"

② 《道德经》第六十六章："江海之所以能为百谷王者，以其善下之，故能为百谷王。"

成了复杂的组织系统之后，就会面对因为参与主体增加而产生的各种问题，这些问题随着系统规模的扩大而呈现出非线性增长的特点，如同自然生态中的芸芸众生一般。治理者若要妥善地处理好不同个体间的关系就需要做到"公"，在复杂系统中的公平绝不是简单的一致对待，而是"圣人不仁，以百姓为刍狗"的大公平，是在一视同仁的大系统规则下，给不同特点的主体以各得其所的环境，赋予他们发挥个体优势以实现最高价值的可能。

"**公乃王**。"治理者既能"容"又能"公"，在治理中就会具有很高的能力和威望。"王"是指治理国家的能力和威望，具有这种能力的治理者可以很好地治理国家这一世间最为复杂的组织系统。"王"的行为特点是人类治理行为中最为复杂的，既要面对很多确定的刚性约束，也要及时应对不断涌现的不确定性问题。老子系统思想把"王"与"道、天、地"并列为"域中四大"①，并指出"人法地，地法天，天法道，道法自然"，这是从另外一个角度说明人与大道的关系。

"**王乃天**。"国家治理是非常复杂的系统，是与天地系统运行最为相似的人类组织活动体系。在国家事务管理层面，符合大道的治理行为表现为"朴"，它与天地的运行规律高度吻合，"侯王若能守之，万物将自宾"②。明道有德的国家治理者因其"善利万物而不争"③的大德，而得到民众的真心支持，所以"天下乐推

---

① 《道德经》第二十五章："故道大，天大，地大，王亦大。域中有四大，而王居其一焉。人法地，地法天，天法道，道法自然。"

② 《道德经》第三十二章："朴虽小，而天下莫能臣。侯王若能守之，万物将自宾。天地相合，以降甘露，民莫之令而自均。"

③ 《道德经》第八章："水善利万物而不争，居众人之所恶，故几于道。"

而不厌"①，使得好的治理模式可以"天长地久"②，将符合大道的治理体系长久保持下去。治理行为自人类社会形成以来就存在，从原始社会、奴隶社会、封建社会到现代社会。可以预知，在未来的社会形态下，治理行为必然还会存在，但在不同的社会阶段，治理行为会表现出相应的时代特点。不同的治理者的治理时期长短不一，然而人类社会始终需要通过某种形式实现治理；这就好比地球上，不同历史时期自然界生物链上的王者也不断更替，但自然界始终需要依靠某种机制来实现物质的层层循环与能量的逐级转化。从这点来看，人类社会系统与天地系统的运行规律是多么相似。

"天乃道。"天地系统是大道的产物，也是人类可以感知的最接近于大道的复杂系统，天地系统的运行反映了大道的特点。人类一直在探求天地系统的奥秘并不断取得进展，这些进展使得我们对于大道、天地、人类自身、人类社会的认知不断深化，也就是"可道""可名"的知识积累越来越丰富，从而能够更恰当地把难以清晰描述的大道与具体明确的治理行为结合起来，以达到更高水平的治理。

"道乃久。"老子系统思想认为大道是永恒存在的，没有起点也不知其终点，治理者如果能够恰当地理解大道系统存在的本质，并始终遵循大道的特点来树立治理观念、构建治理体系、开展治理活动，这样的治理模式和行为方式就会具有长久的生

---

① 《道德经》第六十六章："是以圣人处上而民不重，处前而民不害。是以天下乐推而不厌。以其不争，故天下莫能与之争。"

② 《道德经》第七章："天长地久。天地之所以能长且久者，以其不自生，故能长生。"

命力，能够不断与时代发展相结合，通过自我更新始终保持有效的治理。

"**没身不殆**。"具象的物体都会有一个存在的周期，"没身"的意思是，因为种种原因，再好的治理者也会有彻底离去的时候，任何一种治理体系都会有终结的时候。但是，符合大道的治理模式不仅对于当代有利，对于后世也会有借鉴意义，会长久地影响后人而不会湮灭，这就是"不殆"。圣人"没身不殆"，他们是"死而不亡者寿"①，因为他们活在世代相传的思想学说和后人的不断感悟与追思中，他们伴随人类走过一个个不同的历史时代，像大道那样恒久存在。老子和善为道的其他圣贤们，用思想与事迹不断启迪着一代又一代人，从未因为社会变迁而被遗忘，成就了一个个不朽的典范。

按照大道思考和做事的治理者在其当世之时不见得有多么显赫，他们在现实人生中也会遇到天灾人祸，但这些明道有德的人不会被灾祸彻底打垮，反而会在危机之后实现思想认识上的飞跃，变得更加通达释然，能够成就不朽的事业，并能功遂身退。每一代治理者终将离去，就如同在人类社会漫长的治理历程中曾经活跃过的那些人物一样，成为众说纷纭的历史记录中的一笔。在这个"新陈代谢"的过程中，大部分治理者很快就会被遗忘，只有那些始终与道同行的治理者和思想者，才会在历史潮水的冲刷后依然闪耀，身已去而神常在，不断引领后人前行。这就是"没身不殆"的境界。

---

① 《道德经》第三十三章："知人者智，自知者明。胜人者有力，自胜者强。知足者富，强行者有志。不失其所者久，死而不亡者寿。"

第十七章　行道有别　高下立见

太上，不①知有之；其次，亲而誉之；其次，畏之；其次，侮之。信不足焉，有不信焉。悠兮，其贵言。功成事遂，百姓皆谓："我自然。"

——《道德经》第十七章

老子对于治理者的能力水平进行了整体分析，认为治理者所能达到的最高境界是"功成事遂，百姓皆谓：'我自然'"，这一境界理应成为治理者努力追求的目标。

> "太上，不知有之；其次，亲而誉之；其次，畏之；其次，侮之。"

治理者悟道的程度决定了他们在现实中的治理水平。对应

---

① 《永乐大典》本作"不"，有些版本作"下"。

"道、德、仁、义、礼"① 五个层级，每个层次的治理者有着各自不同的认知水平，其中"道"是人力可知但不可及的层次，现实治理者会分别处于"德、仁、义、礼"中的某一种状态，其治理结果也就分别表现为百姓"不知有之、亲而誉之、畏之、侮之"这几种情况。

"**太上，不知有之**。"顶级的治理是顺应人性合乎自然，使国家或组织的运行与大道一致。治理者能够将大道融会贯通，体现在每一个治理行为之中。能够达到"太上"水平的治理者，其行为特点应该像"圣人"那样"为而弗争"②，像"善为道者"那样"微妙玄通，深不可识"③。在"太上"状态下，社会治理井然有序，经济社会各方面蓬勃发展，社会氛围祥和安宁，治理者能与普通民众心气相通，不同阶层的社会主体和谐融洽、各得其所，社会矛盾被有效化解，外部冲突大大缓和甚至逐渐消失。"太上"的治理属于顺道而为、潜移默化，因而"处上而民不重"④，以至于民众感受不到被治理，故而对治理阶层"不知有之"。这充分说明治理者"为无为""报怨以德"⑤，其治理理念能够深入民心，变成了全社会的共识，各种社会主体没有被约束和强制的感觉，而是自主地生活在有序的自由状态中。

"**其次，亲而誉之**。"比"太上"水平低一等的治理者，按照

① 《道德经》第三十八章："故失道而后德，失德而后仁，失仁而后义，失义而后礼。夫礼者，忠信之薄，而乱之首也。前识者，道之华而愚之始。"
② 《道德经》第八十一章："故天之道，利而不害；圣人之道，为而弗争。"
③ 《道德经》第十五章："古之善为道者，微妙玄通，深不可识。"
④ 《道德经》第六十六章："是以圣人处上而民不重，处前而民不害。是以天下乐推而不厌。以其不争，故天下莫能与之争。"
⑤ 《道德经》第六十三章："为无为，事无事，味无味。大小多少，报怨以德。"

"德仁义礼"的顺序，应该处于"仁"范畴，他们的治理充分展现了人性的优点，让民众能够感觉到治理者的英明，因而会深受民众的拥戴和支持。这些治理者扮演着父母和导师的角色，对于民众"皆孩之"①，善于通过教化引导民众，激发人性善良的一面。他们能够代表民众的利益，关心民众的疾苦，与民众风雨同舟，为改善民众生活而不懈努力。人类历史上少数贤明君王和杰出的现代领袖属于这一类治理者。

"亲"的本意是人和人之间感情深厚，关系密切。引申理解为人类个体间基于血缘和婚姻纽带的最密切的关系，在古代，"六亲"②被看作一个人最密切的社会关系。民众对于"仁"的治理者也会给予相应的反馈，那就是"亲而誉之"。将这样的治理者当成可亲可信的人，高度赞扬他们所具有的过人治理能力，愿意坚定地跟随他们的思想和决策前进，上下同心，众志成城，能够取得辉煌的发展成就，也就是我们通常所说的和平盛世。

"其次，畏之。"第三等的治理者处于"义"的层级，这样的治理者具有过人的个人能力，有较强的个人权威以及强大的组织能力，可以形成巨大的集体力量，也有坚定的信念和坚决的执行力，能用领导的意志来统一、规范民众的理念，也能集中力量成就宏大的目标。民众对于治理者"畏之"会有好的一面，治理者威严坚定，民众不由自主地服从，社会整体会表现出较好的服从性，组织效率比较高，执行力比较强；民众对于治理者"畏之"

---

① 《道德经》第四十九章："圣人之在天下，歙歙焉，为天下浑浑焉，百姓皆注其耳目，圣人皆孩之。"

② 《道德经》第十八章："六亲不和，有孝慈。"

也会有不好的一面，民众的社会责任多、生存压力增加，生活不轻松、幸福感会降低。此外由于追求高度的一致性，个体的自主意识受到限制，社会整体的活力和创造力亦随之下降。令民众"畏之"的治理者一般更追求个人的丰功伟业，显然做不到"不见可欲"①，自然会对治下的民众产生影响，使其生出各种心思。威权统治就是这样，法律严苛、管理铁腕，虽然社会组织的外在表现为刚性稳定，但是系统活力受到压制，系统隐患容易被掩盖。比如，为了获得更多利益，不同社会主体会想方设法迎合或者蒙骗治理者，表面高度服从而内心另有盘算。这些"阳奉阴违"、不利于稳定的思想行为必然导致系统运行从内部失衡，系统主体容易生出不平与怨念，这种消极情绪日积月累就会成为重大隐患，一旦有导火索事件就会发生大动荡。

"**其次，侮之。**"第四等的治理者以维持现实治理存在为目的，这个层级的治理者处于治之以"礼"的层级。治理者从"礼"出发而制定很多法律制度，这些法律制度最初提出时可能符合当时的特定环境和特定问题，但是随着时间推移和环境变化，这些法律制度的内容就有可能变成僵化的教条，结果将是"道之华而愚之始"②，与现实的治理需求有了较大出入，难以起到好的治理效果；甚至由于法律制度之间的相互矛盾，使得社会主体无所适从，出现"法令滋彰，盗贼多有"③的尴尬局面。治理者如

---

① 《道德经》第三章："不尚贤，使民不争；不贵难得之货，使民不为盗；不见可欲，使民心不乱。"

② 《道德经》第三十八章："夫礼者，忠信之薄，而乱之首也。前识者，道之华而愚之始。"

③ 《道德经》第五十七章："天下多忌讳，而民弥贫；民多利器，而邦家滋昏；民多伎巧，而奇物滋起；法令滋彰，而盗贼多有。"

果从心里就把民众作为对立面，或者是社会秩序潜在的颠覆者，那么治理政策的出发点就是防民，所谓的利民政策也只是为了暂时缓解局部的矛盾。治理理念和出发点不正确，就会不断激化各种矛盾，"上礼为之而莫之应，则攘臂而扔之。"① 僵化的治理模式阻碍社会生产力的发展，"水可载舟，亦可覆舟"，这种治理是"忠信之薄，而乱之首也"，迟早会出现各种问题。

历朝历代的治理者都梦想着千秋万代，每一个皇帝都以天子自居，被称为万岁，但实际情况是没有哪个朝代逃得出家天下由兴而衰的固有规律，长则几百年短则十余年，便先后湮灭在人类历史的长河之中，成为长短不一的若干记忆。与大道系统相比，整个人类历史也不过是一段短暂的时光。那些曾自以为主宰天下的治理者，风光过后，也如同芸芸众生一样，"各复归其根"②。

对于治之以"礼"的治理者，民众对他们从内心是缺乏信任的，随着治理者不当行为的增加，民众的失望情绪会不断积累，这就是社会主体对治理者"侮之"的根源。最初民众是从内心鄙视和厌恶治理阶层，因此治理者的行为得不到期待的回应，逐渐就失去了实际的治理权力。治理水平低下导致治理规则失效，社会系统分化严重而世风日下，当礼崩乐坏的时候，当然就谈不上"以德治理"和"以义治理"。治理者只会愈发热衷于用"五色、五音、五味、驰骋畋猎"③ 等物欲追求来填补内心的空虚无聊；

① 《道德经》第三十八章："上仁为之而无以为；上义为之而有以为。上礼为之而莫之应，则攘臂而扔之。"
② 《道德经》第十六章："夫物芸芸，各复归其根。归根曰静，静曰复命。复命曰常，知常曰明。不知常，妄作凶。"
③ 《道德经》第十二章："五色令人目盲，五音令人耳聋，五味令人口爽，驰骋畋猎令人心发狂，难得之货令人行妨。"

普通民众的生存则日益困苦，甚至出现"朱门酒肉臭，路有冻死骨"。社会主体对于治理者的"侮之"也会升级，进而演化成激化的社会矛盾和激烈的社会冲突。此时，民众的选择将是"不在沉默中爆发，就在沉默中死亡"，任何一点外部力量都可能造成现有治理体系的毁灭。

> **"信不足焉，有不信焉。悠兮，其贵言。"**

"信不足焉。"老子系统思想认为治理水平的高低本质上取决于治理中是否有"信"。"信"既包括治理者的信用，也包括民众的信任，二者会互相影响，可以是相互促进，也可能是相互减损，其中治理者的"信"[①]既是前提也是基础。"太上"是一个理想的治理等级，社会各阶层高度互信，社会治理行为优雅从容，但这对于治理者有极高的要求，因而在人类历史上几乎没有这种治理时期的记载。在现实中，治理者与民众之间总会有利益不一致的地方，一些藏着小心眼、爱耍小聪明的人，占据一定的治理地位后就会出一些歪招，只图一时欺瞒民众。正如第五十三章讲到的"大道甚夷，而人好径"。滥用治理信用，难免会造成相互之间信用和信任的逐步减损，当其达到一个临界点的时候，信誉就会出现崩塌，治理等级就会从上一个等级跌落到下一个等级。比如从"亲而誉之"降到"畏之"，进而从"畏之"降到"侮之"。这个治理层级跌落的过程，将同时给社会各方面的主体造成不同程度的伤害。

---

① 《道德经》第四十九章："信者信之，不信者亦信之，德信矣。"

"**有不信焉**。"治理者的信用不足，民众对于治理者的信任就会下降，而治理者为了维护权威，只会不断强化约束和强制的力量。这愈会使民众对于治理体制和治理制度产生怀疑，进而会对社会治理的方方面面造成潜移默化的不良影响，系统中各种不确定因素就会涌现，在社会治理中表现为各种突发事件、各种引发社会愤怒情绪的治理失当。最初，这些孤立的、互不关联的事件不会对正常的社会治理产生很大正面冲击，但会不同程度地侵蚀社会治理的基础信任。随着这类偶发事件的增加和民众怀疑情绪的发酵，负面能量就会叠加和非线性放大。民众对于执政者，对于政府制定的各种政策，乃至对于政府本身都会产生严重的质疑，这个时候再想挽回颓势就很难了。

当前世界各国在社会治理中出现的意见之争，本质上也是"信不足焉，有不信焉"的表现。比如，在应对全球气候变暖、治理区域性环境污染、制定城市化和城市群发展政策等协同治理过程中，意见立场不同的利益共同体往往各执一词，极力以比较极端的态度去反对对方，却又拿不出使各方都认可的具有公信力的解决方案。那些本应该负起责任的政府主体，还有那些拥有较大话语权的公共知识分子，也因治理智慧不足而难以坚守大道，在利益驱动下屡屡提出各种雷人的意见，导致协同一致的社会合力愈发难以形成，社会群体间的对立更加严重。

"**悠兮，其贵言**。"真正好的治理者要既能融入民众又能高于民众，具有"我独异于人"① 大智慧。治理者若是"贵言"，就

① 《道德经》第二十章："众人皆有以，而我独顽似鄙。我独异于人，而贵食母。"

不会去追求表面上的语出惊人、风风火火、大动干戈，而是谋定而后动，言出而有信，这种治理平和持久、春风化雨、润物无声，能够让民众顺理成章地认同各种治理决策，发自内心地响应和配合，共同付诸实际行动。

> **"功成事遂，百姓皆谓：'我自然。'"**

在明道有德的治理者带领下，各项社会事业得以顺利发展，民众共同追求的发展目标得以实现。每一个重大的决策关头都如有神助，治理者总能够做出恰当的决策，在不知不觉间克服了很多困难，取得了民众心中皆向往之的巨大成功。在此过程中，治理者能够给民众创造参与机会，使人人都能做出力所能及的贡献，使每一个社会主体都拥有一份属于自己的自豪感。回首走过的历程时，人们会形成一种社会共识：只要大家共同努力，就一定能克服困难，获得成功。"百姓皆谓：我自然。"就是这种简朴的共识，才是治理好社会的最大动力源。

第十八章　大道不行　君子苦撑

大道废，有仁义；智慧出，有大伪；六亲不和，有孝慈；
国家昏乱，有忠臣。

——《道德经》第十八章

老子在《道德经》中，反复提醒治理者不要自作聪明，不要
制造事端，而应顺应大道而为。高明的治理就像大自然的运转一
样是自然而然发生的，也就是"无为而无不为"①，属于民众"不
知有之"② 的境界。第五章中讲到"天地不仁，以万物为刍狗。
圣人不仁，以百姓为刍狗"，讲的就是大道的行为特征，这是一
种摒弃了个体和小群体立场的大公平、大平等，而这正是做好治
理的真谛。

---

① 《道德经》第三十七章："道常无为而无不为。侯王若能守之，万物将自化。"
② 《道德经》第十七章："太上，不知有之；其次，亲而誉之；其次，畏之；其
次，侮之。"

"大道废，有仁义。"

治理者自身的素质与能力决定了其治理格局。大道是永恒的存在，从不会放弃任何人，可惜绝大多数治理者无法达到"太上"的境界。"**废**"是治理者主动放弃大道，是明知可行而不行。治理者之所以"废大道"，有时是因为不知如何行大道，自以为在遵循大道，实际上却偏离了。这种人对于大道的认知是"若存若亡"[①]，其治理效果也是时好时坏。还有一些治理者从内心里就不相信大道的存在，所以也不愿践行大道。这种人闻道则"大笑之"，在治理中甚至会倒行逆施，为害社会。

大道与玄德相对应，"玄德"[②] 是指深谙大道的治理者的品行。但是，现实社会中的治理者大多无法达到大道和玄德的层次，于是"仁、义"就成了很高的层次。无条件地对民众好，可称之为"**仁**"；先人后己，舍身为人，可称为"**义**"。

在现实中，治理者为了获得民众的信任和支持就要积极作为，在决策上要让民众感受到治理者的高明，要表现出对民众的仁爱和情义。心怀"仁"念的治理者会表现出对于弱者的特殊关爱，会人为地给予位置低下的社会主体更多的支持，而这对于自身能力较强的主体就是不公平，究其根本还是治理者见识不够、能力不足。"义"者有着鲜明的个人立场和好恶，对于认同的人和事会全力支持，对于不认同的人和事则激烈反对。从大道的标准来看，

---

① 《道德经》第四十一章："上士闻道，勤而行之；中士闻道，若存若亡；下士闻道，大笑之。"

② 《道德经》第十章："生之畜之，生而不有，为而不恃，长而不宰，是谓玄德。"

"义"者的包容性不足，内心做不到"致虚极"，在行为上也容易冲动，做不到"守静笃"。

在老子系统思想看来，"仁""义"都含有个人好恶，无法做到真正意义上的公平、公正。"有仁义"是因为治理者已经偏离了大道，治理水平比"德"低一个层次，甚至低两个层次，这种偏离必然导致很多矛盾。"仁"者没有办法让弱势群体自立自强地生存，为了减少弱势群体的现实困苦与不满，会采用一些针对性优惠政策和措施，甚至不惜降低社会发展动力和系统运行效率，用公共资源倾斜支持以体现"仁治"的特点。"义"者为了体现社会正义，会采取一些针对性行动打压不符合治理目标的人和事，这种治理方式会传达出过于明显的价值取向和治理好恶，容易让民众形成非黑即白的简单判断。对于复杂的社会系统而言，"义治"容易形成治理者的道德优越感，但由于具体执行效果的差异，反而会造成新的不公正，甚至可能出现以偏概全的情况。"仁"和"义"都有刻意为之的意思，在实施治理的时候都会追求"持而盈之"①的极端状态，短时间内有可能快速起到一些效果，但却会形成更难克服的隐患，使治理模式不能持久。

关于这一点的理解，我们也可以对照孔子的思想做一个简单对比。孔子把"仁"作为治理者个人修养所能达到的崇高境界，认为只有极少数人能够做到"仁"，绝大多数人能够做到"义"和"礼"就很不错了。老子系统思想则明显区别于孔子的思想，孔子的思想是教化社会大众的，其出发点是"天行健，君子以自

----

① 《道德经》第九章："持而盈之，不如其已。揣而锐之，不可长保。金玉满堂，莫之能守。富贵而骄，自遗其咎。"

强不息"①，鼓励民众发挥个体能动性，尽量地去学习本领，以自己的强大去争取相应的回报，获得稳固的社会地位；而老子系统思想是参照大道系统的运行特点，为人类社会的治理和发展提供恰当的指导思想，其基本立场是"天地不仁，以万物为刍狗；圣人不仁，以百姓为刍狗"②，也就是正视世界的复杂性，承认人类整体能力的局限性，坦然面对人类个体的差异性，指导有相对认知能力的个体去恰当实践认识论和方法论。这是有一定认知门槛的，其沟通对象需要有相当程度的感悟力和较高的综合素质。老子思想对于接受者自身素质的要求，有时候容易受到别有用心者的非议。特别是那些自身难以深刻感悟大道，却妄加断语误导民众的"智者"，他们热衷于煽动民众情绪，制造社会对立，以便从中谋取个人的私利；对于民众的生死与国家的兴亡，他们根本不放在心上。

> "智慧出，有大伪。"

智慧是人类对于大道的恰当认知，体现了人与大道的微妙关系，是一种可知而不可言的存在。不同于实证性知识，学习者对大道没有直观的感觉和触动，"道之出言，淡乎其无味"③，需要依靠顿悟。智慧与知识的获取方式也有很大的不同，知识可以通过固定的模式来习得和检验，智慧则需要体会和感悟，并无固定

---

① 《周易》：乾卦，"象曰：天行健，君子以自强不息。"

② 《道德经》第五章："天地不仁，以万物为刍狗；圣人不仁，以百姓为刍狗。天地之间，其犹橐籥乎？虚而不屈，动而愈出。"

③ 《道德经》第三十五章："道之出言，淡乎其无味，视之不足见，听之不足闻，用之不足既。"

的模式可循，属于"不言之教"①。人类对于大道的感知很恍惚，因为大道的内涵丰富、微妙，如此复杂的感知一旦被变成可描述可执行的内容，就等于是把动态的不确定性的智慧，变成了静态的确定性的知识——比如物化为政策法律体系，这是老子系统思想坚决反对的做法。

如果一个时代的治理者不甘于遵从看似平淡的大道，一些聪明人就会提出一些标新立异的招术，诱惑治理者"好径"，愚弄民众以谋取个人私利。被固化的"智慧"体现为各种繁复的法律、政策和措施。囿于时代的短视和自身的私利，这些治理行为表面上轰轰烈烈，实际上繁复累赘的治理手段会把民众搞得昏头昏脑、无所适从。"法令滋彰，而盗贼多有。"② 这些理念无法被民众广泛理解和认同，自然也就不能取得好的治理效果。这些傲视民众的"伪智慧"，处处只想显示治理者以及在社会治理中拥有话语权的精英阶层的高明，让民众觉得自己智力低下、认知不足，而只能任由治理者驱使。这些歪曲了大道的伪智慧其实是愚弄民众的"大伪"，与老子主张的依道而行相去甚远，更不可能达到"百姓皆谓：'我自然'"的治理效果。伪智慧若大行其道，社会治理一定会出大问题。《德经》开篇（第三十八章）中的"前识者，道之华而愚之始"，讲的正是这个道理。

"六亲不和，有孝慈。"

---

① 《道德经》第四十三章："不言之教，无为之益，天下希及之。"
② 《道德经》第五十七章："天下多忌讳，而民弥贫；民多利器，而邦家滋昏；民多伎巧，而奇物滋起；法令滋彰，而盗贼多有。"

"六亲"构成了人类血缘关系的核心，一般包括父子、兄弟、夫妇①，"六亲"的定义还可以延伸，但基本上都是指存在密切血缘关系的宗族亲近人员，这是中国历史上维持社会稳定的基本族群。"六亲"亲近和睦、尊老爱幼，可以维持家族的稳定和繁衍；可以在亲族内部结成互帮互助的网络，从而提高个人和家庭抵御灾难的能力；亦可以逐步积累物质财富和人脉资源，促进家族兴盛。

"六亲不和"是指宗族内部因为矛盾冲突而分崩离析。这种情况刚发生的时候对于青壮成员来说影响不会太大，受影响的是宗族内的弱势成员，老人得不到应有的侍奉和孝敬，孩子得不到应有的照顾和教育，病人和残疾人则得不到相应的照料和体恤，受困家庭日益贫困。随着矛盾的深化和负面影响的加剧，族人间的内耗使得家族力量削弱，对外形象受到影响。青壮年可依托的家族资源日益减少，在社会竞争中处于不利的位置，宗族利益遭受外部侵犯的可能性不断增加。

"有孝慈。"当人们夸赞某些家庭父慈母爱、孩子孝顺的时候，其实就已经默认了社会上存在很多不孝顺的子女和很多不称职的父母，很多宗族已经失去了基于血缘关系的互助功能。作为社会基本组成单位，宗族和家庭内部关系的崩坏反映出社会风气的败坏，此时人们才会迫切呼吁最缺乏的"孝慈"。当联系最为紧密的血缘关系出现矛盾甚至是对立关系时，一定程度上也折射出社会系统内部存在着重大问题，社会治理水平一定是不如人意，

---

① 古代对于"六亲"的说法有很多种。王弼的注释本将其注解为："六亲，父子、兄弟、夫妇也。"

社会治理系统的内部运行机制或许已经脱离了大道。

"国家昏乱，有忠臣。"

"**国家昏乱**。"从认知能力不足到治理思想偏差，从家庭宗族不和到社会规范混乱，上下不能协调发展，最后必然导致国家治理的混乱。社会治理不当首先会引起社会秩序紊乱、民心失散、政令不通；随着矛盾积累，会进一步导致民不聊生、战乱四起，以至于"戎马生于郊"①。在这种情况下，治理者的日子自然不会好过。

"**有忠臣**。"老子话语犀利、毫不留情地指出：当一个时代大力"吹捧"忠臣时，其社会治理一定是出现了大问题。在"国家昏乱"的大环境下，只有少数官员是忠诚的，有权力的人热衷于"服文彩，带利剑，厌饮食，财货有余"②，背弃大道转而追求"拱璧以先驷马"③，社会信用大大削弱，各种恶行比比皆是，维护治理秩序的成本急剧增加。当老百姓事事都指望清官做主时，当治理阶层要依靠几个忠臣干吏来提振民心时，当政者应当认真反思：国家治理是否已偏离了大道？此时要做的就是从根本上调整治理思想，努力使治理体系回归大道。

---

① 《道德经》第四十六章："天下有道，却走马以粪。天下无道，戎马生于郊。"

② 《道德经》第五十三章："服文彩，带利剑，厌饮食，财货有余。是谓盗夸，非道也哉。"

③ 《道德经》第六十二章："夫立天子，置三公，虽有拱璧以先驷马，不如坐进此道。"

第十九章　高明治理　律己为先

绝圣弃智，民利百倍；绝仁弃义，民复孝慈；绝巧弃利，盗贼无有。此三者，以为文不足，故令有所属：见素抱朴，少私寡欲。

——《道德经》第十九章

关于这一章，不同版本的《道德经》校注间争议很大，主要集中在"绝"字上。有些校注者认为此处应该是"继"① 而不是"绝"，即改为"继圣弃智""继仁弃义""继巧弃利"，因为"继"是继承和发扬的意思，而"绝"是灭绝和摒弃的意思，并据此认为现行版《道德经》的思想与老子的原意正好相反。关于这一点的争议比较突出，所以在此说明一下。不过，如果从系统思想出发来分析这一章的内容，其实"绝"与"继"表达的意思对理解老子的本意并不会造成根本性差异。詹剑峰在《老子其人其书及

---

① 杨逢春、蔡清旦：《东方大智慧：竹书老子》，苏州大学出版社 2015 年版。

其道论》中也认为，理解这几句话的关键不在于"绝"字，而是"圣""智""仁""义"的内涵①。因此要弄清老子所提建议的出发点及语境，也就是结合来看老子真正反对的是什么，主张的是什么。

"绝圣弃智，民利百倍。"

"**绝圣**"，明道有德的治理者深知"圣人"的标准极高，治理者若以圣人为目标，就不会因为在现实治理中有所作为就动辄以圣人自居，更不会为了效仿古代圣人的伟大成就而去肆意妄为。

"**弃智**"，明道有德的治理者不会以计谋来愚弄民众，不会把民众当成博弈对手，不会煞费苦心地控制民众的思想，更不会用虚假的承诺欺骗和驱使民众。

"**民利百倍**"，民众需要的是安定祥和的生活，如果能在不知不觉中参与宏大的时代巨变，以平凡的劳作和付出在伟大的功业中发挥一份作用，这就是普通人的成功和收获。普通民众对于自己所处的治理环境选择能力有限，如果能够遇到恰当作为的治理者，就不会因为上位者的野心而遭受战乱动荡之苦，不会因为上位者的机巧心智而遭受乱政扰民之困，这对于民众而言就是受益多多。

此处的"绝"不是要把圣人全面否定，也不是把积累的治理经验都抛弃而采用激进鲁莽的政策，就像古时秦始皇和近代文革中曾经尝试过的那样；恰恰相反，老子说的是那些在当下时代有

———————
① 詹剑峰：《老子其人其书及其道论》，华中师范大学出版社 2006 年版。

决策权、有影响力的精英分子们，要严厉审视自己的欲望，绝不能以圣人自居，不要把自己当成智慧的化身，而应努力保持"俗人昭昭，我独昏昏"①的境界，默默地坚守大道，这样才会对民众带来百倍的好处。

如果这样理解，用"继"字能够正面表达肯定圣人的意思，与现代含义更接近，也基本符合老子系统思想；只是，"绝"字更符合老子系统思想辩证、灵动、犀利的语言风格，所以"绝"字应该更恰当。"绝圣"是要求治理者绝对不以圣人自居，放弃各种不符合大道的机巧心智，一心一意地按照大道行事。对照这种理解，也可以反观现实：每当治理者自以为是的时候，治理必定出问题；每当社会上智者谄媚取宠的时候，治理必遇挫折。所谓的智者把自己装扮成圣人之徒，行事上却逆道而行，给社会和民众带来了诸多的伤害，却想让圣人和大道背黑锅。这些行径即使得逞于一时，最终也会在历史的验证下原形毕露。

> ### "绝仁弃义，民复孝慈。"

老子系统思想认为仁义是孝慈的根本，治理者要真正做到"仁"和"义"是非常不容易的，"绝仁弃义"是要求治理者要放低自己的身段，不要动辄以"仁者"和"义士"自居，而应以平常的形象、平和的心态与民众相处，做到"不尚贤，使民不

---

① 《道德经》第二十章："我愚人之心也哉！俗人昭昭，我独昏昏。俗人察察，我独闷闷。"

争"①。治理者的身教胜于言传，民众自会模仿治理者的行为，回归到和谐相处的状态，自觉担负起社会责任和家庭责任，从而形成理想的社会氛围。

"**绝仁**"，是说治理者不刻意展现自己对民众的亲厚，而是通过具体的治理行为来体现对于民生的深切关怀；不以虚假神秘的面貌示人，而以民众容易接受的平实形象出现。如果治理者做不到"仁"而强以仁者自居，实际上是降低了社会道德评判标准，带坏了社会风气。

"**弃义**"，治理者对于民众有较大的影响力，因此治理者的行为方式会上行下效，被层层模仿，成为社会主流的行为方式。"义"体现着比较强烈的个人好恶，如果治理者需要靠"义"的形象来得到民众的支持，就类似于指望"包青天"这样的人物来保证执政理念的落实，这说明社会治理中已经存在极大的弊端，需要认真反思了。

如果治理者打着仁、义的旗号去干各种见不得人的勾当，为官者不正，为富者不仁，为人师长者亦不端，则何以要求普通民众能安？只有当这些对社会有影响力的人们不以仁义自居，时刻反思和纠正自己的行为，只有当社会权力与舆论的代表们能够放低身段，真心地以民众为衣食父母而不是以救世主或者启智者自居的时候，民众自然会知道如何去孝敬自己的父母长辈，如何去关爱教育子女，并担负起各自的社会责任。当所有的社会成员都能够彼此亲善，爱护弱小，如此构成的社会组织体系，将是理想

---

① 《道德经》第三章："不尚贤，使民不争；不贵难得之货，使民不为盗；不见可欲，使民心不乱。"

的治理体系。

"绝巧弃利，盗贼无有。"

老子系统思想认为，在好的社会治理之下，不同的人群均能遵行大道，各尽所能、各得其所，不需要劳心费神地去讨巧牟利。在任何一个时代，社会治理阶层都是对社会影响力较大的人群，比如政治家、艺术家、军事家、企业家和科学家等等，这些人大都受到良好的教育，有自己独到的一技之长，头脑远比一般民众灵活聪明。加之他们在社会体系中掌握较多的资源，了解更多的信息，与普通民众存在着天然的不对称。如果治理阶层单靠一个"巧"字来治理社会，心安理得地谋取比那些依靠劳动谋生的人多得多的利益回报，社会运行必然会出现大问题。

"巧"，一方面是指行为主体不恰当地使用自己的机巧和权力，在大家共同完成的社会实践中，自己付出较少而让别人付出更多；另一方面是指行为主体通过不恰当的行为，在付出较少的情况下反而获得较多的回报，使得别人无形中受到损失。所谓的"劳心者治人，劳力者治于人"和现代的"二八法则"，都是治理者以"巧"得"利"的结果。

"绝巧"，老子主张治理者和社会强势人群要善用自己的特长，而不是倚仗特权去谋取高额利益。治理者的言行举止，会影响到民众的行为。治理者若能够"破心中贼"[①]，就不会产生毁灭时代的大盗大贼，社会上怀有不良心思的小毛贼们自然不敢胡作

---

① 《王阳明全集》："'破山中贼易，破心中贼难。'区区剪除鼠窃，何足为异。若诸贤扫荡心腹之寇，以收廓清之功，此诚大丈夫不世之伟绩。"

非为，社会便能秩序井然，民众关系便能相处融洽。

"弃利"，老子主张治理者带头克制个人对于名利的欲望，与民众同甘共苦。在分配稀缺资源和劳动成果时，不追求过度的个人回报，带头做到"为腹不为目"①，不与民争利。治理者的做法上行下效，就会形成知足常乐的好风气。

与之相反，如果这些社会强者不知节制，而是放纵欲望去攫取无穷无尽的财富，甚至"损不足而奉有余"②，通过盘剥民众获得许多利益，社会治理环境就会恶化，各种危害社会的人和事件就会层出不穷。弄巧逐利的社会风气会催生庞大的利益集团，他们比那些小偷小盗的破坏力要大得多，造成的社会影响也坏得多，会让更多的人沦落为被剥夺者。随着这些窃国大盗、时代大贼的猖獗，社会治理也就走上了穷途末路，治理权的更迭也就在所难免。

> "此三者，以为文不足，故令有所属：见素抱朴，少私寡欲。"

要做到上述"三绝"与"三弃"，治理者一定要遵循大道，以身作则，以实际行动为广大民众做表率。"三绝"与"三弃"涵盖了治理体系和治理活动的方方面面。没人能够事先预料到每一种情景，也就无法提前做好所有预案，治理者需要在复杂的治理行动中针对具体情形及时地调整和适应，恰到好处地履行"三

---

① 《道德经》第十二章："是以圣人为腹不为目，故去彼取此。"
② 《道德经》第七十七章："天之道，损有余而补不足；人之道则不然，损不足以奉有余。"

绝"与"三弃"。治理者需要以不变应万变，也就是首先从悟道修德入手，努力具备很高的"道"和"德"，在具体处事的时候就可以自然而然地遵照大道而行。

"**见素抱朴**。"明道有德的治理者始终坚守大道，其外在表现与内心世界是浑然统一的。"素"的本意是未经染色的生丝，"朴"的本意是未经加工的原木，它们代表着世间最本原的东西，那就是大道的具象表现。前面第十五章对于"朴"已有专门的解释，"朴"是大道在人身上的物化表现，是凝练在个人行为中的大道。有道之人不需要装饰，其外在表现与内心活动高度一致，且都与大道相合。修为越高的人离大道越近，所以他们所说的话、所做的事也就越切实可行。

"**少私寡欲**。"明道有德的治理者会更多地替天下苍生着想，在行使治理权力的时候，"圣人无常心"[1]，始终把民众的福祉放在更加重要的位置，很少计较自己的好恶得失。明道有德的治理者对于物质和名利的欲望很淡泊，不会为身外之物所诱惑。佛家讲，"心无罣碍"[2] 则"无有恐怖"，正是类似的意思。

---

[1] 《道德经》第四十九章："圣人无常心，以百姓之心为心。"

[2] 《心经》："以无所得故，菩提萨埵，依般若波罗蜜多故，心无挂碍，无挂碍故，无有恐怖，远离颠倒梦想，究竟涅槃。"

第二十章　绝学立身　入世淡泊

绝学无忧。唯之与阿，相去几何？美①之与恶，相去若何？人之所畏，不可不畏。荒兮，其未央哉！众人熙熙，如享太牢，如春登台。我独泊兮其未兆，沌沌兮，如婴儿之未孩。儡儡兮，若无所归。众人皆有余，而我独若遗，我愚人之心也哉！俗人昭昭，我独昏昏。俗人察察，我独闷闷。澹兮，其若海；飂兮，若无止。众人皆有以，而我独顽似鄙。我独异于人，而贵食母。

——《道德经》第二十章

本章与上一章在内容上紧密关联，上一章讲的是治理者如何治国，本章讲的是治理者怎样修身。清代思想家魏源（1794—1857）作为近代中国"睁眼看世界"的先行者之一，最早提出了"以夷制夷""师夷之技以制夷"的观点。按照他的理解，这两章

---

① 帛书甲、乙本及北大汉简本均作"美之与恶，相去何若"。王弼本作"善之与恶，相去若何"。

分别讲治理者的"治国之道"和"修身之道",其策略分别是"无为之用"和"无欲之体"①。个别版本的《道德经》注还会把本章的第一句"绝学无忧"移到上一章,作为第十九章的最后一句。当然,有一点是确定无疑的:这一句无可争议地具有承上启下的功用。

"绝学无忧。"

明道有德的治理者勤于悟道,勤于行道,在此过程中必然需要学习掌握各种知识,对于前人建立的知识体系首先要有系统的了解,并且能够结合当代最新知识,恰当地运用大道来指导实践,这种状态就是"**绝学无忧**"。"绝"字在这里的意思不是鼓励大家放弃学习和研究学问,而是要把各种学问的精华与高深之处真正学懂弄通,同时还不要被各种教条所束缚,善于在学习基础上创新与发展,不要做"道之华而愚之始"② 的傻事。对"绝学"还有一种理解,即对先秦大思想家学说的尊称。比如,北宋张载主张的"为往圣续绝学"③ 就属于这一含义。"无忧"是明道有德之人的处世态度,既不担心自己也不忧心他人,既能够适应现实社会又可以保持内心的独立和自在。老子系统思想认为,治理者应该具备相当的智力,拥有丰富的知识,这是从事治理活动所必需的基础。老子既反对具有较高智力的治理者采用阴谋手段欺骗和

① 魏源:《老子本义》,商务印书馆 1934 年版,第 21 页。
② 《道德经》第三十八章:"前识者,道之华而愚之始。"
③ (宋)张载:《横渠语录》,"为天地立心,为生民立命,为往圣继绝学,为万世开太平。"

利用民众，也反对具有较丰富知识的治理者偏执于陈规陋习，把需要灵活运用的大道变成教条和八股，甚至堂而皇之地在改革的旗帜下行僵化落后的治理之实。

老子主张"为学日益，为道日损"①，是对治理者提出了更高的要求，即符合"道""德"的标准；要求治理者把固化的知识与变化的实际情况相结合，做到活学活用，也就是"道冲，而用之或不盈"②。孔子主张"学而时习之，不亦乐乎"③也是此意。"学+习+时"此三者恰到好处地结合，其结果才是身心愉悦的"乐"；如果只是一味地学习，不可能快乐，也没有意义。老子系统思想讲的"无忧"与孔子讲的"乐"，其内在含义非常相近。

老子对谋求私利的"智"和"学"持批评态度，以至于有人错误地认为老子主张愚民政策，这显然是对老子系统思想的重大误解。**老子系统思想中对"智"与"学"的含义有着明确的界定："智"的含义是头脑灵活，有较多的知识，有能力和专长，但只想以此来谋取私利，甚至不惜损害他人利益。"学"的含义是执着于大量汲取既有知识，而不注重知识的灵活运用和创新发展，因此很容易陷入教条僵化的陷阱。如此含义的"智"与"学"对社会治理不仅不会促进，往往还成为治理的阻碍。**

任何一门学问的掌握都不是一蹴而就的，若要达到顶尖水平，不但需要勤奋艰苦的学习，往往还需要一些特殊的际遇。对此，历代大学问家都深刻认同。王阳明也说自己悟得"良知"的含

---

① 《道德经》第四十八章："为学日益，为道日损。损之又损，以至于无为，无为而无不为。"

② 《道德经》第四章："道冲，而用之或不盈。渊兮似万物之宗。"

③ 《论语·学而》："学而时习之，不亦乐乎。"

义，是经历了极为艰难的过程。他在传道时最担心的是，弟子们轻易就接受了"良知"这个概念而没有深切的感悟；仅仅根据老师的讲授和自己有限的经验去理解，就会形似而神无，很容易进入"若存若亡"的状态，甚至会越来越偏离。比如近代以来，有些人故意歪曲"绝"的本意，用现代字面意思去解释，认为老子主张不让民众学习知识，目的是让民众变得愚蠢，以便于治理者统治。这种认知虽然盛行一时，但确实不值一驳。试想老子系统思想若是如此粗鄙浅薄，怎会成为千百年来治理者必须学习的治理之道？怎会有如此多的学问大家将其作为人类智慧宝藏而不断研究发掘？

"绝学无忧"表明老子并不主张把人类所有的细分知识都学会，而是要掌握人类系统智慧的真谛，对于知识体系有较完整的了解，对于某些特定领域有深刻的研究，"保此道者不欲盈"①，然后还要能触类旁通。如果一味地学习新知识而不知如何应用，对于有限的人生来说就是浪费时间，也就变得毫无意义。特定个人所能掌握的知识相对于人类全部知识而言，其理想状态应该像计算机系统中高速缓存器②和海量数据的关系——高速缓存是要实时运行的，而占绝大部分的海量数据是不常使用的。社会治理者要做高速缓存，其知识结构要能对接全面的知识体系，需要时便可以及时迅速地获取相关知识，可以针对具体问题有效运用以达成目的。"绝学无忧"与第十九章的"绝圣弃智""绝仁弃义"

---

① 《道德经》第十五章："保此道者不欲盈。夫唯不盈，故能蔽而新成。"

② 高速缓冲存储器（Cache）是介于中央处理器 CPU 和主存储器之间的高速小容量存储器。由静态存储芯片（SRAM）组成，容量比较小但速度比主存高得多，接近于 CPU 的速度。

"绝巧弃利"，都是老子系统思想一脉相承的表达，前后一致，浑然天成。

> "唯之与阿，相去几何？美之与恶，相去若何？人之所畏，不可不畏。荒兮，其未央哉！"

从直白的字面意思来看，这段话很容易理解：恭敬的回答与怠慢的应承之间相差多少呢？美好与丑恶之间，赞美与憎恶之间相差多少呢？别人所畏惧害怕的事情，自己也不能不畏惧。这种现象好像从古至今就是这样，今后也还会这样继续下去，永无尽头。但是，从字里行间我们还能读出另外的意思，一种隐藏在浅显表象之下的深邃，一种让人心里怵动的震撼，一种令人向往的智慧境界。

"唯之与阿，相去几何？"恭敬回答与阿谀奉承，表面看都是身居下位者对身居上位者的谦恭服从，"唯"与"阿"乍看起来差别不是很大，都有顺从礼让之意，但深入分析会发现两者差异很大，其根本差异在于主体的内心态度不同。"唯"是对于上位者从内心里认同，对于上位者的决策完全接受并坚定服从，处下位者受人之托忠人之事，在实践中也笃信而行之；"阿"则是对于上位者内心并不信任，只因权力和地位的压迫而逢场作戏，或出于个人目的而曲意逢迎，实则对于上位者的决策不以为然，口是心非。

"美之与恶，相去若何？"对一个事物是喜爱赞美还是厌恶批判，这是完全对立的两种态度。二者之间看起来应该是原则清晰、泾渭分明，但实际上对很多事物的判断并不那么容易做到准确无误，好的事情也会被误解、被批评，很多真理在经历了长期压制之后才得到认可。究其根本，所谓的"美"和"恶"都是基于个人认知局限的情绪化表达，本质上它们是相通的。这种带有情绪的观点体现了个人偏好，一个人如果不能明白大道，没有恰当的判断力，就很容易混淆，它们出现"美""恶"颠倒的事情。

"**人之所畏，不可不畏**。"能够让大家都害怕的事物，一般都是经过长期积累而形成的认知经验，这是人生在世必须要面对的，谁也避免不了。这些令人生畏的事物大多超出了人力可控的范围，以至于让人感到自身力量的渺小，面对可畏之物、可畏之事时很无助也很无力。比如，要想人生成功就需要拥有恰当的人生观和善恶观，所以有追求的人都害怕自己不能把握正确的人生观，不能恰当地判断善恶，更害怕一步错、步步错。在人生中还有很多事情，比如失去健康、失去亲人、生意破产、职场失意等等，都是人们担忧恐惧的事情。但不好的事物不会因为一个人明白大道就可以不发生不面对，也不会因为明白大道就不会痛苦难过，只是明白大道的人理解"畏"的必然性，因而能够以恰当的态度和方式面对这些事情，不像一般人那样怨天尤人慌张无助。

"**荒兮，其未央哉**。"所有这些现象中存在的微妙差异，蕴含着微妙玄通的大道，体现出不同个体对于大道的认知境界的高低。这种差异会随着人的发展而一直存在，过去如此、现在如此、未来还会如此，只要人类悟道、行道没有停止，这样的困惑也就会永远存在。能够真正把握大道的人是少数，所以在现实社会中他们要承受不被别人理解的压力，要为社会进步付出更多，这种付出很多时候还得不到大多数人的认可。"做社会和国家的脊梁"，这话听起来很美好，实际做起来却很不容易。

> "众人熙熙，如享太牢，如春登台。我独泊兮其未兆，沌沌兮，如婴儿之未孩。儽儽兮，若无所归。众人皆有余，而我独若遗。我愚人之心也哉！"

面对同样的情景和环境，明道的人和不明道的人有着截然不同的反应。人类有一种从众的心理和行为取向，如果不随大流，就会被看作另类，就要承受额外的压力。无论被人赞美或者受人诋毁，那些与众不同的人，在现实社会中的日子过得都不会很容易。

"众人熙熙，如享太牢，如春登台。"这是一幅生动的画面：人们熙熙攘攘、兴高采烈，如同祭祀天地后享用美味的祭肉，如同春天里登上高台眺望远方的美景。此时的社会群体普遍存在盲目乐观的情绪，看起来意气风发、信心满满，实际上已经是危机潜伏、暗流涌动。这种情景很像股市疯狂上涨时散户们的表现，他们在市场中欣喜若狂地交流赚钱经验，在朋友中广为传播小道消息，对于技术指标分析得头头是道，对于行情走势指点激扬、自信满满，但对于即将来临的交易风险却浑然不觉。

"我独泊兮其未兆，沌沌兮，如婴儿之未孩。"与大多数人形成鲜明反差的是，在群体冲动的时候，明道之人会保持冷静，能够超然地观察着掩盖在喧嚣之下的变化端倪，因其深知"其未兆易谋"[①] 的重要性，从而能准确预判事物发展的趋势，提出恰当

---

① 《道德经》第六十四章："其安易持，其未兆易谋。其脆易泮，其微易散。为之于未有，治之于未乱。"

的应对之策。但是，这种超前的预判通常与现实反差较大，一时很难让大多数人接受，如果贸然提出，处于狂热心态下的人们不仅很难接受正确的预判，还会将明道之人当成另类予以打压，这种事情在历史上多有发生，其形式往往很野蛮，后果也很糟糕。此时，明道之人的恰当做法是气定神闲、韬光养晦，如同刚刚出生的婴儿一样，看起来懵懵懂懂、置身事外，实则已经开始用自己独特的方式静静地观察环境变化，静待可以沟通的时机到来。

"儽儽兮，若无所归。"在整体环境尚不适宜的时候，明道之人不会急于求成，因其深谙"勇于敢则杀，勇于不敢则活"[①] 的要义，故能坚持"孰能浊以静之，徐清"[②] 的原则，静待转折时机的到来。这在旁观者看来似乎有些慵懒闲散、无所事事，但这正是"枉则直"[③] 的大道体现，在短时间内看似消极无为，实则是遵循大道规律，韬光养晦，为后续的行动积蓄资源条件，而终有善果。

"众人皆有余，而我独若遗。"大多数人都表现出志得意满的样子，好像占到了大便宜；明道的人却知道社会正在失去很重要的东西，自然表现出若有所失的样子。在"得"与"失"的感觉上为什么会有如此大的差异呢？那是因为明道之人能够看穿虚浮的表象，洞察到内在潜藏着的危机，并时刻保持着警惕。

"我愚人之心也哉。"明道之人之所以能够发现常人之所不能

---

① 《道德经》第七十三章："勇于敢则杀，勇于不敢则活。此两者，或利或害。天之所恶，孰知其故？是以圣人犹难之。"

② 《道德经》第十五章："孰能浊以静之，徐清。孰能安以动之，徐生。"

③ 《道德经》第二十二章："曲则全，枉则直，洼则盈，敝则新，少则得，多则惑。是以圣人抱一为天下式。"

"见"，是因为有一颗不被假象迷惑的"愚人之心"。此处之"愚"意为"素"，与"以智治国"①的"智"相对，与"见素抱朴"一致，是指通晓大道而不屑于耍弄计谋获取私利的本真，"愚人之心"就是"朴"的现实体现，只有这种不存私心且不被外部环境所影响的质朴之心，才能够在充满物欲诱惑的环境中保持初心、坚守大道。

> "俗人昭昭，我独昏昏。俗人察察，我独闷闷。澹兮，其若海；飂兮，若无止。"

"俗人昭昭，我独昏昏。俗人察察，我独闷闷。"在理智和真理不占主流的时候，认识水平低下的人们反而会表现得智巧光耀，一些粗俗之徒成了人群中亮眼的主角。在一些混乱的群体运动中，这种现象尤为突出，一些素质能力平平的人凭着投机的狂热和"无知者无畏"的冲动，而成为一时的群众领袖和弄潮红人；在这种特定环境下，管理能力很差的人们也会表现出一副条理清楚、头头是道的样子，但他们终究会因为自身的修养不足而昙花一现。与此形成鲜明对照的是，在群体疯狂的时候，明道有德的人却表现出愚钝暗昧的样子，因为在这种时候大多数人已经听不进去正确意见，真知灼见一定会被压制，勉强表达只会招致打击迫害而于事无补。因此明道之人不会参与背道而行的荒唐行径，在恶劣的环境中，他们表现得昏昏闷闷，一副纯朴无所主张无所事事的

---

① 《道德经》第六十五章："民之难治，以其智多。故以智治国，国之贼；不以智治国，国之福。知此两者，亦稽式。"

样子，使自己在群体中能够安然生存，内心里却在潜心观察分析局势，审慎酝酿谋划打破困局的思路和办法。

"澹兮，其若海。"明道有德的人性情就像大海一样，恬淡开阔又内涵丰富。当他们安静的时候，神态安详就像平静的大海一样，表面上波澜不惊、清澈透明，好像一眼就能够看到底，其实水面下是深不可测的海底，包含着丰富的内容，沉积着巨大的能量，一旦释放出来就会势不可挡。

"飏兮，若无止。"明道有德的人的影响力就像清风一样，无时不在，无处不有。不过，风在不同情况下的表现是截然不同的：轻风拂面时，轻柔平和，充盈于每个角落，让人觉得似有似无、绵绵不尽；疾风乍起时，气势惊人，风卷残云，力大而迅疾，面对任何阻碍都是摧枯拉朽、一往直前，没有什么力量可以阻止。

> **"众人皆有以，而我独顽似鄙。我独异于人，而贵食母。"**

"众人皆有以，而我独顽似鄙。"在混乱局势下多数人都以为自己能够有所作为，只有具有真知灼见的人才知道，这种"人人都有为"的情景只是一种幻象，是历史发展长河中的短暂瞬间。所以明道之人保持一种不合群、不赶潮流的态度，在旁人眼里这就是"顽"和"鄙"。然而在群体理智丧失的时候，"顽"就是一种独立，"鄙"就是一种抗争，在乱世乱象之下不被潮流所裹挟，愈发显现出其明道之"善"①。

"我独异于人，而贵食母。"在大是大非面前，明道有德的人

---

① 《道德经》第八章："居善地，心善渊，与善仁，言善信，正善治，事善能，动善时。"

不会盲目从众，不会为利争宠，也不会刻意掩盖自己的与众不同。他们始终把大道视作最宝贵的东西，始终坚持感悟大道并依照大道行事，不会因为任何外部影响而改变，并因此能够在变化莫测的环境中恰如其分地生存。明道之人最为重视的是"食母"，也就是珍重"生民之本"①，重视"用道"②，摒弃世俗社会的"宠辱"与"得失"③。他们有着更高的认识境界，不让自己被这些无谓的欲望所左右，能够勘破个人得失而放下小我，最终引导民众成就非凡的大事业。

每个时代都会有一些异于常人的明道有德之人，他们才能过人且不被世俗名利所惑，成就盖世功业而能全身而退，这皆得益于他们始终明白大道、坚守大道，脱离了庸俗的人欲追求，于社会有大功，而于自身无灾殃。也就是"及吾无身，吾有何患"，自然他们可以被"托天下"和"寄天下"④。

---

① 王弼注："食母，生之本也。人皆弃生民之本，贵末世之华，故曰'我独异于人'。"

② 河上公注："食，用也。母，道也。我独贵用道也。"

③ 《道德经》第十三章："宠辱若惊，贵大患若身……得之若惊，失之若惊，是谓宠辱若惊。"

④ 《道德经》第十三章："何谓贵大患若身？吾所以有大患者，为吾有身，及吾无身，吾有何患？故贵以身为天下，若可寄天下；爱以身为天下，若可托天下。"

第二十一章　复杂之美　大道真谛

孔德之容，惟道是从。道之为物，惟恍惟惚。惚兮恍兮，其中有象；恍兮惚兮，其中有物；窈兮冥兮，其中有精；其精甚真，其中有信。自古及今，其名不去，以阅众甫。吾何以知众甫之状哉？以此。

——《道德经》第二十一章

在本章，老子对大德与大道的关系做了明确的界定，并生动描述了大道在现实中的物化表现，以说明大道的永恒存在。

"孔德之容，惟道是从。"

"德"是大道在人类行为中的体现，人类可以观察、学习、实践它，所以"德"是可以"名"的，可以用人类语言表述、传播和复制。老子系统思想对于"德"做了充分的描述，在前面第十章对于"玄德"①已经有过清晰的表述，在后面第三十八章还提出了"上德"与"不德"②之区分。本章提出的"孔德"概念在《道德经》中是唯此一次。《河上公章句》③认为，"孔，大也。"④其他学者也都基本认可这种解释，"孔德"可以理解为人类具有的"最大的德"，是个人修养能够达到的最高境界。

"**孔德之容**"就是人类大德的形象，至于"德"为什么有"容"，很多研究者认为，这正是"德"与"道"的重要区别。老子系统思想认为，大道是真实存在而又无法具体描述的，人类可以感知它的存在，却无法具象地描述它。大德则是可以通过人类个体展现出来的大道，是大道融入个人具体行动的状态，既可以表现为思想境界，也可以表现为具体的社会行为，有迹可循、有言可查，所以是有"容"的。宋代苏辙⑤认为，"道无形也，及其运而为德，则有容矣。故德者道之见。"⑥近代冯振⑦认为"道无形而德有容"⑧，都是对此认识的肯定。

---

① 《道德经》第十章："生之畜之，生而不有，为而不恃，长而不宰，是谓玄德。"

② 《道德经》第三十八章："上德不德，是以有德；下德不失德，是以无德。上德无为而无以为；下德无为而有以为。"

③ 《河上公章句》是道家学术著作。其成书年代尚不确定，但其下限应早于《老子想尔注》，上限应晚于西汉，这是大体上公认的。参见王明："老子河上公章句考"，载《道家和道教思想研究》，中国社会科学出版社1984年版。

④ 《老子道德经河上公章句》："孔，大也。有大德之人无所不容，能受垢濁，处谦卑也。"

⑤ 苏辙（1039—1112），字子由，一字同叔，晚号颍滨遗老。眉州眉山（今属四川）人。北宋官员，文学家，"唐宋八大家"之一。

⑥ （宋）苏辙解，木山鸿吉编纂：《评注老子道德经》，明治二十三年（1890年）。

⑦ 冯振（1897—1983），字振心，自号"自然室主人"，原名冯汝铎，广西北流县山围乡山围村人。知名的教育家、中国古典文学研究专家、诗人。

⑧ 冯振：《老子通证》，"道者德之体，德者道之相。道无形而德有容，然相不离体，故大德之容也不能须臾离道而独存也。"

"**惟道是从**。"大德既然有"容",这个"容"的最大特点就是它与大道是一致的。大德是人类能够始终遵照大道而行,高水平地认知大道并结合实际精妙地展现出来的大道。达到大德的层次,既需要很高的认知水平,更需要强大的行动能力。前面第十四章在讲到人类认知能力时,把人类认识的极限定义为"一",其特点是"无状之状,无物之象,是谓惚恍。"[1] 本章接下来描述大道的具象特点时,也再次用到"惚恍"一词,可见,人类认知能力的极限存在明显的不确定性,但这种极限状态正是质变发生的临界点。

> "**道之为物,惟恍惟惚。惚兮恍兮,其中有象;恍兮惚兮,其中有物;窈兮冥兮,其中有精;其精甚真,其中有信。**"

道的表现在前面的章节中已经有过描述,在本章老子又从一个新的视角,也就是人类的感知角度进行描述。在第十四章中讲过,"恍"是在思维困顿中豁然开朗的灵光乍现,在剧烈变化的情况下发现瞬间相对稳定的存在形态,在无法认识物理存在的情况下却可以感知物质在发挥作用。"惚",则是突然间从清晰变成混沌,原本已经能够自成系统的认知,因为某一方面的突破,造成原有系统的崩溃,突然涌现大量的不确定性,系统进入剧烈的调整状态。

"**道之为物,惟恍惟惚**。"这是说,道的存在形式是时有时无

---

[1] 《道德经》第十四章:"一者,其上不皦,其下不昧。绳绳不可名,复归于无物。是谓无状之状,无物之象,是谓惚恍。"

的，观察起来是闪烁不定的。我们可以说道无定型，"道"依据不断变化的现实环境和具体问题，时刻表现出与之相应的最恰当的状态。对习惯以精确用语来观察和描述世界的常人而言，大道是若有若无、变化不定的非固定状态，无法用现实世界中可稳定存在的事物来做类比，所以说"道"是看不见摸不着的。对于明道之人看来，这恰恰是"道"的自然状态，只不过悟道行道之人需要有相当的修为，用与大道相适应的方式去感知和把握，才能实实在在感知道的存在。

"惚兮恍兮，其中有象。""恍惚"是指不确定而非不可知，需要时时动态地感知。在任何一个特定的瞬间，大道都有其清晰的表现特征，这就是"象"。这些具体的"象"随时随地都在变化，如同高速运动的粒子，可以在胶片上留下确定的痕迹，但它们的运动轨迹瞬息万变、难以固定。有很多事情人类千百年来一直在探索却不得其解，在其后的某一时刻，某一个天才人物突然灵光乍现，发现了某种解决问题的思路，引领人们从混沌中理出了相对清晰的脉络，为解决问题找到路径，这是由"象"识道。比如，经典物理学曾经以为人类对于物质世界的认识已经到达了极限，但是其后的一些实验结果却让传统理论陷入绝境。当爱因斯坦提出基于相对论的新理论认知，让那些困惑得到了合理解释时，便把人类对于自然的认知带入了一个新的境界。

"恍兮惚兮，其中有物。"人们认知大道的过程也体现为与外部世界的互相影响。人类生存始终要面对很多威胁，为此人类也一直在探索中寻求突破，并努力把这种突破变成现实的能力，以提高人类社会与外部世界相适应的能力。这些能力有时候会强大到让人类产生错觉，以为已经可以彻底解决某种威胁，却又突然遇到新的障碍，再次陷入无限迷茫之中。在这种情况下，明道的人会依照大道的规律重新展开探索，去发现能够形成稳定认识的新内容。例如，1928 年，英国科学家弗莱明从实验中偶然发现了青霉菌，发现这种物质对于对抗威胁人类生命的细菌感染非常有效，但没有取得更大进展。1939 年，德国生化学家钱恩和澳大利亚病理学家弗洛里继续弗莱明的研究，两年后制成了首批青霉素，在应用初期就取得显著效果，但是随后也发生了严重的死亡案例。经过深入研究，发现这种抗生素存在个体过敏现象，于是进一步研究后发明了检查过敏的试剂，从而在很大程度上提高了青霉素作为抗生素的安全性。

"窈兮冥兮，其中有精。"大道对于人类已经拥有的认知而言，始终是非常神秘、非常深邃的存在，但看似虚幻的"窈"和"冥"本质上却是非常真实的。人类依靠自身的感知方式（主要包括"视""听""搏"）来认知"道"，并借助仪器设备加强这些感知能力，由此不断形成更多的稳定认知，这些被认知的大道就是"精"。即使在科学技术比较发达的今天，人类能够认知的"道"仍然只是整个大道系统中很小的一部分，如同沙里淘金一般，人们百般艰辛获得金沙，通过冶炼变成规则的金块。即使积累的金块总量很大，但与大自然的储量比起来仍是微不足道的。"道"还有太多的未知等待人类去进一步发现。

"其精甚真，其中有信。"当人类能够正确理解自己的认知现状与大道系统的关系之后，就会明白不断的探索必定会有收获。

比如，老子讲"搏之不得名曰微"①，现代科学对于各种微小粒子和物质构成的认知，正在不断验证老子数千年前的论断。"德信"②使得人类认知不断进步，也极大地提高了人类的科技水平。在人类探索大道的过程中不断涌现的新发现，会大大提高人类的生存和治理能力，人类自身的认知能力在这个过程中也在不断地增强。随着国家和社会整体文明水平的进步，每一个体的生存也会更加从容平和，"为腹不为目"③的目标就会逐步达到。当然，对于不同层次的人，因其对于道的理解程度不同，悟道的结果差别很大。有的人"勤而行之"，有的人"若存若亡"，也有人只会"大笑之"④，他们悟道的收获也就相差甚远。

> "自古及今，其名不去，以阅众甫。吾何以知众甫之状哉？以此。"

"自古及今，其名不去。"人类的知识积累一直是基于对大道的系统的探求。当今人类在认识和发现大道时的种种感受，在本质上和古人没有什么不同，只不过我们积累的稳定认知增加了一些，但这只是量的差异，而没有质的区别。"惚恍"依然是人类对于"大道"⑤的总体感觉，这一点迄今未变。在人类社会发展过

---

① 《道德经》第十四章："视之不见名曰夷，听之不闻名曰希，搏之不得名曰微。此三者不可致诘，故混而为一。"

② 《道德经》第四十九章："善者善之，不善者亦善之，德善矣。信者信之，不信者亦信之，德信矣。"

③ 《道德经》第十二章："是以圣人为腹不为目，故去彼取此。"

④ 《道德经》第四十一章："上士闻道，勤而行之；中士闻道，若存若亡；下士闻道，大笑之。"

⑤ 《道德经》第二十五章："吾不知其名，（故强）字之曰道，强为之名曰大。"

程中，人类对于万物的认识在不断深化，人类自身的行为能力也在不断增强，人类开始以"天之骄子"自居，逐步产生了傲视万物的优越感，甚至生出了"人定胜天"的狂妄，只不过在残酷的现实面前屡屡受挫，不得不回归于"天人和谐"的妥协。既然人类作为天地系统中万物之一的本质并未改变，天地尚且以大道为母，人类终归也只是大道的产物，永远不会成为大道的主宰。有了这样的根本认识，人们面对纷繁复杂的社会问题时就会从容不迫，面对功名利禄也会宠辱不惊，面对生活琐事还会乐在其中，面对那些人类终极之问时更会淡定从容。

"以阅众甫。"通过知识的积累，人们可以从中发现内在的规律，进而形成更多的假设和推理。这些理性认识可以指导人类对不同时代、不同领域的具体事物进行分析，并得出符合大道的恰当判断；可以帮助明道有德的治理者形成恰当的治理思想，构建恰当的治理体系，制定恰当的治理规则，采取恰当的治理行为。人类要正确认知大道，就要始终坚持适当的认识方法和实践方式。人们在这样由"惚"而"恍"、由"恍"而"惚"的过程中不断摸索前进。这种从抽象推理到具体分析，再从具体分析到抽象推理的过程，推动着人类不同学科的发展，指导着人类发展出不同的学科理论。"从实践中来，到实践中去"，是中国从近一个世纪的发展中得出的重要论断，在这一论断指导下中国实现了令人惊羡的发展，开启了强大国家的复兴，其根源也在于此。

"吾何以知众甫之状哉？以此。"认识大道，了解大道，然后按照大道去行事，治理者就可以在现实的治理实践中做到恰当而正确，对于这一点，老子系统思想的认识很肯定。

第二十二章　随道而行　不争而成

曲则全，枉则直，洼则盈，敝则新，少则得，多则惑。是以圣人抱一为天下式。不自见故明；不自是故彰；不自伐故有功；不自矜故长。夫唯不争，故天下莫能与之争。古之所谓"曲则全"者，岂虚言哉！诚全而归之。

——《道德经》第二十二章

圣人是怎样行事的呢？千百年来人们一直在感悟并总结，形成了无数的说教和经验，告诉世人：圣人如何说话、圣人如何思考、圣人如何处事、圣人如何应对危机、圣人如何对待情感，等等。这些个人心得的初衷是解读圣人思想，结果大多变成了兜售一己之见。那些对圣人原著心怀畏惧的读者难免想走捷径，希望通过阅读比较通俗的解读文本来了解圣人思想，结果却是舍本求末，甚至南辕北辙。"其出弥远，其知弥少"[1]，如坠云雾之中，

---

[1] 《道德经》第四十七章："不出户，知天下；不窥牖，见天道。其出弥远，其知弥少。"

始终摸不着头脑。

要想真正了解圣人的思想，只有抱着一颗平常心，细细品读圣人的著作，渐渐领悟到其中深邃而生动的思想，得到"为学日益"[①] 的效果，就可以入得悟道修德的大门了。

> "曲则全，枉则直，洼则盈，敝则新，少则得，多则惑。"

"曲则全。"越是复杂的系统，越是要以"曲"的形态存在，人类的生命个体在孕育时都是蜷曲状态，一直到发育成熟脱离母体才舒展开来。世界上的万物无不如此，微小粒子在物质内部是按照复杂的曲线运行，繁茂的植物要依靠屈曲盘绕的根系支撑须茎才能攀援而上，巨大的天体自身的形状都由复杂曲面构成并始终以封闭的曲线轨迹运行。

"枉则直。"无限延长的直线一定会发生弯曲，比如高速路、铁路都会人为地设计一些弯道，光线在宇宙中传播也会发生弯曲。越是能延展很长的事物越要有若干拐弯。比如，世界上的大河名川都会有著名的河湾，既舒缓了水流又形成了富饶的平原。

"洼则盈。"水往低处流，湖泊只有置身低洼处，才能容纳水流形成巨大的水体。"江海所以为百谷王者，以其善下之"[②]，大江大河可以容纳众多山川溪流，广袤的大海从容接纳百川，罕有升降的海平面更是被作为参照标准，衡量陆地上不同地貌的相对

① 《道德经》第四十八章："为学日益，为道日损。损之又损，以至于无为。无为而无不为。"

② 《道德经》第六十六章："江海之所以能为百谷王者，以其善下之，故能为百谷王。"

高度。悟道行道也是如此，越是谦虚低调，则越能够感悟到更深刻的道理。

"敝则新。"万物凋零、草木枯槁，恰恰是在积蓄能量，等待时机；一旦环境适宜，就会重新焕发生机。"蔽而新成"① 也是大道系统内部众多高级子系统的基本运行方式，体现为系统内部周期性的循环往复。在此过程中，无数更小的子系统和基础主体经历了从产生到消亡的存在历程，而就更高层级的系统而言，在这些相似的循环中得以发展优化，进而实现系统的整体更新。

"少则得，多则惑。"当感觉某种资源短缺的时候，人们一定会倍加珍惜，尽量充分利用，最大限度地发挥资源的使用价值。反之，当拥有的资源过剩时，如何恰当利用就是很大的困惑，随意使用导致很多时候对于资源的利用方法不当，而造成资源的闲置和冗余，甚至是浪费和破坏。其实这些资源在本质上是同样珍贵的，对当下相对富足的资源不能恰当利用，未来所造成的问题就越大。

老子由此引申出一个道理：在复杂的环境中，治理者应该随机应变，委婉周全地实施自己的施政理念，确保取得符合大道要求的治理结果。这的确是一幅栩栩如生而又体现矛盾对立统一的画面：能够承受委屈者反而能够得到保全；身体在弯曲的时候反而得到了充分的拉伸；越是低洼的地方越是能容下更多的水量，形成充盈的湖泊；万物衰败、草木凋零，看似毫无生机，"冬藏"之后却又迎来万物复苏，蔽而新成。对于财物的索取也是同样的

---

① 《道德经》第十五章："保此道者不欲盈。夫唯不盈，故能蔽而新成。"

道理，不去追求过分的贪欲时，很容易在每一次获取中得到充分的愉悦；而当贪婪者索取无度时，再多的获取都变成了更大的不满足，治理者欲壑难平，心态自然也好不了。

"是以圣人抱一为天下式。"

圣人之所以总能够在思想和行动上高人一筹，能令人们恍然大悟心悦诚服，靠的不是小聪明，不是欺诈蒙骗，而是凭借其对大道的正确理解。他们始终将遵循大道作为根本的行为准则，将复杂的大道规律变成适应现实情况的具体行动。正如在上一章中讲到的"孔德之容，惟道是从"。

"圣人抱一"把老子系统思想中的"圣人"和"一"① 这两个重要概念的关系讲得非常清楚："圣人"是体现了大道的具体的人，"一"是人类对于大道的认知极限，包括宏观和微观各个方面的认知；"抱一"是说圣人始终坚守大道，认识事物、处理问题的思想和方法始终是从大道出发，既能够以不变应万变，也能够不断推陈出新、砥砺前行。

"圣人"是以"抱"这种主动积极的态度对待"一"，这生动地说明圣人在认知和实践大道方面，始终坚持走在时代的最前沿。他们集智慧之大成，勤奋学习人类的既有知识以"知古始"②，积极吸收人类的新认知、新发明以适应系统发展变化的新需求；他们将人类系统智慧与当下知识前沿恰当结合，在社会治

---

① 《道德经》第十四章："视之不见名曰夷，听之不闻名曰希，搏之不得名曰微。此三者不可致诘，故混而为一。"

② 《道德经》第十四章："执古之道，以御今之有，能知古始，是谓道纪。"

理中展现出"袭明"① 的大智慧；他们充分利用既有的条件和资源，"繟然而善谋"②，统筹运作、善做善成。

"**为天下式**"。圣人始终能够坚持大道，恰到好处地行动，不断取得被当世或者后世称颂的丰功伟绩，民众也会受其潜移默化的影响。民众对于圣人的行为方式心向往之，随着民众素质的提高，会有越来越多的优秀人士对大道坚信不疑，把圣人作为自己的追随目标和学习榜样，从自身的实际情况出发努力悟道，让自己的行为也符合大道。

> **"不自见故明；不自是故彰；不自伐故有功；不自矜故长。"**

这是圣人在现实世界中的状态，它与"曲则全、枉则直、洼则盈、敝则新、少则得，多则惑"相对应，是大道在圣人言行中的体现。它既是圣人大德的真实写照，也是普通民众可以看得到的"孔德之容"。

"**不自见故明**。"圣人的思想和认识出类拔萃，却始终不追求自我表现，而是凭借超常的系统智慧和对于规律的把握，面对复杂问题时总能找到恰当的应对之策。圣人善于发现别人的智慧，让合适的人去做合适的事，从不做"代大匠斫"③ 这类事情。他

---

① 《道德经》第二十七章："是以圣人恒善救人，故无弃人；恒善救物，故无弃物。是谓袭明。"

② 《道德经》第七十三章："天之道，不争而善胜，不言而善应，不召而自来，繟然而善谋。"

③ 《道德经》第七十四章："夫代司杀者杀，是谓代大匠斫，夫代大匠斫者，则希不伤其手矣。"

们始终保持"燕处超然"①的心态，故能很好地把控全局。

"不自是故彰。" 圣人善于因势利导、顺势而为，在与人相处时从不自以为是，思想上没有固化的条条框框，内在充实而外表谦逊，不会刻意贬低别人以抬高自己，善于团结不同特点的人共同取得成功。因此，圣人的行事风格总能获得民众的由衷赞美，"处上而民不重，处前而民不害"②，大家都愿意在圣人的治理下生活。

"不自伐故有功。" 圣人不屑于自我标榜，不追求世俗的功名利禄，对于自己取得的成始终保持平常心态，因此在成功之后不会强调自己的重大贡献，更不会去为自己邀功，他们追求的是"功成而弗居"③ 和 "功遂身退"④。然而，他们做出的不可替代的贡献总能得到各方面各群体的高度肯定，他们的功绩将被久久称颂。

"不自矜故长。" 圣人从不骄傲自大，能态度平和地对待普通民众，能把深奥的道理浅显地表达出来，能通过平常的处事来引导民众。所以，圣人会被世人长久地记住，他们的思想也能够长久地传承。随着年代的久远，圣人甚至可能会被神化。老子本身就是一个典型案例，其系统思想的一部分发展成为道教，其本人则被神化为"太上老君"，成为备受尊崇的神仙。

---

① 《道德经》第二十六章："虽有荣观，燕处超然。"
② 《道德经》第六十六章："是以圣人处上而民不重，处前而民不害。以天下乐推而不厌。以其不争，故天下莫能与之争。"
③ 《道德经》第二章："是以圣人处无为之事，行不言之教，万物作焉而不辞，生而不有，为而不恃，功成而弗居。"
④ 《道德经》第九章："功遂身退，天之道。"

"夫唯不争，故天下莫能与之争。"

圣人不会把任何人当成竞争对手，始终恰当自如地行事，自然达成"明""彰""有功""长"，成就"天下莫能与之争"的善果，这是无数精英人物终其一生想要达到的境界。读懂老子的系统思想，就找到了通向这一境界的路径，虽然在这条路上会有迂回曲折，但却可以逐步接近这个美妙的境界。相较之下，治理者只要动了私念、妄用机巧，就会偏离大道，其结果必然是"不明、不彰、无功、不长"。

"古之所谓'曲则全'者，岂虚言哉！诚全而归之。"

"曲则全"是老子引用古人的经验之谈，可见这个道理源远流长。"曲则全"亦是老子系统思想的一贯主张，与第八章的"上善若水"，第三十六章的"柔弱胜刚强"的观点是彼此呼应的。老子系统思想认为"曲则全"的关键在于实践，治理者要明白"企者不立，跨者不行"① 的道理，在具体的治理实践中坚持这种信念并恰当地行动。面对系统难题时，不追求毕其功于一役，不执著于一条道走到黑，可以委曲求全地推动系统发展目标的实现，治理者个人也能够功成身退，最终是皆大欢喜。

---

① 《道德经》第二十四章："企者不立，跨者不行。自见者不明，自是者不彰。自伐者无功，自矜者不长。其在道也，曰馀食赘行。"

第二十三章　行胜于言　道成于信

希言自然。故飘风不终朝，骤雨不终日。孰为此者？天地。天地尚不能久，而况于人乎？故从事于道者，同于道；德者，同于德；失者，同于失。同于道者，道亦乐得之；同于德者，德亦乐得之；同于失者，失亦乐得之。信不足焉，有不信焉。

——《道德经》第二十三章

大道与悟道者之间的互动是一个长期持续的过程，在这个过程中，任何投机取巧、急于求成都是不行的。有志于按照大道行事的治理者只有坚定信念并持之以恒，最终才能达到理想的境界。

"希言自然。"

"言"是用语言文字表达的思想和感情，"希"是基于听觉的感知极限，"希言"是指承载大道的语言表达，是人类使用语言传播大道的最高水准。"听之不闻名曰希"①，要恰当地展现大道，需要恰到好处的语言表达和理解。"大道之言"在语言表达上也有其特点，一方面，"道之出言，淡乎其无味"②，需要系统理解；另一方面，又是"字字珠玑"，需要仔细斟酌。老子将这种表达特点称为"自然"，"自然"的语言风格也是老子著作的重要特点。研读《道德经》需要正确的方法，其中，"准确读字""辨析章句"与"理解思想内容"是正确理解老子系统思想的三个门槛。③

老子系统思想语言平实但却蕴含着丰富的大道信息，接收者的心智要与传道者相匹配，才能够感知到大道语言的精妙之处，将其中承载的大道精华与自身的特质结合，在实际行为中展现出大道的妙用。"道可道，非常道"④，明道之人会将大道用自己的语言表达出来，这些承载大道的语言具备凭听觉可以辨别的所有特征。依赖于传道者的语言与思维特点，这些语言信号携带着特定的技术参数，需要与之相匹配的接收方才能将其承载的信息恰当解读出来，然后成为接收方自身的感悟，进而能够指导恰当的治理行为。

在现实中，能够恰当解析大道的人并不多。现代社会中的大部分人不具备直接解析《道德经》的能力，富有大道信息的语言

---

① 《道德经》第十四章："视之不见名曰夷，听之不闻名曰希，搏之不得名曰微。此三者不可致诘，故混而为一。"

② 《道德经》第三十五章："道之出言，淡乎其无味，视之不足见，听之不足闻，用之不足既。"

③ 《东方大智慧：竹书老子》："竹书的读法"，苏州大学出版社2015年版，第12-14页。

④ 杨逢春，蔡清旦：《道德经》第一章："道可道，非常道。名可名，非常名。"

被德行修养不够的人接收后，其丰富的内涵会大大衰减，甚至被歪曲误解，需要相关专家将古文《道德经》用当代人容易理解的语言表述出来，同时尽量不要减损原文所承载的丰富内涵。

老子深知传播大道之难，他说"吾言甚易知……莫能行"[1]，符合大道的思想接受起来并不困难，但要拥有发自内心的坚信却不容易，老子将此称之为"知我者希"[2]，真正能够悟通老子所言之大道的人在现实中是很少的。同样地，很多时候接收方虽然迫切地想要得到大道指点，但面对古汉语晦涩难懂的语言表达却是一筹莫展，因此手捧秘籍翻来翻去了无头绪，无法解读出有效的信息。平时耳熟能详的至理名言，自以为已经烂熟于心却无法变通运用。有的人是到了极端环境下才恍然大悟，豁然明白自己不能遵行大道的原因，不是从未听说过大道，而是一直充耳不闻，没有入心入脑，就是老子说的"若存若亡"[3]。

为了打通这种供需关系的阻隔，有一个情景可供借鉴。在互联网时代，大家都离不开调制解调器（即常说的 Modem），更多人愿意称其谐音"猫"，它是调制器（Modulator）与解调器（Demodulator）的合成词。调制解调器的作用，就像是模拟信号与数字信号之间的"翻译员"：当个人电脑向 Internet 发送信息时，由于网线传输的是模拟信号，所以必须要用调制解调器来把数字信号"翻译"成模拟信号，才能传送到 Internet 上，这个过程叫做"调制"（modulation）。当个人电脑从 Internet 获取信息时，由于通

---

① 《道德经》第七十章："吾言甚易知，甚易行也；天下莫能知也，莫能行。"

② 《道德经》第七十章："知我者希，则我者贵。是以圣人被褐怀玉。"

③ 《道德经》第四十一章："上士闻道，勤而行之；中士闻道，若存若亡；下士闻道，大笑之。不笑不足以为道。"

过网线从 Internet 传来的信息都是模拟信号，所以 PC 机想要看懂它们，必须借助调制解调器这个"翻译"，把模拟信号还原成数字信号，这个过程叫做"解调"（demodulate）（见图 23-1）。我们想说的是，书面文字并不是作者思想本身，它们是作者为了跨时空传播交流其思想而依据其所处时期的语言文字规范"调制"成的一种信息符号。其他时期、其他地域的读者接收到这些信息符号后，需要将其"解调"成其接收者所熟悉的语言文字，进而理解作者的思想。

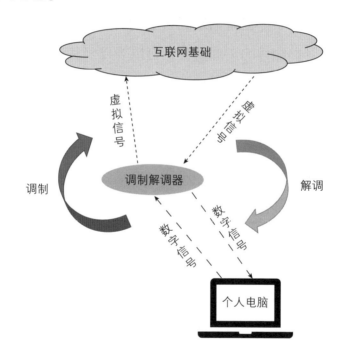

图 23-1   调制解调器的基本原理示意图

因此可以说，在穿越时空而承载着大道的语言文本面前，被考验的是接收方的解析能力，也就是对于老子系统思想的当代语言"解调"能力。其实历史上对于老子系统思想的"解调"工作一直在进行，战国时期韩非子的《喻老》是目前已知最早的解析，汉代河上公的《老子章句》流传甚广。从魏晋时期的王弼开始，各种"老子注"大量涌现。其中，唐宋明清四代皇帝的《御批道德经》体现了国家最高治理者的关注；清代魏源的《老子本义》已经在用近代语言解析老子思想；民国时期冯振的《老子通证》坚持"以子证子"，初步展现了老子思想的系统性。

新中国成立后，原国家图书馆馆长任继愈的《老子今译》和《老子新译》尝试使用现代诗歌的形式重写《老子》，杨柳桥《老子译话》也是这种风格。特别值得一提的是，1958 至 1959 年，由毛泽东主席发起的一轮老子思想哲学大讨论中，当时国内的学术大家几乎都参与其中，至少包括任继愈、冯友兰、关锋、林聿时、汤一介、周建人、詹剑峰、车载、杨荣国等。针对老子哲学思想是唯物主义还是唯心主义这个命题，两派观点激烈交锋各不相让，但对峙双方研究之专、感悟之深，其文章现今读来依然让人眼前一亮。这些讨论内容在中华书局 1959 年出版的《老子哲学讨论集》中得以汇集。遗憾的是，此后的文革浩劫使得这种文化"解调"工作中断了。同时期的台湾学者虽然还在继续这些工作，但时代精神相对缺乏，多少有些老气横秋。中国改革开放之后，一些学者把台湾的研究成果重新引入大陆，一时间，台湾学者成为两岸国学的引领者。进入二十一世纪后，偏重从企业管理战略角度解读"道德经智慧"的书籍如雨后春笋般出现，这些书的作者大都竭尽个人所学，希望能将《道德经》所承载的大道信息解析出来，助力企业和个人成功，因其商业目的性较强，也就难以体现老子思想的系统之美。

治理者的"言"往往体现出治理者的认知水平和行动意志，治理者的思想意志若是以官方语言和文字形式告知民众，就会演变成社会治理行动，民众将为了共同实现这个意志而付诸行动。如果治理者的决策和表达是恰当和准确的，结果就会对社会和民众有利；如果治理者的决定不正确或者表达不当，就会对社会民众造成损失和伤害。"希言自然"的理想状态是要求治理者深思熟虑、谋定而后动，即治理思想和行为理念要符合大道，做出的决策要让民众容易理解并乐于接受。符合大道的思想和语言是平实易懂的，与民众沟通时如和风细雨娓娓道来，却可以让民众从内心里认同并长久坚持；反之，如果治理者思想偏颇言辞激昂，虽可以煽动一时的狂热却不会长久，最终只会一再损伤国家和组织的元气。

> "故飘风不终朝，骤雨不终日。孰为此者？天地。天地尚不能久，而况于人乎？"

天地系统的自然变化为治理者的行为提供了很好的参照例证。天地系统在大多数时间都是平静有序的，在四季的悄然流转中平静地运行着。"人法地，地法天。"[①] 人类的生产和生活从一开始就在适应和借鉴天地系统的法则，一年四季"春生夏长，秋收冬藏"[②]，每天日出而作，日落而息。中国人还创造了农历和独特的二十四节气。这些经验性规则被看作人类根本的生存规则，以历

---

① 《道德经》第二十五章："故道大，天大，地大，王亦大。域中有四大，而王居其一焉。人法地，地法天，天法道，道法自然。"
② 《淮南子·本经训》："四时者，春生夏长，秋收冬藏，取予有节，出入有时，开阖张歙，不失其叙，喜怒刚柔，不离其理。"

法和风俗等形式长期流传下来。

"故飘风不终朝，骤雨不终日。"天地系统所蕴藏的巨大能量，会通过各种自然现象表现出来，其中以刮风和下雨最为常见，亿万年来在地球上一直存在，循环往复从不停歇，如同人体的气血循环。这种气象运动使得地球的自然系统实现了空气和水资源的循环交换，这种循环通常是以和风细雨的方式进行，偶尔也会以暴风骤雨的激烈方式出现。在适合人类生存的地方，风和日丽是常态，偶有狂风暴雨也不会持久，过一阵子就会结束，早上开始刮起的大风最多到了中午就停了；同样地，毛毛细雨可以连续下几天，但大暴雨很难持续一天以上。

"孰为此者？天地。天地尚不能久，而况于人乎？"刮风下雨是大自然的能量交换，狂风暴雨则是天地之间能量的集中爆发，这种集中爆发的威力，就算是以天地系统的能量等级也难以长时间支撑，需要一定时间的能量积累才能发生一次。由此，老子系统思想提出了关于人类行为的建议：治理者的能量和资源拥有量是比较富足的，其采取的行动比一般人更有力更持久；但治理者的能量与精力也是有限的，一个国家一个组织能够动员的资源也是有限的，任何过度的消耗，即使对于大国而言也是难以长期持续的。并且，广大民众需要平静安稳的生活，需要可预期的未来和子孙延续，需要比较充裕的物质保障和精神享受。因此，高水平的治理者不去追求超越实际的宏大目标，而是为国家和组织设定既有前瞻性又有可行性的发展目标。在实施治理时，明道有德的治理者会量力而行，在实现目标的同时增强国家和组织的实力；在事关国家安全和综合国力的大计上舍得投入，但同时会有目标导向和底线思维，只求"善有果而已"①，绝不会任意挥霍。除此之外，这样的治理者绝不会干劳民伤财的面子工程和形象工程，而会让民众在治理中得到实惠，生活富裕安逸。在宏大的历史进程中，普通民众能够满怀信心砥砺前行，同时还能够安享太平时光。

> "故从事于道者，同于道；德者，同于德；失者，同于失。"

治理者不同的认知水平决定了治理结果的差异，只要假以时日，治理者水平的高低优劣也将清晰可辨。

"从事于道者，同于道。"以追求大道为目标的治理者，都是明道有德的"善人"②。他们视道为宝③，始终依照"道"的规律而行事，不会被世俗的名利所诱惑，且能克服人性的弱点。在治理中"坐进此道"④，就会把国家社会治理得井井有条，国泰而民安。

"德者，同于德。"追求大德的人也会按照"德"的要求去行事，对于社会事物会"长之育之、亭之毒之、养之覆之"⑤，始终秉持"生而弗有、为而弗恃，长而弗宰"⑥ 的治理理念，勤政为

---

① 《道德经》第三十章："善有果而已，不敢以取强。果而勿矜，果而勿伐，果而勿骄，果而不得已，果而勿强。物壮则老，是为不道，不道早已。"

② 《道德经》第二十七章："故善人者，善人之师；不善人者，善人之资。不贵其师，不爱其资，虽智大迷，是谓要妙。"

③ 《道德经》第六十二章："道者，万物之奥。善人之宝也，不善人之所保也。"

④ 《道德经》第六十二章："虽有拱璧以先驷马，不如坐进此道。"

⑤ 《道德经》第五十一章："故道生之，德畜之，长之育之，亭之毒之，养之覆之。"

⑥ 《道德经》第五十一章："生而弗有，为而弗恃，长而弗宰，是谓玄德。"

民、鞠躬尽瘁，与民众一起艰苦奋斗、勉力前行。

"失者，同于失。"无道无德的治理者既没有理想也没有底线，把国家和公共资源视作私器，极尽奢靡享乐。他们纵然"金玉满堂"富可敌国，却难改贪婪的本性，生怕失去眼前的荣华富贵，始终不择手段地疯狂掠夺财富；他们位高权重却"富贵而骄"，内心空虚惶恐不安，只有不断争权夺利至死方休。为了保住自己的权威和荣华富贵，"失者"丧心病狂、举止失措，同时也害得民不聊生、颠沛流离。

> "同于道者，道亦乐得之；同于德者，德亦乐得之；同于失者，失亦乐得之。"

不同境界的治理者的作为各不相同，因此会给社会发展和民众福祉带来完全不同的影响。

"同于道者，道亦乐得之。"能够依照大道而行为的治理者举重若轻、"功成而弗居"①，他们闻道而喜并"勤而行之"，这是治理者能够达到的最高境界。因而民众全身心地信任他们，在他们的治理下，国家强大祥和而"民利百倍"②，其治理成就不仅能被当世认可，还经得起历史和社会发展的考验。这些伟大的治理者无不受到后人永久的敬仰。

"同于德者，德亦乐得之。"治理者如果达不到与道同行的境界，还可以退一步追求"德"并施以德政，也就是"失

---

① 《道德经》第二章："是以圣人处无为之事，行不言之教，万物作焉而不辞，生而不有，为而不恃，功成而弗居。"

② 《道德经》第十九章："绝圣弃智，民利百倍。"

道而后德"①，能与德同行便也是民众的福音。在实际治理中又有"上德"和"下德"②之分。达到"上德"的治理者具有"孔德之容"③，他们的行为体现的是成就万物的"玄德"，能够"惟道是从"，故而这些"圣人"层次的治理者能够进入"无为而无以为"的高超境界。达到"下德"的治理者，即使因其对于大道的理解偶有偏差，在治理中可能会遇到一些困难与曲折，但是他们勤政为民，始终能与民众同甘共苦、夙夜在公，这一切民众自然都看在眼里记在心上。"下德无为而有以为"，这些治理者在当世被民众认同，在后世则被人称赞和怀念。

"同于失者，失亦乐得之。"如果治理者走向"道"的反面，既不懂道也不重德，他们必然会刚愎自用、肆意挥霍国力，对内劳民伤财，招来怨声载道，对外穷兵黩武，导致强敌环伺；他们会给当世带来无穷的苦难，民众深受其害，国力损耗巨大，社会治理根基也会遭到严重破坏，甚至导致治理崩溃。这些治理者不但是最彻底的失败者，还会被后人作为反面典型，遭受长久的唾弃和非议。

"信不足焉，有不信焉。"

如果执政者自身并不具备较高的"道""德"修养以及务实的态度，又不能按规律行事，他们的治理行为就不会产生好的效

---

① 《道德经》第三十八章："故失道而后德，失德而后仁，失仁而后义，失义而后礼。"
② 《道德经》第三十八章："上德不德，是以有德；下德不失德，是以无德。上德无为而无以为；下德无为而有以为。"
③ 《道德经》第二十一章："孔德之容，惟道是从。道之为物，惟恍惟惚。"

果，还会逐渐失去了民众的信任。当失望到达某个临界点以后，民众就会对治理者产生质疑。"民可载舟亦可覆舟"，不被民众信任的治理者被推翻和取代是历史的必然，历史上与此相似的一幕曾经反复上演。

第二十四章　机巧惑众　不可长久

企者不立，跨者不行。自见者不明，自是者不彰。自伐者无功，自矜者不长。其在道也，曰馀食赘行。物或恶之，故有道者不处。

——《道德经》第二十四章

本章接续上一章，对治理者的品行进行了更加具体的分析，特别是从反面入手，指明了治理者特别应该避免和克服的毛病，以便能够依照大道实施高水平的治理。

"企者不立，跨者不行。"

这句话说的是人类生活中的常识，却蕴含着深刻的道理。

"企者不立。""企"是一个人踮起脚尖站立，会比正常站立时多一些高度优势，但这种姿势的缺点在于重心不稳，不能够长时间保持平衡，时间一久，力不能支就会摇摆甚至跌倒。"企"也是舞者经常使用的姿势，表演时会显得高挑动人。立脚尖是芭蕾舞者表演时经常采用的姿势，这也是比较极端的"企"，需要长期艰苦的训练才能做到，还会给舞蹈者的双足带来一定的伤害。如果一个人以这种姿势站在高台之上或者身处险峰，即使非常努力，也无法长时间保持。一旦开始动摇，后果不堪设想。治理者所处的环境和位置时刻都会面对意想不到的风险和冲击，如同一个人独处高处，如果长期处于"企"的状态来开展治理，必然会是危机四伏、险象丛生。

"**跨者不行**。"在长距离的行走中，重要的是保持适当的匀速，要有稳定的节奏和步幅，才能够较长时间的持续运动，从而达到远行的目的。"跨"是行进中所能达到的最大步幅，如果行走者以极限步幅走路，势必难以持久。比如在田径比赛中，跑步项目从 100 米到 10000 米甚至还有马拉松，但跨栏项目最多是 400 米①，这个距离就是基于人类跨行的潜能设定的。舞蹈中也有"大跨步"这样的姿势，但最高水平的舞者也只能连续做几个而已。不仅人类如此，擅长陆地行走的马匹也是如此，骏马以四蹄腾空的姿态奔驰确实威猛雄壮，却只能做短距离冲刺，真正日行千里的好马都是采用"走马"②姿态，以小步平稳快走才可以长距离行进。社会治理是一件需要耐力的重复性工作，治理者最需要的是持久性和稳定性，而不是毫无规律的突击行动，以致系统

---

① 跨栏跑（hurdle race，hurdles）：一种田径项目，比赛者要在途中跨越一些特制的栏架。该项目起源于英国，由牧羊人跨越羊圈栅栏的游戏演变而来。400 米栏是传统的田径项目和奥运会项目，全长 400 米，第一栏距起跑线 45 米，最后一栏至终点是 40 米，栏间距为 35 米，栏数 10 个。男子项目栏高 91.4 厘米，女子项目栏高 76.2 厘米。这是一项需要技术与耐力兼备的项目。

② 走马：蒙古族长距离骑马行进的方式，马匹顺侧换蹄，快步行走。

运行起伏不定。

> **"自见者不明，自是者不彰。自伐者无功，自矜者不长。"**

前面在第二十二章中讲到圣人的行为特点是"不自见、不自是、不自伐、不自矜"①。如果治理者违背了圣人的行为准则，在具体治理中经常采用"企"和"跨"的方式，他们的治理特点就属于"自见、自是、自伐、自矜"，其结果必然不好。

"**自见者不明。**"有的治理者不能够潜心悟道却自以为高明，自身基础不扎实却喜欢出风头，热衷于表达自己并不高明的见解，时时处处要表现自己的与众不同，这样反而把自己的肤浅暴露无遗。治理者若是喜欢抛头露面哗众取宠，就不能沉下心来准确把握治理活动的真实动向；治理者若是热衷于自我表现作风浮夸，就察觉不到重要变化的先兆，进而丧失早做准备恰当应对突发事件的关键时机；治理者若是好大喜功爱做表面文章，其结果必然是形式主义大行其道，导致整个治理体系华而不实。"自见"是低级的小聪明，习惯于"自见"的治理者既做不到以柔克刚以弱胜强的"微明"②，也做不到既"善救人"又"善救物"的"袭明"③，日久必然会为人所弃。

"**自是者不彰。**"有的治理者自以为是、故步自封，对于大道

---

① 《道德经》第二十二章："是以圣人抱一为天下式。不自见故明；不自是故彰，不自伐故有功；不自矜故长。"

② 《道德经》第三十六章："将欲歙之，必固张之；将欲弱之，必固强之；将欲去之，必固兴之；将欲夺之，必固予之。是谓微明。柔弱胜刚强。"

③ 《道德经》第二十七章："是以圣人恒善救人，故无弃人；恒善救物，故无弃物。是谓袭明。"

缺乏应有的敬畏，狂妄自大、恣意妄为，错误地以为这样便可以青史留名。他们偏执于一己之见，要用实际行动证明自己有主见，却常常是劳民伤财、无功而返；他们热衷于标新立异，处处要显示自己很正确，却最终在实践中一败涂地。"自是"的治理者看不清事物的本质，容易在复杂的现实中迷失判断力，其做出的决策往往脱离实际不能奏效。于是一再失败的结果导致治理者在民众中的形象也很糟糕。正所谓"同于失者，失亦乐得之"①，"信不足焉，有不信焉"。他们非但不能留名青史，甚至还可能贻笑后人甚至遗臭万年。

"**自伐者无功**。"有的治理者好大喜功，总想强调自己在治理中的作用而贬低他人的贡献，甚至贪天功为己功。这样的治理者毫无用处，难以有效聚集资源、形成合力，便宜占全、功劳占尽，结果不但把前人的积累消耗殆尽，还会给后人留下种种祸患。"自伐"的治理者往往是老子系统思想中最为不齿的"智者"，是"大道甚夷，而人好径"②的典型。其急功近利的治理方式必然会埋下长久的隐患，这些隐患日后还需要耗费大量的资源去补救，由此造成的损失不仅会抵消之前取得的成果，还会造成发展停滞，甚至导致大倒退。老子系统思想一贯主张治理者要经受历史的检验，而不能不计后果地一时讨巧。这种急功近利的"自伐者"当然不可能取得真正值得称道的成就，在一时风光过后就会成为失败的典型，沦为众人的笑柄。

---

① 《道德经》第二十三章："同于德者，得亦乐得之；同于失者，失亦乐得之。信不足焉，有不信焉。"

② 《道德经》第五十三章："使我介然有知，行于大道，唯施是畏。大道甚夷，而人好径。"

"**自矜者不长**。"有的治理者内心很是自负，在取得一定的成绩以后就会形成定式，思想趋于保守而故步自封，不能包容不同见解，对新事物消极对待，甚至会以堂而皇之的借口打压创新，削弱系统的运行活力。这种治理者往往都有家长作风，自以为见多识广、经验老到，常常表现出一副老成持重、胸有成竹的样子，遇事看似思虑周全、谨慎稳重，实则是因循守旧、墨守成规，对于新事物视而不见，习惯以僵化的规矩和陈旧的经验来反对创新和变革，因而一再错失发展良机，使得系统活力大受损害，发展后劲严重不足。"自矜"的治理者在位时消极应付、不谋大业，除了白白消耗前人留下的成果和资源，还会因自己的不作为给后人留下很多隐患。因此他们离去之后很快就会被人们遗忘，只有当后人总结发展中曾经错失的机遇时，才会重新提及他们当年的不当行为，其自负的言行愈发受后人鄙视。

"其在道也，曰余食赘行。"

治理者的"自见、自是、自伐、自矜"是在悟道和行道过程中表现出来的各种问题，这些不恰当的表现都有较大的欺骗性，其弊端起初并不显眼，容易被治理者表面的优点所掩盖。他们不同于完全不懂大道的下士，而是属于"若存若亡"的"中士"一类，在他们眼里，大道的"存"或"亡"全都基于是否与己相关。置身事外时，他们尚能依照大道思考；一旦牵涉自身，他们就会进退失据甚至背道而行，最终造成严重的后果，这其中的道理发人深省。

"自见、自是、自伐、自矜"的治理者都只想利用治理成就个人名利，所以从根本上就缺乏对于大道的敬重。他们在取得一些成绩之后就觉得"人定胜天"，甚至于"人定胜道"，自以为可以利用和玩弄大道。这种念头一旦出现，他们便开始走向穷途末路。他们失败的根源在于求道之心不正，而且还被"名、利、欲"所困，因此越想得到什么就越会在那个方面失败，执念越强偏离大道就越远。

"自见、自是、自伐、自矜"的治理者有一个共同特点，就是"多智少愚"。他们总希望通过学习和历练使得自己的心思深一些，能够在思虑上比别人争先，一味追求"为学日益"①，目的是确保自己比别人强。由于治理者过于考虑个人得失，把"悟道"变成了"求智"，最终走向了悟道行道的反面。他们之所以会"走火入魔"，本质上是私欲在作祟，是私欲毁掉了悟道的根本。治理者总想着"得益"而害怕"受损"，自然做不到"为道日损"，其治理行为自然也就与"无为而无不为"相去甚远了。

从大道的角度看，治理者的"自见、自是、自伐、自矜"完全就是"余食赘行"，这个判断生动贴切而又含义深刻。老子系统思想针对这类行为还有一个评判："是谓盗夸，非道也哉。"②

"余食赘行。" 社会治理是一条艰辛而漫长的征途，治理者担

---

①《道德经》第四十八章："为学日益，为道日损。损之又损，以至于无为，无为而无不为。"

②《道德经》第五十三章："服文彩，带利剑，厌饮食，财货有馀。是谓盗夸，非道也哉。"

负着很多责任和压力，是在负重前行，若是有过多的私心杂念和思想累赘，必然会影响治理效果。为了恰当地复原老子思想的本意，用现代人容易理解的"仓促出行"与"余食赘行"做一个对比，就容易理解了。

先说"仓促出行"吧。一个人若要完成一段途中缺乏物资补给的旅程，必须提前先做一些准备，这些准备主要包括两个方面：一是调整好身体状态，让自己体力充足；二是要带上必要的保障物资，比如水、食物和其他必要的工具。如果出发前准备不充分，路上肯定会遇到麻烦，比如食物与淡水不足就得忍受饥渴艰难前行，应急工具准备不足就会在面对意外情况时陷入绝境。当然，这些情况都是低级错误，一般人都能够想到，只要稍加注意就可以避免。

"余食赘行"则是另外一种极端情况，是聪明人才会犯的错误。一个人为了路上不饿，就在出发前猛吃一顿，以至于把自己撑坏了，结果上路后肠胃出现了问题，使得体力大打折扣；而且，还带上了很多不必要的东西，甚至把一些易碎的、贵重的或纯装饰性的物品都带上了，这些零七八碎儿不仅大大增加了负重，还要额外消耗很多精力来照顾保管。在这种情况下，就算是一个原本身体条件很好的人，在这段路途上也一定会遭遇各种各样的麻烦，结果必然会很糟糕。

"余食赘行"与"君子终日行不离辎重"① 是完全不同的情况。辎重是远行必要的物资保障，因为"三军未动粮草先行"；

①《道德经》第二十六章："重为轻根，静为躁君。是以君子终日行不离辎重。虽有荣观，燕处超然。"

"赘行"则是带着大量不必要的东西，也就是俗语说的"坛坛罐罐"，这些东西不但对于远行没有帮助，还占用了很多本该应用于辎重保障的运力。河上公认为"余食赘行"属于"赋敛，余禄食，为贪行"①，而明道有德的治理者则应该是"燕处超然"，二者在行为上的差异一目了然。

"余食赘行"虽然说法生动，很是传神，但是在众多的注解中，其释义还是各有差异。上述解读基本沿袭了河上公的说法，而在以王弼为代表的注解②中，"余食"被解释为剩饭，"赘行"被解释为赘疣，"行"被认为是"形"的通假字。因此"余食赘行"被解释为就像吃剩的饭和身体上长的赘疣一样，是指令人感到不舒服的东西。河上公的理解显然与王弼的理解有较大差异，从系统思维角度来分析，河上公的注解可能更接近于老子思想的本意。

"物或恶之，故有道者不处。"

"**物或恶之**。"治理者打着行大道的幌子却不按照大道行事，把对万物和民众有害的治理行为当成自己的功绩，这些治理行为于大道不合，亦与圣人行为不符，民众为此厌恶他们，世间万物也会做出相应的抵制反应。

"**故有道者不处**。"因此明道有德的治理者绝不会犯"自见、

---

① 《老子河上公注》："赘，贪也。使此自矜伐之人，在治国之道曰赋敛，余禄食，为贪行。"
② 《道德经王弼注》："其唯于道而论之，若却至之行，盛馔之余也。本虽美，更可薉也。虽有功而自伐之，故更为肬赘者也。"

自是、自伐、自矜"的毛病。老子系统思想认为这些不当做法对于治理会有巨大的破坏作用，它们与某些治理者动辄以武力来解决争端的做法一样，是治理中的"不祥之器"①，必然会招致一致的反感和憎恶，治理者应该高度重视和严格抵制。

---

① 《道德经》第三十一章："夫兵者，不祥之器。物或恶之，故有道者不处。"

第二十五章 治理之道 自然天成

有物混成，先天地生。寂兮寥兮，独立而不改，周行而不殆，可以为天地母。吾不知其名，(故强)① 字之曰道，强为之名曰大。大曰逝，逝曰远，远曰反。故道大，天大，地大，王亦大。域中有四大，而王居其一焉。人法地，地法天，天法道，道法自然。

——《道德经》第二十五章

老子在讲述其系统思想时，倾向于先具象后抽象。他通常先对一些自然现象进行独特的描述和分析，然后再引申出自己深邃的思想见解。在本章则不然，他是从一种逻辑严密的宏观想象出发，高度概括地描述了"道"这个最大、最高级的系统的存在方式和运行特征，进而推论出"道、天、地、人"这四个不同层级的复杂巨系统，由抽象到具体，由远及近，由大到小，把四个复

---

① 在王弼校释本中，无"故强"二字。

杂系统之间所遵循的关系娓娓道来。

> "有物混成，先天地生。寂兮寥兮，独立而不改，周行而不殆，可以为天地母。"

老子认为，有一个巨系统，它的结构非常复杂，内部众多的子系统有机协同、浑然天成。这个巨系统的形成比现代人所说的宇宙还要早。就人类的认知而言，这个无法名状的巨系统，它的表现形态是安静而广阔的。"独立"展现出这个巨系统是一个完整的存在，没有比它更大或者更高级的系统存在，这个复杂系统的运行并不依靠任何外力，它按照特有的规律运行，永远不会停止，也永远都不会消失。对于"天地"系统而言，这个巨系统是如同母亲一样的存在。

我们可以尝试着用现代语言和逻辑方式给出一种描述性定义："道"是一个复杂的巨系统，而且是一个原生的母系统。它的存在不依托于任何别的系统，是人类可以感知的最复杂的存在形式。与生俱来的完整性使"道"的运行规律能恒定不变，它的存在也无法用时间、规模等人类既有的测度标准去衡量，在人类所能认知的时间出现之前它就存在了，在人类可预测的时间维度内它也不会消失，是永恒的存在。"天地"作为一个复杂系统是由"道"这个母系统生成的，"天地"系统是指支撑人类出现、生存和发展的最大系统存在，包括了人类已经认知的所有物质存在的总和，"天地"系统的规模正随着人类认知水平和行为能力的提升而扩大和延展。

　　"天地"系统是人类可以清晰认知的最为宏大的系统,"天地"的含义随着人类认识能力的提高而不断延展。工业革命以来,人类对自然科学的探索能力突飞猛进,对于我们赖以生存的"天地"系统的认识能力也不断增强。科学家对地球内各种子系统的认知不断地细化和深化,形成了多种学科;对于太阳系的认知也更加系统清晰,进而试图探索银河系乃至无限广阔的宇宙空间,却发现对于宇宙的形成难以准确地具象表述①。目前,人类对于宇宙的形成依然处于假说状态。有趣的是,人类在宏观认识上的突破,却依赖于微观粒子的发现。比如巨型的粒子加速器等极其复杂庞大的仪器,这些耗费巨大的科学实验的目的却在于发现连电子显微镜都难以看到的微粒子,以此作为了解宇宙起源的手段。这种看似极度矛盾的科学认识方式,其实蕴含着丰富的辩证认识论内涵,最终都会回归到混沌论和系统论。其实,老子的系统构思以其独特的系统构思和抽象思维,早在几千年前就给出了正确的方法论和准确的判断。这就是人类圣贤的价值,只不过现阶段的人类过于迷信所谓的实证研究,过度依赖由设备延伸了的"听、视、搏"的能力,结果是人们在各个细分领域获得的知识越来越多,维系专业壁垒的专业术语越来越高深晦涩,而跨学

---

　　① 诺贝尔奖得主史蒂文·温伯格教授的科普读物《最初三分钟——关于宇宙起源的现代观点》,基于大爆炸和宇宙膨胀理论,详细而具象地描述了一幅宇宙起源的图景,包括大爆炸之后仅仅数秒或几分钟之内出现的详细过程,但这个描述并不精确。在前言中,作者说,"到目前为止,我们对这些数值的准确性还都没有绝对的把握,但起码我们现在谈论这些事情的时候能够有一点自信,这就足以让人兴奋不已了。"在该书末尾,作者再次介绍了现有理论体系中的大量不确定性,并指出,"也许,我们真正的问题不在于理解宇宙的初始,甚至是确定宇宙是否的确存在一个起点,我们真正的问题在于在时空没有任何意义的情况下去认识自然。"这个观点其实又回归了对"道"的认识。

科的系统思维和整体思维反倒被认为是不务正业。这导致所谓的专家"其出弥远，其知弥少"①，对于人类智慧系统完整的掌握越来越差，这使得现代社会越来越难出现集人类智慧之大成的"圣人"②。

> "吾不知其名，故强字之曰道，强为之名曰大。"

没有人知道这个巨系统叫什么，在老子的时代，语言中尚没有确切对应的名词。为了让人们知道它的存在，有必要给它一个名称，按照中国传统的起名方式，要先命名后取字，即孩子出生时命名，成年后取字。通常，"字"会和"名"相匹配，进而形成对一个人的完整称谓。**按照这个规则，老子勉强给这个原生的巨系统一个正式称呼"道"，再勉强给它一个通俗称呼"大"。在本书中，为便于现代读者理解，在多数情况下我们把它的"名"和"字"合在一起使用，称其为"大道"。**

> "大曰逝，逝曰远，远曰反。"

这是对于"道"这个概念的递进式解释，每一层递进都是在把复杂性降低一些维度，使其更加接近人类社会现实的运行情况，也更便于人们理解。

"**大曰逝**。"之所以把这个巨系统称之为"大"，是因为它的

---

① 《道德经》第四十七章："其出弥远，其知弥少。是以圣人弗行而知，弗见而名，弗为而成。"

② 《道德经》第二章："是以圣人处无为之事，行不言之教，万物作焉而不辞，生而不有，为而不恃，功成而弗居。夫唯弗居，是以不去。"

运行特点是"逝",意味着大道这个巨系统无限广大且向前运行不息。就整个系统而言,它保持着稳定性,规模宏大而且相对稳定;对于系统中的具体构成而言,它在剧烈地变化着,每一刻的构成都不相同。孔子讲的"逝者如斯夫",也是这个意思。只因后人对文字的理解偏差,特别是一些诗文的感性表达,孔子的话被误解成关于时间流逝的感慨了。古希腊哲学家赫拉克利特的名句"人不能两次走进同一条河流",亦是从系统的具体构成单元的角度说明了"逝"的特点;中国成语中的"稍纵即逝",同样是从这种微观角度的表述。系统认识并理解这些表述,有助于我们理解"逝"的复杂含义。

"逝曰远。"上述关于"逝"的认知很大程度上是哲学层面的,以系统认识论的方法可以通过对"远"的研究来认知"逝",这就是将"逝"这个概念进行分拆,使认知逐步具象。这种分拆使得人们可以从不同维度进一步分析"逝"的特点,比如可以从宏观与微观、主体与模块、要素与模型等不同角度进行深入的研究。"远"是在各个不同维度上的无限延展,这种延展没有尽头,且又都会展现为一个新的复杂系统,可以集成人类已拥有的各种学术理论和技术手段,得出更形而下的结论。当然,与"大"和"逝"一样,人类对于"远"的认知也是没有极限的,各个层面的认知在源源不断地汇总,并且永远不会有完整的终极认识。

"远曰反。"若要把大道在现实社会治理中加以运用,就需要在"远"的基础上再进一步,"反"就是通过多次重复的实践,比较具体地感知和了解"逝"和"远"的含义。老子的系统思想认为，到了"反"① 这个层次就能比较具象地体现大道的作用方式了。大道在任何人类可以理解的维度上都是无限的，且可以在无数的维度上无尽延展。这些延展又是可逆的，从而形成一种闭环，这种自成体系的认知方式得出的认知结论就是"反"，不管在什么维度、什么领域，大道的特点本质上都是一样的，在正确的认知方法的指导下，在实践中就能够得到恰当的认知结果。

基于老子对"大道"的定义，结合"大道"的运行规律，用"大、逝、远、反"逐级细化的认识方法，来审视现代科学关于宇宙起源的研究实践，其中体现出来的认识论和方法论就一目了然了，宏观和微观的相互关系也就更加清楚了。

"故道大，天大，地大，王亦大。"

人类能够认知的最大的系统是"大道"。对于人而言，除了"道"，最初就以"大"定性的事物还有三个，就是"天、地、王"。乍一看它们的差异很大，但从系统思想的角度来看，这三者与"道"是可以类比的，它们与"道"一样，也都具有"逝、远、反"的特点。

"域中有四大，而王居其一焉。"

在人类的认知范围内，世上共有四个"大"：一是道，二是天，三是地，四是王。关于"天地"之大，人类认识已久，了解甚多但总是无法穷尽；"道"的"大"则是超然无尽的，虽然人

---

① 《道德经》第四十章："反者，道之动。"

人都有感悟，但认知程度和行为水平却是千差万别；"王"的"大"则体现为现实的治理关系，每一个人无时无刻不处在这种治理关系中。这种因人而产生的"大"始终存在，也是人类永远需要面对的无尽探究。"域"这个概念，在《道德经》中仅在本章出现了一次，是为了把"道、天、地、人"的共性表现出来而设定的一个特定集合，以便把不同层级的系统放在一起进行类比。它们的共同特点就是对于人类的生存发展有决定性的影响，其中，"道"是最高层级的系统，包含不少于一个的"天"一级的系统；"天"包含不少于一个的"地"一级的系统；"地"又包含不少于一个的"王"一级的系统。

> **"人法地，地法天，天法道，道法自然。"**

老子的系统思想承认人类巨大的能动性，特别是治理阶层的独特作用，因此把治理对于民众的影响，类比于万物起源、宇宙运行和自然变迁。作为万物之灵的人是世界上最有影响力的四个方面之一，因此，对于人类社会的治理的要求也很高。决策者应充分认识到自己的责任，按规律办事，慎终追远，为苍生和历史负责。

治理者应该循"大道"而行，只可惜人类对于四个"大"的认知程度深浅不一。"人—地—天—道"这四个可以类比的系统，依序离人类的感性认识越来越远，距离最根本的"大"则越来越近。首先是"道"。"道"是最终极的"大"，但是"道可道，非常道"，就连最有智慧的人也无法将"道"说清楚，这是因为"道"的原生性和唯一性，所以说"道法自然"。这里的"自然"

是原生的意思，即"自然而然"。其次是"天"。宇宙是在参照道的特点运行，然而要明白无误地说明宇宙的运行依然太难，不仅在老子的时代认识宇宙很难，就算在当下的时代，我们对于宇宙的认识依然比较肤浅。但是比起"道"的复杂和抽象，去理解宇宙系统总归是在复杂程度上降维了。再具体一点就是"地"。人类生活的大地系统，至少包括了太阳系和地球本身，其运行亦是效法宇宙的运行。这样，最困难的问题变简单了。一个好的治理者若要追求大道，只需让自己的思想和行为去效法大地系统就可以了。大地是怎样运行的呢？千百年来，人类经历的是万物生长、世事喧嚣、世代沿革，而对于大地系统而言，不过是一个短短的片段，是基本类似的四季轮回和日出日落而已。大地系统这种看似简单的循环往复、默默无闻，恰到好处地承载了大千世界的丰富多彩，地球因此成为适合人类及其他生物生存繁衍的家园。

好的治理者会仿效天地系统来构建国家和组织的治理体系，会学习以大地系统对待万物的方式做好国家和组织的治理，比如以广博包容的胸怀面对复杂的社会问题，对不同类型的主体保持平和一致的态度，这正是"圣人不仁，以百姓为刍狗"[①] 的真髓。明道有德的治理者在具体治理行为中会"处无为之事，行不言之教，万物作焉而不辞，生而不有，为而不恃，功成而弗居"[②]。这就是老子系统思想所推崇的社会治理境界。

---

① 《道德经》第五章："天地不仁，以万物为刍狗。圣人不仁，以百姓为刍狗。"

② 《道德经》第二章："是以圣人处无为之事，行不言之教，万物作焉而不为始，生而不有，为而不恃，功成而弗居。夫唯弗居，是以不去。"

第二十六章　潜心修为　不羁名利

重为轻根，静为躁君。是以君子终日行不离辎重。虽有荣观，燕处超然。奈何万乘之主以身轻天下？轻则失根，躁则失君。

——《道德经》第二十六章

明道有德的治理者一定要有超乎凡人的个人素质，这些素质应是多样的，包括系统的认知能力、厚重的家国情怀、超然的名利观念、严谨的行为方式等。

"重为轻根，静为躁君。"

"重为轻根。"轻重结合是天地系统中基本的物质存在方式，自然物的状态通常都是以厚重为根、以轻扬为表。比如，参天大树和盛开的鲜花，展现在人们面前的是繁茂的枝叶和招展的花朵，这些轻盈飘逸的外在展现需要依靠深埋在地下的根系支撑，地上的枝叶越是繁茂，地下的根系就越深越广。宏大的人造工程也是如此，巨大的金字塔是依靠厚重的基础才支撑起高耸尖锐的顶端，现代城市的摩天大楼也需要相应比例的地下基础来承载。这些厚重的基础是"利而不害"，"为而不争"，有的还是"视之不见"且"搏之不得"① 的，因此往往比较容易被人忽视，正如天地系统广袤深远，容载万物，是一个宏大的复杂系统。天地系统是人类和万物的根源，其厚重可想而知，而无法名状的大道系统又是天地系统的起源②，正如第六章所讲的"玄牝之门，是谓天地根"。可见，在老子系统思想中，大道是何等深沉厚重的存在。

社会治理和建设也应遵从这样的规律。在好的治理环境中，民众越感觉轻松方便，治理者在背后下的工夫就越大，付出的努力也越多。比如，有了飞机、高速公路、高铁之后，公共交通变得更加便捷，这种便捷的背后是机场、车站、路网等基础设施的支撑，是复杂的调度系统和安全保障系统的不间断运行。现代的通信服务非常便捷，从发送文字信息、语音通话到音视频同步传输，从互联网到移动互联网，电子商务、人工智能等技术的突飞猛进带动了现代零售业、物流业等现代服务业的大发展，使得各种生活服务更加细致、周到、便捷、及时。这些服务提升的背后是庞大的电信基础设施建设和从 1G 到 5G 的传输模式进步，以及遍布各地的物流仓储配送网络的支撑，还有众多的信息处理、技术优化与呼叫中心的调度保障。交通出行和通信技术的改善要依靠大量的科技研发投入，要依靠金融创新带来的巨额资金

① 《道德经》第十四章："视之不见名曰夷，听之不闻名曰希，搏之不得名曰微。"
② 《道德经》第一章："无，名天地之始；有，名万物之母。"

投入，要经过长期培育才能形成良性发展的产业生态。这些服务还依赖于成千上万的工程技术人员、工程建设者、货物分拣员、运输员、客服专员、快递小哥等普通劳动者，这些保障团队长年累月不间断的努力换来的是服务的日益稳定和可靠。

"静"，不是绝对的静止状态，而是一个复杂系统达成的稳定状态，这也是复杂系统长期存在与高效运行的常态。比如，匀速行进的汽车，巡航状态的船舶或飞机。此时，系统的能量消耗较小，总体运行成本较低，系统内部各子系统和基本单元都比较稳定，系统的各项指标比较均衡，系统运行的效率比较高。

"躁"，不是系统存在和运行的常态，而是系统由一种稳定状态转变为另一种稳定状态时的变化过程。比如，加速前进的汽车，减速转向的船舶，拉高飞行的飞机等。此时的系统为了实现某些特定功能，部分系统的指标会大幅提高，系统的能量消耗和子系统损耗会大幅度增加，而系统运行的能量效率①会显著降低，由此也决定了这种转变过程不能持续很长时间，只有在特定情况下才会出现。

"**静为躁君**。"在稳定的状态之下，复杂系统能够保持较长时间的运行和存在；而剧烈变化的状态对于系统而言往往是一个比较短暂的、难以持久的过程。而且，系统状态发生变动以后，还会回归到新的稳定状态，即使是某一个子系统发生剧烈变化而导致自身崩溃甚至消失，也会在更大的系统中实现新的稳定。只要

---

① 又称"能源效率"。各个能源设备的效率，即有效利用能量与投入（或占有）能量的百分比。包括热效率（热力设备效率）、电效率（电力设备效率）、燃料效率（燃料设备效率）和综合能源（能量）效率。来源：《中国百科大辞典》，中国大百科全书出版社 2005 年版。

系统的规模足够大，不管发生多大的变动，最终都要归于新的稳定。所有物质也都有其相对稳定的存在状态，在外部因素的影响之下，会发生状态的暂时变化。举例说，水在自然界的常温下呈液体状态，只有在受到外部因素的影响时，才会发生形态的改变。比如水加热后会变成气态，冷冻后会成为固态，一旦将这些影响因素去除，水就会重归常态。系统论认为，凡是能够正常运行的系统一定是相对稳定的，为了维持系统的稳定，各子系统和各种主体需要处于协同的运动状态，对系统构成主体的存在状态而言，"运动是绝对的，静止是相对的"。系统的构成主体作为一个功能单元，一旦失去动力就会从系统中消失。关于系统动静关系的认知与现代科学关于物质的存在状态的认知是辩证统一的，这就是系统的稳定与主体的运动之间的"静、躁"关系。"静"与"躁"都是系统运动的方式，"静"所代表的系统稳定，与现代哲学所讲的"绝对静止"是完全不同的。如果不能系统理解老子的思想，就会失之偏颇，以为老子主张"静止是绝对的，运动是相对的"，进而想当然地推测老子思想是唯心主义的。这种认知上的偏颇对于老子系统思想并不会造成实质性伤害，但是这种"若存若亡"[1] 的理解对于悟道者是有害的，更有甚者会因为误读而走向反面，也就是"下士闻道，大笑之"的状态，那样就比较可悲了。

第五章所说的"天地之间，其犹橐籥乎？虚而不屈，动而愈出"，讲的是天地的平静持久和万物的生机勃勃。在这两者之间，

---

[1] 《道德经》第四十一章："上士闻道，勤而行之；中士闻道，若存若亡；下士闻道，大笑之。不笑不足以为道。"

天地是根源，是长久存在的稳定系统；万物是展现，是不断产生和消亡的动态变化。第六章所说的大道"绵绵若存，用之不勤"，讲的是大道的沉静，具有生育万物的稳定能力，能够支撑丰富多彩的世间万物更替循环。第十六章也说，"归根曰静，静曰复命，复命曰常"，这句话将万物生发消亡、循环往复的规律分析得很清楚。

系统状态的变动需要消耗能量，这种变化的程度越大，系统消耗也相应增加；而且，这种变化往往是非线性的。频繁的变动会给系统带来很大负担，正所谓"飘风不终朝，骤雨不终日"[①]，以天地所具有的无穷能量，在面对自然环境的巨变时，可以支撑的规模和持续力也不过如此。在以人类能力支撑的社会治理系统中，所能够正常应对的变化的烈度同样也是有限的，治理者对待过度消耗治理资源的行为应该极为慎重。

> **"是以君子终日行不离辎重。虽有荣观，燕处超然。"**

"是以君子终日行不离辎重。" 长途出行需要提前做好物资保障，一旦保障不到位就会带来各种意想不到的问题。"人马未动，粮草先行。"在古时即是如此，现代社会也依然不能忽视。发达的交通网络、互联网技术和电子商务服务为出行带来了很大的便利，但是提前做好各种"出行攻略"就是现代版的"不离辎重"。这里的"君子"是指有相当社会地位和影响力的人，他们的一举一动都会受到关注，需要通过必要的物质保障来保持其仪态和精

---

① 《道德经》第二十三章："故飘风不终朝，骤雨不终日。孰为此者？天地。天地尚不能久，而况于人乎？"

力。同样地，担负国家治理责任的人对于社会具有很大影响力，所以这些治理者的公务活动都是比较隆重的，需要大量的系统资源来支撑和保障，动辄便有大批随从和大量辎重随行。这一点千百年来并没有多大变化，看看现在世界各国元首的出行几乎也是一样的，要配备专机、专车、随从、安保和后勤，等等。这句话的另一层意思是，这些外在的配置体现了治理者的权威，同时也是对于治理者的一种约束，要求治理者行事持重担责、堪当榜样，要以民众的福祉为重。明道有德的治理者对于自己的言行始终都是很慎重的，每做一件事情都要考虑周全，坚持遵行大道的要求，"慎终如始"①，始终保持恰当的治理行为，避免因为小的纰漏造成不可挽回的损失。

"**虽有荣观，燕处超然**。"治理者常常被巨大的荣耀所包围，比如治理者出现在公众面前时，通常都是场面壮观，万众瞩目。民众的热情和舆论的赞美是对治理者的高度评价和褒奖，可由此获得巨大的满足感。治理者的"荣观"还体现在对于物质资源的强大掌控权，可以调动大量的公共资源去实施自己的决策，以此证明自身的谋略和理政能力。对于大道有着深刻理解的治理者，对于这些表面的荣耀能够客观认识、坦然处之，对于执掌大权心存敬畏，始终保持头脑清醒。一方面能够恰当利用这种与众不同的待遇，只将此作为传播大道的机会，展现个人的悟道所得；另一方面明道有德的治理者也不会把这种殊荣当成负担，既能置身其中又能置心其外，不为这些身外之物所累，随时能够脱身到下

---

① 《道德经》第六十四章："民之从事，常几于成而败之，慎终如始，则无败事。"

一个有意义的实践中去，不断地悟道前行。

"奈何万乘之主而以身轻天下？轻则失根，躁则失君。"

"奈何万乘之主而以身轻天下。"这话是说，如果治理者对这些殊荣做不到持重淡然，就会给自己和社会带来负面影响。"万乘之国"是指综合国力非常强大的国家。大国治理者更要依"道"而行，不能敷衍塞责，不可轻浮放纵。万乘之国经济发达军事强大，其治理更需要智慧和胆识。第六十章将讲到"治大国，若烹小鲜"，说明治理强大国家更应该时刻保持严谨的心态，决策和行事要符合大道，然后才可能举重若轻。大国的治理者如果不够稳重平和，就会因为思虑不周或言行不当而招来祸患。正如第十二章讲的"驰骋畋猎令人心发狂"①，治理者轻狂自大之时，一定也是民不聊生之始，表面看其志得意满、风光无限，实际上已经忘记了对天下苍生应负的巨大责任。这种表现既愧对天下人的重托，也有愧于民众给予的隆重礼遇。

"轻则失根，躁则失君。"治理者心态浮躁、追求虚荣，就会失去治理整个社会的根本；治理者心思不纯、急功近利，就会本末倒置，失去对于全局的把握。更为可怕的是上行下效，治理者的不当行为被下属模仿和放大，各层级的治理者都把追逐名利当成最终目标。就像第十三章讲的"宠为下，得之若惊，失之若惊"，其结果就是"上梁不正下梁歪，中梁不正倒下来"。当各个治理层级都丧失应有的责任感而作风虚浮的时候，整个社会治理

① 《道德经》第十二章："五色令人目盲，五音令人耳聋，五味令人口爽，驰骋畋猎令人心发狂，难得之货令人行妨。"

体系就会出现大问题。"民可载舟亦可覆舟"，民众不安终将导致
社会动荡，矛盾激化极易引发杀伐屠戮。中国历史上的朝代更迭，
屡屡验证了老子思想的正确性。

第二十七章　道行所致　物尽其用

善行无辙迹；善言无瑕谪；善数不用筹策；善闭无关楗而不可开；善结无绳约而不可解。是以圣人恒善救人，故无弃人；恒善救物，故无弃物。是谓袭明。故善人者，善人之师①；不善人者，善人之资。不贵其师，不爱其资，虽智大迷，是谓要妙。

——《道德经》第二十七章

　　本章是从个人的能力和行为的角度来阐述如何认识大道并实践大道。

　　在第八章中，老子讲到"上善若水"，并从水的"几于道"引申出依照大道行为的"七善"原则②。在老子的系统思想中，

---

　　①　帛书乙本中，此处作"故善人，善人之师"。王弼本作"故善人者，不善人之师"。

　　②　《道德经》第八章："居善地，心善渊，与善仁，言善信，正善治，事善能，动善时。"

"善"表示个体对于大道恰当而深刻的理解。"善为道者"能够在具体情境下恰到好处地实践"七善",是个人依照大道行事的最高境界。

> "善行无辙迹；善言无瑕谪；善数不用筹策；善闭无关楗而不可开；善结无绳约而不可解。"

首先，老子用人类具有的五种具体能力，来说明得道之人的高超之处。

"**善行无辙迹**"，是说人在行走方面的最高境界是顺利到达目的地，且行经之处不会留下车辙印和足迹。在现实世界中，人类和动物行走会留下脚印，车辆经过会留下车辙的印迹，但自然环境很快就会做出修复而使其逐渐消失。当然这些印迹也可能被反复踩轧而形成永久的痕迹。比如原本是一片植被，走的人多了，就变成了道路。在自然界中，动物的捕猎行为也大多是依靠跟踪猎物的行走痕迹和遗留气味。由此可见，不留辙迹地经过绝不是一件容易的事情。在有道的人看来，人的行动只是形式，达到目的才是结果。高明的行者，能够以最恰当的方式到达目的地，其选择的路径可以与别人相同，也可以与别人不同。"善行者"在行动时并非一点痕迹也没有，而是超出普通人所能感知的范围，或许属于"微""夷"的范畴，也就是"不动声色"地完成了这一行动。在旁观者和后来者看起来，也就是"善行者"没有所谓的"辙迹"。

"**善言无瑕谪**"，这句话的直白理解就是：语言能力高超的人，能够把想表达的意思说得很准确，表达完美没有瑕疵，不会因歧义而引起误会，也不会因为语义偏差而被人抓住"话柄"。在现实世界中，语言是人类表达思想和情感的工具，但是世间有各种不同的语言，同一种语言也有不同发音，同样的文字会有不同语义，这就决定了人类语言具有天然的缺陷，难以做到精准和一成不变。无论是发音还是语法原因都有可能产生歧义，即使是最严谨的语言也无法完全避免。通过语言准确表达个人的思想，并确保他人准确理解，并不是容易的事情。在有道的人看来，说话本身是一种形式，要表达的某种含义才是目的。因此恰到好处的表达，一方面能够把自己的意思表达清楚，另一方面能使自己的思想被别人准确接收并领会，这与现代通信技术的"调制—解调"过程颇为相似，这才是语言运用的最高境界。

"**善数不用筹策**"，是说擅长计算的高手不必借助工具就可以完成复杂的运算。在现实中，一般人的心算能力有限，简单的运算或许可以不借助工具，但遇到稍微复杂的运算，就需要用算盘、计算尺、计算机等工具。越是复杂的运算，对于计算工具的依赖越强。所以，能够不依靠工具来完成复杂运算可不是一件容易的事情。在有道的人看来，数学运算的目的是得出结果，因此只要能够得出正确的结果，是否需要借助工具并不重要。即使面对一个必须要通过运算才能解决的问题，"善数者"也不会像一般人那样采取笨拙而烦琐的方法，而要求自己去发现规律、优化算法，以很小的计算量就可以得出同样的结果。例如数学家高斯在 9 岁时就发现了等差数列求和的原理，用很短的时间计算出老师布置的从 1 到 100 的求和任务，这才是数学运算的最高境界。

"善闭无关楗而不可开"，是说把某种东西封存起来的最高境界是不用锁扣，但别人却无法把封存的东西取出来。在现实中，要想把什么东西封闭起来不被别人打开，这是件很难的事情，就算用最保险的锁，也可能被别人打开，更不要说不用锁了。可见，要想把一件东西切实封存起来不是一件容易的事。在有道的人看来，封存一件东西，其目的是不想让人知道封存的是什么，因此只要确保不让人知道封存物是什么以及它的重要性，那么，即使把它放在别人面前，别人也难以意识到它的重要性。可见，这才是保护重要东西的最高境界。这种"善闭"的能力不仅表现在物质存放上，在思想意识方面也是如此，比如"蒙娜丽莎的微笑"所蕴含的艺术深意，长久以来有无数专家学者力图破解，却难有定论。老子的系统思想也具有这种特点，许多道理看似浅显直白，但是要理解其中深刻的思想精髓，对于大多数人而言也是"无关楗而不可开"。

"善结无绳约而不可解"，是说把散落的东西捆缚起来的最高境界，是不用绳索结扣，也不会使原本独立的事物再分散开来。在现实中，如果要把凌乱的东西捆绑在一起，必须要用绳索打结，即使这样，绳结也会有松解的可能。而且，再复杂的绳结也可以被别人刻意打开。所以，把一些分散的东西捆绑在一起而不散落，绝不是一件容易的事情。在有道的人看来，把分散的事物联系在一起，只要能够实现把它们联系在一起的目的，不一定非得用传统的捆绑方式，这样就不会形成可以拆开的结点，别人也就无法通过解开绳结的方式来拆散已经关联在一起的事物，这才是"善结者"的过人之处。

> "是以圣人恒善救人，故无弃人；恒善救物，故无弃物。是谓袭明。"

基于上述对于"善行、善言、善数、善闭、善结"的解读，老子关于圣人的能力和行为特点的描述就很清楚了。

"是以圣人恒善救人，故无弃人。"老子说圣人的伟大之处在于总能做到人尽其能、各得其所，把每个人的能力和特长都恰到好处地发挥出来，这是圣人最大的本事。每个人都有优点和缺点，用其长避其短，则人人都是有用之才。这就如同挽救人是一样的，只要能够治愈各种疾病，那么大部分都可以健康长寿。这看似简单，反过来想想，就很不简单了：如果偏偏用其短避其长，则世上几乎没有可用之才，国家和组织的失败也不可避免了；如果对于患病的人治疗不当，就可能伤害原本健康的身体，严重的甚至会伤及性命。比如，让乐于独处的人去演说，让擅长倾诉的人去保守秘密，那后果不但一定是失败的，而且还会害了这些人。因此可以说，善用人等同于救人。

"恒善救物，故无弃物。"圣人在使用资源上也能够做到物尽其用、物有所值，恰到好处地发挥不同类型资源的作用。对资源恰到好处的利用，就是最大限度地发挥资源的价值。如此一来，既不会浪费资源，也不存在什么无用的资源，这当然是了不起的能力。在现实中，不但经常存在"杀鸡用牛刀"这种浪费资源的情形，也经常出现"小马拉大车"这种资源使用不当的情形，这些情形都不属于"善救物"，结果便导致到处都是"弃物"了。

"是谓袭明。"圣人在使用人才和整合资源方面体现出来的恰到好处的能力，看似轻描淡写、信手拈来，实则为一种底蕴深厚的高明能力，但这种高明是一般的"智者"所无法企及的。所以老子把圣人的这种高德大能称为"袭明"。

> "故善人者，善人之师；不善人者，善人之资。"

在现实中，治理者怎样才能像圣人那样做到既没有可放弃的人，也没有会错配的资源呢？现实的治理者与圣人相比肯定会有差距，为了尽量少犯错误，就要向善于用人者学习成功的经验，同时从不善于用人者身上吸取失败的教训。

"善人者，善人之师。"善于客观全面认识他人的人，肯定能够找到与他人交流沟通的恰当方法，进而发现或激发出他人的潜能。"善人"是明大道有大德并能够付诸实际行动的人，他们明大道行大道，可以使自己日臻完善，无限接近圣人的境界。如果让"善人者"来开展治理活动，就会把相关的人力资源有效地组合起来，形成不同特长的聚合，达成能力的大幅度提升，从而使得原本困难的治理问题迎刃而解。

在这个过程中，很多参与者原本并没有意识到自己的能力特长，是"善人者"的恰当做法激发了他们的潜能，这在某种程度上就像是老师发现并培养孩子的特长是一样的。而且这些参与者的潜能一旦被激发出来，就会成为某一方面的强者，进入到"善人"的行列，因而发现并激发其潜能的治理者就是"善人者"。在有的《道德经》版本中，这段话写成了"善人者，不善人之师"，用"不善人之师"看起来更直白，从现代汉语语法角度也更容易理解，不过与老子的系统观念就有些出入，在思想深度上也明显低了一个层级，不过也不影响对于老子本意的基本理解。

"**不善人者，善人之资**。"在现实社会中，大多数人不具备客观全面地看待别人并发现别人优缺点的能力，还有很多人甚至对自己的能力特点也不清楚，这些人都可以被称为"不善人者"。其实每个人都具有各自不同的特点和能力，需要有人来发现和整合，用好了就可以在治理中发挥好的作用，就可以成为某个具体领域的高手，甚至变成"善人者"中的一员。如果没有人来发现和激发他们的潜能，这些人就会碌碌无为，甚至走向反面，被社会抛弃。如此之大的人生变数，完全决定于他们能否遇到"善人者"，从而发现和激发他们的潜在能力。

每个时代都会有思想认识深刻的少数精英人群，以及容易受大环境影响的大量普通人群。一个好的社会、好的时代，治理者会努力学习圣人的行事方式，依照圣人的思想和行事方法去恰当使用人才和物质资源，因此可以成就不凡的事业，受到民众的支持和拥戴。对于普通民众而言，他们虽然对大道理解不够深刻，行为能力也比较有限，但处在较好的大环境之下，也能够发挥自己的一技之长，获得生存发展的基本保障，拥有一个内心充实、生活安稳的平凡人生。

> "**不贵其师，不爱其资，虽智大迷，是谓要妙**。"

"**不贵其师**。"在一个坏的社会和坏的时代，情况就会大不一样。社会大环境不好，稀缺的精英人群得不到应有的珍惜，明道有德的人不愿意参与违背大道的治理活动，时代缺少真正具有感召力的引领者，现实中的治理者得不到社会民众的响应和支持，本应实现的基本目标也会半路夭折。很多黑暗的治理时代就是这样，好的治理者不受重用反被排挤，组织内的成员累死累活也难以获得一个最基本的回报。

"不爱其资。"如果治理者对于人力资源求全责备，对于数量巨大的各具特点的人才和资源不能有效整合使用，则会面临：一方面人才匮乏、无人可用，另一方面大量专业人才闲置浪费。这是社会的悲哀，也是时代的悲剧。"不爱其资"的治理者，就算其个人智力超群，同样难逃治理失败的下场。

"虽智大迷"，是说不懂得"贵其师"和"爱其资"的人容易丧失大智慧，就算有些小聪明也无济于事，甚至治理后果会更糟。比如，三国时期的著名智者诸葛亮与大将马谡的故事：马谡饱读兵书，作为参谋曾给诸葛亮出过一些好主意而深得其器重。但当马谡有机会独当一面时却不知谦逊，不但置诸葛亮的嘱咐于脑后，并且不顾部将的良言相劝，颐指气使一意孤行而导致街亭失守。结果不仅葬送了大批将士和自己的性命，也让诸葛亮西出祁山的大计毁于一旦，怎能不让后人唏嘘！这就是典型的"虽智大迷"。

"是为要妙。"老子系统思想认为，治理者不但要勤于学习善于运用，还要善于从实践中总结经验，达成治理目标而不拘泥于一定之规，这是悟道和行道中十分重要的大智慧，同时也是一门大学问。

第二十八章　守朴善行　成就治理

知其雄，守其雌，为天下谿。为天下谿，恒德不离，复归于婴儿。知其白，守其黑，为天下式。为天下式，恒德不忒，复归于无极。知其荣，守其辱，为天下谷。为天下谷，恒德乃足，复归于朴。朴散则为器，圣人用之则为官长，故大制不割。

——《道德经》第二十八章

在本章中，老子讲的是怎样从底线思维出发，坚守初心依道行事，最终成就宏大格局的内在规律。从"雌与雄、黑与白、荣与辱"的辩证对应，到"天下谿、天下式、天下谷"的推理结果，进而引出"复归于婴儿、复归于无极、复归于朴"，这是一个逐级提升的认识模式，其中包含着深邃的思想认识。

在老子的观点中，"道"是引导事物正确发展的自然存在，世间万物都是在大道的范畴内产生或消亡，"道"不会因为具体事物的扰动而改变。个人的认知和行为因为遵循大道的程度不同，其发展结果自然也不同。"德"则是个人体现出来的悟道行道的能力，是个人对于大道直接感悟或者间接认知后在具体行动中展现出来的悟道水准。第十七章曾讲到，"太上，不知有之；其次，亲而誉之；其次，畏之；其次，侮之。"在第三十八章中也有"上德"和"下德"① 之分，说明不同个体之间的"德"会有很大差别。圣人拥有足够的内在智慧，能够充分理解大道并付诸实践，能把外在的大道内化为个人修养和行为能力，因而面对纷繁复杂的具体问题时就能够妥当处置，并展现道的奥妙。

"恒德"是持久的"德"，它与人类社会相生相伴，可以跨越时空持久地存在；它也意味着在任何具体情况下都可以恰当作为，时时刻刻都能够体现大道。

> "知其雄，守其雌，为天下谿。为天下谿，恒德不离，复归于婴儿。"

"知其雄，守其雌，为天下谿。"老子系统思想中充盈着辩证思维，它借用"有无、强弱、牝牡、天地、黑白、静躁、高下、长短、前后"等对立统一的概念反复表达对于大道的辩证认识，"雌雄"也是这其中的一对概念。它们作为相同物种的不同性别，"雌"性被认为是承载大道、延续大道的生命形态，"雄"性被认为是特殊情形下短暂的爆发、激发大道的生命形态，老子以雌与雄的辩证关系来说明大道有机结合、互相转换的存在形式。

---

① 《道德经》第三十八章："上德不德，是以有德；下德不失德，是以无德。"

在自然界的高等生物中，雄性动物相较于雌性动物在个体上要更强壮一些，但是雄性个体随时面临残酷的竞争与挑战——普通的雄性间要靠残酷的打斗来赢得交配权；雄性首领更要靠长期斗争维系群首地位，随着岁月老去最终会被年轻强壮的同类打败并取代，多数难得善终而下场悲惨。雌性个体虽然相对柔弱，却更擅于隐忍与协作，可以借助雄性的力量和群体内部的互助生养后代，在实现种群延续的同时也能使得自身的生存相对平稳长久，这就是天下的一大规律。

老子系统思想认为，治理者能够认清并善加利用雌雄之间的辩证关系，甘愿做"天下谿"，就具备了做好社会治理的大德，在实际治理中坚持"知强守弱"，就能够取得"柔弱胜刚强"[①]的结果。"谿"指空虚，有谦逊之意。在道家代表著作《庄子·外物》中，有"室无空虚，则妇姑勃谿"一说。这句话被解释为"家里面没有足够的空间，婆婆和媳妇之间就免不了会产生冲突"，此处的"勃谿"是冲突的意思。"勃谿"不是强强冲突，而是刚柔对峙，刚开始看似看是婆婆占上风，然而"柔弱胜刚强"，最终是弱的一方终将掌握控制权，正所谓"多年的媳妇熬成婆"，而当初的强者一旦沦为弱者，就意味着永远失去了优势地位。

治理国家也包含着同样的道理，治理者要有能承受委屈的心态，不去争强好胜，而是要持有务实的态度，既知道什么是刚强，也能够甘守柔静，这样天下就能长久地延续下来。让家国安定、

---

① 《道德经》第三十六章："将欲歙之，必固张之；将欲弱之，必固强之；将欲去之，必姑兴之；将欲夺之，必固予之。是谓微明。柔弱胜刚强。"

民众幸福，这种谦逊是高明的，是治理国家的大智慧，无论过程如何艰辛，最终治理者会赢得民众支持，获得对手的尊重，得到历史的肯定。

"**为天下豁，恒德不离，复归于婴儿。**"以谦逊包容的姿态处世，就能展现一种符合大道的品德，这正是使国家能够长盛不衰的大德。治理者若以"恒德"治理国家，国家就如同初生的婴儿一样，处于精气最足的状态，具有无限的发展可能。后面第五十五章讲到"含德之厚，比于赤子……攫鸟猛兽弗搏……精之至也……和之至也"。如果一个国家能始终坚持以德治国，那么即使这个国家已经非常强大，也不会给其他国家带来威胁与欺凌，而会被当成可以信任与依赖的朋友和后盾。在这样的国家内部，民众也不会囿于现实优势而故步自封，各个社会领域始终洋溢着创新活力，拥有无限的发展潜能，如同充满生机的婴儿一样，既有童蒙也有活力，这就是理想中的大国的样子。

> "**知其白，守其黑，为天下式。为天下式，恒德不忒，复归于无极。**"

"**知其白，守其黑，为天下式。**"围棋是起源于中国的最复杂棋类游戏，双方各执黑白两色棋子对弈。古代围棋规则与现代有所不同，采用的是座子制，而且是由白方先手，这样在规则上，执白的一方占有先机，略占便宜。老子在这里说，高明的棋手知道执白先行的便利，但在实际博弈时却主动选择执黑后行，把规则中的好处让给对手，然后凭借更强的实力来赢得棋局，这才是博弈中真正的高手，既能够先发制人，更能够后发而先至，最终令人心服口服，成为大家学习的榜样。

国家或组织间的竞争与博弈也是如此，治理者明知这样做可以让己方获得先机讨得一时的便宜，却能够主动谦让使他人先行受益，在世俗的眼光中这种做法似乎是甘于暗昧，能占的便宜不占，对方还不一定领情。实际上这是自身实力雄厚的人才能够恰当运用的治理之道，谋划大局而不讨巧投机，通过实力来获得终盘的优势和成功。理想中的强大国家本应如此，强大国家的治理者更需要深谙此道。

"为天下式，恒德不忒，复归于无极。"如果一个国家能够依照大道行事，在处理具体问题时能够"知白守黑"，就会成为其他国家尊重和学习的楷模，这种行为范式会得到真正的认同，因此不会在国家之间引起反感，更不会招致仇视和对抗。之所以会这样，是因为治理者坚持按照持久的"德"来行为，能够慎终如始、一以贯之，绝不会改弦更张或是半途而废，其结果是没有人愿意与天下楷模为敌，也没有人能够与"恒德"对抗。坚持以"恒德"治理国家就会回归到"无极"的境界，就能够把一切对立的矛盾妥善地化解。国家外部没有敌人存在，国家内部的不同主体和谐相处，不同群体间没有分化对立，社会秩序混沌而清净，这就是治国理政的大道。

"恒德不忒"是指坚持大道不偏不倚，在处理具体事情的时候既不过分也无不及，这才是做好治理的正确范式，这样才能够让整个社会和谐统一，降低群体间的分化和对立。"不忒"就是不追求与别人的差异，不谋求额外的优势，在基本无差别的情况下，促成系统的和谐发展。"忒"①，在这里是"有分别"的意思，既可以理解为"更、太"，也可以理解为"差异、差别"。

"无极"是老子创造的名词，是老子系统思想中的重要概念，后来被道教广泛使用，并逐渐应用在宗教、哲学等很多人文学科。现代科学认为"无极"是指宇宙还未诞生时的状态，"无极"没有中心与边缘之分，表面混沌未分而内部秩序井然，亦没有主动与被动之分。"无极"用于社会治理语境之中，说的是没有统治与服从之分，所有的人在本质上没有高低贵贱之分，人与人之间相处没有胜负得失之别。

> "知其荣，守其辱，为天下谷。为天下谷，恒德乃足，复归于朴。"

"知其荣，守其辱，为天下谷。"强大国家可以凭实力傲视群雄，也可以通过使用武力彰显大国威严，但是明道有德的治理者不会这么做，真正的强大国家反而会放下身段，以谦和的方式同其他国家相处，以包容的态度对待各国的差异与分歧，能够欣赏赞美其他国家的长处并虚心学习，让各国都以与强国交好为荣。这样的国家拥有最具包容能力与学习能力的治理系统，会把各国的智慧集成起来为我所用，最终成为最具综合实力的国家。这也是人类有可能达到的理想国度。

治理者拥有调度公共资源的权力，可以通过特定的地位获得个人的荣耀。一个强大国家的治理者更是拥有无与伦比的权力，

---

① 《说文》："忒，更也。"《广雅》："忒，差也。"

可以极大地满足个人欲望。现实中很多统治者也是这样做的，一些暴戾的统治者会更加恣意妄为，明道有德的治理者则会严格约束自己，自觉地放低身段为民众服务，把无上的权力视作对自己悟道的考验，所以常用"孤、寡、不穀"①来称呼自己，时刻警醒自己不要滥用权力和资源。"善为道者……旷兮其若谷"②，谦逊的治理者和低调的强国具有更大的凝聚力，可以汇集更多的人才和资源，发挥更大的引导作用。

"**为天下谷，恒德乃足，复归于朴。**"能够包容天下的一切存在，并使之各归其位，各有其用，各得其利，这就是最充分的"恒德"。"为天下谷"体现出完整和充分的"恒德"，这也是"上德"③的根本特点，能够充分吸引和包容天下的资源。"恒德乃足"的国家治理者能够回归到"朴"的状态，因能"为天下谷"故能"敦兮其若朴"。"朴"是大道在人类行为中的完整体现，也是人类治理体系最接近大道的状态，这与治理者的"见素抱朴"④的观点一致，是最高超的治理境界。第四十一章还会讲到"道生一，一生二，二生三，三生万物"⑤，其中的"一"和"朴"是最为相似的，都是由大道直接产生的。

> "**朴散则为器，圣人用之则为官长，故大制不割。**"

---

① 《道德经》第三十九章："故贵以贱为本，高以下为基，是以侯王自称孤、寡、不穀。"
② 《道德经》第十五章："古之善为道者，微妙玄通，深不可识。……敦兮其若朴，旷兮其若谷。"
③ 《道德经》第四十一章："上德若谷，广德若不足；建德若偷，质真若渝。"
④ 《道德经》第十九章："见素抱朴，少私寡欲。"
⑤ 《道德经》第四十二章："道生一，一生二，二生三，三生万物。万物负阴而抱阳，冲气以为和。"

"*朴散则为器*。"治国理政的大智慧在现实治理中不断地被应用，可以成就一批各有所长的专业人才，浑然天成系统完整的大道就逐级分立形成了国家治理的各个机构、各种法令、各项措施。这些现实中的机构、法令、制度等，都是大道的一部分，之所以分散设立，是为了让普通人便于理解进而能够实现对于社会方方面面事务的治理，使国家内部和谐共生，社会不同阶层、不同主体彼此尊重、各得其所。

把完整的"朴"按照不同领域进行分立设置，就形成了众多的"器"。"器"是人类感悟大道而拥有的各种专业特长，对于具体的个人而言，凭借个人的综合素质通过在某个专门领域中不断实践而得出对于大道本质较深刻的感悟，较之完整感悟大道要容易实现一些。"器"降低了个体悟道的难度，"朴"所代表的完整智慧会分散在不同的"器"所代表的分领域知识之中，由此也会产生不同知识领域之间的接口。理论上讲，将所有的"器"（专业知识）重新组合可以构成整体的"朴"（完整智慧），但由于每一个"器"（专业领域）都会向纵深发展而成为一个逻辑越来越严谨的系统，随着专业知识积累得越来越多，每一个学科都越来越注重自成体系而忽视横向连接，要实现"器"与"器"之间的整合难度也就越来越大，能够比较完整地掌握人类大成智慧的人反而越来越少，这正是现代人类所面临的困境。

"*圣人用之则为官长*。"把完整的大道分立为数量众多的"器"之后，掌握和使用这些专业知识和技能需要非常高超的道行。"圣人"是具有这种能力的，他们可以把众多的"器"变成组织管理社会的秩序和规则，成为可以实施的人类社会的治理方法。这样一来，原本看不见摸不着、说不清道不明但确实存在于天地间的大道，就能够用来帮助人类治理国家，使国家富强，让民众幸福。

"故大制不割。"老子在本章讲到的三个认识层级，表达的是老子思想的系统性大智慧。他特别强调"恒德"这种大智慧的完整性，认为不能把"恒德"分割，而要有潜心耕耘的韧劲和耐力，环环相扣始终如一，久久为功必有大成；反之，若只想投机取巧蜻蜓点水走捷径，就会欲速而不达，甚至南辕北辙。这是因为一旦割裂这种大智慧，也就做不到"恒德不离""恒德不忒""恒德乃足"，就会偏离恒德、走向极端、难以持久，也不能使天下归心，治理中的各种祸患就会此起彼伏了。

第二十九章　逆道而行　圣人不齿

将欲取天下而为之，吾见其不得已。天下神器，不可为也。为者败之，执者失之。（是以圣人无为，故无败，无执，故无失①。）故物或行或随，或嘘或吹，或强或羸，或培或堕。是以圣人去甚、去奢、去泰。

——《道德经》第二十九章

上一章老子讲了好的治理者应该怎样行事，从正面告诉人们一些符合大道的治理智慧。但是，在现实社会中总有一些治理者不以为然，他们因为手里的权力而膨胀，动不动就想干一些轰轰烈烈的大事来证明自己，想靠这些丰功伟业来青史留名。在老子看来，这些人物的思想作为与道不符、与德相悖，自然不会有什么好结果。

---

① 有学者认为，括号中的四句为《六十四章》错简，当移作此处。

> "将欲取天下而为之，吾见其不得已。天下神器，不可为
> 也。为者败之，执者失之。"

"将欲取天下而为之，吾见其不得已。"在现实世界中，有的
治理者在某种机缘之下侥幸掌握了巨大的权力及丰富的资源，但
他们没有意识到正确的做法应该是更加谦逊低调、包容柔和，却
大都走向了反面，更加傲慢放纵，甚至"欲取天下而为之"。这
样的治理者野心膨胀，自认为已经强大到可以把天下当成自己的
私人物品而恣意妄为，结果搞得天怒人怨、纷争四起。老子冷静
地指出，这种治理者是绝不会得逞的，虽然他们自以为是、志得
意满，但却不懂得"坚强者死之徒"①的道理，在治理实践中几
番受挫之后就会暴露其本质的脆弱。"其兴也勃焉，其亡也忽
焉。"②悖道而行必然难有善果，历史一再证明了"不道早已"③。
任何人想背道而行、为所欲为都是不能长久的，一意孤行的治理者
不但为害当世，还会在历史上留下骂名，成为治理者的反面教材。

"天下神器，不可为也。"天下是一个非常神奇的巨系统，是
大道创造而成的"神器"，该系统规模非常庞大、主体和子系统
的种类繁多、能动性高、异质性强，且相互间存在千丝万缕的联
系，因而内部构成错综复杂。在这个复杂的自适应系统中，任何
一个组织和个人都只是系统中的一个特定主体，处在各层级各子
系统中的治理者们也不例外。天下这个巨系统有其特定的规律，

---

① 《道德经》第七十六章："故坚强者死之徒，柔弱者生之徒。"
② 《左传·庄公十一年》："禹、汤罪己，其兴也悖焉；桀、纣罪人，其亡也忽焉。"
③ 《道德经》第三十章："物壮则老，是谓不道，不道早已。"

治理者应依照这些规律行事，绝不可以把个人欲望强加于天下，凡是那些自以为是、妄图把天下玩弄于股掌之间的人，最终一定会是自取灭亡。

"*为者败之*。"在某些时候，总会有人出于种种原因自以为能够操控天下，呼风唤雨、指鹿为马，一时间为所欲为、无人能够制衡。不过，"飘风不终朝，骤雨不终日。"[①] 狂妄的个人冲动在现实中很快就会碰壁，任意妄为、无法无天的治理者不可能比天地更强大，违背大道的治理难以持久，不当的治理行为必然会导致治理的失败，落得个大厦崩塌、众叛亲离，治理者也只能吞下自己亲手种下的苦果。

"*执者失之*。"治理者一旦被执念控制，背道而驰一意孤行，就会迷失原本已经悟得的大道，丧失以往走向成功的基础条件。中国历朝历代的开国君王大都有着"为百谷王"的胸怀和韬略，能够把握历史机遇，推翻不遵从大道的旧治理者，夺得天下的治理权。他们深知要长久地保有治理权是不容易的，但在权力和私心的诱惑下，历代帝王无不希望把家天下千秋万代地传下去，为此煞费苦心千方百计地压制社会个体独立思考与自主行动的能力，以最大限度防范有才能的人对现行治理者产生质疑，为此不惜将老子、孔子等圣人的鲜活思想变成僵化的教条，企图以圣人的名义给出一些关于伦理道德、社会秩序、天道人心的"标准答案"，而使全社会的价值观整齐划一，以更好地维护家天下的统治。可

---

① 《道德经》第二十三章："故飘风不终朝，骤雨不终日。孰为此者? 天地。天地尚不能久，而况于人乎?"

惜用尽权谋机巧，结果却是"道之华而愚之始"①，"企者不立，跨者不行"②，最终还是王朝倾覆随风而去，归入历史尘埃。

> **"故物或行或随，或嘘或吹，或强或羸，或培或隳。"**

老子系统思想认为人类社会是复杂的，作为基本社会主体的个人的人格也是丰富多样的，人们对待事物的态度和行为方式各不相同，但是众多个体的差异通过复杂适应系统内部自协同自适应的整合后，展现出来的却是融合统一的整体，这就是现代复杂系统理论所说的"隐秩序"③的作用机理。

"或行或随"，是说一群人行进的时候，有的人总喜欢走在队伍前面，而有的人总喜欢跟在队伍的后面走；这些具有不同行为特点的个体在系统中组合之后恰好形成了有序行进的队伍，不同主体只需要按照自己的特点行动，大家"前后相随"，正好自适应地形成了群体秩序。

"或嘘或吹"，是说在人数较多的社交场合，有的人说话细声细气娓娓道来，有的人却是粗声大气侃侃而谈。这些具有不同表达特点的主体之间更容易产生互动，彼此的差异和互补可以营造出和谐融洽的社交氛围，"音声相和"恰好达成了社交活动的主要目的。

---

　　① 《道德经》第三十八章："夫礼者，忠信之薄，而乱之首也。前识者，道之华而愚之始。是以大丈夫处其厚，不居其薄，处其实，不居其华。"

　　② 《道德经》第二十四章："企者不立，跨者不行……其在道也，曰馀食赘行。物或恶之，故有道者不处。"

　　③ 刘春成：《城市隐秩序：复杂适应系统理论的城市应用》，社会科学文献出版社2017年版。

"或强或羸。"在同样的生活环境下，有的人身体强壮孔武有力，有的人身体羸弱瘦小无力，但强壮的人难免因为体力强大而不愿意过多用脑思考，羸弱的人为了获得生存优势就必须拥有灵活的头脑。善于行动的个体与善于思考的个体彼此结合取长补短，恰好形成了群体的力量协同，可以形成有效的分工合作，共同解决问题取得成功。

"或培或堕。"在工作群体中，有些人喜欢从事具有建设性的工作或是添砖加瓦，而有些人却喜欢从事那些具有破坏性的工作或是釜底抽薪；有的人善于创新，而有的人勤谨守序。这些不同特长的人恰好形成了群体比较全面的综合能力，可以在不同情况下有效地聚集形成比较恰当的行动力，能够基本保证系统总体效能的稳定。

这些个体差异是由人的本性决定的，可谓千人千面，也正是因为存在这些差异，才使得人类社会形成了一个丰富多彩的复杂系统。在这个大系统中，个体或群体构成的子系统既能维持基本稳定又能不断涌现创新，推动人类的文化、科技、经济、政治不断丰富和发展。

"是以圣人去甚、去奢、去泰。"

现实社会中的人类有着鲜明的个体差别，每一个人或多或少地都处于上述几种情况之中。作为大道体现者的"圣人"是如何把握日常待人接物的尺度呢？老子系统思想提出了"三去"的建议，其中蕴含着"道"的无穷智慧。

"去甚。"社会系统的最佳运行状态是平稳地优化，因此圣人处事不会走极端。上一章中讲的"知雄守雌、知白守黑、知荣守辱"就是治理者最好的行为方式。"甚"是比较极端的争强好胜，是理智失控的好大喜功。但极端的做法可能会造成治理系统的剧烈调整和失衡，当系统处于剧烈动荡状态或者从不稳定状态逐步回归稳定状态中时，必然会对一些系统主体的正常存在带来威胁，进而造成"民之难治"。明道的人应该在保证系统稳定性的前提下推进改革和优化，与民众和谐共生。

"**去奢**。"明道的治理者不会去追求虚浮的奢华，民众因而会生活健康朴实，乐在其中。正如第三章提倡的"虚其心，实其腹；弱其志，强其骨"。在现实世界中，治理者与普通民众总会有所不同，就像第二十六章讲的，"君子终日行不离辎重"。但是明道的治理者会严格约束自己，对于隆重的礼遇会"燕处超然"；反之，治理者一旦开启了奢靡的魔盒，就会一发不可收拾。就像第十二章中讲到的"五色令人目盲，五音令人耳聋，五味令人口爽"，各种奢侈享受让人心漂浮，社会风气因此堕落，造成社会财富的巨大浪费，甚至导致国力衰竭，王朝覆灭。

"**去泰**。"明道的治理者不会好高骛远，追求虚幻宏大的目标。过高的目标在设立初期即会使民众躁动不安，在执行过程中还会过度消耗国力而使得民众身心疲惫，本来良好的社会治理秩序容易陷入混乱。在中国古代另外一部伟大著作《易经》中也有同样的思想，与"圣人去泰"有着异曲同工之妙。在《易经》的六十四卦中，"泰"卦与"否"卦相邻，分别象征着兴旺发达和艰苦困顿。我们现在常说"否极泰来"，实际上《易经》第十一卦是泰卦，第十二卦是否卦，客观上是"泰极而否"。泰卦的爻辞是"泰：小往大来，吉，亨""天地交而万物通，上下交而其志同"。否卦的爻辞是"否：否之匪人，不利君子贞，大往小来"，表示将由安泰到混乱，由畅通到闭塞，小人势长而君子势消，这会是一个黑暗时期。由"泰"到"否"只需转瞬之间，这种变化的结果很快就能出现；而从"否"到"泰"，却需要一个漫长的过程，需要通过艰苦的努力才能逐步实现。人的身体也是一个高级的复杂系统，保持身体健康与做好国家治理有很多相似之处。俗话说，"病来如山倒，病去如抽丝"，正体现了同样的道理。

"去甚、去奢、去泰"，从字面来看似乎不难，只要是一个能够在各方面都做到适中的人就可以归为圣人了。不过仔细想一想，在现实世界中，又有多少人能够真正做到呢？其要求看似平凡简单，实则奥妙无穷。

第三十章　以战求治　不道早亡

以道佐人主者，不以兵强天下，其事好还。师之所处，荆棘生焉。大军之后，必有凶年。善有果而已，不敢以取强。果而勿矜，果而勿伐，果而勿骄，果而不得已，果而勿强。物壮则老，是谓不道，不道早已。

——《道德经》第三十章

　　这一章讲的是老子系统思想的战争观。在《道德经》中，涉及战争内容的章节共有 7 章 12 处之多。老子系统思想对于军事和战争的认识同样是系统完整的，时时处处强调依照大道而行，对此不能简单地用"积极"或者"消极"来评价。老子忠告那些能够在国家治理中发挥重要作用的精英人士，对于军事建设要高度重视，而对于战争手段的使用则要非常慎重。老子的军事思想被孙武等著名军事家继承并发展到极致，孙武写的著名的军事著作《孙子兵法》，直到今天仍对世界各国的军事思想发挥着影响。

> **"以道佐人主者，不以兵强天下，其事好还。"**

"以道佐人主者，不以兵强天下。" 真正懂得大道的人在辅佐君王成就大业的时候，都会尽量采用非军事手段来达成治理目标，让其他相关国家和组织心悦诚服。拥有强大的军事力量是大国的基本特征之一，也是大国必要的基础支撑。但是，拥有强大的军事实力而不轻易使用，"知其雄，守其雌"①，发挥好军事力量的关键威慑作用，以和平方式推动治理战略目标的实现，这才是大国治理者遵道处理国家或组织间关系的最高境界。

"其事好还。" 大国治理者如果过度依靠强大的军事力量来强制推行自己的外交战略，就会引起他国的敌意和仇视，暂时的屈服只会加深报复的欲望，一旦有机会就会"以牙还牙，以眼还眼"，而冤冤相报的恶性循环将使国家或民族之间的积怨不断加深，甚至成为难以解开的深仇大恨，在这些悖道而行的对抗中，相关各方都要付出生灵涂炭、文化凋零、经济衰落等巨大代价，没有哪一方会成为真正的赢家。

在老子之后，春秋时期成书的《孙子兵法·谋攻篇》中有言："百战百胜，非善之善者也；不战而屈人之兵，善之善者也。"书中还提出"上兵伐谋，其次伐交，其次伐兵，其下攻城"等观点，这些就是老子系统思想在军事领域的具体应用。《孙子兵法》如今已经成为中国、美国、俄罗斯、法国、英国、德国、日本、

---

① 《道德经》第二十八章："知其雄，守其雌，为天下谿。为天下谿，恒德不离，复归于婴儿。"

韩国等军事强国的高等军事院校的重要教科书①，可见其思想影响之深远。

> **"师之所处，荆棘生焉。大军之后，必有凶年。"**

老子系统思想主张尽量不动用军事手段，这是因为一旦实施军事手段之后，即便对于战胜方也会有很大的副作用，直接后果就是会给百姓生计带来沉重打击。

"**师之所处，荆棘生焉。**"人类社会短短几千年的文明史，已经发生了大大小小无数次战争，直接死于战争的生命数以亿计，间接死亡者根本无法计数。战争一旦发生，就会将原本比较安定的自然环境和社会环境破坏得满目疮痍，正常的生产活动和经济文化交流都会受到严重破坏，大片农田荒芜而成为荆棘丛生之地，生活物资困乏将使民众原本安稳的生活变得困苦不堪。即便是那些最终推翻了残暴统治的战争，像古代的武王伐纣，近代的第二次世界大战等，也会使得原本就生活艰难的民众处境更加悲惨，战争期间如同身处人间炼狱，令人刻骨难忘。

"**大军之后，必有凶年。**"战争的可怕之处还在于人祸与天灾会非线性叠加而造成更大的社会创伤，出现严重的"凶年"。战争过后国家元气大伤，政府和民间各种重要的物资储备严重不足，这时人性的弱点和丑恶面会被充分激发，强烈的求生欲驱使人们将伦理道德和行为底线抛之脑后，经济社会秩序长期混乱不堪难

---

① 邵青："《孙子兵法》海外传播述评"，《军事历史研究》，2013 年第 4 期。

以收拾，因而抵御自然灾害的能力也会大大降低。战争过后往往伴随着自然灾害或者大瘟疫的爆发，这给幸存者带来了二次打击，很多年迈的老人和弱小的孩子被夺去生命，民众的生活雪上加霜。即使没有自然灾害发生，但是由于生产长期停滞，适龄男性劳动力数量锐减，各行各业因缺少人力和基础物资而难以正常运转，小灾害很容易就演变成大祸患。此时由于大批青壮劳力阵亡或伤残，许多家庭变得残缺不全，无数老弱妇孺生活凄苦无依无靠，这对社会运转带来的伤害比起严重的自然灾害有过之而无不及。

"善有果而已，不敢以取强。"

老子主张慎用军事手段，但不是放弃使用军事力量解决问题，更不是主张弱化军事力量建设。恰恰相反，老子系统思想强调大国应拥有强大的军事力量以在必要的时候威慑敌人或以战止战，用最小的战争代价换得最大的战略价值。

"善有果而已。"老子主张在不得已使用军事手段时，也要恰到好处地制定战术目标，然后运用其他手段和策略来配合实现总体战略目标。这个"善"不是善良软弱，更不是绥靖，而是对于自身军事力量和军事战略的充分自信，能够围绕战略目标以全局思维恰当调配和使用兵力，令行禁止收放自如，不战则已战则必胜。一旦达成既定的战略目标，还能果断停止战争，让对手敬畏而不仇恨。

"不敢以取强。"老子主张高明地运用军事手段，成功后则回归到"知雄守雌、知白守黑、知荣守辱"①的状态；坚持以大德为行为原则，而非一味地凭借武力压迫对方，更不会一味逞强穷兵黩武。治理者一味"取强"就会失去道义，总体战略优势的天平就会悄然发生变化，"得道多助，失道寡助"，眼前的胜利很可能为将来的失败埋下伏笔。

> "果而勿矜，果而勿伐，果而勿骄，果而不得已，果而勿强。"

基于国家利益，在政治博弈中没有永远的敌人，也没有永远的朋友，往往当前线双方将士还在拼死相搏时，谈判桌上的决策者已经在平衡利益签署协议了。

"果而勿矜。"战争取得胜利只是把最剧烈的冲突平抑了下去，但很多内在的系统矛盾依然存在。因此战胜方要努力克制胜利者的骄傲自满情绪，"自矜者不长"②，因为军事上的暂时取胜而偏离了正确的路线，后续的策略注定会出现失误，进而错失以军事手段争取到的优势局面。

"果而勿伐。"老子认为依靠武力来解决问题，已经不符合大道了，对明道之人而言也不是高明的策略，所以强调手握权力以"佐人主"者，在取得胜利以后要尽可能地谦逊低调，并从内心认识到这仅仅是一种低层次的成就。战争对于交战双方都伤害巨

---

① 《道德经》第二十八章："知其雄，守其雌……复归于婴儿。知其白，守其黑……复归于无极。知其荣，守其辱……复归于朴。朴散则为器，圣人用之则为官长，故大制不割。"

② 《道德经》第二十四章："自见者不明，自是者不彰。自伐者无功，自矜者不长。其在道也，曰馀食赘行。物或恶之，故有道者不处。"

大，会造成大量将士和普通民众的伤亡。在取得胜利之后，明白大道的治理者不会沾沾自喜，更不会自我炫耀。《孙子兵法》所讲的"上兵伐谋"[①]"不战而屈人之兵"才是符合大道的高明原则；付出血肉代价才能战而胜之只是第三层次的"伐兵"。这种情况下，治理者应该反思为什么会发展到需要依靠战争手段取胜，进而从中吸取教训，而不是自以为是，做"自伐者无功"的傻事。

"**果而勿骄**。"明道有德的治理者不会骄横自满，对于一时失利的对手也不会轻敌。他会重视依然存在的敌对矛盾，采取恰当的行为从根本上消除隐患，防止战争死灰复燃。人类近期经历的这两次世界大战，造成了亿万民众的伤亡，但是战争并没有从根本上解决国家与民族之间的根本问题，倒是主张和平的联合国体制，有效地维护了七十多年的世界总体和平。以武力压制对方只能使一些国家或民族之间的仇恨对立被暂时掩盖，其下却仍在持续酝酿和加深，一旦碰到导火索，就会迅速升级为激烈的武力对抗，比如巴以冲突、印巴冲突、巴尔干地区冲突等等，这种事例比比皆是。

"**果而不得已，果而勿强**。"老子告诫那些懂得大道的智囊们，在不得已的情况下，帮助最终决策者依靠武力达成了目标，这已经是大道中最低等的选择了，即便胜利了也要深刻反省，更不能经常使用这种方式。同样，治理者在凭借武力达成目的后，切不可以此示强。如果治理者幻想依靠武力震慑四方，解决一切问题，那就必定会招致失败。当代伟大的战略家、政治家、军事

---

① 《孙子兵法·谋攻篇》："夫将者，国之辅也。辅周则国必强，辅隙则国必弱。""上兵伐谋，其次伐交，其次伐兵，其下攻城。"

家毛泽东，对于老子的系统思想有着深刻的研究和感悟，在领导共产党人缔造了中华人民共和国以后，他领导下的几场对外战争都是"果而已"。比如在抗美援朝战争中，一直坚持战争与谈判相结合，最终赢得了"三八线"的划定，迫使世界第一军事强国美国签订了其历史上唯一没有取胜的停战协议；在对印自卫反击战中，中国在取得决定性胜利后便主动撤退，以"果而勿强"的姿态换得了中印边境四十多年的和平；还有中苏珍宝岛战役，中国军队以弱胜强，有理有利有节，既捍卫了国家尊严和领土，也避免引发危害巨大的全面战争。这些重大的军事行动都体现了这种高超的智慧，恰到好处地展现了"果而不得已，果而勿强"。

老子主张国家壮大自身的军事实力，可以为实现和平发展提供强有力的支撑，但治理者不可炫耀武力，更不可滥用武力，不要指望凭借强大的军事力量来解决一切冲突与矛盾，而应该综合运用经济、文化等多种策略，以有效的策略整合恰当地达成总体战略目标，这是老子系统思想的一贯主张。

> **"物壮则老，是谓不道，不道早已。"**

"物壮则老，是谓不道。" 任何事物只要达到自己最强盛的状态，就开始走下坡路了，这个道理很浅显也很深奥。过于强大和突出的个体一旦超出了大道支持的一般形态，必然会与周边环境或其他主体产生冲突，因而可能会率先消亡。自然界中不管是动植物还是人类都是如此，最美丽夺目的花朵被最先摘走，最名贵粗壮的树木被首选砍伐，最为体型庞大的动物最容易遭遇灭顶之灾。一个国家、一个民族、一个组织，乃至一个人也是如此，盛

极而衰、物极必反。"故坚强者死之徒，柔弱者生之徒"①。只是
当人们身处其中的时候，经常会被现实蒙蔽而忽略了那些表相之
下的种种隐患。治理者若一味追求军事力量的强大就会走向大道
的反面，一点一滴积累起来的种种软实力，经过努力取得的政治、
经济、科技、文化成就也会慢慢流失。

在国家治理方面"物壮则老"的例子已有很多。比如，中国
战国末期的秦国，历经数代君王千辛万苦的积累，建立起历史上
第一个强大统一集权的帝国，但在完成统一大业后没有及时转变
策略，不能够做到"果而已"，而是"自矜、自骄、自伐、自
强"，继续以战争时期的策略来治理国家，犯下了一些致命的错
误："废先王之道，焚百家之言，以愚黔首；隳名城，杀豪杰；收
天下之兵，聚之咸阳，销锋镝，铸以为金人十二，以弱天下之
民。"② 贪慕奢华，倾尽国力修筑阿房宫，"使负栋之柱，多于南
亩之农夫；架梁之椽，多于机上之工女；钉头磷磷，多于在庾之
粟粒；瓦缝参差，多于周身之帛缕"③ ……结果"使天下之人，
不敢言而敢怒"④，六国旧部和农民起义此起彼伏。秦王朝仅仅历
经两代就走向了灭亡。

"**不道早已**。"世上万物都有生命周期，但是不同的组织在存
续时间上却有比较明显的差异，这主要取决于治理者群体遵循大
道的程度如何。以国家或政治组织为例，若治理者中"上士、中
士"居多，该群体的悟道程度就会比较高，国家和组织健康存续

---

① 《道德经》第七十六章："人之生也柔弱，其死也坚强。万物草木之生也柔脆，
其死也枯槁。故坚强者死之徒，柔弱者生之徒。"
② （汉）贾谊：《过秦论》。
③④ （唐）杜牧：《阿房宫赋》。

的时间就长。反之，若治理者中"中士、下士"居多，该群体的悟道水准就会比较低下，国家或组织的健康存续时间就比较短。

值得一提的是，目前的世界第一强国——美国，在冷战结束后经历了一家独大的短暂辉煌期，如今在建国仅仅 200 多年的壮年便显露出了疲态，颇有些未老先衰的意思。究其原因，美国在国际事务中一味逞强，对于持不同观点的小国家动辄使用武力，对于经济规模和军事实力接近的国家蛮横打压，拉帮结派，依靠北约、亚洲盟国等大肆进行武力恐吓，追求所谓的"单方面安全"。如此违背大道的行为方式，使其表面上咄咄逼人，实际上综合国力已经严重透支，面对现实挑战已是应接不暇、捉襟见肘。其举正在应验"是为不道，不道早已"，世人可以拭目以待。

商场如战场，企业的治理也是如此。很多新兴企业蓬勃发展迅速成长，在短时间内便剧烈扩张成庞然大物，但其内部机制不能同步匹配和支撑，治理者群体悟性不足而使经营理念偏离大道，各种治理问题非线性叠加而最终形成致命打击，使企业不能行稳致远，风光一时就早早退出了历史舞台。只有极少数企业能够凭借着强大的自学习、自适应、自调整能力基业长青，历经时代变迁而依然屹立不倒，成为百年老店。

"执古之道，以御今之有。"① 历史的发展一再证明，圣人之言，诚不虚也。

---

① 《道德经》第十四章："执古之道，以御今之有，能知古始，是谓道纪。"

第三十一章　非常手段　功成不喜

夫兵者，不祥之器。物或恶之，故有道者不处。君子居则贵左，用兵则贵右。兵者，不祥之器，非君子之器，不得已而用之，恬淡为上。胜而不美，而美之者，是乐杀人。夫乐杀人者，则不可得志于天下矣。吉事尚左，凶事尚右。偏将军居左，上将军居右，言以丧礼处之。杀人之众，以悲哀泣之，战胜以葬礼处之。

——《道德经》第三十一章

在本章中，老子接续上一章内容进一步表述其对于武力的分析和主张。老子系统思想主张的"无为"之治，是上合天意下顺民心的大智慧，是天地人和谐统一的大系统观，是不战而屈人之兵的高超能力。在上一章，老子从战略层面讲了用兵的得失，在本章中则针对使用武力时的态度和原则做了深刻分析。由此可以看出老子系统思想在军事方面同样是博大精深的，其系统而辩证的军事思想对于后世影响颇大，流传后世的很多军事著作中都能够看到老子思想的影子。比如著名的军事著作《孙子兵法》，其中心思想和军事主张与老子的思想紧密契合。

> "夫兵者，不祥之器。物或恶之，故有道者不处。"

"夫兵者，不祥之器。"无论在何种情况下，大规模使用武力来解决争端对相关各方来说都是弊大于利。战争是一架残酷的机器，身处战乱的人们将备受煎熬，参与战争的各方都会付出深重的代价。"不祥"的意思是与人性相悖的、不被人们喜欢和期待的事物。这里的"不祥之器"就是会给人类带来不利影响的力量或者组织，对于人类来说，军事力量就是这样一种力量，军队就是这样一种组织。尽管在现实的社会治理中，军事力量对于保证国家安全有着不可或缺的作用，但是它与大道和人性是天然相悖的，是人类受制于智慧不足，无法通过和平手段解决所有治理问题时的无奈选择。不管出于什么原因，当军事力量被频繁使用时，当军队成为治理者镇压民众的工具时，本来无辜的百姓被组织起来为实现治理者的目标而互相残杀，这都是人类自身的大悲剧。使用"不祥之器"的后果在上一章中已有所描述，比如"师之所处，荆棘生焉""大军之后，必有凶年"等，战争对自然环境和民众生活都会带来严重而持久的破坏。

"物或恶之，故有道者不处。"从大道运行的规律来看，使用武力解决争端是令人厌恶的，且有悖于人的本性，明白大道且能依照大道行事的人决不会轻易使用武力。那些动辄就叫嚣着要动用武力的人，没有几个是真正的英雄，往往是自己贪生怕死、躲在后方，却极力鼓动别人去流血卖命，而且一旦战事失利，他们往往是最先妥协和变节者。随着人类社会的发展进步，特别是物质生产能力的提高和精神文明的进步，人类满足基本生存所需要的物质通过文明的手段就可获得，过去为生存而彼此争夺杀戮的兽性在逐步减弱。特别是在当代经历了两次大规模的世界大战之后，人类在解决由财富、资源、国土或经济等所谓核心利益引起的争端时，越来越倾向于采用和平手段。但是，总有一些利欲熏心的政客和利益集团，故意制造出各种矛盾冲突，引发一些地区血腥的战争冲突，以谋求不正当利益。随着社会舆论监督功能的不断增强，这些"不道"行径的曝光几率越来越大，很容易遭到民众团结一致的反对。明道有德的治理者自然不会采用这些卑劣手段，社会各界也开始对此保持警惕，这些人兴风作浪的本事和破坏性也就逐渐减弱了。

> "君子居则贵左，用兵则贵右。兵者，不祥之器，非君子之器，不得已而用之，恬淡为上。"

接下来，老子指出，对符合大道的治理行为与违背大道的治理行为，人类一直就有明确的态度，这种态度尤其表现在礼仪规矩的差异上。它们也是中国历史上长期坚持的规矩。

"君子居则贵左，用兵则贵右。"作为符合大道的和平治理组织，治理者的位置应当以居左者为尊贵，但对于军事组织而言，治理者的位置则以居右者为尊贵，以此来表达两者之间的本质属性和尊贵之分。从治理规范的形式上就把"兵"的特殊性体现出来，将它与丧礼等同对待。

"*兵者，不祥之器，非君子之器*。"即使在不得已建立武装力量或使用武力的情况下，老子依然再次提醒治理者们，武力是不祥之力量，使用的时候要慎之又慎。老子惜字如金，在同一章里却不厌其烦地再度重复"兵者，不祥之器"，就是要强调发动战争是一种"不祥"的手段，提醒那些有决策权力的治理者，如果自认为是遵道而行的君子，就尽量不要选择使用武力。

"*不得已而用之，恬淡为上*。"老子系统思想是辩证统一的，虽明确表明对于武力和使用武力的态度是不赞成，老子仍高度重视军事力量的建设，只是对于武力使用强调慎重，态度上要"恬淡"而非"偏执"。这句话看似平淡，却展现了老子作为大战略家大军事家的高超境界。老子系统思想被认为是治国理政的法宝，《道德经》也被有识之士当成悟道的秘籍。但受限于教育水平和所掌握的知识，自汉代到民国初年，能够通读《道德经》的大都是一些书生，他们识得文字通晓文章之学，却不懂科学不明军事，以至于读得懂古文的书生大都把这段话翻译成了"只有到了不得已的时候才使用武力，而且使用武力的时候要保持平静的心态，不要有尚武、好战的兴奋和激昂的精神状态"。这些肤浅的解释与老子思想的本意已经相去十万八千里了。

其实老子的主张是：要么不战，战则必胜。为什么这样说呢？老子说"不得已而用之"，此处的"用之"不是今日"使用"的意思，而是"运用武力并达成目的"。如此看来，既要慎用武力，又要用则必胜，可见老子对于用兵要求之高！正是以具备"不用则已、用则必胜"的能力为前提，老子才提出了更高的要求——"恬淡为上",一旦可以用和平方式来解决问题,就要停止使用武力,不要穷兵黩武。在与对手的对抗中,最后要靠用武力来打败对手,这实在不算高明,所以即使最终取胜了也不要沾沾自喜。

伟大的战略家毛泽东对于老子系统思想有着深刻的理解并能创造性地运用。比如,处理武力冲突时,他主张"有理、有利、有节"。"有理"就是要师出有名,最好是出于不得已的自卫,"人不犯我,我不犯人,人若犯我,我必犯人"[①],这充分体现了斗争的防御性;"有利"是用而有效,就是必胜原则,"不斗则已,斗则必胜",因此要求"不打无准备之仗,不打无把握之仗"[②],强调斗争的有利结果;"有节"就是强调恬淡为上适度而止,就是有果而已,明确指出斗争必须要有度,不可无止境地斗下去,要恰到好处,适可而止。

---

① 毛泽东在《和中央社、扫荡报、新民报三记者的谈话》(1939 年 9 月 16 日)中回答记者关于如何看待国共两党之间的"磨擦"时说:先生们的问题表中还问到共产党对待所谓磨擦的态度。我可以率直地告诉你们,我们根本反对抗日党派之间那种互相对消力量的磨擦。但是,任何方面的横逆如果一定要来,如果欺人太甚,如果实行压迫,那末,共产党就必须用严正的态度对待之。这态度就是:人不犯我,我不犯人;人若犯我,我必犯人。但我们是站在严格的自卫立场上的,任何共产党员不许超过自卫原则。参见《毛泽东选集》(全四卷),人民出版社 2006 年版。

② 《毛泽东选集》中有两处用到这句话,都是在解放战争的关键时期。第一处是在《解放战争第二年的战略方针》(1947 年 9 月 1 日)中谈道:"一方面,必须注意不打无准备之仗,不打无把握之仗,每战都应力求有准备,力求在敌我条件对比上有胜利之把握;另一方面,必须发扬勇敢战斗、不惜牺牲、不怕疲劳和连续作战(即短期内接连打几仗)的优良作风。"第二处是在《目前的形势和我们的任务》(1947 年 12 月 25 日在陕北米脂县杨家沟召集的会议上的报告)中谈道:"不打无准备之仗,不打无把握之仗,每战都应力求有准备,力求在敌我条件对比下有胜利的把握。"参见《毛泽东选集》(全四卷),人民出版社 2006 年版。

> "胜而不美，而美之者，是乐杀人。夫乐杀人者，则不可
> 得志于天下矣。"

"胜而不美，而美之者，是乐杀人。"高超的治理者在战争中
获胜了也不会沾沾自喜，更不会把发动战争并获得胜利当成一件
美好的事情，而是会反思为什么没能用非战争的方式来达成己方
的战略意图。如果治理者因为靠武力打败了他人而自以为是，甚
至认为发动战争并获得胜利是了不起的功绩，那他绝不是明道有
德的治理者，只不过是一个喜欢杀人的无道之人罢了。老子把
"胜而美之"的治理者直接称呼为"乐杀人者"，表明了对于轻易
使用武力的明确反对，也是对掌握战争权力的治理者提出了严正
的警示。

"乐杀人者，则不可得志于天下矣。"无道的治理者即使可以
通过滥用武力得逞一时，也不可能取得长久的成功，更不可能得
到"天下"各方的真心拥戴。治理者的穷兵黩武会造成大批将士
丧命战场，很多家庭支离破碎，社会混乱民不聊生。社会治理阶
层会因为这些"不道"行为而失去了民众的信任，各方人士将想
方设法摆脱被治理者操纵压迫的命运，自发的行为会逐渐演变成
大规模有组织的行动。"乐杀人者"终将被推翻，吞下自己亲手酿
成的苦果。老子军事思想的正确性已被后来的历史一再证实。例
如，秦始皇、项羽都是"乐杀人者"。他们虽然个人能力非凡，
都曾盛极一时一呼百应，但是过于迷信武力和苛政，结果无不失
道寡助而难以"得志于天下"。前者在统一六国之后所建立的统
一王朝转瞬就被灭亡，后者则在争夺天下的过程中逐渐变成了孤

家寡人，最后强迫自刎于乌江之畔。

> "吉事尚左，凶事尚右。偏将军居左，上将军居右，言以
> 丧礼处之。"

"吉事尚左，凶事尚右。"按照中国自上古以来的风俗习惯，凡举办吉祥喜庆之事的典礼时，以左边为尊贵的上位；凡举办凶险哀悼之事的典礼时，以右边为尊贵的上位。

"偏将军居左，上将军居右。"军队中的排序规矩与"凶事"的规则是一致的，职位较低的偏将军站立在左侧，而职位较高的上将军站立在右侧。

"言以丧礼处之。"在古代治理体制中，军事礼仪是按照处理凶险事情的方位和举办丧礼的规范来执行的。因此从国家礼仪规范上可知，用兵是被作为凶事来对待的，不管其行为目的和结果如何，都不应成为国家治理中值得庆贺的事情。

> "杀人之众，以悲哀泣之，战胜以丧礼处之。"

"杀人之众，以悲哀泣之。"人力资源对于国家经济与国力的发展来说都是非常根本和宝贵的资源，因此战争造成的人员伤亡在任何时代都是非常不幸的事情。老子系统思想十分重视战后的处置工作，认为正是因为决策者的无能，才导致用武力这一"下策"来解决问题。而战争必然失去很多人口，因此那些有战争决策权的治理者需要深刻反省，要用悲痛惋惜的心情去哀悼那些在战争中丧生的人们。

"**战胜以丧礼处之**。"即使战争取得了胜利，也不应该用喜庆的仪式去庆祝，而是应该用举办丧事的仪式来总结和反思战争的来龙去脉及造成的伤害，以避免此类灾祸再次发生。

纵观全文，老子系统思想特别强调的是，对于在战争中死去人们的哀悼不应仅限于自己一方，对于敌对方的伤亡人员也应抱有同样的悲悯之心。很多在战争中表现凶残的人原本也是温和的平凡人，战争所带来的惨痛伤亡应归结于治理行为不当，而非作战双方的天然仇恨，因而不能冤冤相报纠缠不清。只有让大家懂得这个道理，才能实现以战止战的"善有果而已"[①] 的效果。老子系统思想的宝贵之处在于，它能切实指导治理者做到"无为而无不为"[②]。既高超又实用的思想体系，就在这点点滴滴的话语中尽显无遗。

---

① 《道德经》第三十章："善有果而已，不敢以取强。果而勿矜，果而勿伐，果而勿骄，果而不得已，果而勿强。"
② 《道德经》第三十七章："道常无为而无不为。侯王若能守之，万物将自化。"

第三十二章　守朴知止　成就社会

道恒无名。朴虽小，而天下莫能臣。侯王若能守之，万物将自宾。天地相合，以降甘露，民莫之令而自均。始制有名，名亦既有，夫亦将知止，知止可以不殆。譬道之在天下，犹川①谷之于②江海。

——《道德经》第三十二章

在本章中，老子讲述了社会治理体系以及人类社会中的不同行为主体是怎样按照大道来行为的。

"道恒无名。"

大道的根本状态是难以准确定义的，"道"作为一个复杂巨系统根本无法用语言完整准确地定义，正所谓"道可道，非常道"。

---

① 按楚简甲本，此处的"川"作"小"。
② 按楚简甲本，此处的"于"作"与"。

但是老子系统思想认为，可以用"无"与"有"来大概地描述"道"的存在状态，并通过"恒无"与"恒有"来对大道进行深入的研究和分析①。人类虽然做不到对大道的准确描述，但也不是绝对意义上的不可知不可说，人类可以通过一些恰当的方式来感知大道，可以通过一些天地间的现实情景来形象地描述大道，也可以通过比喻来定性和表述大道。

"恒"既指系统运行的规律性，也指系统长期稳定运行的状态。"道恒"就是大道系统的运行规律，代表着大道系统运行的稳定状态。老子认为大道系统的内在规律很复杂，"无名"就是以人类的认知能力无法准确定义，但"无名"不是"不可名"，而是"可名"却"非常名"②。人类对于"道恒"也无法做到"恒名"。伴随着人类科学技术的进步，人类对于大道的"名"在不断丰富和完善。在从总体系统层面建立了基本稳定的哲学认知的基础上，人类通过实践逐步深化对于大道系统的科学理论认知，不断增加关于大道"可名"的内容。

> **"朴虽小，而天下莫能臣。侯王若能守之，万物将自宾。"**

老子系统思想认为，"朴"是大道在人身上的物化表现，表现出一个人与大道相通的本质。老子在讲到"善为道者"的形象时，其中一个很重要的特征就是"敦兮其若朴"③；在讲到怎样悟

---

① 《道德经》第一章："无，名天地之始；有，名万物之母。故常无，欲以观其妙；常有，欲以观其徼。"

② 《道德经》第一章："道可道，非常道。名可名，非常名。"

③ 《道德经》第十五章："豫兮若冬涉川，犹兮若畏四邻，俨兮其若客，涣兮其若凌释，敦兮其若朴，旷兮其若谷，混兮其若浊。"

道修德时，也特别强调了"见素抱朴"①。"朴"用在任何一个人身上都是对其人的最高肯定，说明其对于大道有着正确的认知，其行为方式符合大道的特点。并且，"朴"不会因为用在治理者身上就显得高贵一些，用在普通民众身上就低贱一些，侯王及社会精英也都只是天地系统中的芸芸众生中的一员。对于时间维度、空间维度都无穷无尽的大道系统而言，人与人之间的区别只看是否能够更好地遵守大道，而且没有谁可以改变大道，这一点与"天地不仁，以万物为刍狗"② 是一脉相承的。

"朴虽小，而天下莫能臣。"大道是自然存在的超级复杂的系统，其运行规律是超乎人类认识能力之上的客观存在，表面上看起来大道的表现很简单也很微妙，但是人类却没有办法去改变它，更不可能使其臣服于人的意志。比如说花开花落，这样一个简单的过程人类却没法改变，就算在科技发达的今天，我们依靠科技也只能是制造小环境改变一下花期而已，却还不能改变其过程。至于其他更为复杂的自然规律就更是如此了。人类通过观察、猜想和试验等方式已经分析出越来越多自然现象背后的基本作用机制，并通过不断尝试已能够一定程度地影响这些现象的发生条件，但依然难以改变自然规律本身。

"侯王若能守之，万物将自宾。"老子向那些国家治理者提出忠告，希望他们能够坚守"朴"，在治理活动中始终坚守大道底

---

① 《道德经》第十九章："此三者，以为文不足，故令有所属：见素抱朴，少私寡欲。"

② 《道德经》第五章："天地不仁，以万物为刍狗；圣人不仁，以百姓为刍狗。"

线，按照"道法自然"① 的标准去做事情。如果治理者能有"抱朴"之心，能够遵循大道而行，那么在他们的治理下，社会运行的隐秩序会很好地发挥作用，国家的方方面面将在治理体系的顶层设计与系统自适应自调整的底层机制协同作用下有序运行，社会治理成本就会很低。即便在社会治理中涌现出一些矛盾和问题，最终也会按照比较合理的方式得到解决，社会主体也都会自发地接纳治理规则，这就是"万物将自宾"的状态，一切都会自然而然地发生发展。

> **"天地相合，以降甘露，民莫之令而自均。"**

"**天地相合，以降甘露**。"治理者若能坚守大道，在遵循大道进行治理的地方，社会系统会与天地系统和谐相处，社会环境和自然环境都有利于社会发展和民众生活，风调雨顺五谷丰登。还会出现很多太平盛世的祥瑞征兆，诸如降下甜美的露水来滋润万物这种罕见的天象也会发生，人类的各种活动都会得到自然环境恰到好处的配合。

"**民莫之令而自均**。"在良好的治理环境下，民众对于国家的治理状况感到满意，对治理者非常信任和依赖，也就能自觉地按照治理者倡导的方式行为处事，因而无须制定繁复的法律，更不需要进行严格的管制。"自均"是指民众之间热心互助，既不贪图小利也不损人利己，大家安居乐业共同发展，自然达到"人人为

---

① 《道德经》第二十五章："域中有四大，而王居其一焉。人法地，地法天，天法道，道法自然。"

我，我为人人"的理想治理境界。

这段话所表达的思想与现代复杂自适应系统理论非常吻合。根据复杂自适应系统理论的观点，在该系统总体运行良好的情况下，系统内的各个主体都会遵从特定的隐性秩序来自适应、自协调，并不需要专门的显性机构和秩序来控制和协调；也就是说，在主体各自独立行动的情况下，同样能够达到系统的最优运行。

> "始制有名，名亦既有，夫亦将知止，知止可以不殆。"

这段文字表述环环相扣，比较拗口也比较晦涩难懂，却是饱含深意，有必要细细体会。

"**始制有名**"，是指人类有了文明意识，对客观世界和人类社会进行系统认知的开端。王弼说，"始制，谓朴散始为官长之时也。"意思是说圣人把代表大道的"朴"分散开来，开始形成各种机构和制度，这就是"始制"。接下来，就要对那些由"朴"细分而来的官长加以明确的界定。"名"是人类独有的一种能力，就是依靠逻辑定义和抽象思维，用人类语言把这些具体内容表达出来，这些各成系统的"名"进一步构成了门类齐全、结构有序的知识体系。"始制有名"表现在社会治理方面，就是建立起比较完整的社会治理体系，也就是"立天子、置三公"①。"有名"可以让国家治理体系结构清晰，能够让世人了解其运行规则，从而有助于发挥其设定的效能。

现代科学已经证明，与地球上的很多生物相比，人类出现的

---

① 《道德经》第六十二章："夫立天子，置三公，虽有拱璧以先驷马，不如坐进此道。"

时间是很短暂的，天地系统中的很多事物（如冰河纪）远在人类出现之前就已经出现了，这些客观事物在被认知之前，与人类之间的关系是混沌的。当它们被人类感知以后，人类便会依照自己的感知来命名它们，比如各种动植物、各种元素、各种自然现象、各种物质结构、各种思想文化的命名等。所以说，"名"是人类对于客观事物的认识总结及用语言文字表达出来的各种"系统标识"。

人类一直在对各种物质的和非物质的事物进行认识，这些认识伴随着人类认知能力的发展而逐步深入和细化。但是究其根本，人类对事物的整体认识论是一以贯之的。东西方哲学在最初形成的时候就基本一致，这种基础的认识论直到今天也未曾被否定。在此期间，人类的知识总量发生了巨变，这是"朴"进一步分散的结果，人类在社会科学和自然科学领域建立的学科数量越来越多，也就是出现了更多更复杂的"官长"。但是，大智慧的基本内容"朴"本身并没有发生变化。

"*名亦既有，夫亦将知止*。"人类对于客观世界和人类社会形成较完整的系统认知后，也就形成了各种学科及其分支体系，这些学问可以深化和细化人类的知识，进而提高人类的行为能力和效率。科技进步使得人类的某些能力得到巨大的提升，甚至造成人类可以从根本上改变自己和外部世界的臆想，"征服自然""征服太空"一度成为人类炫耀自我能力的口号。但是，对于人类智慧有着深刻了解的人很清楚：人与大道系统之间的关系不会发生根本变化，人类的能力不可能改变大道，人类对于大道的认知也永远没有尽头。越是认知得深入，人类就越会懂得自身的局限性。

人类掌握的知识总量越来越多，然而大道的全部内容与人类既有知识之间在质和量上的巨大差距并未发生根本性变化。所以，真正的大学问家不会狂妄自大，更不会逆道而行，妄图征服世界，这就是"知止"的大智慧。

最早的学问是大一统的，在老子的时代曾经出现一些集人类智慧之大成的圣贤，比如东方以老子、孔子为代表的"诸子百家"，西方以柏拉图、苏格拉底为代表的"希腊七贤"①。他们道深德厚、勤于探索并能学以致用，故其思想之"朴"历久不衰，使得后世治理者可以"执古御今"②。到了文艺复兴之后的大变革时代西方还出现过牛顿这样的科学巨匠，中国当代科学家钱学森先生也是贯通多种学科的认知大师。他们的建树比专长于某一领域的专家要伟大得多，但是他们都对大道充满敬畏，不认为凭借自己的学识就可以逆道而行，反而认为自己对于大道的认知非常有限，就像在真理的大海边捡拾贝壳的孩童，人类未知的事情还有很多。

然而，细分的"名"会使人在强化局部认知深度的同时，忽视了对于大道整体的认知，导致人类对于世界的认识在发展中发生变异。随着科技文化的发展，人类的各种认知积累越来越多，认知手段越来越复杂，单独的某个人已经很难掌握人类的所有知识，完整的智慧系统被划分成各种学科，在大的学科之下又分化成了各种二级学科，各种研究领域越分越多、越分越细。但若忽

---

① 希腊七贤又称"古希腊七贤"，是指古希腊人所说的七个最有智慧的人，包括梭伦、泰勒斯、奇伦、毕阿斯、庞塔库斯、佩里安德、克莱俄布卢。

② 《道德经》第十四章："执古之道，以御今之有，能知古始，是谓道纪。"

略对于大道的完整认知，那些在本领域中处于前沿的人，很容易与其他学科的前沿之间产生认知鸿沟，这种情况在社会科学领域比自然科学领域表现得更加突出。

各种基于人类认识水平的"名"，也就是人类当时对各种物质和非物质对象的认知水平是有其止境的。比如，牛顿对于经典物理学的认识达到了极致，似乎把整个世界都研究透了，后来人们发现牛顿的理论仅仅是更为普遍的宇宙规律的一种特定情况；随后爱因斯坦的相对论一下子就将人类带入了另外一个"未名"世界，但这种柳暗花明的感觉很快又会被大量新的疑惑所取代，更大的未知领域又随之产生。这样的例子在人类的各种学科的发展中比比皆是，因此老子建议人类应该懂得"知止"，每种"名"都只代表了人类的一个认知阶段，是人类认知的一次定格。作为当代人，我们站在了历史巨人们为我们奠定的认识基础之上，作为后来人的我们是幸运的，同时我们也是更后来人的认识基础，应该给后人留下可资借鉴的认知成果。人类就是这样在大道的轨迹上不断前行、永无尽头。这是大道决定的，没有人能够改变。

"知止可以不殆。" 既然人类的认识是因人的实践而产生和发展的，受到历史发展条件的制约，每一个时代的人对于"道"的理解必然也是有限的，既有其时代的进步性，也会有其时代的局限性即"止境"。人类在形成这些关于物质和非物质的认识时，要明白"道"是无限的，而"名"是有限度的。知道有止境，就不会因为人类的认识局限而出大问题。明白了这个道理，治理者就能够正确发挥自己的能力和才智，这样就不会有脱离大道的危险。不管对于社会还是对于治理者个人而言，都是这样的。

"譬道之在天下，犹川谷之于江海。"

老子认为，大道与天下万物之间的关系，就像是山川溪流与江海之间的关系一样。

"川谷之于江海"，海洋上蒸发的水汽将以降水方式落到山川平原、渗入土层深处，积雪融化、雨水降落、地下水涌出等又为众多山涧溪流不断注入源头活水，无数的溪流汇集成江河大川，最终又回归到深海大洋。大江大海对于山涧溪流的生成和流向不会有干预和强迫，但千万条山涧溪流会自然地汇集到低洼的大江大海之中。

"道之在天下"也是如此。天下变化万千的景象和无以胜数的事物，最终都将有其归宿。人类在认知大道、依道行为的过程中也会不断获得新的认识。大道在人类社会中的表现是"朴散则为器"①，不同专长的人群基于对大道的基本认识逐渐形成了各种不同的学科，各学科不断深化发展，形成了相对完善的理论体系。不同学科从不同角度感悟和认知大道，不断实现新的突破，犹如山涧溪流的源头活水。这些不同学科的相互融合发展，又汇集为人类的整体认知，代表着当时人类对于大道的最高认知和实践水平。但是，人类与大道关系的本质始终没有改变，大道对于人类而言仍然具有可供探索的无限空间。

---

① 《道德经》第二十八章："朴散则为器，圣人用之则为官长，故大制不割。"

第三十三章　内外兼修　留名身后

知人者智，自知者明。胜人者有力，自胜者强。知足者富，强行者有志。不失其所者久，死而不亡者寿。

——《道德经》第三十三章

老子主张治理者应该学习"水善利万物而不争"①的品质，在治理过程中做到"为而弗争"②。治理者应该修炼超出普通人的品性和能力，成为社会秩序和人类文明发展进步的主要带动者。老子系统思想并不否认精英人物的特殊作用，而是主张精英们要恰当地发挥自身作用，实现与自身悟道水平相匹配的人生价值。

不是任何一个精英人物都能成为圣人。圣人通常是在某一方面能力突出，这使得他们在现实社会中能够成为出类拔萃的人才，可以为社会发展或国家治理做出较大的贡献。

---

① 《道德经》第八章："水善利万物而不争，居众人之所恶，故几于道。"
② 《道德经》第八十一章："故天之道，利而不害；圣人之道，为而弗争。"

"知人者智，自知者明。"

能够了解别人的长处和短处可谓是心机过人，能够了解自己的长处和缺点可谓是高明通透，既能够知人又能够自知就是民众眼中"明智"的治理者。

"智"是有能力看穿别人，"明"是有能力看透自己。人最应该了解自己，但也最难把握自己。低层次的道行是影响别人，高层次的道行是把握自己。任何国家或者组织都是由形形色色的人组成的，而一个人能否在组织里面发挥作用，做成一些有意义的事情乃至成就一番事业，取决于其是否能够正确认识自己悟道的水平，能否准确把握与自己相关联的人和事。

"知人者智。"老子把"智"定义为比"道"和"德"更低一个层次的智慧。老子所说的"智者"是有心机之人，却不一定是有德行之人。有心机智者有时会为了一己私利逆道而行，而有德行的治理者"行不离辎重"①，不会偏离大道。因此对于"智者"应加以必要的约束，"使夫智者不敢为也"②，避免他们将聪明才智用错了地方。

"自知者明。"知人固然难，但自知更难。在老子看来，一个人做到"明"要比做到"智"更难能可贵。治理者大都明白一个道理，那就是要知人善用，而在现实中大家又经常听到治理者们抱怨人才难得、人才难用，若是真正懂得老子系统思想就会明白，

---

① 《道德经》第二十六章："重为轻根，静为躁君。是以君子终日行不离辎重。虽有荣观，燕处超然。"

② 《道德经》第三章："是以圣人之治，虚其心，实其腹，弱其志，强其骨，恒使民无知无欲，使夫智者不敢为也。"

更重要的是"知己善行"：先要对自己有个相对客观的认识，明白自己到底能够成就多大的事业，不要去争与个人的"德"和"能"不匹配的位置，尤其是不要做超出自己能力的事情，为自己的德行留有余地，这样才能做到高明通达。先做到"知己善行"之后才能做到"知人善用"：发现人才、用好人才，共同成就一番事业。

"胜人者有力，自胜者强。"

"胜人者有力。"在竞争中能够战胜对手、脱颖而出，已说明优胜者在某些方面的能力超过其他对手。这些过人之处可能是某些长处，也可能是全面的高素质。比如在决斗中获胜的角斗士靠的是勇气和技巧，在商场中成功的商人靠的是财商和专业能力，在战场上获胜的将军则需要全面综合的能力。"胜人"从表面上看是优胜者依靠自身既有的能力向弱于自己的对手发力从而战胜之。实质则是，优胜者要么是恰当发挥了自己的优势，要么是恰当利用了对手的弱处，此二者必居其一，从而达到以强胜强、以强胜弱，或者以弱胜弱的结果。

"自胜者强。"战胜自己比战胜他人还要困难一些，对于个人内心修养的要求也更高。只要某一方面能力突出就可以做到"有力"，而要做到"强"则需要全面提升自身的综合实力。"自胜"的过程往往是牵一发而动全身，每一个小小的进步都需要自身做出全面的调整。战胜他人可以是一次性的战役，战胜自己则不然，需要长期的坚持才能成功。"强"首先是"自强"，不断加强和提高自身的能力，在此基础上还需要坚持不懈。因为"自胜"的对手是自己，于是各种自我开脱与应付的借口也就很多，而且在实践过程中还存在着各种不确定性因素的影响，往往是行百里而半九十。所以孔子说"譬如为山，未成一篑，止，吾止也。譬如平地，虽覆一篑，进，吾往也。"[1] 战胜自己是新自我对旧自我的不断超越，是悟道水准系统性全面性的提升；战胜自己同时也是悟道进步的结果，表面上看起来主体会更加柔和低调，"进道若退"[2] 表现的就是战胜自我的情景。

"知足者富，强行者有志。"

"**知足者富**。"这里的"足"是指一个人为了保持其理想的个人状态，以及发展与实现其个人价值而需拥有的一定数量的物质条件与社会资源。"知足"是说一个人的悟道水平很高，行道能力很强，只需较少的资源支撑就能很好地保持自身的理想状态，做出较大的社会成就，恰当实现人生价值。而悟道水平较低的人会要求更多的资源支撑，却不一定能够依照大道实现应有的人生价值。相较之下，"知足者"实现了目标还会有相对富余的资源，所以其结果是富有的；"不知足者"不但不能达到目标，还白白消耗了很多资源，到头来是一事无成，其结果仍是贫穷的。

"**强行者有志**。"在一定的悟道水准下，有志向的人能够利用自身所具备的能力将理想付诸行动，并坚持不懈直到成功。王弼在对这句话的校注中说，"勤能行之，其志必获。""强行"一词体

---

① 出自《论语·子罕》第十九。
② 《道德经》第四十一章："明道若昧，进道若退，夷道若纇。"

现的是勤奋努力、坚持力行，是"天行健，君子以自强不息"①的向上劲头，是不达目标决不罢休的"倔强"。如果一个人能够立足于实际，坚持积极作为，在实践中充分展现自己的能力，就能不断地干成一件件有意义的事情。"积土成山，积水成渊。"这种"强行"的治理者凭着明确的志向和坚定的意志，最终一定会克服困难获得成功。

> ## "不失其所者久，死而不亡者寿。"

"**不失其所者久**。"这里的"其所"指的是心之所属，也就是初心，是一生坚持的原则。对于明道有德的治理者来说，行为的初心就是依照大道行事，造福民众、引领发展。"不失其所"的治理者能够做到"自知、自胜、知足、强行"，即客观认识自己，恰当看待自己在组织和社会中的位置，妥善处理各方面的关系，其行为必会得到各方面的肯定，能够做出功在当代利在千秋的事业，也会被后来者当作典范学习和传承。这样一来，原本只是"不失其所者"在特定时间范围内的个人行为，就变成了能长久影响社会发展与治理的典范，且其影响经久不衰、历久弥新，这种结果就是"久"。

"**死而不亡者寿**。""死"和"亡"本是两个词，它们所表达的意思也不尽相同。"死"是指一个人的生命不可逆转的永久性的终结，是其生命体征从物质上的消亡；"亡"是指一个人不仅生命

---

①　出自孔子为《周易》写的《象传》："（乾卦）象曰：天行健，君子以自强不息；（坤卦）象曰：地势坤，君子以厚德载物。"

终结了，而且与之相关的人生痕迹也彻底消失了，不会给世界增加任何新的信息，原有的信息在一段时间后也会被后人彻底遗忘。人终有一死，这是大道使然，但有道的人死后会以不同方式留下鲜明的人生印迹：有些人做出了彪炳史册的发明创造或重大发现，推动了人类文明和科技的进步；有些人提出了伟大的思想见解，持续启发、震撼、影响着人类的心智；有些人在治国理政、修身齐家方面的大智慧会被不断流传，成为后人思想和行为的榜样。"死而不亡者"的音容笑貌会被后人不断地追忆和描述，他们的形象和故事始终栩栩如生，历久弥新。后人对于他们的研究兴趣始终不减，愿意反复揣摩体会他们的智慧，这种人才是真正的寿者。后面第五十四章将讲到，有德者"子孙以祭祀不辍"，这些人的肉体虽然已经死去，精神和灵魂却依然长时间地影响到后人，他们受后人推崇纪念的时间越久，就越称得上长寿。

"不失其所者久，死而不亡者寿"，此话确实不虚。"久"和"寿"都说明一个人对社会、对后人所产生的影响比较长远。老子离开人世已经几千年了，但是他的思想仍然是人类取之不竭的思想宝藏，"顺之者昌逆之者亡"。虽然每个时代都有一些"智者"会对老子的思想挑毛病，但是数千年岁月流过，那些批评的观点如夏夜的萤光一闪即逝，而老子的思想却犹如天空上的北辰，"光而不耀"[①]，高远深邃，闪烁依旧。因此说，作为圣人的老子才是最长寿的人。

---

① 《道德经》第五十八章："是以圣人方而不割，廉而不刿，直而不肆，光而不耀。"

第三十四章　无私奉献　成就自我

大道氾兮，其可左右。万物恃之以生而弗辞，功成不名有①。衣养万物而不为主，常无欲，可名于小。万物归焉而不②为主，（常无名）③，可名于大。以其终不自为大，故能成其大。

——《道德经》第三十四章

前几章讲了有道之人如何修养、如何行事。在本章，老子讲的是治理者若想顺应大道做好治理，需要有辩证的认知和协同的行为，恰当地处理好"小"与"大"的关系。

"大道氾兮，其可左右。"

"大道氾兮"，这句话大气磅礴，把大道的形象勾勒得生灵活现，正是老子语言的典型风格。老子系统思想认为，大道是宽广

---

① 王弼校释本中为"功成不名有"，其他版本还有"功成而不有"。
② 王弼校释本作"不为主"。
③ 王弼校释本中没有"常无名"这一句。

而博大的，充溢于人类可以感知的时空之中，如同地球上到处都有的水一样，四处漫溢无所不至。因为大道是无法准确描述的，而水是现实世界中最接近于大道特点的物质，所以老子就用水的存在状态来描述大道。这个"氾"字刻画出大道"弘大而无形"①的特点。大道的存在是"看似无形也有形，看似平静也汹涌"，水这种广大无垠包容万物的状态就是大道存在的样子。

"**其可左右**。"大道如同四处漫溢的水流，其存在是浑然而成的整体，不是外力可以轻易影响和改变的，也是人力"不可左右"的。但是，水在具体环境、具体情况下又是"可左右"的。比如人们可以引导水流的路径，可以改变水的物理形态，还可以综合调节控制水的流向、流量、流速，使其产生各式各样的实用功能或景观游乐：古人很早就懂得利用地势差修渠引水浇灌作物，李冰甚至修建都江堰以驯服洪水滋养城市，还有人发明了曲水流觞的文雅游戏；现代人则创造出晶莹剔透的冰雪雕塑和活泼动感的音乐喷泉，还在工业领域发明了超高压水流切割技术……

"天下莫柔弱于水。"②水没有固定的形状，用不同的容器盛装便可以组成形态各异的水景；水又能够以"天下之至柔，驰骋天下之至坚"③，滴水穿石、惊涛拍岸，成为雕琢坚硬物质的利器。水所具有的看似矛盾却又辩证统一的能力正是大道的重要特点。

---

① 《韩非子·扬权》："夫道者，弘大而无形。"

② 《道德经》第七十八章："天下莫柔弱于水，而攻坚强者莫之能胜，以其无以易之。"

③ 《道德经》第四十三章："天下之至柔，驰骋天下之至坚。无有入无间，吾是以知无为之有益。"

"万物恃之以生而弗辞，功成不名有。"

"**万物恃之以生而弗辞**。"世间万物都是凭借着无处不在的大道才能够蓬勃生长，进而形成了斑斓多彩的自然生态。"万物并作"①形成了复杂的世界，这从根本上说是大道的功劳。当然，对于万物而言，生长过程中自身也要付出巨大努力，所以成长之后往往以为这都是自己努力的结果，而忽略了大道所提供的根本支持。这就像一些人取得成功后便以为只是个人努力的结果，而忽略了国家大环境的支撑、父母师长的养育和教导。与父母师长相似，大道为万物生长提供了最重要的支持，却从不去干涉任何一个具体事物的个性化成长，从不去计较无数次付出、包容和成长陪伴。大道对于万物始终如一、不曾厌倦，这是一种无与伦比的巨大馈赠和平等支持。

"**功成不名有**。"在大道的支持下万物得以成长壮大，天地之间的各种事物形态丰富、各具特色。大道从不因此要求万物有所回馈，而是一如既往地保持其恒久隐性的存在状态。"不名有"体现了大道不争的本质，这种不争功的态度恰恰为世间万物提供了蓬勃发展的基础。所以，老子对"圣人、大德、大道"都用了"不有""不恃"这类赞美之词，例如"圣人……为而不恃"②"为而不恃……是谓玄德"③，表明了大道对待万物和圣人对待民众的

---

①《道德经》第十六章："致虚极，守静笃。万物并作，吾以观复。夫物芸芸，各复归其根。"

②《道德经》第二章："是以圣人处无为之事……生而不有，为而不恃，功成而弗居。"

③《道德经》第十章："生之畜之，生而不有，为而不恃，长而不宰，是谓玄德。"

共同特点。

> **"衣养万物而不为主，常无欲，可名于小。"**

"衣养万物而不为主。"是说大道保护和养育了万物而不去主宰它们。大道"衣养万物"是通过始终保持其自然恒久的状态，为持续迭代的万物生发提供了必要的条件和保障。大道的"不为主"表现在：面对不断变化的万物，大道始终顺其自然，既不干预或决定特定事物的发展，也不对任何一个具体事物的发展提出特定要求。第五章讲的"天地不仁，以万物为刍狗"也有类似的意思。大道一直就是这样存在并运行着，养育和支撑了天地万物却没有自己的欲望和诉求，这种低调包容的状态，从人性的角度来看就是"常无欲"。

"常无欲，可名于小。"大道把支持万物生长视为理所应当，会为每一个物体的出现和发展提供滋养，既不过分也无不足，更不会厚此薄彼有所偏爱。大道有如此巨大的能力，却能对每一个微小的具体事物都做到细致周到的支持，一方面是因其巨大的系统能力，另一方面是因其不忽略每一个微小主体。此处的"小"是指以系统之大成就主体之"小"，大道的这种行为方式可以称为"小"。当然，自然界中生物的成活率并不高，也就是说大道并没有把支持每一个潜在生命一直健康存活作为必须完成的任务，这是为了物种的进化和优化，也是大道甘居于"小"的例证，从另一个方面解释了大道"不仁"的本质含义。

如果把所有的"小"都叠加起来就会有极其巨大的工作量，

需要付出相当大的系统能量。大道完成这么伟大的功业都不居功，对于世人来说已经是难以想象的广博胸怀，但对于大道来说这并不算什么，因为大道"衣养万物"是能让人观察到的，大道还能成就更加伟大的功业却不被人关注。大道把"衣养万物"这种了不起的大事都视为平常小事，表现得从容淡然。这种成大事而不争功的低调，是治理者最应该具备的素质。

> **"万物归焉而不为主，(常无名)，可名于大。"**

"**万物归焉而不为主**。"在万物消亡而回归于大道的时候，大道依然不去干涉它们，正如对待万物的生长一样，大道保持着恒久的静默。世间万物蓬勃发展生生不息：有的存在时间很短，如蜉蝣朝生而暮死；有的存在时间很长，如松柏千年常青；还有的存在时间更长，如山川江海历经亿万年。但是，这些具有一定物质形态的主体都有其特定的生命周期，生生死死循环往复。"归"字说的就是具体事物完成这样一个周期重新回到原点，也就是通常说的"叶落归根"。万物在一个生命周期结束之后复归于大道，其生命过程中所具有的物理形态也就慢慢消解了。这些主体形态消失了的物质回归到大道系统，将被化解成最基本的物质元素，又将在大道的帮助下开启新一轮的演化。众多元素会参与到新一轮的组合，以某种新的具体事物形态再次展现在世间，这种循环往复的周期性运行，看起来相似却又完全不同，只有大道才有能力实现这种神奇的循环。

"**可名于大**。"对于这些数量巨大形态各异的"已死"主体，大道系统能够无差别地接纳它们，将其化解为基础的组成元素，这些基础元素在大道系统中重新回到"惚恍"① 的状态。大道把千差万别的"死"去的事物化解为可以重新参与新生事物的基本元素，这种能力是把各种独立的形态和特定的组合回归为按照基本元素分类的大道的基础，成为整个大道系统的基础支持，老子将这种伟大的能力称为"大"。

"大"② 是老子对"道"的通俗称呼，所以，接受万物归附而不去主宰万物，就是大道本质的行为，也就是"道"本身。老子还讲到"大曰逝，逝曰远，远曰反"，是说万物归附然后重生，就是一个"逝→远→反"的过程。

"大"与"小"在本质上是一致的，但是二者的区别也是清晰明确的，"小"是可以直接观察到的大道的显性特点，"大"则是难以观察到的大道的隐性特点，如同社会治理中的显性秩序和隐性秩序的关系。从道的角度讲，当然隐性的大道更了不起，其作用也更伟大，这再次吻合了老子系统思想主张的"无为而无不为"③。也就是说，不是简单粗陋的"不作为"，也不是不合时宜的"乱作为"，而是极为高超的"无为而无以为"④。

"以其终不自为大，故能成其大。"

大道系统本身并不能绝对地区分为"小"或者"大"，这些

---

① 《道德经》第十四章："一者，其上不皦，其下不昧。绳绳不可名，复归于无物。视为无状之状，无物之象，是谓惚恍。"

② 《道德经》第二十五章："吾不知其名，（故强）字之曰道，强为之名曰大。"

③ 《道德经》第三十七章："道常无为而无不为。侯王若能守之，万物将自化。"

④ 《道德经》第三十八章："上德无为而无以为；下德无为而有以为。上仁为之而无以为；上义为之而有以为。上礼为之而莫之应，则攘臂而扔之。"

感受都是人类通过观察大道系统的运行而得出来的。通过这种感知，人类恰恰可以发现自身能力与大道能力之间的巨大差距，这对于人类行为会是重要的启示，特别是对于人类欲望的必要警示。

既能够保护和滋养万物生长，又能够接纳和消解归附的万物，大道承担着如此复杂浩大的系统运行任务，却根本无心去主宰万物的命运。在这个复杂奇妙的循环过程中，大道始终不曾以主宰者的姿态出现，而是一直保持"为无为"①的恬淡状态。"不自为大"就是"长而不宰""为而不恃"。大道不会因为自己超强的能力而产生操控统治万物的欲望，这种强大的能力和无限的谦逊，成就了大道的"大"，就是无为而无不为的大道本质。

本章所阐述的思想对有能力的社会治理者而言非常重要，希望他们能有一种发自内心的触动，并在实际治理行为中加以践行。从"修德于身"到"修德于天下"②，讲的正是这些治理者个人的悟道升华，这将给社会和组织发展带来福音，对治理者自身也有无尽的受益，可称之为"善之善者也"③。

---

① 《道德经》第六十三章："为无为，事无事，味无味。大小多少，报怨以德。"

② 《道德经》第五十四章："修之于身，其德乃真；修之于家，其德乃馀；修之于乡，其德乃长；修之于邦，其德乃丰；修之于天下，其德乃普。"

③ 《孙子兵法》：不战而屈人之兵，善之善者也。

第三十五章　甘于平淡　大道本色

执大象，天下往。往而不害，安平泰。乐与饵，过客止。道之出言①，淡乎其无味，视之不足见，听之不足闻，用之不足既。

——《道德经》第三十五章

"执大象，天下往。往而不害，安平泰。"

"执大象，天下往。"这是老子描摹的一幅有道治理下社会美好和谐的蓝图。明道有德的治理者能够依照大道而行，构建出一个和谐安稳的社会环境。在这种治理环境下，民众能够"甘其食，美其服，安其居，乐其俗"②，如同万物归附大道一样，在良好的治理之下生生不息世代传承。这种符合大道的治理环境还会

---

① 帛书版为"道之出言也"，也有些版本作"道之出口"。
② 《道德经》第八十章："小国寡民……使民复结绳而用之，甘其食，美其服，安其居，乐其俗。"

被其他地方的人们所向往，于是很多人会想方设法从治理环境不佳的地方迁徙而来。治理得当的地方成为大家心目中理想的生存家园，来自外部的人力资源及物力资源使得人口迁入地更加发达兴旺、强大繁荣。

"大象"不是大道本身，而是大道所显现出来的可以感知的表象，这是在本章第一次出现的概念。关于《道德经》的一些注释，把"大象"直接认定为"道"，这与老子严谨的文字风格不相符。王弼在校释中提出，"大象，天象之母也。"应该说王弼对于老子语言的把握是比较精准的，此处的"母"应是与"有，名万物之母"① 的"母"相一致，因此"大象"应是与大道的"有"相对应，"有，欲以观其徼"，因此大象是可以验证的存在。前面第十四章在解释什么是"一"时曾讲到，"是谓无状之状，无物之象，是谓惚恍。"后面在第四十一章中也有"大象无形"② 一说。所以大象对应的应该是"一"，指的是当下时代关于大道的最高认知，是可以清晰感知但存在一些不确定性的人类智慧的总和。"执大象"就是把当时对于大道的最高认知付诸实际治理行为，是治理者依照大道的顶层设计与主体行为自发涌现结合后的表现，与现代复杂适应系统理论主张的"内部模型"③ 相似。

"往而不害，安平泰。" 大家都向往在这种符合大道的治理环

---

① 《道德经》第一章："无，名天地之始；有，名万物之母。"

② 《道德经》第四十一章："大白若辱，大方无隅，大器晚成；大音希声，大象无形，道隐无名。"

③ 内部模型（Internal Model）是霍兰提出的复杂适应系统的重要机制之一。简单地说，内部模型是适应性主体自身内部建立起来的一种模式，适应性主体能够将以往的经验转化为内部模型。内部模型可以是显现的，也可以是隐性的。详见［美］霍兰：《隐秩序：适应性造就复杂性》，上海科技教育出版社2011年版。

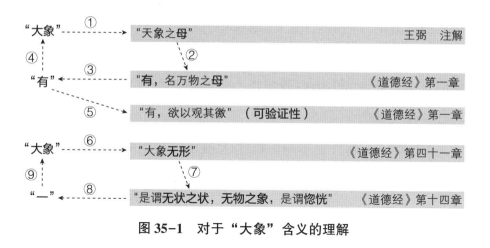

图 35-1　对于"大象"含义的理解

境下生活，人们都乐于遵从这种治理，并各尽其力各得其所。新融入者也不会因为既往生存方式的差异而形成冲突、对社会治理造成破坏。其他国家或组织的治理者也会主动学习借鉴这种符合大道的治理方式。更为广泛的实践会进一步提高大家对于大道的理解水平，使得这一恰当的治理体系形成一种不断自我完善和自我提升的良性循环。复杂自适应系统理论将这些通过积极的"涌现"① 来不断优化系统运行的方式称为"隐秩序"。恰当的社会治理模式必定是源自大道，且与系统内的行为主体之间不断互动、持续优化，其结果一定是社会环境更加安全、更有韧性，社会和谐安定，国家兴旺发达。

"乐与饵，过客止。"

动听的音乐和美味的佳肴，常常会让过往的路人忍不住停下

---

① 涌现，是系统科学领域的基本概念，译自英文 emergence，又译为"突现"。"整体涌现性"是系统最基本的性质之一，它是指若干事物若是按照某种方式相互联系而形成系统，就会产生它的组分总和所没有的新性质。

脚步，这是因为人类的"色、声、香、味、触"这些感官会接收到环境的刺激，从而对于个人的情感和行为产生影响。心情愉悦、生活快乐、饮食丰富的环境能够直接满足人类的基本心理与生理需求，因而容易使人接受。如果某个地方的生活环境宽松自在，社会的氛围和谐，生活便利舒适，自然会对于外来者产生较强的吸引力，吸引其在此居留，成为常住人员。但是，"乐与饵"不是凭空产生的，而是治理者"执大象"而产生的治理结果。有道的治理者能够勘透表象、把握尺度，将"乐与饵"掌控在适当的程度，坚持"去甚、去奢、去泰"①。

> "道之出言，淡乎其无味，视之不足见，听之不足闻，用之不足既。"

在老子的系统思想体系中，大道是根本的存在，是唯一的永恒状态，也是人类永远无法精确认知的复杂系统。人类具有强大的学习能力，随着物质文明的进步，人类的认知能力也在不断增强。不过，作为万物之一，人类从产生那一天起就注定了有其局限性，其中最重要的局限之一就是人类个体与整体的存续时间。人类个体的生命是有限的，而人类作为整体是否能够永恒存在现今尚无法证明，但人类历史与客观世界相比是非常短暂的却是不争的事实。用语言来准确描述"道"是一件十分困难的事情，即使是明道的圣人，也难以用语言将内心的感悟全部准确地表达出

---

① 《道德经》第二十九章："故物或行或随，或嘘或吹，或强或羸，或培或隳。是以圣人去甚、去奢、去泰。"

来。但为了使世人理解，只能用人类的思想共识和知识积累进行解释，这个过程不可避免地会造成信息传递中的衰减，在理解上也会产生歧义。悟道者最终能够参悟到什么程度，受个体特质影响而见仁见智，理解得五花八门、差之千里也不足为怪。

"**道之出言，淡乎其无味**。"人类的语言虽然很丰富，但是若想把"道"讲清楚，语言就显得苍白无力了。越是接近大道的本质，说出来的话就越是平淡无华，就像清淡极了的味道，舌头品不出，鼻子也闻不到。"道"是要用心去感悟的，这一点在人类思想发展中是始终一贯的，各种不同的文明在这一点上也是高度一致的。"用心"和用"眼、耳、鼻、舌"等感官不同，"用心"去悟道不需要通过较强的感官刺激来留下印象，就像上好美食不需要太多调味品，其最大的特色就在于原料本身。"信者信之，不信者亦信之。"① 关于大道听起来让人心动的语言，描述的都是依靠大道而存在的种种表象，比起这些表象，描述大道本身反而用不上华丽的辞藻，不需要蛊惑人心的言语。

人类语言也是在感悟大道的过程中产生的，人类智慧就是依靠大道而生的"朴"②，"朴散而成器"，语言就是众多的"器"之一，是由"无"而生"有"的。"道"就是"道"，听起来平淡无奇，只有那些肯用心去深刻感悟的人，才会在平淡之处悟通大道的真谛。

---

① 《道德经》第四十九章："信者信之，不信者亦信之，德信矣。圣人之在天下，歙歙焉，为天下浑浑焉，百姓皆注其耳目，圣人皆孩之。"

② 《道德经》第十九章："见素抱朴，少私寡欲。"第二十八章："复归于朴，朴散则为器。"第三十二章："朴虽小，天下莫能臣。"第三十七章："化而欲作，吾将镇之以无名之朴。镇之以无名之朴，夫亦将不欲。"第五十七章："我无欲而民自朴。"

"视之不足见，听之不足闻。"大道的存在状态很奇妙，凭借一般的感官能力是感觉不出来的。"视之不见名曰夷，听之不闻名曰希"①，"夷"和"希"就是人类总结的大道的几种存在状态："夷"是指大道是客观存在的，但是用眼睛或设备观察不到；"希"是指大道是客观存在的，但是用耳朵或者设备却监听不到。"夷"和"希"都是人类认知大道的真实反映，人类能够意识到"道"的存在却难以验证其存在状态，所以想要真正悟通"道"实为不易。

"用之不足既。"治理者刻意展现大道的作用时反而不会产生效能。这是因为大道的作用机理与任何刻意而为是不相容的，大道是最平淡最朴实的，也是最不争功的，但大道同时也是最有原则最不通融的。在具体事行为中，符合大道就会成功，不符合大道就会失败，这需要某种内在的契合。"用之"表现出治理者强烈的主观意愿，隐含着要操纵和利用大道的意味，这就自然会导致一些刻意的作为，这些刻意而为本就已经偏离了大道，必然会导致功败垂成。"不足既"表达的意思是，一旦治理者背离了依照大道行事的初心，就会产生背离大道的主观意愿，哪怕其外在的治理行为看起来依然非常符合传说中大道的行为方式，也一样不会达到真正依道行为的恰当结果。

孔子所说的"朝闻道，夕死可矣"②，就是深受老子的影响，在表述上也是一脉相承的。结合《道德经》来看孔子的这句话，

---

① 《道德经》第十四章："视之不见名曰夷，听之不闻名曰希，搏之不得名曰微。此三者不可致诘，故混而为一。"

② 《论语·里仁》第四："子曰：朝闻道，夕死可矣。"

孔子认为一旦懂得了"道"，并具有了"道"的品质，人生就达到了圣人境界，此时就人生而言已经能够做到"不失其所""死而不亡"①。老子和孔子虽然已经仙逝千年，但他们的思想却影响至今，他们所提倡的做事原则和方法也被传承延续，指导着后人的言行。

---

① 《道德经》第三十三章："不失其所者久，死而不亡者寿。"

第三十六章　因势利导　有备无患

将欲歙之，必固张之；将欲弱之，必固强之；将欲去①之，必固兴之；将欲夺之，必固予②之。是谓微明。柔弱胜刚强。鱼不可脱于渊，国之利器不可以示人。

——《道德经》第三十六章

这一章讲的是大道在治理对抗中的应用，老子将战略决断和战术实施的辩证关系清晰地勾勒出来。现实世界中总有一些人逆道而行，他们中有的人能力很强并掌握着很多资源，对于这些强大的对手，治理者要依道行事、与之斗争，在做出战略抉择后，还要因势利导采用适当的策略，以确保实现战略目的。针对不同的对象和不同的战略目的，所采取的具体策略也应有所不同。

---

① 帛书版此处为"去"，王弼版为"废"。
② 帛书版此处为"予"，王弼版为"与"。"予"通"与"。

> "将欲歙之，必固张之；将欲弱之，必固强之；将欲去之，必固兴之；将欲夺之，必固予之。是谓微明。"

"将欲歙之，必固张之。"当需要从战略上压制对手，使之势力收缩时，那么现状一定是对手已经具有了相当的规模，而且还有维持既有态势甚至进一步扩张的实力，如果直接表现出要使对方收缩的战略意图，对方一定会采取措施去阻止我方行动，因而正确做法是要给对方制造一种继续支持其扩张的假象。这里的"固"表明一种坚定的态度，甚至是一种略显过度的支持。这样一来就会有两种结果：一是如果对方是有智慧的，能够认清形势就会有所收敛，自行收缩，治理者的战略目的就能够达成；二是如果对方不知收敛，继续坚持扩张的话，在扩张过程中将会日益骄横贪婪、横行霸道，待其露出破绽，治理者可适时采取行动进行打击，对方就会因为失道寡助而顾此失彼，这时再压缩对方的势力就很有把握了。

"将欲弱之，必固强之。"当需要从战略上削弱一些对象时，那么这些对象的现状一定是比较强势的，具备较强的博弈实力，而且这些对象为了巩固既有地位，还会有进一步增强实力的欲望。对待这样的对手，正确的做法是不直接削弱，而是要激发起对方进一步争取利益的冲动，让他们获得更多的短期权益，进而沉醉于自己日益强大的错觉中，这种形势下他们必然会恃强凌弱、引发众怒，终将沦为众矢之的。明道的治理者此时再出手削弱对方，既能得到各方面的支持，对方也会因缺乏援手而无力抵抗，这样便会取得事半功倍的成效。

"将欲去之，必固兴之。"在战略上需要根除的对手或事物，一定是已经存在了较长时间，具有相当的势力与影响，这些对象的存在甚至已对组织治理形成了根本性障碍。但这种势力或事物一定是盘根错节的，如果上手就想拔除是非常不容易的，还可能因为一击不中而陷入被动。而且，过早暴露战略意图等于打草惊蛇，会令对手处处警惕步步为营，战略实施起来会代价巨大。正确的做法是：对于战略上明确要根除的对象，一定要姑且纵容他们，让他们误以为还有很大的发展空间，可在短时间内进一步做大。这样一方面会让更多的人意识到其危害，另一方面可促其内部为利益分配不均而彼此攻讦、自相残杀，这时候伺机出手就可以整合力量逐个击破，彻底铲除该势力。

"将欲夺之，必固与之。"当需要从战略上剥夺某些对象的既有利益时，一定是这些既得利益群体已经相当庞大。为了保护这些既得利益，他们会采取各种手段以求自保。治理者下决心去剥夺他们的时候，如果直接施压，让他们让出一定既得利益，这不仅不可能，还会迫使其动用各种手段进行对抗，其结果很难把控。最好的办法是让其感觉治理者对既有的格局尚能接受，与治理者合作还有可能得到更多的利益，从而让他们自己放松警惕，肆行无忌而出现重大失误。此时，治理者强势出手，则可以一举剥夺其既得利益，又可使其失去讨价还价的能力。

"歙之""弱之""除之""夺之"这几种战略目的，对于对手的打击程度不同，目的达到后形成的治理格局也不同。"歙之、弱之"说明彼此还可以共处，受打击的主体在新的治理格局中仍能保有一席之地。"除之、夺之"则基本形同水火，很难再相处了，原来的敌对主体在新的治理格局中基本会被完全淘汰。在这里讲的是面对敌人或者对手的时候，如何正确地按照大道去行事。治理者要从根本上做到"知己"和"知彼"，根据自己的战略需求和对手的实力来确定对策。

老子说，能够用好上面所说的战略，就是对大道的善加运用，可以称得上"微明"。"微明"是一种看破表象直达事物本质的通达认知。第十四章曾讲过"搏之不得名曰微"，因此这里的"微"代表了对于具体事物的认识极限，是从细微之处见大道。"微明"就是能够针对具体情况恰当运用大道，不呆板教条、不墨守成规，这是在具体实践中运用大道的最高境界。《孙子兵法》中所说的"兵者，诡道也"，也表达了类似的意思。

> **"柔弱胜刚强。鱼不可脱于渊，国之利器不可以示人。"**

"**柔弱胜刚强**"进一步肯定了这种辩证认知的高明。当对立的双方进行角逐时，其中策略灵活、敢于示弱、懂得变通、认真审视对手的一方会取得最终胜利，而另一方往往因为其对策单一僵硬、轻视对手、屡出败招而招致失败。为了与本章前面的表达相呼应，"柔弱胜刚强"在本章的理解中，也可以更为灵活地表达为"己欲张则固歙，己欲强则固弱，己欲兴则固去，己欲予则固夺"。

"**鱼不可脱于渊，国之利器不可以示人**。"鱼只有在深水中才可以自由自在地生活，长成很大的鱼，尤其是像鲸、鲨鱼这样庞大的海洋生物，一旦离开深水，它们的活动便会十分被动、处处受困，甚至因搁浅而死亡。出于同样的道理，国家政策的核心秘

密与保障国家安全的核心力量也不能暴露于天下，以避免对手有
针对性地制定对策，一旦冲突发生，就会造成不可预知的损失或
危害。因此，现代国家为了保证国家的高度机密不被泄露，"国之
利器"在一定的阶段内对民众保密是很有必要的。

第三十七章　遵道而行　天下自正

道常无为而无不为。侯王若能守之，万物将自化。化而欲作，吾将镇之以无名之朴。镇之以无名之朴，夫将不欲。不欲以静，天下将自正。

——《道德经》第三十七章

本章是"道经"的最后一章，在一定意义上，它也是对"道经"的总结。

"道常无为而无不为。"

大道以其"常无为"造就了人类赖以生存的大千世界，也成就了人类本身。所有人类的活动和结果，以及非人类的活动和结果，都是大道运行的产物。道既可以支持万物生息繁衍，让万物竞相发展，又可以让万物归附，保持能量与物质守恒，支持一轮又一轮的万物兴替。

　　老子的系统思想主张恰到好处地作为，这是积极客观的大智慧，是敢于负责、善于担当的行为能力。**用所谓的"积极"或者"消极"来评价老子的系统思想，是在试图用一个单一维度来衡量一个高维度的复杂思想，其站位本就已经低了，自然无法很好地领会老子系统思想的奥妙，甚至曾经有人把老子贬损为"没落奴隶主阶级的代表"，就更像是一个特定时代留下的历史笑柄。**实际上，千百年来所有的治理阶层都把老子思想作为治国安邦的宝典，只是不同时代、不同治理者在理解上各有差异，落实到具体行为层面上便也存在明显差别：有的治理者感悟深刻，成就了时代辉煌而名留青史；有的治理者理解平平，只是勉强延续了治理，却也没有可圈可点之处；有的治理者感悟较差，就会陷入治理困顿，极端情况下甚至导致国破人亡。

　　"无为"是一种境界，它不是简单意义上的不作为，而是按照大道的规律去恰当地作为。"无为"是以强大的行为能力为基础，并能够看开个人的名利得失。后面第四十四章会讲到："名与身孰亲？身与货孰多？"明道有德的治理者善于有效作为，但不会为了展现自己的能力去刻意作为，是淡泊名利没有私心地作为，是做成大事之后即功成身退宠辱不惊。**"常无为"**是最高水准的治理行为，是在任何情况下都能够恰当地作为。具备这种能力的治理者，一定能够将国家和组织带向更加美好的未来，令其民众幸福满足，令后人赞美向往。

　　在二十一世纪初，加拿大环境经济学家彼得 A. 维克托（Peter A. Victor）出版了一本书，中文译名为《不依赖增长的治理：探寻发展的另一种可能》（Managing Without Growth：Slower by

Design，Not Disaster①），对于发达国家政府管理模式提出了一些新的思考，提出要还原经济增长的真相，要重新审视经济增长与社会发展的关系。该书作者认为有设计地降低发展速度，并不会带来发展的危机，还可以增强民众的幸福感，实现经济社会的可持续发展。这些观点与老子在几千年前的主张很吻合。

圣人之所以成为圣人，在于其对发展规律的深刻理解和对社会本质的深邃洞察。中国社会长期被封建集权统治思想所禁锢，造成了人文艺术与科学技术发展之间的极大失衡，老子系统思想在传承过程中被任意肢解和曲解，逐步演变成了五花八门的宗教、政治、文人雅学和训诂学问，而在哲学、科技、治理等方面却没有得到应有的传承和发展，自然不能向世人全面展现真实的老子系统思想，由此造成了对老子思想的许多误解和系统学习的恐惧感。

"侯王若能守之，万物将自化。"

一国治理者如果能做到无为而无不为，构建符合大道的治理体系，带头自觉遵守治理规则，社会民众也会上行下效自愿跟随，这样社会就会实现良性的循环。"**侯王**"指代管理国家的最高层级的治理者，他们向民众所宣示的发展目标和道德目标，以及为此而采取的纲领、政策和保障措施，一定要符合客观规律和现实情况。特别是，对待民众要"长之育之，亭之毒之，养之覆之②"。

---

① 该书英文版于 2008 年出版，中文版于 2012 年由中信出版社出版。
② 《道德经》第五十一章："故道生之，德畜之，长之育之，亭之毒之，养之覆之。生而弗有，为而弗恃，长而弗宰，是谓玄德。"

好的治理者具有天然的感召力，在这样的治理环境下民众自身素质会不断提高，国家内部组织和治理效能会不断提升，进而形成较强的综合国力。这样的国家能够与外部世界形成良性互动，在与其他国家的交往中能保持恰当的距离。大国能够"兼蓄人"，小国能够"入事人"①，世界各国和平相处，各得其所。

> "化而欲作，吾将镇之以无名之朴。镇之以无名之朴，夫将不欲。"

任何事情都会有例外，譬如不可教化的社会另类和蛮不讲理的敌国对手的存在，同样是一种客观规律和社会现实。个别人在行为上背离大道，私欲膨胀行为乖张，就会成为民众中的害群之马；个别国家不讲道义，无视公道恃强凌弱，就会对整个世界治理体系形成了威胁。对于这样的个人和国家，老子并不主张妥协迁就，而是态度鲜明地主张对其进行惩戒和反击，建议治理者在行动上要秉持大道，系统运用大道的智慧，以恰到好处的方式对其进行有效的压制。

"镇之以无名之朴。"明道有德的治理者因为对大道有完整的认识，所以能够以恰当的方式，对不符合大道的行为进行反击、压制、镇服。"朴"是大道的完整体现，"无名之朴"是指超出一般人认知水平但符合大道的高超智慧和能力，包括"动善时"和

---

① 《道德经》第六十一章："大国不过欲兼蓄人，小国不过欲入事人，夫两者各得其欲，大者宜为下。"

"事善能"①。前面第十五章曾讲过"古之善为道者，微妙玄通，深不可识"，明道有德的治理者具有超凡的能力，善于以其人之道还治其人之身，正所谓"魔高一尺道高一丈"。

"**镇之以无名之朴，夫将不欲**。"明道的治理者虽然制定了惩罚不良行为的制度体系，但目的不是让很多人去犯错，然后再加以惩处，而是要及早发现不好的趋势和苗头，事先进行广泛的警示与告知，阻止人们非分欲望的产生和蔓延，而不会等到病入膏肓、回天乏术之时再施以惩治。在"镇"的具体实施手段上，不是采用仇恨对立、暴力剥夺的方式，而是用一种可以触动人类心灵的大道来影响和纠正他们。这种"镇之以朴"的目的是"夫将不欲"，就是使那些有本事作乱的人不再有生事的欲望，这便从根本上防止了各种祸患的发生。

比如，当下社会一些人利用社会发展机会先富起来，或者利用制度给予的社会地位获得了更多的回报，这些人本该抱有更大的感恩之情，以行动来回报社会和民众。但在现实中，他们非但不思回报社会，反因既得利益而欲望大增，为了攫取更多的财富不惜大肆破坏社会规则或自然环境，甚至追求极端的奢靡淫乐，败坏社会公德和社会法度。对于这些人，治理者就要建立完善的法律体系和制度机制，对违法者施以有效惩罚，使其失去最为看重的利益，从内心产生畏惧，从而起到有效的威慑和约束作用。

"**不欲以静，天下将自正**。"

---

① 《道德经》第八章："居善地，心善渊，与善仁，言善信，正善治，事善能，动善时。"

"**不欲以静**。"除了警示和压制民众的非分贪欲以外，治理者自己更要坚持大道而摒弃过多的私欲。"不欲"不是没有欲望，而是能够恰当地掌控个人欲望，不致因为欲望的驱使而偏离大道。这样治理者方能达到"静"的状态。在"静"的状态下，治理者才能够采取比较恰当的治理行为，保证社会运行在正确的轨道上。

"**天下将自正**。"治理者若是按照大道治理，就能使那些不安分的人不敢擅动，使那些有可能危害社会治理的事不会发生。好的社会治理能够实现"静胜躁"[①]的结果，即通过大环境的营造让社会主体摒弃坏的欲望，让整个社会环境和谐清净，国家和民众都能自我约束、正常行事。

---

① 《道德经》第四十五章："静胜躁，寒胜热。清静为天下正。"

治理的哲学

——解析《老子》系统思想本义

（下册）

刘春成　著

中国商务出版社
CHINA COMMERCE AND TRADE PRESS

图书在版编目（CIP）数据

治理的哲学：解析《老子》系统思想本义／刘春成
著. —北京：中国商务出版社，2021.8
　ISBN 978-7-5103-3590-7

　Ⅰ.①治…　Ⅱ.①刘…　Ⅲ.①道家②《道德经》—研
究　Ⅳ.①B223.15

　中国版本图书馆 CIP 数据核字（2021）第 170081 号

治理的哲学
——解析《老子》系统思想本义

ZHILI DE ZHEXUE
—JIEXI LAOZI XITONG SIXIANG BENYI

刘春成　著

出版发行：中国商务出版社
地　　址：北京市东城区安定门外大街东后巷 28 号　　邮　　编：100710
网　　址：http://www.cctpress.com
电　　话：010-64212247（总编室）　　010-64269744（事业部）
　　　　　010-64208388（发行部）　　010-64266119（零售）
邮　　箱：bjys@cctpress.com
印　　刷：廊坊一二〇六印刷厂
开　　本：700 毫米×1000 毫米　1/16
总 印 张：41.5
总 字 数：445 千字
版　　次：2021 年 12 月第 1 版
印　　次：2021 年 12 月第 1 次印刷
书　　号：ISBN 978-7-5103-3590-7
总 定 价：127.00 元（全二册）

目录 Content

德 经

德经

从第三十八章开始，我们就读完了"道经"，进入了《道德经》的下篇"德经"。经过反复研读，我们对于"道"与"德"的认识会更加清晰。

老子系统思想认为，"道"是客观存在的最高层级的复杂系统及其运行规律——这种客观存在既可以是无穷大，也可以是无穷小，小到靠人类感官能力和仪器设备都无法感知，大到靠人类最强大的想象力也无法企及其规模和维度；这是一个无法精确证实却又确实存在的巨大系统，人类无法用时间尺度来证实它何时产生，无法判定它的产生方式，亦无法完整地验证它的运行规律；人类已认知的复杂系统，像"天地""万物""天下"等等，都是大道系统的子系统，通过它们可以部分说明"道"的含义，但无法准确地把"道"讲清楚，这就是老子在《道德经》第一章中开宗明义地讲到的"道可道，非常道"。

老子所说的"德"，指的是人类对于"道"的认识，以及在这种认识指导下所进行的社会活动。"德"就像一面安装在每个人身上映射"道"的镜子，通过一个个不同的人反映出"道"在人类社会现实中的表现。由于每个人的认知能力存在差异，"德"的表现也就千差万别，就算是社会精英或治理阶层，依然会有认知水平的高下之分，而治理者们对于大道认知水平的高下会直接影响到他们治理下的国家或者组织的命运。

第三十八章　高明低调　厚重朴实

上德不德，是以有德；下德不失德，是以无德。上德无为而无以为；下德为之而有以为。上仁为之而无以为；上义为之而有以为。上礼为之而莫之应，则攘臂而扔之。故失道而后德，失德而后仁，失仁而后义，失义而后礼。夫礼者，忠信之薄，而乱之首也。前识者，道之华而愚之始。是以大丈夫处其厚，不居其薄，处其实，不居其华。故去彼取此。

——《道德经》第三十八章

老子在"德经"开篇就明确提出了以"德"为核心的社会治理水平优劣的划分标准，并对不同等级的治理者行为做出评价。

"上德不德，是以有德；下德不失德，是以无德。"

"德"这个概念首次是以"玄德"之名出现在《道德经》第

十章,"德"在全书16个章节中出现过①。"德"是人类悟道之后,在具体行为中表现出来的悟道水平,"玄德"则是指人类悟道、行道的最高境界。这里讲到的"上德"和"下德",是治理者在现实治理中依大道作为的具体表现。治理者即使意识到了大道的存在,内心也想按照大道去行动,但是因为个人的悟道水平不一,在实际治理中的行为表现和治理成就也相差甚远。

"上德"指治理者对大道有很高的认知水平和治理艺术,所思所行能够与大道相对应,对于大道认识深刻且不拘泥于陈规陋矩,能因时而变、恰当应对,在常人看来其行为似乎没有什么定式,但这恰恰是"德"的最高境界。与之相对,有的治理者总想在语言上、姿态上、行动上表现出一副固有的"德"的模式,在常人看来其一举一动似乎都很符合"德"的规矩,但他们拘泥于定式的"德",这在老子看来只能算是"下德",也就是治理者中的下品了。

对于"**上德不德**"的理解,与"道可道,非常道"是对应的——凡是能够被常人意识到的"德",就如同"可道"的"道",是人们曾经积累的经验认识;对于"下一时刻"的每一个治理实践,必须要有新的变化以适应新的形势与环境,才能够成为争取体现大道的"非常道"。能够描述的"德"只体现了此前的治理行为是与大道相符的,但是面对下一时刻的治理实践,仍然需要有所变化。"不德"不是"没有德",而是面对不断变化的治理实践,将已经形成认知的"德"作为基础但不拘泥于死板的

---

① "德"字出现的章节包括:十、二十一、二十三、二十八、三十八、四十一、四十九、五十一、五十四、五十五、五十九、六十、六十三、六十五、六十八、七十九。

形式，能够恰到好处地应对新问题新变化。每时每刻的治理行为都符合大道，是对大道最好的体现。所以老子说"上德不德，是以有德"，这与"道之出言……听之不足闻，用之不足既"① 是彼此呼应的。

而"**下德不失德**"的境界就比较低了，这种治理行为能够坚持已经认知的"符合大道的方式"，但是却忽略了"德"本身与"道"一样是无时无刻不在变化的。追求"不失德"反而会缺少恰到好处地应对变化的能力，是刻板地坚持一种曾经存在的正确，却不是恰当应对当下的正确。所以在实践中的表现与大道会有差距，甚至会背离大道，其实践的结果是与"德"失之交臂，也就是"无德"。

正是因为存在"上德不德，是以有德"和"下德不失德，是以无德"的差距，所以接下来就形成了两者在具体行为方式上的差异。

> "上德无为而无以为；下德为之而有以为。"

具有"上德"的治理者能够做到无为，也就是不胡乱作为，不肆意妄为。而且，具备"上德"的人内心已经与"道"契合，所以在做到这一切"无为"的时候是自然而然的，既不会沾沾自喜，也不会自以为是。具有"下德"的领导者表面上看也能做到"无为"，似乎与具有"上德"的治理者很像，但是在内心却有很大差别。只具有"下德"的人之所以能够"无为"，是基于对

_____

① 《道德经》第三十五章："道之出言，淡乎其无味，视之不足见，听之不足闻，用之不足既。"

"德"的表现的追求，是强迫自己做到无为，但是这种"无为"因为不能与"道"契合，所以"下德"的治理者在内心深处对于自己悟道的境界会估计过高，对于自己的成就也难免自我陶醉，时不时还会冒出自我表现的冲动。这种"为之而有以为"一旦被某种外因诱惑，很可能导致欠缺考虑的率性而为，甚至是有违原则的肆意妄为，从而为后来者留下遗患。

> **"上仁为之而无以为；上义为之而有以为。"**

以"上仁"的境界为民做事，民众全然察觉不到，治理者也不会想去表现自己。"**上仁**"是基于人性的最大爱心，孔子主张的"仁"就是这个境界，这与西方主要宗教和西方现代国家所主张的"博爱"是一致的。在现实世界中，能够在实际治理中做到以所有民众为上，对于弱势群体或个体给予额外的关照，使得国家或组织中的每一个人都不觉得优越或者卑微，这种"为之而无以为"，是一种与大道相符的高超境界。

"**上义**"，是"君子终日乾乾，夕惕若"[1]，是一种充满阳刚之气、只争朝夕的劲头，想干事且能干事，孔子解释为"天行健，君子以自强不息"。但是，"上义者"自己会比较辛苦，也会让组织中的其他成员有压迫感，因此"上义"的这种"为之而有以为"，与"上仁"是有明显差距的；与第八章讲到"上善若水"时所主张的"居善地，心善渊，与善仁，言善信，正善治，事善能，动善时"相比，差的就是一大截了。

---

[1] 《易经》乾卦："九三：君子终日乾乾，夕惕若，厉，无咎。"

孔子说，"学而时习之，不亦乐乎。"如果将人领悟大道的实践过程也看作一个复杂适应系统的自学习自迭代过程，"学而时习之"与"居善地、心善渊、与善仁、言善信、正善治、事善能、动善时"有暗合之处。"居、心、与、言、正、事、动"是每个人都需要学习和运用的七种能力，这七种能力与"地、渊、仁、信、治、能、时"是相关联的，而"善"就是最恰当的关联方式。孔子强调"学"就是要掌握能力，"习"就是要发挥能力，"时"就是要把握恰当的时机，这里面就包含了"七善"的精妙。

> "上礼为之而莫之应，则攘臂而扔之。"

在现实世界中，无论是"上德"还是"下德"，对于普通的治理者来说都是过高的要求，一般很难达到。很多治理者连"上仁"和"上义"也做不到，只能依照"上礼"行事。所谓"上礼"，就是按照前世圣人们的行为模式和经验总结，制定出一套固化的行为规范，用来规范不同阶层、不同社会关系的人员之间的关系和行为。但即使是模仿圣人行为而制定的最高明的制度，也就是"上礼"，也只是过去某个特定情况下的恰当选择，用在已经发生变化的现实情况中总会有不协调之处。

礼的实行需要一定的强制性。"上礼"是已经设定好的，世人只能遵守而不能去问为什么；如果有人不想遵守，不管其出于什么原因——有的人可能是因为具有更高的德行，更多的人则可能是因为德行太低——只要于礼不符，都要对该行为加以强制性规范。由此，形成了"三纲五常"和诸多的"家规""乡规""族规"。这些规范到了后期，逐渐体现出固化规则对于个体思想和行为的"绑架"，违反者往往会遭到严厉处罚。这便成为近代很多人诟病中国传统文化的口实。孔子的儒家学说被后世所沿用，其实多是用其"礼"，比如用来规范君臣、父子、夫妻、师徒、兄弟等关系。重视礼，既有一定的积极作用，也有更大的消极影响，这就是本章随后讲到的"前识者，道之华而愚之始"的一个典型例证。

> "故失道而后德，失德而后仁，失仁而后义，失义而后礼。夫礼者，忠信之薄，而乱之首也。"

"故失道而后德，失德而后仁，失仁而后义，失义而后礼。"在老子的系统思想中，"道"是最根本的存在，也是最恰当的行为准则。大道映射到人的行为上，因为悟道的境界不同，导致人的行为能力也高低不同，存在层级上的差异，人类的行为水平由高到低依次可归类为"德、仁、义、礼"。老子系统思想将"道、德、仁、义、礼"由高到低排了一个顺序，并指出，等到只能依靠礼教来管理社会的时候，道、德、仁、义的影响力就很弱了。

"夫礼者，忠信之薄，而乱之首也。"如果仅依靠制度体系规范治理，固化的制度与变化的现实会产生冲突，固化制度的弊端也会不断暴露出来。"忠信"一词在《道德经》仅出现一次，其中"忠"是诚心尽力，"信"是取信于他人，"忠信"是一个人行为所展现出来的评价很高的外在特点。"礼"这种忽视了个体特点的普适性制度，对于个体的友好性很差。僵化的制度的公信力会越来越低，自然难以使每一个人在行动时都"诚心尽力"，人和人之间的嫌隙不断产生。最终，个体对于制度的对抗不断涌现，而且规模由小到大；人和人之间的矛盾由个体不和发展到群体对抗，隔阂与冲突愈演愈烈。社会动乱的种子一旦种下，很快就会萌发，成为一切乱象的根源。

> "前识者，道之华而愚之始。"

那些有先见之明的人能够认知大道，这是他们的高明。不过，一旦这些先见之明被固定下来成为"礼"，并要求后人无条件地遵守，这些"礼"就会成为后人继续探求大道真谛的阻碍。不仅如此，由于后来者被迫按照这些固化的"礼"去解决变化中的问题，各种愚昧可笑的行为便会不断出现，从而导致治理行为与大道相背离。《道德经》在开篇时就讲过"道可道，非常道"，因为"道"并非一成不变，依"道"而行也要不断适应变化。如果试图将灵活变化的"道"固化为一成不变的"礼"而停止探索和创新的步伐，那人类必然会由智慧转入愚昧。

> "是以大丈夫处其厚，不居其薄，处其实，不居其华。故去彼取此。"

"大丈夫处其厚，不居其薄"，这里的"大丈夫"指的是明道有德的治理者，他们能够具备与"上德"相对应的大智慧，并在现实治理中展现大道和大德的特点，尽量做到"生之、畜之、长之、育之、亭之、毒之、养之、覆之"①，让民众能够充分感受到

---

① 《道德经》第五十一章："故道生之，德畜之，长之育之，亭之毒之，养之覆之。"

治理者的"忠信"。"大丈夫"能对社会民众予以充分理解和包容，所采取的治理制度、法律、政策、措施等都符合"以百姓为刍狗"①的大道理念，体现出对于民众的大公平；并能对被治理者做到"生而弗有，为而弗恃，长而弗宰"②，将大道和大德通过日常中的治理行为不断展现出来。"大丈夫"不居其薄，就是不追求让民众当下感知到治理者的"善行"，不以任何肤浅形式迷惑愚弄民众，而是通过"忠信"的行为让民众获得"我自然"③的感觉，这才是厚重的"玄德"，不带有丝毫哗众取宠、捞取个人名利的浅薄心思。

"**处其实，不居其华**。"明道有德的治理者讲求实际，处事脚踏实地、心中有底，而不会在意世间的荣华，不做华而不实的事。他们处事思虑周全、胸有成竹，采取的行为方式实实在在、简洁明了，决不会让民众吃亏。这种具有大智慧的"实"是民众可以感到的，民众自然会充分信任他们，愿意追随他们前行，在实践中不断夯实相互间的共处基础。

大道的"实"才是精髓，而"实"与"朴"相依相随，是"为腹不为目"；"华"虽能为平实的大道添加富有吸引力的外在展现，但它也会影响和干扰普通民众的心，"居其华"必然导致"五色、五音、五味"④泛滥，因此"有道者不处"⑤，明道有德的治理者绝不会这样做。

---

① 《道德经》第五章："天地不仁，以万物为刍狗；圣人不仁，以百姓为刍狗。"
② 《道德经》第五十一章："生而弗有，为而弗恃，长而弗宰，是谓玄德。"
③ 《道德经》第十七章："功成事遂，百姓皆谓：'我自然'。"
④ 《道德经》第十二章："五色令人目盲，五音令人耳聋，五味令人口爽。"
⑤ 《道德经》第二十四章："物或恶之，故有道者不处。"

"故去彼取此。" 老子系统思想主张要按照不断变化的道去行事，要始终坚持灵活生动的"道"，时刻保持警惕，不能把基于"七善"的"忠信"变成"礼"之类的生硬教条和陈规陋习。治理者在实践中做到"去彼取此"，就是要避免墨守成规，反对教条主义和形式主义，特别是要警惕打着"道、德"之名而行"忠信之薄"的倾向，避免这些"乱之首"导致社会治理走向混乱。这是一种能够把握事物本质的大智慧，是将大道充分理解之后，再转化成信手拈来、恰到好处的治理实践。就像"实事求是"①中的"是"，就是道的体现，强调必然性下的偶然性。

---

① 《汉书·河间献王传》："修学好古，实事求是。"毛泽东在多篇文章中反复提到实事求是，如《改造我们的学习》一文中指出：马克思列宁主义的态度，是应用马克思列宁主义的理论和方法，对周围环境作系统的周密的调查和研究。……这种态度，就是实事求是的态度。"实事"就是客观存在着的一切事物；"是"就是客观事物的内部联系，即规律性；"求"就是我们去研究。

第三十九章　一以贯之　实至名归

昔之得一者：天得一以清；地得一以宁；神得一以灵；谷得一以盈；万物得一以生；侯王得一以为天下正①。其致之也，为天无以清，将恐裂；地无以宁，将恐废；神无以灵，将恐歇；谷无以盈，将恐竭；万物无以生，将恐灭；侯王无以正，将恐蹶。故贵以贱为本，高以下为基，是以侯王自称孤、寡、不穀。此非以贱为本邪？非乎？故至誉无誉。不欲琭琭如玉，珞珞如石。

——《道德经》第三十九章

"一"这个词最先出现在《道德经》第十章，"载营魄抱一，能无离乎"说的是人类追求把精神和形体统一到"道"上来；第十四章再次提及，"一者，其上不皦，其下不昧"；在第二十二章中也有"圣人抱一，为天下式"的表述。**这个"一"就是"道"**

① "正"通"贞"，河上公本作"正"，王弼版等版本此处作"贞"。

与具体的主体结合之后的具象表现，是通过客观主体展现出来的具象的大道，对于人类而言，就是当前对于大道的最深刻认知。"一"如同一个吉尼斯纪录，它只是当下的极限，始终存在着被改写的不确定性，一旦这个记录被突破，就有可能进入一个全新的境界。

> "昔之得一者：天得一以清；地得一以宁；神得一以灵；谷得一以盈；万物得一以生；侯王得一以为天下正。"

在大道系统内部有很多子系统，比如"天地"① "万物"②"天下"③"邦国"等，这些子系统中的主体如果能够将自身的运行或行动与大道恰当结合，就会拥有核心能力，支撑和保障其在更大系统中的有效运行，由此证明"道"所能发挥的决定性作用。**这里的"昔"指的是过去已经发生过的真实情况，"得一者"泛指所有将大道与本系统具体情况恰当结合的特定系统。**

"天得一以清"。"天"与大道契合后，展现出来的具象是星辰遍布的清明空间，这一表述或许源自古代"盘古开天辟地"的神话式猜想，但这与现代宇宙生成理论也完全相符。作为"天地系统"的重要组成主体，"天"本身就是一个巨大的复杂系统。传统的"天"指的是包括地球大气层在内的地面以上的广阔空间，包括星辰都是"天"的一部分；现代的"天"已扩展到辽远的宇宙空间，其中包括极其复杂的天体结构，潜藏着复杂的作用机制。

---

① 对于"天地"这一子系统的基本理解，参见本书第一章。
② 对于"万物"这一子系统的基本理解，参见本书第一章。
③ 对于"天下"这一子系统的基本理解，参见本书第二章。

"**地得一以宁**。"人类赖以生存的"大地"与大道契合后，展现出来的具象是足以支撑万物生存的安宁平稳的大环境。大地是人类正常工作生活的地方，也是"天地系统"的重要主体。"地"作为一个复杂系统，传统上是指以陆地为代表的生存空间，现代的"地"则扩大到所有的地球表面。随着航天技术的发展，人类对于其他星球的利用正在探索中。如果有一天人类开始在火星、月球等星球上建立永久居住设施，"地"这个复杂系统的概念就会彻底发生变化。

"**神得一以灵**。"神与大道契合后，展现出来的具象是神的各种灵通。"神"是一个统称，过去人类认为一切可感知但不能准确解释的行为和现象，其背后的控制者就是"神"。随着人类认知能力的提高，被视为"神"的现象越来越少。在科技发达的今天，对于"神"的普遍信仰几乎不存在了。但当人类因为自身能力不足而面对巨大的不确定性时，往往还会觉得有神存在，并希望"神"可以提供佑护。

"**谷得一以盈**。"山川河谷与大道契合后，其具象是水体充盈，滋养万物。"盈"是人类对于山川河流的一种评价，蓄水之所清澈而不泛滥，临水之处万物竞发、生机勃勃。对于人类而言，"谷盈"意味着风调雨顺、水资源丰富，更有利于生活和生产。山川河谷能够达到盈的标准，就意味着谷与天地四时相合。

"**万物得一以生**。"这是说世间万物与大道契合后，展现出来的具象是姿态各异、竞相生长。"万物"的狭义概念是一切有生命的物体，包括一切动物、植物等。广义的"万物"是一切存在周期性变化的物理存在，除了狭义的生物以外，还包括很多非生物的物质存在，比如山川、河湖、平原、海洋、星辰等。

"**侯王得一以为天下正。**"这是说国家治理者若能与大道契合，就会在治理中展现出高超的智慧，能够让民众各得其所，进而实现国家的富强安宁。老子系统思想对于民众和治理者同样看重，并始终强调二者之间的辩证关系。"道大，天大，地大，王亦大"①，其中治理者对于国家治理和社会进步的作用和影响不容忽视。

> "**其致之也，为天无以清，将恐裂；地无以宁，将恐废；神无以灵，将恐歇；谷无以盈，将恐竭；万物无以生，将恐灭；侯王无以正，将恐蹶。**"

接下来，老子又以反证的手法来说明"一"对于主体发挥作用的决定性影响，指出"天、地、神、谷、万物和侯王"一旦背离了大道，就会陷入绝境而不再能正常运行。

探究这些现象的本质就会知道：如果"天"失去了"一"，天空将不再清明有序，宇宙就会迸裂；如果"地"失去了"一"，大地将不再有风调雨顺，就会失去对于人类和万物生存的支撑能力；当神灵失去了"一"，将不再拥有原先的各种灵通，就不再能够保佑那些信仰神灵的人们；当山川河流失去了"一"，将会因为失去源头活水而不再充盈，就会出现旱灾或洪涝，导致很多生物无法正常生长，不能提供丰富的物产，环境变得萧条败落；当万物失去了"一"，将难以适应环境而失去繁衍和生存能力，

---

① 《道德经》第二十五章："故道大，天大，地大，王亦大。域中有四大，而王居其一焉。人法地，地法天，天法道，道法自然。"

一些物种就会丧失生机而日渐消亡；当国家治理者失去了"一"，将不能依照大道治理国家，治理体系就会出乱甚至崩溃，国家会陷入内忧外患、民不聊生的状态。

> "故贵以贱为本，高以下为基，是以侯王自称孤、寡、不穀。此非以贱为本邪？非乎？"

"贵以贱为本"，这句话明确指出了人类社会中好的治理所应遵循的基本原则。"贱"[①] 的本意是对于某些事物的估价偏低，以致交易双方都认为物超所值，从而更容易实现交易；既然有价格低估的情况，也就会有价格高估的时候。当某些事物的估价超出其价值时，就是"贵"了。交易中的货物是如此，社会治理中对个人贡献的认定也是如此，"不自伐故有功"[②]。

"高以下为基"，这句话比较好理解。"九层之台，起于累土"[③]，树高千丈叶落归根，这些都是人类可以观察到的现象，对于其中的道理也容易理解。在社会治理中，正是因为有大量普通民众的平凡，才能显现出治理者的卓绝。如果没有这些普通民众，治理者独自置身于无人之地，结果只能是寂寥一生、无功而终。

通过对"天、地、神、谷、万物、侯王"与"道"契合为一的生动描述，可以得出一个对于治理者而言至关重要的结论，那就是"贵以贱为本，高以下为基"。就是说，那些被广大民众欣

---

① 《说文》："贱，贾少也。"（贾，古又同"价"。）
② 《道德经》第二十二章："是以圣人抱一为天下式。不自见故明；不自是故彰；不自伐故有功；不自矜故长。"
③ 《道德经》第六十四章："合抱之木，生于毫末；九层之台，起于累土；千里之行，始于足下。"

然接受的治理者，其根本原因是其内心怀有对于百姓万物的谦卑之情；那些能够登高一呼万众响应的领袖人物，其内心始终是与社会底层紧密联系的。人类社会中最早的侯王如尧舜，都是人中圣贤，他们都深知并践行了这个道理。

"**是以侯王自称孤、寡、不毂。**"人类是群居社会，"孤、寡、不毂"都是普通人生活中孤独无依的状态，就像失去父母的孩子，就像失去配偶的成年人，就像没有辐辏的车毂，难以团结依靠周围的人共同成事。侯王谦称自己是孤单的人、落寞的人、缺少凝聚力的人，其实是提醒自己去获得更多人的支持、帮助和拥护。

"**此非以贱为本邪？非乎？**"老子非常郑重地告诫精英人物：这些先贤圣君们为人类做出了那么伟大的贡献，都能够保持如此谦逊的心态，不正是体现了以卑贱为本的道理吗？这段文字的有趣之处还在于，惜字如金的老子为了强调这个观点，还在这里加重语气反问了一句：非乎？——难道不是么？以此来强调治理者保持谦逊低调的必要性。

"故至誉无誉。不欲琭琭如玉，珞珞如石。"

精英人物要有正确的人生观和价值观。治理者大都追求人生的荣誉，殊不知最高的人生荣誉是不需要别人嘉奖的。

"**至誉无誉**"是说，如果治理者把追求个人荣誉作为出发点，希望所有的成就都要得到世俗标准的回报，那么最终得到的只会是表面的荣耀，顶多是一时热闹，不会有很高的历史评价。明道有德的治理者不去追求世俗的荣誉，也不会接受世俗的追捧和赞誉。这种超然的状态恰恰体现了一个治理者所能达到的最高境界。

"不欲琭琭如玉，珞珞如石。"真正高明的治理者会抛却私利，不计较个人的名利得失。这些明道的治理者有着高尚的人生观和价值观，他们的品格温润如美玉，质坚如宝石。他们的贡献将被人们长久铭记，这才是真正的荣耀，其中的道理同老子在《道经》第二章中讲的"夫唯弗居，是以不去"是一样的。

第四十章　道之所为　创新为本

反者，道之动；弱者，道之用。天下万物生于有，有生于无。

——《道德经》第四十章

本章是《道德经》中非常简练的一章，短短 21 个字，却对"德经"起着提纲挈领的作用。本章内容对于治理者的实际行为有重要的指导价值，其中涉及老子系统思想的几个重要概念，那就是"反""弱""有""无"。若能理解和把握好它们，就基本掌握了打开《道德经》这个系统思想宝库的金钥匙。

理解好这几个概念，有助于每一个悟道的人深刻理解"道"，进而将悟道所得转变成自身的行动能力，也就是"德"，并依靠个人的"德"，在国家和组织治理中建功立业。理解好这几个概念，还有助于治理者在展现"德"的时候，用符合大道的心态去客观看待个人成就，不被"五色、五音、驰骋畋猎"① 等感官刺激所诱惑，能够控制不当的欲望，做到善始善终，达到悟道有成的高超境界。

在这里，有必要再梳理一下老子对于"道"的表述。《道德经》第二十五章中讲过，"有物混成，先天地生。寂兮寥兮，独立而不改，周行而不殆，可以为天地母。"老子指出有一个无法命名的巨系统，结构非常复杂，其内部子系统之间有机协同浑然天成。这个巨系统的形成时间比"天地系统"还要早。对于人类的认知而言，这个无法名状的巨系统的表现是混沌的，它安静而广阔，无法确定它的形态和规模。

第二十五章中还讲过，为这个"先天地生"的巨系统命名很困难，因此只能尽力给它一个比较合适的称呼。"吾不知其名，（故强）字之曰道，强为之名曰大。"老子把这个巨系统的正式称呼确定为"道"，将它的通俗称呼确定为"大"。《道德经》原文曾多次用到"大道"② 一词。在本书中，我们也常常采用"大道"这个词来指代原文中的"道"。这既是保持老子的本意，也是为了与现代汉语的造词习惯保持一致。

基于"道"与"大"的关系，老子又进一步解释说，"大曰逝，逝曰远，远曰反"，这是对于"道"的递进式解释。我们在第二十五章中已有阐述，"反"就是"道"最接近人类生活的体现，体现为人类能够实施并产生实际后果的行为，也就是我们所

---

① 《道德经》第十二章："五色令人目盲，五音令人耳聋，五味令人口爽，驰骋畋猎令人心发狂，难得之货令人行妨。"

② 《道德经》第十八章："大道废，有仁义。"第三十四章："大道泛兮，其可左右。"第五十三章："使我介然有知，行于大道，唯施是畏。大道甚夷，而人好径。"

能够发现的各种规律，并可以遵循其行动。

因此在本书中，我们按照现代语言习惯，用逻辑定义的方法，将老子系统思想关于"道"的定义进行了表述："道"是一个巨系统，而且是一个原生的母系统，它不再依托于别的更大的系统，因此是最复杂的、最高层级的存在形式。"道"与生俱来的完整性使得它的运行规律恒定不变，它的存在也无法用时间、规模等人类既有的测度标准去衡量，在人类所能认知的最早的时间点之前它就存在了，在人类可预测的时间维度内也不会消失，它是唯一永恒的存在。

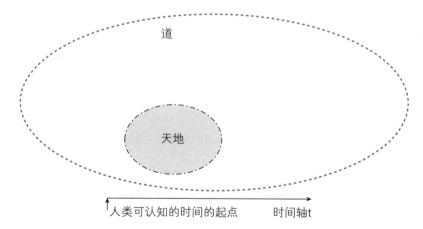

图 40-1　对于"道"与人类所认知的"时间"之间的关系的理解①

"反者，道之动。"

大道是一个高维度系统，其包含的维度超出人类的理解和认知，在任何人类可以理解的维度上，大道都是无限的，可以在这

---

① 本图旨在说明时间维度上的先后关系，图中各种形状的长短比例无明确含义。

些维度上无尽延伸，且这些延伸又是可逆的。不管在什么维度、什么领域，千差万别的表象都能回归到大道的原点，并能够清晰地显现出其内在联系，这就是"反"。规律无处不在，在不同的领域、不同的事物上，我们都能够总结出规律或者看到规律的影子，这些都是"道"的运行轨迹。在老子看来，"道"是世上万事万物运行规律的总和，"道"对于人类社会的存在和治理实践发挥着主导作用，也就是现代哲学中所说的"发挥决定性作用的客观存在"，只不过在系统复杂性程度上，人类社会的治理比"道"的本体要简单很多，它们中间至少还存在着两个系统层级的跨度，那就是"天"和"地"。"天"的系统复杂性低于"道"而高于"地"，"地"的系统复杂性低于"天"而高于"人"。它们之间的系统关系是"人法地，地法天，天法道，道法自然"①。

"弱者，道之用。"

"弱"也是一个重要的概念。前面第三十六章首次提出"柔弱胜刚强"②，在那一章中"柔弱"主要作为敌对双方博弈时的策略。到了本章，老子告诉我们，不仅仅在战争中，也不仅仅在敌我之间，而是在人类生活的方方面面都应该秉持这一原则。这个道理细细想来能够使人豁然开朗。人们为了达成某个目标，通常采取的策略是增强自己的能力，认为只要能力越强大就越能克服

① 《道德经》第二十五章："故道大，天大，地大，王亦大。域中有四大，而王居其一焉。人法地，地法天，天法道，道法自然。"
② 《道德经》第三十六章："将欲歙之，必固张之；将欲弱之，必固强之；将欲去之，必固兴之；将欲夺之，必固予之。是谓微明。柔弱胜刚强。"

困难，取得更大的成功。这从具体的战术层面和具体技术领域来看是对的，但是从战略层面和系统角度则不然。因为人本身就是宏大复杂的大道系统的产物，人类社会是大道这个巨系统中微不足道的主体之一，人类只有依照大道而行才能够在"天地"这个由"道"生成的巨系统中生存下去。

"弱"就是人类对于大道的恰当的遵从，是大道在人类具体行动中的运用。 若没有系统观念，即使在现实治理活动中取得了一点成功也只是局部的、暂时的，缺乏系统思维而一味追求这种暂时的强大、局部的成功，反而导致更复杂更困难局面的出现，面临更大的挑战。所以一定要认识到：在人类的各种实践活动中，"弱"是永恒的，"强"是暂时的。

第七十六章会进一步讲到"弱"："人之生也柔弱，其死也坚强"，"故坚强处下，柔弱处上"。我们在处理事情的时候，在与人相处的时候要敢于示弱，这恰恰是符合"道"的行为。遗憾的是，在现实社会中真正懂这个道理并能身体力行的却是凤毛麟角。所以老子在第七十八章直接指出，"天下莫柔弱于水，而攻坚强者莫之能胜，以其无以易之。弱之胜强，柔之胜刚，天下莫不知，莫能行。"

"天下万物生于有，有生于无。"

老子系统思想认为，"无"和"有"是大道存在的两种基本形态。前面第二十五章讲过，"道"先于天地而生，"无"是"道"在"天地系统"形成之前的一种存在形态，"天地系统"一旦产生，就成为一个以"有"的状态存在于大道系统之中的复杂巨系统。这种"有"作为"道"的一种存在形态出现时，如同一个无限变化的万花筒横空出世。

"**天下万物生于有**。"在"有"的状态下，"天地系统"内部的各种事物便产生了。现代人常说"天地万物"，但在老子的《道德经》中"天地"与"天下"是两个含义不同的词汇，并不混用。**此处的"天下"可以泛指普天之下，即存在于人类治理能力可达的范围，在此范围内的一切事物，都属于以人类有效活动范围为边界的复杂系统，自然它也是"天地系统"的一个子系统。**"天下"作为比"天地系统"更低层级的子系统，是在"有"的状态下产生的，"万物"则是"天下"这个系统内部的众多主体，"万物"自然也是"生于有"的。"天下"系统内部通过衍生分化，又形成无数个处于更低层级的子系统，即所谓的"万物"。系统内的子系统还可以继续分化，也就是各级子系统可以不断细分；并且这种逐级分化也是无限的，是"不可致诘"① 的。

"**有生于无**。"在这里老子明确指出，物质存在的形态"有"是由形态"无"而来的。就任何一个确定的复杂系统而言，都是由"无"而生"有"的，这就是现代复杂系统理论所说的"系统生成论"。**约翰·H. 霍兰**在复杂适应系统理论中则将其中表达的"**有生于无，有归于无**"的过程更具体地描述为系统"**积木块**"的"**拆封**"与"**封装**"。"无"和"有"不是相互对立的关系，而是相生相辅的关系。所有新出现的系统和主体的存在都是由"无"的状态化生为"有"的状态，且既有的系统存在也会从

---

① 《道德经》第十四章："视之不见名曰夷，听之不闻名曰希，搏之不得名曰微。此三者不可致诘，故混而为一。"

"有"的状态回归到"无"的状态。比如，一个国家的建立、一种制度的诞生、一个组织的形成，某种意义上都具有这种特点，就是"有生于无"；而一个国家灭亡，一种制度消灭，一个组织消失，就是"有归于无"。

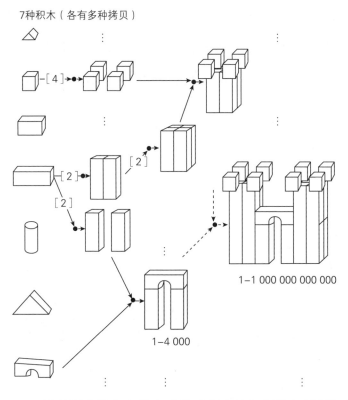

7种积木（各有多种拷贝）

1—1 000 000 000 000

1—4 000

图40-2　霍兰提出的复杂适应系统"积木块"封装与拆封机制①

通过这一章的分析，回头再来理解第一章讲到的"无，名天地之始；有，名万物之母"，就会有更加深刻的理解了。"无"就是"道"在"天地系统"产生之前的状态。对于人类社会而言，

---

① 本图来自［美］霍兰：《隐秩序：适应性造就复杂性》，上海科技教育出版社2011年版，第35页。如果从左向右来看，这是一个积木块"封装"的过程；反之，如果从右向左看，就是一个"拆封"的过程，即将更大的系统拆解为小一层次的积木块。

也可以理解为"无"是一种新系统出现前的原生状态，是质变发生前的系统状态。"有"则是系统生成以后的状态。当系统处在"有"的状态时，就具备了有边界、可测度规模等特点。

老子系统思想的这些基本观点在其他重要的哲学思想体系中也有体现。比如佛教《金刚经》中讲到"如恒河中所有沙数，如是沙等恒河"①，以此来表达佛法的宏大无边际，其中包含的对于宏大系统的产生、构成与解构的辩证思考与老子系统思想颇为相似。

---

① 《金刚经·无为福胜》。

第四十一章　闻道而行　善始善成

上士闻道，勤而行之；中士闻道，若存若亡；下士闻道，大笑之。不笑不足以为道。是以建言有之曰：明道若昧，进道若退，夷道若颣。上德若谷，广德若不足；建德若偷，质真若渝。大白若辱①，大方无隅，大器晚成；大音希声，大象无形，道隐无名。夫唯道，善始且善成②。

——《道德经》第四十一章

这一章文笔生动而鲜明，运用多个排比句式讲述了不同层次的人才在大道面前的不同表现，并进一步说明了为什么在同样的环境里，有些人可以明道、行道，知行合一，而有些人却把宝贵的精力用于无节制地满足私欲、争名夺利，看似风光一时，待光环褪去，则又消极颓废甚至身败名裂。这与第三十八章中讲过的

---

① 马王堆汉墓帛书（甲本、乙本）中，"大白若辱"写作"大白如辱"，并且其位置是在"广德若不足"之前。

② 马王堆汉墓帛书（甲本、乙本）为"善始且善成"，王弼等版本为"善贷且成"。

"上德"与"下德"、"道、德、仁、义、礼"遥相呼应，进一步说明超然的大道与人类德行之间的关系。

"士"在老子生活的年代应该是一个特定的称呼，《道德经》中亦多次提及。"士"的本意是有能力的人，也被用作对男子的美称①，在《诗经》中与"女"相对②。但后来"士"字逐渐被用以特指有专业能力的人，在现实社会中有能力的人一定会在某种规模的群体中发挥全面领导或者专业引导作用，正如曾子讲的"士不可以不弘毅，任重而道远"③。按照学者们对"士"的解释，上古时期的"士"是刑狱官，到了商周时期"士"指贵族。西周时期的分封制形成了相应的社会等级：天子→诸侯→卿大夫→士。其中，"士"是普通人靠个人努力能够达到的较高的社会地位。那时的"士"多为卿大夫的家臣，但古时候家臣不同于现代社会领导身边的秘书、服务人员，而是在不同方面技能超群的人。当时对其还有一些细分归类的称呼，如死士、谋士、勇士。后来"士"被用来指"古代四民"之一——读书人④，即具有一定知识水平和社会影响力的人，大致相当于现在所说的社会精英人士或不同领域的专业人才。

大道的作用是无穷的，但对很多人来说，它是捉摸不透、枯燥无味的，有时像隔着一层窗户纸，有时像对着一个哈哈镜，总觉得不能窥得其真容。这就如同第三十五章讲过的，"道之出言，

---

① 在甲骨文中，"士"对应的这个符号是动物的雄性性征。参见参见许进雄：《新编进阶甲骨文字典：甲骨文发现 120 周年纪念版》，台湾字亩文化出版社 2020 年版。

② 王力：《王力古代汉语字典》，中华书局 2000 年版。

③ 《论语·泰伯篇》："士不可以不弘毅，任重而道远。仁以为己任，不亦重乎？死而后已，不亦远乎？"

④ 《汉书·食货志上》："士农工商，四民有业。学以居位曰士。"

淡乎其无味，视之不足见，听之不足闻，用之不足既。"当有机会听闻真正的"道"时，不同层次的人才会有怎样的表现呢？老子对此进行了生动的刻画。

> "上士闻道，勤而行之；中士闻道，若存若亡；下士闻道，大笑之。不笑不足以为道。"

"**上士闻道，勤而行之**。"最高层次的人才在接触到大道的时候，犹如醍醐灌顶、恍然大悟，然后反复感悟理解，结合实际坚持不懈地去实践。曾子讲"吾日三省吾身"[1]，就是上士闻道之后的典型表现。王阳明主张的"致良知"[2]和"知行合一"[3]，也符合老子关于上士的行为规范。老子是圣人也是传道之人，在他之后只有孔子、王阳明具有类似能力。《道德经》第二十三章讲过，"同于道者，道亦乐得之。"真正求道而明道之人会发现这个过程愉悦无比，尤其是在处理尘世纷争时能够做到"燕处超然"[4]。禅宗六祖慧能所说的"本来无一物，何处惹尘埃"[5]，也能说明其悟道已达到了极高的境界。

"**中士闻道，若存若亡**。"能够称得上中士的人，通常都有很

---

① 《论语·学而》："曾子曰：吾日三省吾身：为人谋而不忠乎？与朋友交而不信乎？传不习乎？"

② "致良知"是王阳明反复给学生讲解的基本观点。比如他在《答欧阳崇一》中说，"良知不由见闻而有，而见闻莫非良知之用，故良知不滞于见闻，而亦不离于见闻。孔子云：'吾有知乎哉？无知也。'良知之外，别无知也。故'致良知'是学问大头脑，是圣人教人第一义……"参见《王阳明集》，中华书局2016年版。

③ 《王阳明集》记载王阳明是在38岁时第一次提出"知行合一"。对于知与行之间的关系，王阳明曾说，"知是行的主意，行是知的功夫；知是行之始，行是知之成。"

④ 《道德经》第二十六章："是以君子终日行不离辎重。虽有荣观，燕处超然。"

⑤ 六祖慧能法师："菩提本无树，明镜亦非台，本来无一物，何处惹尘埃。"

高的天资，有很好的学业积累，在实践中也有较高的业务能力，属于比较成功的人士。这一类人对于道的作用虽是认同的，但在一些情况下又会想不通或者不能依道行事，比如涉及私利与公道的冲突时，就会内心矛盾甚至背道而行。这种人抱有私心，因而对大道的理解不全面不坚定，在现实中容易出现偏差和反复。因此，当他们依道而行时，就会举重若轻、成效斐然；当他们背道而行时，则会舍本逐末、功败垂成。中士到了一定层次后很可能会止步不前，到头来还可能被名声和利益所累，落得个风光一时、黯然收场。这种人物在历史上屡见不鲜，在生活中也比较常见。

"下士闻道，大笑之。"还有比"中士"更差一等的，这类人才也许能够干成某些具体的事情，平常或许会显得比别人聪明、反应快，但做事喜欢走捷径、爱投机。他们对于大道根本就不相信，认为那是骗人的，依道而行是傻、是笨。

在现实中，这些人通常会占得更多小便宜，在某一转折时刻，当一些新的机会通道被开启时，他们依靠反应快的特点能通过投机获得较多利益，甚至赚得盆满钵满。但由于他们本质上是背道而行，只会把这种短暂的特殊状态当成常态，把投机之术当成常胜的法宝，在事业做大之后反而容易变得更狂妄自大，不能客观认识自身与环境的关系，不能接受已经形成的新规则，而还想继续把投机发挥到极致，到头来难免会输得精光，落得身败名裂。比如改革开放初期的倒爷，以及前些年的一些不法煤老板，在特定背景之下，他们凭借投机特性和冒险精神取得了一时的成功，但是大部分人意识不到成就他们的昔日环境已经迅速改变，仍然不知收敛地触碰法律和道德的底线，结果在全面依法治国的环境下很快就遭到淘汰，沦为了反面教材。

"**不笑不足以为道**。"对于下士来说，他们会因为对大道辩证统一的特点不理解而发出讪笑；对依照大道行事的人不理解而发出嘲笑。对于中士来说，当他们在实践中领悟到大道的微妙玄通时，能够会心一笑；在悟道受阻突破无门之时，则会发出无奈的苦笑。对于上士来说，他们坚持与道同行，无为而无不为，面对社会和人生的百态时常会现出淡淡的微笑。

> 是以建言有之曰："明道若昧，进道若退，夷道若纇。上德若谷，广德若不足；建德若偷，质真若渝。"

"**明道若昧，进道若退，夷道若纇**。"通过前述分析后，老子对以士自居的治理者提出了这样的忠告。**真正明白大道的人非常通达，这种通达在普通人看起来反而不太明确、看不清楚，丈二和尚摸不着头脑。这个"昧"字说的就是这种境界，这是一种不会偏执的境界。正是在这种内心世界不断丰富与外在表现愈加沉静的矛盾统一中，一个人在对道的认识获得了提升，其表现反而像是在退步。**这种情景类同于很多武侠小说对于武林高手突破某个境界时的生动描述。大道是最简单明了的，贵在坚持，但是人们却误以为简单明了的东西不会是什么深奥的道理，反而把那些对于大道故弄玄虚的晦涩解释、掺杂了个人片面观点或故意夹带私货的一己之见当成是大道，结果貌似找到了捷径，实际是入了旁门左道。很多在悟道和修炼中走火入魔的人都是很典型的例证。

"**上德若谷，广德若不足；建德若偷，质真若渝**。"至高无上的"德"就像低洼宽阔的河谷，可以承接所有汇集而来的河流溪水，容得下社会中千差万别的客观存在。广大的"德"能够惠及世间万物，但表现得却很谦和，随着时间和环境变化还能够不断优化提升。刚健的"德"不是靠强势来体现的，而是表现得柔和随性，让普通人也容易接受。最实在的"德"不会讨巧，明明给大众带来了很多福祉，却好像自然而然地发生，如同空灵无物。

> "大白若辱，大方无隅，大器晚成；大音希声，大象无形，道隐无名。"

"**大白若辱**"，光线明亮至极点就像是进入了黑暗。太强的光亮会使人失去视觉，如同陷入黑夜。"白"的本意是指从日出开始到日落前的天色，这是太阳光线穿过地球大气层时发生散射并被地面物体反射的结果。有趣的是，当光线在几乎空空荡荡的太空中传播时，由于不会被反射、散射和吸收，所以宇宙看起来反而是黑暗的。"辱"在此是"埋没"之意，这一点现代人已经比较容易理解了。比如宇宙间的黑洞，由于其质量极大，时空曲率大到光线都无法从其视界逃脱，人类反而无法正常看到，对视觉而言就像一个无法看透的黑洞。在现实世界中，一个人的智慧太高、能力太强，反而会受到歧视和非难，需要承受很多误解和压力。这是与众不同的主体必然要面对的特殊境遇。

"**大方无隅**"，将一个几何形体无限放大，达到极限状态时，就难以找到其任何的边或角了，在这种无边无际的状态下，以任何一个主体为中心的系统都是没有边际的。反过来说，在无限的系统空间中，任何一个子系统或主体却不会成为系统的中心，可以说系统中不存在中心和角落的区别。宇宙就是一个"大方"系统，它也是"无隅"的。**在社会治理中，人类也可将"大方无隅"作为一个发展方向。比如正在兴起的区块链技术主张"去中心化"，本质上可以理解为"多中心化"，也就是每一个系统主体都拥有相同的信用，进而引导每一个系统主体自觉自愿地担负起应有的义务和责任，推诿扯皮只会给它们带来信用的损失。在这样的治理环境下，"我为人人，人人为我"，就成为每个主体理所当然的选择。**

"*大器晚成*"，是说自然界中，越是高级的物种其发育成熟的时间越长。人类作为最高级别的生命体，不仅需要经历漫长的孕育期，还需要经过长期的规范教育，才能成长为合格的社会建设者。而且，即使在同一种群中，最出类拔萃的个体往往都是历经了长时间的雕琢方才成材成器，比如学士、硕士、博士，首先以接受教育的时间长短加以区别，然后才是学识深浅。民间对于小孩子有"贵人语迟"的说法。瓷器的烧制过程也是这样，越是大型的、工艺复杂的瓷器，其烧制加工的程序和耗时越多，成功率则相对较低。

"*大音希声*"，是说声音的频率高到一定程度时人类将无法听到，低到一定程度人类也无法听到，这一点现代科学已经验证。"音"和"声"是不同的，"音声相和"，当一个人把所有能量集中起来想努力发出最高音调的时候，反而没有足够的能量来支撑发声，结果就只能发出非常微弱的音；也就是说，极端高昂或者极端低沉情况下其实根本发不出声。要发射极高频率声波或者极低频率声波也需要很大的能量支持，比如大型射电望远镜和长波通信站，都需要很强大的能量支持。

"大象无形"，目前已知的一些极大的系统并没有固定的存在形态，比如说人类至今也无法探知宇宙的基本形态，更不要说准确地呈现宇宙了。有趣的是，人类作为"道"的产物，对于大道这个根本的母体始终怀有探究的好奇。从某种意义上讲，正是这种与生俱来的好奇，推动着人类文明的演变和发展。

"道隐无名"，真正的"道"尚不能用人类语言清晰描述，但这种不确定的"道"又可以在每一个细小事件和日常细节中清晰地展现。大道如此奥妙而又真实，这一点是老子系统思想的核心，所以在《道德经》开篇就直抒本义，"道可道，非常道。名可名，非常名。"

> **"夫唯道，善始且善成。"**

感悟大道并付诸行动，需要与治理者的具体能力相结合，分别具有"上德、中德、下德"的不同层次的治理者，其实践能力也大不相同。高水平的治理者善于把握时机，恰如其分地推行治理活动。他们能够把宏大治理目标与普通民众的日常工作联系起来，能够把复杂理论以民众能理解并认可的通俗语言加以表达，通过与民众的共同努力达成社会治理的愿景，从而泽被众生、造福人类。在此过程中，治理者努力让每个社会主体都产生成就感和自豪感，治理者自己却不居功不自傲。不是所有的治理者都能成为"善为道者"，但只要把有限的人生用于追寻大道，做到从善如流，那也一定可以成就无愧无悔的一生。

第四十二章　循序谦逊　成就辉煌

道生一，一生二，二生三，三生万物。万物负阴而抱阳，冲气以为和。人之所恶，唯孤、寡、不穀，而王侯以自称。故物，或损之而益，或益之而损。人之所教，我亦教之：强梁者不得其死，吾将以为教父。

——《道德经》第四十二章

在《道德经》里，支撑起老子系统思想的重要概念包括"无、有、道、德、一"等，搞清楚这些概念的含义对于准确理解老子系统思想非常重要。

"道生一，一生二，二生三，三生万物。"

老子认为，"道"是最复杂的系统存在，在第二十五章和第四十章中都对它进行过解析。"道"的结构非常复杂，但其内部的众多子系统之间能够有机协同、浑然天成。"有物混成，先天地生"。

它的表现形态是混沌（chaos）[①] 的，相对于人的认知能力而言，"道"的维度和层级也都是无限的，任何可以被验证的存在都只是"道"的不同层级的子系统；同时，"道"的特点又是可以探索和认识的，人类可以去发现和总结"道"的运行规律并加以运用，若运用得当就会使得人类整体或者个体获得收益，这就是前面讲到的"善"。

"一"是"道"最初始的物化表现，它是由"道"产生的，"一"可以被人类凭借认知能力确定和感知，是人们感悟大道之后得出的系统认识。就这种认知而言，佛学中讲的"不二"也是类似的意思。《道德经》第一章所讲的"无，名天地之始；有，名万物之母"就明确指出，大道是"无"和"有"的不断转化，在这个无始无终、周而复始的转化过程中，"一"代表的是从无到有的质变，是"有"的开始，表现为母系统中出现了一个新的基于大道的子系统。

"一"是人类对于大道的全部或者某方面认知的极限，也是对这些复杂系统的定性描述，其存在维度将随着人类认知能力的进步而逐渐完整。对于人类既有的认识智慧而言，"一"是人类可认知的最复杂的系统存在，也是对大道或其子系统的完整认识。从这个意义上来说，全部宗教是"一"，全部美学是"一"，全部哲学是"一"，全部自然科学是"一"。

"一"在宏观维度的极限目前可以用宇宙来描述，在微观维

---

① 在复杂系统理论中，"混沌"特指一种复杂的非周期运动，表现为确定性系统内产生的随机性。"混沌序"是一种貌似无序的高级有序。随着现代科学对于混沌的研究，科学家们发现这一概念与古代思想有着千丝万缕的联系。参见苗东升：《系统科学精要（第3版）》，中国人民大学出版社2010年版。

度则已经认知到夸克等微粒子，在距离维度已经认知到秒差距①。人类对这些定量的清晰认知还在不断完善之中。从老子的系统思想看来，这些认知与大道的实际复杂程度比起来还只是沧海一粟，这也是老子所说的"无为而无不为"的思想基础。

"一生二"，是指在大道的具有完整性的子系统"一"的基础上建立起可以辩证分析的理论基础。这个"二"是可以相对清晰认知的次一级的复杂系统，即"二"是"一"的子系统。这里的"二"可以看作是"一分为二"的人类认知方式，即把人类已经能够相对清晰了解的复杂系统与仍然处于"认知混沌"的部分区分开来，对于可认知的子系统建立起可以描述可以研究的体系，对于尚待进一步认知的其他存在，则用假设、猜想、幻想等辩证的方法去寻找开启清晰认识的大门。这是人类认知论上的第一次巨大进步，使人类相信宇宙万物的本质是可知的，从而摆脱了对于各种"神灵"的无限依赖和恐惧。古希腊科学和哲学先哲泰勒斯（Thales）和中国哲学鼻祖老子都是这种坚定的"可知论"的提出者，他们是最早为人类点亮智慧火把的人。

后来，在这个层面上，又发展演化出所谓的唯心主义和唯物主义的区分，其实对于"大道"而言，这二者并无根本区别，它们是对于由"一"而生的两个子系统所采取的两种不同认知途径，它们都是符合大道的，只是因对象不同而导致的方法与路径不同，不应该成为不可调和的立场之争。**后世哲学家缺乏对于大道和"一"的整体认知，把"一分为二"的认知方法论当成哲学**

---

① 秒差距，天文学名词，用以测度恒星距离。参见本书第十四章的相关解释。

的根本之争，这是舍本求末，钻牛角尖，也是人类过度追求专业知识积累而忽略系统性认识的结果，可以说导致了整体认知智慧的退化，这是必须承认的一个大问题。

"三"是可以用实证的方式来描述、验证、分析、架构的子系统，"万物"则是通过掌握"三"这类子系统的运行规律而发展演变出来的形形色色的存在……在人类能够区分可清晰认知与不可清晰认知的复杂系统之后，就可以针对可认知的复杂子系统，建立起与人类社会的存在和发展紧密相关的各种研究通道。人类基于各种假设和实证方法建立起来的各种学科，能够从不同侧面不同纬度认知大道的奇妙，这些学科就是《道德经》第一章讲到的"众妙"。人类创立的各种学科都是在降低现实世界复杂性的基础上来相对理性地研究大道。人类认知在一次次困惑混沌、一次次理性顿悟之间不断转换提升，这就是"玄之又玄，众妙之门"。在每一个综合学科中又可以衍生出各种子学科，将对于大道的清晰认知转化成人类的行为能力。这些符合大道的人类行为将产生良好的结果，推动人类文明和社会治理的进步。

"万物"是人类凭借各种感知能力能够直接或间接认识的存在。依靠"眼、耳、鼻、舌、身、意"人类可以直接接触和感知"万物"，能够以"色声香味触法"等标准对"万物"进行分析度量，这是人类行为与客观世界的直接融合。"万物"的存在及其运作不再依靠各种假设，而是基于现实复杂性的个体特性，也是现实复杂系统中显性秩序和隐性秩序共同发挥作用的结果。"万物"以自组织和涌现的方式形成了丰富的生态，其出现既有必然性也有偶然性。在总体稳定的系统内部，众多的自适应主体不断运动变化和相互作用，呈现出各种具有时代特点的表现和问题。

"**道生一**"，是从无到有的转变，意味着某一个系统的生成。这个转变在思想上体现为一种顿悟，在学术上体现为一门新学科的创立。对于社会治理而言，一个新国家的成立、一个新城市的形成、一个新组织或机构的建立、一个新规划的提出、一个新产品的问世、一个新发明的完成，都是"道生一"。

"**一生二**"，是在新建系统的基础上形成辩证认识的方法论，也就是坚持从两个方面去认识系统。"反者道之动"[①] 就是主张辩证地认识和分析系统运行的规律和特征，研究大道在每一个具体系统运行中的具体作用机制。面对那些已经生成的复杂系统，如生物体、生态系统、社会组织、市场经济等，我们在分析的过程中要尊重其复杂性的生成规律而不是机械拆解，也就是尊道而行。老子说，道生万物的初始过程是"一生二"，这既可以看作复杂性的生成过程，也可以作为我们分析研究复杂系统的基本方法，即可以先"一分为二"，将复杂系统分解成不同的"功能子系统"，这些子系统由不同的功能模块组成，能够完成系统的特定功能。这种划分有利于我们对立统一地认识系统的复杂性和相对性，能够在充分理解的基础上促成复杂系统中的"有无相生，难易相成，长短相形，高下相倾，音声相和，前后相随"[②] 的良性互动，这种辩证思维对于做好社会和组织的治理有重要价值。

"**二生三**"，复杂系统在运行时需要将功能子系统进一步划分

---

① 《道德经》第四十章："反者，道之动；弱者，道之用。"

② 《道德经》第二章："天下皆知美之为美，斯恶已；天下皆知善之为善，斯不善矣。故有无相生，难易相成，长短相形，高下相倾，音声相和，前后相随。"

为若干功能模块以方便做分解式研究，这在复杂系统理论中称为"拆封"①。复杂系统都是层级系统或层级结构（hierarchy）②，可以被拆封为若干功能模块，每个功能模块单独被拆封后，又变成了更低层级的子系统。经过恰当拆封后，这些子系统内部仍然存在相互协同的机制和内部模型。对于整个系统而言，这些子系统就是一个个封装起来的自成体系的功能模块，在必要的时候可以再进行"拆封"。把一个模块作为一个系统，就可以采用模型化的方式对这个子系统进行具体的解析。这些模块由若干基础主体构成，在完成系统的特定功能时会发挥不可替代的作用。基础主体可以是由多个子系统组成的单元，其功能也不必是单一的，非对即错，而是介于正反之间。各功能内部以及各功能之间也不是简单加总的关系，这就是现代复杂系统理论所说的"非线性"③特点，而非线性思维正是复杂性研究对于人类思维模式的重大启发④。

"三生万物"，这就是复杂系统稳定运行后形成的丰富生态，基于系统内部基础主体的自主行为，带动各种要素在系统内流动，以"涌现"的方式不断产生各种新事物，进而展现出不同主体的标志性特征。主体之间的互动和影响也随着系统的发展演进而变

---

① 此概念解释及图示详见本书第四十章。

② ［美］司马贺（Herbert A. Simon）在其著作《人工科学：复杂性面面观》中，用两个钟表匠的寓言和相应的概率计算解释了为什么演化出等级结构对于生物进化是有利的。

③ 非线性是复杂性最重要的表现形式和产生根源。现实世界大多数对象本质上都属于非线性动力学系统，所谓的线性系统也只是对于弱非线性系统的理论近似。非线性是复杂适应系统的基本属性之一，其含义粗略地说就是整体值不等于各部分值的简单加总。

④ 1994年，迈因策尔在其专著中提出并论述了"从线性思维到非线性思维"的命题。参见［德］克劳斯·迈因策尔：《复杂性中的思维：物质、精神和人类的复杂动力学》，中央编译出版社1999年版。

化。在这个过程中，系统整体的变化是连续的，其中一些主体的变化却通常以突变的方式出现。每个系统的复杂性在程度上规模上都不相同，映射出的大道的形态也不同。

在现实治理中，由于每个人对于大道的认知程度不同，所具备的德行层次不同，因此每个人对于同一系统的理解也相差很大。在"一"的层面就开始产生差距和差异，由于"一"的不同必然导致在"二"的层面会有更多的分歧。"一生二"的结果就是在同一个系统中也存在相互对立的主体和行为，这是任何一个复杂系统形成后在运行中必然具有的特点。比如，生命系统一旦形成，功能作用相互对立的两大系统即摄入和排泄就开始运行，从而构成了新陈代谢的基本构架。基于系统内"二"的存在，还会进一步形成介于完全对立的双方之间的具有连接和转换功能的系统模块和主体行为。比如，人体的肠道系统既有吸收功能也有排泄功能，这种介于完全对立的双方之间的"三"，使得人体能够实现获得营养并排除废物的双重目的。系统中具有"三"的特点的主体和模块会进一步衍生和细化，于是各种兼具不同特点的属于"三"的新主体、新模块、新机制不断涌现，构成了复杂系统的丰富生态。这种生态在整体稳定的系统中发展迭代，既有显性的个体特点和运行法则，也有隐性的演化规律和生态功能，因其矛盾与协同，使得混沌的大道展现为精彩纷呈的大千世界。在后面第六十四章，老子还讲到了"合抱之木，生于毫末；九层之台，起于累土；千里之行，始于足下"[①]，都是结合现实生活中的经验

---

① 《道德经》第六十四章："合抱之木，生于毫末；九层之台，起于累土；千里之行，始于足下。为者败之，执者失之。是以圣人无为，故无败；无执，故无失。"

来说明道理。"合抱之木、九层之台、千里之行"无不是从大道出发按照"道→一→二→三"这个规律获得的成就。老子在第四十七章还讲了"不出户,知天下;不窥牖,见天道。其出弥远,其知弥少。"这是从反面说明:如果不明大道,没有正确的系统观,也就是离开了正确的"一",那么各种"有为"只会带来更加糟糕的结果,正所谓"差之毫厘,谬之千里"。

"万物负阴而抱阳,冲气以为和。"

世上万物要想健康成长,其习性都是背阴向阳,在阴阳的交互作用中得到和谐的发展。人类生活的世界是大道生成的"一",在这个世界之中,"阴"和"阳"就是"二"。阴阳虽然相互对立,但是可以通过"冲气"在每一个主体和子系统中达到和谐统一,实现事物的多样性。结合前面第四章讲到的"道冲,而用之或不盈",就可以更加深刻地理解为何老子系统思想认为,每一个主体都是阴阳的混合体,阴阳相互作用达成和谐统一,也就是系统内部各种要素的流动维持了系统的稳定运行。这是世上一切运动的本质规律,协同一致而又截然对立。

"负阴而抱阳"的特点在所有由大道形成的子系统中都存在,大到太阳系中的行星运行,小到原子核内部的粒子运动,都有类似的习性。人和世上的万千生物也是如此——大树的根深深地扎入地下,树干和枝叶高高地伸向太阳;人在刚出生时都是仰面躺着,长成朝气蓬勃的年轻人时昂首挺胸,这就是背阴而抱阳,等到年纪大了腰弯背驼,就成了背阳而抱阴,生命走向衰老,慢慢失去活力。

"冲气以为和" 是"负阴而抱阳"所要达到的结果。万物在具备了"负阴而抱阳"的基本条件之后，还需要系统内部要素的流动合理有效才能最终实现系统的和谐运行，真正达到"和"的境界。中国的人居选址把"山之南水之北"称为阳，在这样的环境居住更有利于生息繁衍。这是基于大道的人类经验和智慧，只是在与实际情况结合时会有很多变数，也就是"冲气"的内在模型和量化过程，对于研究者来说需要很多复杂的推演和测算。遗憾的是，在计算能力不强的古代仅有少数人掌握这些高深的技能，而且没能像现代数学那样成为可以普及的科学知识，于是基于阴阳的推算学问被人为地神秘化，甚至被误会为迷信，使得人类认知大道系统的智慧手段蒙上了玄幻的迷雾。

> **"人之所恶，唯孤、寡、不毂，而王侯以自称。"**

就人之常情而言，最不幸的就是小时候失去父母成为孤儿、成年之后失去伴侣成为鳏寡，或者年老了没有子嗣，这是普通人所不愿接受的境遇。而侯王却用这些称谓来自称，表明其经常处于一种不为常人理解的、特殊的孤独状态。普通人做事一般都会跟风随群，有预定的方向和可遵循的行为，对于个体而言，只要照规矩去做就可以了。但是万事总有一个发端，如果要推陈出新，或者做出前所未有的决策，必须有人去做第一个吃螃蟹的人。此时普通人通常会选择逃避或依靠他人，但是治理者就必须挺身而出、采取行动。层次越高的治理者就越会经常面临这种情境，其难度和复杂程度也会更高。作为一个国家的治理者，要对许多大事、难事、险事做出最终决策，没有可以依赖或推脱的对象；做好了将是莫大的成就，做错了也逃不掉天大的责任。其处境往往是常人无法体会的孤独，通常是无所依靠也无从借鉴。治理之"道"是孤独的，古代帝王自称为"孤、寡、不穀"，是提醒自己与大道保持一致，要像"道"一样坚忍独立，"周行而不殆"①，激励自己努力感悟大道，并以符合大道的方式来治理天下。

"故物，或损之而益，或益之而损。"

"或损之而益。"对于世间万物而言，与其他任何事物发生关系时都存在损与益的辩证关系。有的主体是先付出资源和努力，成全其他主体的发展和需求，比如果树为飞鸟提供了食物，表面看起来果树是受损的一方，不过飞鸟也帮助果树把种子带到远方，助力了果树在更广阔空间的种群繁衍，这对于自身不能迁移的果树来说是莫大的益处。在社会治理中，总需要一部分人为了实现长远正确的目标而努力，在此过程中他们会遭遇很多困难遭受很多非议，短时间内的劳而无果往往令很多人望而却步，但明道有德者会坚持前行，在历经磨砺之后才盼来峰回路转柳暗花明，最终成就斐然。不计较个人得失而坚持大道的治理者，在不懈付出的过程中也会不断受益，因为在造福他人的同时，自身也在不断完善和提升。

"或益之而损。"有些人有些事正好相反。比如处处争强好胜，做事总想讨巧占便宜的人，结果反而容易吃大亏。"大道甚

---

① 《道德经》第二十五章："有物混成，先天地生。寂兮寥兮，独立而不改，周行而不殆，可以为天地母。"

夷，而人好径。"① 这些看重眼前利益的人，每一步都要求对自身有利，把损人利己当成信条，甚至不惜损人不利己。这种人只想获得不想付出，事事必求利益回报。即便小有收益，但最终只会有更大的损失。正所谓"持而盈之，不如其已。揣而锐之，不可长保。"② 并且贪恋小便宜的人，往往会失去成就大事业的机会，所有的浮华到头来不过是过眼云烟、幻梦一场。

人类和世间万物始终处在各种关系之中。现代哲学理论认为"人是一切社会关系的总和"③。当社会主体处于不同位置，发挥不同作用的时候，其自身的"损、益"变化各不相同，存在着复杂的辩证关系，蕴含着深刻的大道理。后面第四十八章讲的"为学日益，为道日损"，更是从学习实践的角度进一步说明了这个道理。

> "人之所教，我亦教之：强梁者不得其死，吾将以为教父。"

"人之所教，我亦教之：强梁者不得其死。"老子认为以上所讲这些道理是"人之所教"，也就是圣人对有求道之心的治理者的教导。老子认为，这些道理还可以讲得更直白一些，那就是行事专横霸道的治理者是不会有好结果的，强横霸道的人是不会有

---

① 《道德经》第五十三章："大道甚夷，而人好径。朝甚除，田甚芜，仓甚虚。服文彩，带利剑，厌饮食，财货有馀。是谓盗夸，非道也哉。"

② 《道德经》第九章："持而盈之，不如其已。揣而锐之，不可长保。金玉满堂，莫之能守。富贵而骄，自遗其咎。"

③ 卡尔·马克思：《关于费尔巴哈的提纲》，"人的本质并不是单个人所固有的抽象物。在其现实性上，它是一切社会关系的总和。"

好的人生归宿的。当恃权仗势的人掌握了一个组织、一个国家或者一个区域的治理权之后，其言行往往表现为一种变态的强悍。他们表面强横而内心虚弱，结果往往是让民众为其"妄为"买单。"强梁者"虽然一时飞扬跋扈不可一世，最终都会败给天道人心而黯然退出历史舞台，身后徒留一片骂名，与"死而不亡者寿"① 形成鲜明的对比。

"**吾将以为教父**。"老子系统思想将本章所讲的这些思想原则作为传道解惑基本的立场、态度和原则。"父"是"矩"② 的意思，"教父"就是教导治理者的基本准则。老子引导治理者坚守"柔弱"的姿态，做到无为而无不为，让治理者懂得柔弱的价值并了解"强梁"的危害。治理者有了这样的认知基础，再去学习应用各种知识就能形成合力，在求道明德的过程中就能以一持万、进退有度，做到"无为而无不为"，终有所成。

---

① 《道德经》第三十三章："知人者智，自知者明。胜人者有力，自胜者强。知足者富，强行者有志。不失其所者久，死而不亡者寿。"
② 《说文》："父，矩也。家长率教者。"

第四十三章　柔能克刚　顺势而为

天下之至柔，驰骋天下之至坚。无有入无间，吾是以知无为之有益。不言之教，无为之益，天下希及之。

——《道德经》第四十三章

本章讲的是"至柔"和"无为"的巨大作用。结合前面第三十六章讲过的"柔弱胜刚强"，以及第四十章讲过的"弱者，道之用"，本章将老子系统思想中"无为"的真正含义讲得很透彻了，这就是"柔弱"达到极致时，"至柔"所展现出来的巨大能力。本章的篇幅不长，但对于我们完整准确地理解老子系统思想的核心理念意义重大。

> "天下之至柔，驰骋天下之至坚。无有入无间，吾是以知无为之有益。"

"天下之至柔，驰骋天下之至坚。"早在老子的时代，人们就深刻认识到"柔能克坚"的道理。比如，生活中人们利用柔软的麻绳和水流来切割打磨坚硬的玉石，自然界中柔和的水和风通过长年累月的水蚀、风蚀可以改变地形地貌等。以此可以推出，天下最柔软的东西却可以"攻克"天下最坚硬的东西。比如，光看似柔弱，却可以汇聚成极大的能量，现代人造的激光可以蚀刻坚硬的金属和宝石。又如，极度轻柔的碳纤维做成的材料，却具备许多坚硬材料所达不到的弹性和强度，可以应用在航天航空等军事领域，也可广泛应用于民用体育项目。

"**无有入无间，吾是以知无为之有益**。"几乎接近于"无"那样的"有"，是一种极端状态的"有"，是人类可认识的最小尺度的物理存在，这种极端的微小物质可以进入到看似不存在的间隙之中。**老子系统思想展现出来的大智慧可以说是人类共同的宝贵财富，他在《道德经》中反复讲到的很多涉及科学技术的论断非常具有远见，很多论断用传统的物理学和化学都难以解释，但是随着现代物理和化学的发展，这些深奥的道理已经可以通过实验来加以验证了**。比如，现代物理学利用粒子束来测定坚硬材料的密度，在这种实验场景中，粒子束就是老子所讲的"无有"，而被测定的固体材料就是"无间"。这些粒子凭着至微至柔的特点，能够轻松地穿行于密度极高的物质之中，既不会破坏这些物质，自身也没有损坏，这是一种不需要借助外力的自然能力，也就是"无为"。而这种"至柔"的"无为"方式比之在发现粒子之前曾采用的技术手段高明了不知多少。

老子系统思想关于自然科学的论述同样精妙深刻。在科技发展的大局上以其思想为指导可以"观其妙"，在科技发展的微观技术上以其思想为指导可以"观其徼"。现代人普遍认为，几千年前人类的科技水平还很低下，老子能得出这样的判断，我们不能不惊叹其智慧之高妙。反复研读老子的论述也不免会有一丝幻觉：人类是否曾经存在过比今天还发达的科技能力，只不过这些发达时期因为某种特定原因而消亡或中断了。像老子这样的圣人只是少数掌握这些信息的人，因为当时实现这些技术所需的配套手段都已消亡殆尽，所以无法实际应用，只能以这种高度凝练的语言来记录这些能力的存在，希望引导后人，在技术能力再度提升之后，能够再现曾经的史前文明。

"**吾是以知无为之有益**。"由此老子得出其系统思想中的一个重要结论，一个人只要能够达到"至柔"和"无有"的境界，那么就能展现出"看似无为，实则无所不能为"的惊人能力。这种道理用在管理组织和治理国家方面，就是"无为而无不为"。这种无为是不被常人所察觉和认知的，其中包含着治理智慧复杂集成之后的简明决策，便于普通民众理解和执行，而其中的精妙与价值只有少数人能够认识到。所以老子才说"吾是以知无为之有益"，这是圣人的感悟，是螺旋式上升了两个层次之后的认识。但其中没有"智者"的骄傲，也没有对普通民众的歧视。孔子讲的"民可使由之，不可使知之"① 也是继承了老子思想这种认识，普通民众对于治理决策的认可或不认可都是一种客观现实，符合大道的决策在推出前首先要考虑到民众的接受能力。有的决策会马上得到民众的认同，这时就可以充分发挥民众的创新

---

① 《论语·泰伯第八》："子曰：民可使由之，不可使知之。"

智慧和执行能力；有的决策比较超前，就要做好充分的说明引导工作，让民众有一个认知的过程，达成共识之后再逐步采取行动。相较之下，西门豹曾讲过的"民可以乐成，不可与虑始"①，也有类似的意思。只是其境界与老子相比就差了一个层次，与孔子的思想也有差距。

后来，在社会治理的指导思想上儒家一家独大，从宋朝开始更是推崇礼学，将原本富有生命力的系统思想变成了僵化的教条，将大道变成了巧术，将系统割裂成条块，将协同变成了对立，并在细枝末节上纠缠不休，印证了老子在第三十八章所讲的"道之华而愚之始"。囿于教条的知识分子由诸子百家时期的"上德"沦落到了"上礼"。一些智者自己尚未悟通大道，却想用僵化的教条来制约民众，当民众不满意社会治理现状时，他们就用严苛的刑法来高压威吓。这就是"上礼为之而莫之应，则攘臂而扔之"。后世治理者自己无能，还要让前世的圣人来背黑锅，实在是没有道理。后世哲学思想的没落最终导致中国封建制度在 19 世纪末 20 世纪初走向灭亡。老子早就预料到了后世"智者"对其系统思想可能会有片面理解或歪曲，故在第七十章讲道："吾言甚易知，甚易行也；天下莫能知也，莫能行。"真正了解大道很难，依照大道行事也难，知行合一更难。在老子离世近两千年之后，王阳明凭借过人的天资和传奇的际遇，真正达到了"知行合一"、

---

① 《史记·滑稽列传·西门豹治邺》："豹曰：民可以乐成，不可与虑始。今父老子弟虽患苦我，然百岁后期令父老子孙思我言。"西门豹（生卒年不详），战国时期魏国人，魏文侯时任邺城令，是著名的政治家、水利家，历史上的治水名人。

"此心光明，亦复何言"① 的境界，再次将以老子为代表的中国古代哲学思想的精髓发掘出来。

> "不言之教，无为之益，天下希及之。"

"不言之教。"在这一思想认识上，老子系统思想与儒家思想有着鲜明的差别——老子对于传道者、治理者提出了更高的要求，要求社会治理者应该比普通民众更了解大道，具有更高层次的"德"，并把"道"和"德"渗透到治理制度和治理行为中，让民众容易理解、方便执行；儒家思想则是把社会治理的要求演变成复杂庞大的规则体系，将法律、风俗、文化等合而为"礼"，细化成普通民众的刚性行为规则，要求民众时刻警醒和约束自己。进入现代社会后，很多人表面上都认同老子的这个观点，承认"不言之教"是开启人们智慧的最佳途径。但实际上，家长在教育孩子的时候，老师在教导学生的时候，领导者在指导下属的时候，国家在教化民众的时候，往往还是说得多、说得细、说得碎，貌似重点突出，实则空泛无力，因为这种教育方法更多地站在了信息发送者的角度而没有站在信息接收者的角度。比如，当下从小学到大学，各个学校都有一套校训，这些校训往往是形式上字句华丽工整，但是实际内涵对于培养一个人的完善人格来讲却是远远不够的。还有一段时期，不少城市治理者纷纷推出八股味十足的所谓"城市精神"，但这些文字只是些看似凝练的口号，为

① 《王阳明集·年谱三：自嘉靖壬午年在越至嘉靖己丑丧归越》："明日，先生召积人。久之，开目视曰：'吾去矣！'积泣下，问：'何遗言？'先生微哂曰：'此心光明，亦复何言？'"

了追求对仗和工整，其内容空泛雷同，与市民们对于理想家园的追求相比，这些口号挂一漏万，甚至词不达意。治理者的这些"立言之举"不仅不能实现其留名后世的私心和欲望，还被世人所不齿，沦为坊间的笑谈。这就是典型的"强梁者"，他们的名声最终将"不得其死"①。

"*无为之益*。"明道有德的治理者则将"无为"作为自己治理生涯的最高境界。"无为"的治理者不突出自己，不追求个人名利，能够以最小的代价实现国家和组织的发展目标。现实的组织管理者和国家治理阶层，或多或少都会认同无为的价值，内心可能也都想尝试"无为而无不为"的治理境界，但是真正能够付诸实践的却是少之又少。在后世的杰出人士看来，这就是"知易行难"。明朝的大思想家王阳明提出"知行合一"，进而更加具体地主张"致良知"，其人生经历亦证明，看似简单的大道理实行起来非常艰难。老子在本章讲的这个道理是《道德经》的一贯观点，后面第五十三章所讲的"大道甚夷，而人好径"，也是在强调积极的"无为"应该怎样具体实践。

"*天下希及之*。"最好的教育是超越语言的交流、感悟和印证。好老师不会给学生灌输陈旧的知识，强调一些过时的手段和措施，而是引导学生去掌握一种正确认识世界、按照客观规律正确行事的能力。真正具有领导和治理能力的人，善于把握当前社会的实际情况，知其历史、明其未来，用正确的理念潜移默化地

---

① 《道德经》第四十二章："故物，或损之而益，或益之而损。人之所教，我亦教之：强梁者不得其死，吾将以为教父。"

影响民众，带领大家去做有益的事情，在平静祥和的氛围之中就把很伟大的事业干成了。老子认为，能够行"不言之教，无为之益"的人才是真正的明道之人，甚至可以称得上是当代的圣人了。

第四十四章　进退有度　安身立命

名与身孰亲？身与货孰多？得与亡孰病？是故甚爱必大费，多藏必厚亡。知足不辱，知止不殆，可以长久。

——《道德经》第四十四章

名与利，是人一生中摆脱不掉而又难以把握的两个幽灵。很多原本天资很好的人，往往就是被这两个幽灵所诱惑，将才华和精力用在追名逐利上，不知不觉中偏离了做人做事的大道。更有甚者，把名利当成人生的唯一目标，穷极一生去苦苦追求，到头来追名者为名所累，逐利者被利所害，终究是竹篮打水一场空。

对于这一点，老子系统思想的总结简洁而深刻：

"名与身孰亲？身与货孰多？得与亡孰病？是故甚爱必大费，多藏必厚亡。"

"名与身孰亲？"要辩证地看待个人社会地位和悟道修养哪个

更重要，要理性超然地处理好二者之间的关系。在这里，"名"是一个人在组织和社会中的外在的、世俗的评价，可以理解为社会地位和社会声誉；"身"是一个人在社会和组织中展现出来的悟道水准和德行，是一个人对于自身素质的内在要求。治理者依照大道行事，为组织和民众做出贡献，自然可以获得民众的支持和组织的肯定，并获得相应的社会地位和社会声誉，展现出自己悟道的水平。这是一种悟道与行道，或者说修行与建功的有机统一。

在现实社会中，拥有更高的社会地位和社会声誉，在一定程度上确实可以较好地展现治理者的悟道和行道能力，也有助于社会和组织的良性发展，因此治理者若是为了在更大的空间和舞台上依道行事而追求更高的社会地位和社会声誉，这便可以看作积极的行为，也是符合大道的。但是，治理者须知道，这种对于社会地位和社会声誉的追求应有一个限度，一旦超出了自己的悟道水平和德行，就会走向反面。

明道有德的治理者会基于自己的悟道层次和德行，准确把握依照大道行事所需的社会地位和社会声誉，并且恰当地处理好这个平衡。不过在现实中，有些治理者在享受到显赫地位和声誉带来的好处之后，内心价值观的天平便发生了倾斜，其治理行为就会逐渐背离大道，其获取社会地位和声誉的目的就不再是匹配自身的悟道水平，而是一味追求名利带来的满足感，由声誉的主人变成了虚名的奴仆。当其"亲名"胜过"亲身"之后，治理者就会行为失当，有的只愿做讨好当下的事情，有的为了更大名利而不惜劳民伤财弄虚作假，这样就彻底背离了大道。治理者若是脱离了大道，背离了个人修养的初衷，即使显赫一时也不会长久，更不会得到历史的肯定。

"身与货孰多？"老子认为，要辩证地看待个人德行修养与各种利益之间的关系，在二者之间达成一个恰当的平衡。一个有能力有志向的人会不断感悟大道，按照大道行事，在此过程中其个人修养也会不断提升，其能够为社会为组织做出的贡献也会越来越大。按照现实社会的普遍规则，有能力的人必然会得到相应的利益回报，这些回报首先会被用于支撑这些行为主体的生存，进而保障他们在社会交往中必要支出，以及满足其他方面的物质需求。然而，在现实社会中，人们的追求总是趋向于多样化和复杂化。《道德经》第十二章所描述的"五色令人目盲，五音令人耳聋，五味令人口爽，驰骋畋猎令人心发狂，难得之货令人行妨"，讲的就是物欲膨胀对人的修养和德行造成的干扰，甚至会完全摧毁个人此前悟道修行的成果。因此，究竟是偏重于提高个人的"德"还是偏重于追求物质回报，这是治理者参悟大道、进德修业并付诸实践时必须做出的重大抉择。

"得与亡孰病？"得到与失去哪个更糟糕呢？老子系统思想认为，得与失是一对辩证的关系，其好与坏的判断标准在于是否掌握恰当的度，以及从全局角度来看具体问题。在现实社会中，一般人会认为得到当然是好事，而失去通常是坏事，这是人之常情，也是"人道"的基本特点。但是，大道的特点与"人道"是有很大区别的。大道没有私心，会恰当地对待世上的一切事物，即"生而弗有，为而弗恃"[1]，对待万物也奉行"有

---

① 《道德经》第五十一章："生而弗有，为而弗恃，长而弗宰，是谓玄德。"

余者损之，不足者补之"①。大道是"损有余而补不足"，人道则往往是"损不足以奉有余"②。关于老子的这一观点，塞翁失马的故事给出了生动的解释。

在人的一生中，或者在一个组织一个国家的发展过程中，每时每刻都要面对得与失的抉择，这是世间的常态。治理者也是人，在严格意义上很难做到事事处处都舍己利人、无私奉献。但是，治理者凭借自己掌控的公共资源，在一定程度上就具有了超乎个人的力量。过去称呼帝王为"天子"，也就是要求这位将国家发展资源高度集中于自身的最高治理者，应该具有类似"天道"的行为特点，在治理行为中应该"利万物而不争"③。通过观察治理者在对待得与失上的表现，可以判断其对大道的认知水平，并得知其个人"德"的高低。

名与利是人类普遍追求的世俗目标，对常人具有巨大的诱惑力。如果不费吹灰之力就可以得到梦寐以求的名利，恐怕大多数人都不会拒绝，但现实是有所得就必然要有所付出。所有名利都只有在一个人身心健康的前提下才有意义，如果名利到手而本人却不能有效发挥名利的功用，结果将是"名不称位"，或将铸成大错。如果事先告诉一个人，只有付出生命和尊严才可以换来他所看重的社会地位和物质回报，试问还有多少人会执意追求名利

---

① 《道德经》第七十七章："天之道，其犹张弓欤？高者抑之，下者举之；有余者损之，不足者补之。"

② 《道德经》第七十七章："天之道，损有余而补不足；人之道则不然，损不足以奉有余。"

③ 《道德经》第八章："上善若水。水善利万物而不争，居众人之所恶，故几于道。"

呢？众所周知，心理学家马斯洛①提出的"需求层次理论"将人的需求分成五至八个层级，由低至高依次是生理需求→安全需求→爱和归属需求→尊重需求→（认知需求→审美需求）→自我实现需求→（自我超越需求）②。对于名利的追求大致对应的是尊重需求和自我实现需求，属于较高层次的需求，但并不是最高的层次。按马斯洛的理论，在自我实现需求之后，还有自我超越需求，而这个自我超越与追求大道有着较大的契合度。

"**是故甚爱必大费，多藏必厚亡。**"当一个人有较高目标时，就需要付出比常人更多的代价；一个人若是过度追求某种欲望，就需要不计成本地付出。当一个国家高度强调某些核心利益的时候，必然也要付出高昂的代价，且其额外付出是呈非线性增长的。利益获取和财富聚敛是一样的道理。当财富分散在众多的个体手中时，即使其中一个或者多个个体发生意外，也不会造成财富的全部损失，对整个社会来说没有太大影响；反之，当财富聚集在少数几个寡头手中时，一旦他们发生意外，就会造成巨大的经济危机，甚至酿成社会的大动荡。2008 年美国的次贷危机就是典型的例子。高度垄断的两大房地产寡头因为资金链断裂而引发了美国有史以来最大的房地产金融危机。美国作为全球经济金融最发达的国家，关键时刻却采取了不负责任的做法，将金融危机嫁祸给其他国家，特别是相对贫穷的国家，从而导致了影响至今的全

---

① 亚伯拉罕·马斯洛（Abraham H. Maslow，1908—1970），美国著名的哲学家、社会心理学家、人格理论家，人本主义心理学的主要创始人。西方评论界认为，马斯洛心理学是人类了解自己过程中一块里程碑。

② 1943—1970 年间，马斯洛将其需求层次理论由五阶段模型扩大为八阶段，先后增加了认知需求、审美需求和超越需求。但其"五阶段"的划分在中国流传更广。

球经济危机。这种"损不足以奉有余"的做法虽使其暂时脱困，却动摇了美国作为世界规则主导者的根本。"是谓不道，不道早已。"① 大国衰败之象已经显现。

"知足不辱，知止不殆，可以长久。"

"知足不辱。"每个人的悟道水平是有限的，行道能力也是有限的。这就要求治理者要有自知之明，对于自己追求的社会地位和声誉要保持客观清醒的认识，对于既有的回报要懂得知足，也不刻意追求过多的身外之物，这样就会摆脱"得之若惊、失之若惊"② 的糟糕状态。一个人若能真正懂得知足，就会在名利场中保持清醒冷静的心态，能够做到从容淡定、宠辱不惊，不会为名利得失而心态失衡，也不会因欲求不满而自取其辱。

"知止不殆。"治理者若对自己能够推动和成就的事业有清醒的认识，就会在恰当的时候做恰当的事，保持个人持续的行动力，既不会半途而废功亏一篑，也不会因为"不知常"而导致"妄作凶"③。"知止"是老子系统思想的重要观点。在老子看来，名与利、得与失都是过眼烟云，当时风光体面，过后什么也不会留下。悟道行道的人应该在自己追求的目标与付出的代价之间做出权衡，做到适可而止，方能"功遂身退"④，免得盛极而衰前功尽弃。

---

① 《道德经》第三十章："物壮则老，是谓不道，不道早已。"

② 《道德经》第十三章："何谓宠辱若惊？宠为下，得之若惊，失之若惊，是谓宠辱若惊。"

③ 《道德经》第十六章："不知常，妄作凶。知常容，容乃公，公乃王，王乃天，天乃道，道乃久，没身不殆。"

④ 《道德经》第九章："功遂身退，天之道。"

"可以长久。"老子认为能够做到"知足不辱、知止不殆"的治理者，不但可以在现实治理中广结善缘，并且不乏后继者，能把正确的思想和行为方式传递下去，功在当代而又流芳千古。明道有德的治理者明白：人生很短，历史很长；名利很轻，大道很重；风光很短，得道恒久。

第四十五章　明道守拙　清静有为

大成若缺，其用不弊。大盈若冲，其用不穷。大直若屈，大巧若拙，大辩若讷，（大赢若绌①，其用不屈）。静胜躁，寒胜热。清静为天下正。

——《道德经》第四十五章

天下没有十全十美的事情。表面的光鲜与本质的高贵往往是错位的；真正圆满的事情在世俗的眼光看来总有一些缺憾；能够充斥整个空间的气体总令人有空虚的感觉，似有似无，似实似虚。这就是人的感官与大道之间的微妙关系。

"大成若缺，其用不弊。大盈若冲，其用不穷。"

"大成若缺，其用不弊。" 现实的社会治理中经常会有这样的情形：面对某个难题时，众人一筹莫展，甚至认为是一个无法解

---

① 王弼本无此句，根据帛书乙本增补。

开的死结。这个时候，明大道集大成者会提出一个妥贴而可行的解决方案，这个方案通常是基于现有资源的集成创新，只要每一个参与者都按照方案各尽所能彼此协作，形成的合力就可以破解这个难题。在此过程中，每一个参与者承担的都是其能力范围内的工作，方案所包含的道理大家又都听得懂。于是在这层困惑已久的"窗户纸"被捅破之后，大家就会觉得豁然开朗而又理所当然。很多人还会发出"我也这么觉得"的响应，甚至有人很快还会提出建议"如果再如此修改一下就更好了"，这些建议往往在局部上很有建设性，补充了原始方案的很多"缺"。于是基于明道者的智慧和组织成员的共同努力，一次完整的创新就形成了。但是，再次遇到系统性难题时，绝大部分人依然会困顿不前，明大道集大成者再次提出整体建议，大家再次认同并提出完善意见，就这样一次次地屡试不爽，"其用不弊"，带来组织和社会的螺旋式上升和持续进步。

"**大盈若冲，其用不穷**。"真正有包容能力的主体，似乎总是处在即将饱和的边缘。"海纳百川"就是很好的例子，亿万年来世界上无数条江河日夜不息地流入大海，大海却潮起潮落、从容不迫，总是可以接纳所有的水流。充盈在地球表面的大气也是如此，有空间的地方就有空气，但是不管有多少新的气体产生，混到大气中就消失无踪，似乎永远都有无限包容的弹性。正是因为这种总是"差一点就满了"的余地和弹性，始终"不盈"①的海洋和大气层支撑着地球这个生命之星上完整而复杂的系统。天地系统

---

① 《道德经》第四章："道冲，而用之或不盈。"《道德经》第十五章："保此道者不欲盈。夫唯不盈，故能蔽而新成。"

始终保持着这种弹性状态，为万物特别是人类的生存和发展提供着无尽的可能，这就是"其用不穷"。

> "大直若屈，大巧若拙，大辩若讷，（大赢若绌，其用不屈）。"

除了宏观层面的"大成若缺"和"大盈若冲"，大道的特点还包括微观层面的"大直若屈，大巧若拙，大辩若讷，大赢若绌，其用不屈"。

"**大直若屈**。"前面第二十二章讲过"曲则全，枉则直"，这是自然规律中的大道，对应到治理行为中的"德"，就是在坚持大道的同时也要适应具体环境，要用别人能够接受的方式去坚持大道，争取大多数人的支持，而不能简单粗暴一味强求。毛泽东确立其党内领导地位的坎坷过程就是"大直若屈"的力证，虽然他很早就找到了中国革命的正确道路，但由于在初期不太注意沟通的方式方法，在党内只属于少数派，结果他的正确主张经常得不到支持，屡受挫折，党和红军也遭受到很大损失。直至遵义会议前，毛泽东主动与党内其他有影响力的同志进行沟通，以谦逊态度争取到了大多数同志的理解，从而奠定了在党内的领导地位，并最终发展形成了毛泽东思想，指导建立了新中国。在此过程中，毛泽东个人的"屈"成就了中国革命最终胜利的"大直"。他这一段明大道行大道的过程，既是中华民族的幸事，也是我们国家与人民的福分。

"**大巧若拙**。"最精巧的事物粗看起来反而显得毫不起眼。大道是最复杂的系统，其内部结构和运行规律精妙绝伦，但是大道的表现却是质朴而略显笨拙，"迎之不见其首，随之不见其后"①。天地系统也有这样的特点，高山大海隐藏着无数奥秘，外表却又显得敦厚朴实。"圣人"和"善为道者"的行为也有类似的特点。圣人是"知其荣，守其辱……复归于朴"②，善为道者则是"敦兮其若朴"③。

"大辩若讷。"很多大道理的背后其实需要复杂而系统的认知能力的支撑，这绝不是普通人可以理解的，但要干成大事业又必须调动广大民众的积极性，这就需要把深奥的理论和宏大的目标变成普通民众最容易理解并接受的表述。真正明大道的人，可以用普通民众易理解的方式来传播大道、凝聚民心、达成共识，集结足够资源去实现正确的目标。中国工农红军的长征故事堪称军事奇迹，比如四渡赤水河、巧渡金沙江、飞夺泸定桥等著名战役，在那种艰苦卓绝的条件下红军还能保持旺盛的战斗力，事先做好思想工作就很重要。我们从赤水古城街道上保留的红军标语中就能看出一些端倪，除了"打土豪分田地"这些振奋人心的标语之外，还有"白军兄弟，参加红军有白米饭吃""红军不欠饷"这样朴素直白的标语。后来的参观者伫立于这些标语前，无不被当年红军指战员的智慧和质朴深深打动。红军这一路的宣传工作堪称"大辩若讷"，并不华丽的辞藻，却能深深打动需要发动和团

---

① 《道德经》第十四章："是谓无状之状，无物之象，是谓惚恍。迎之不见其首，随之不见其后。"

② 《道德经》第二十八章："知其荣，守其辱，为天下谷。为天下谷，恒德乃足，复归于朴。"

③ 《道德经》第十五章："豫兮若冬涉川，犹兮若畏四邻，俨兮其若客，涣兮其若凌释，敦兮其若朴，旷兮其若谷，混兮其若浊。"

结的广大群众。

"*大赢若绌*。"真正明道有德的治理者在做事的时候，总会照顾到周围人的利益和感受；在既定的战略目标达成之后，还会让每一个参与者都有具体而实在的收获。虽然最高组织者和领导人付出的心血最多，但却没有要求什么具体的个人回报，他们是唯一甘愿被亏欠的。这说明他们蠢笨么？不是的，达成治理目标本身就能让他们心满意足了。

"静胜躁，寒胜热。清静为天下正。"

"*静胜躁，寒胜热*。"这个道理可以用现代科学来解释。运动和发热是短时间内消耗能量、释放热量的重要方式，相对于复杂系统状态而言，能量的集中使用和热量快速释放只能维持相对短暂的时间，而能量的均衡分配和协同使用状态则可以维持较长的时间。"静"是系统运行的常态，在"静"的状态下系统运行平稳高效低耗；"躁"则表明系统内部发生了剧烈运动，这些剧烈运动会迅速消耗很多能量，带来系统的短时间变化；"躁"带来的剧烈运动平息后，系统将重新达成平衡，回归到新的常态，也仍是"静"。"静胜躁"就是描述系统在经历短暂的剧烈躁动后又达成了新的持久的静态平衡。

"热"是复杂系统中的某个子系统突然释放能量的状态，突然而集中地释放出的能量，会打破原有的平衡，使系统进入一种不稳定的"热"的状态。从大系统角度来看，发热主体可释放的能量总是有限的，随着热量的散失，系统会逐步回归到一个新的常态，这时的系统温度肯定会低于剧烈释放能量时的情况，这就是与短暂的"热"相对应的长久的"寒"。"寒"是复杂系统吸收和消耗利用突发热能使得大系统回归平衡的能力。从系统角度来看，"寒"的效能强于"热"的效能，系统在达成新的平衡时就是"寒胜热"的状态。

"*清静为天下正*。"对复杂系统而言，平衡运行是常态，系统突变是特例，复杂的社会治理系统也是这样。在使用大智慧搭建起社会治理系统之后，治理者的主要任务应该是维护好系统的协同和稳定。这种协同和稳定并不是教条和僵化的，在面对机遇和挑战时，社会治理系统内部必然会出现变革和创新。治理者的大智慧体现在能够让整个社会系统尽快吸收和消融这些变化带来的动荡，尽快达成新的协同和共识，再次回归到低成本高效率的运行状态。

"静胜躁，寒胜热。清静为天下正。"这可以说是对于太平盛世的描绘，也可以说是对于得道之人的内心写照。因为在良好的运行状态下，曾经的动荡已经平息，各种社会矛盾得到解决，每一个社会成员都会有相对稳定的社会位置和行为范式，各个成员之间的配合比较默契，人们悠然自得、相安无事。每一个人都会有干事创业的冲动，但是每一个人的精力和能力都是有限的，每一个人生命中可以用来挥发热情的时间都远远低于自己最初的预期，所有的热情冲动在维持或长或短的一段时间后终将归于冷寂，然后随着新一代人的崛起又会出现新的热潮，这种波浪式的冷热交替伴随着人类社会的延续和发展。人类历史的发展总体上是平静安稳的，但先后出现的一个又一个的文明进步、科技发展、艺术衍化，总会在平静的基调上掀起一阵阵热潮，带来一次次躁动。随着这种创新被大众所接受或者最终被社会摒弃，整个社会又将进入一种新的清静状态，也就是新的常态。前面第二十六章讲过"重为轻根，静为躁君……虽有荣观，燕处超然"，与本章所言前后联系相互呼应，其中蕴含的大道不言而喻。

第四十六章　知足无欲　天下安宁

天下有道，却走马以粪。天下无道，戎马生于郊。罪莫大于可欲，祸莫大于不知足，咎莫大于欲得。故知足之足，恒足矣。

——《道德经》第四十六章

本章开篇，老子用生动简洁的文笔描绘出社会治理的"有道"和"无道"之间的差别。

"天下有道，却走马以粪。天下无道，戎马生于郊。"

"天下有道，却走马以粪。"国家治理以符合大道的方式运行时，就会气象祥和国泰民安，此时就连军事上重要的战略物资都会被用于经济发展和民生保障。优良的战马是古代重要的军队装备，在长期的和平环境下只会被当成运货的畜力，成为生产资源。这似乎有些大材小用，却说明在和平盛世，军事资源也会变身为促进经济民生发展的社会资源。在现代社会，长期的安定和平也使得很多原本诞生于军事领域的高科技被用于经济和社会服务领域，比如装备技术、通信技术、生物技术、新型材料等。这些原本用于提高战争威慑力的国家重器变得很接地气，可以在通信、商贸、医疗健康、农业、交通运输、生产制造等领域直接造福百姓，成为促进经济社会发展的强大动力。

"**天下无道，戎马生于郊。**"当国家治理违背大道的时候，情况就会出现巨大的反差。在古代社会，表现为大量的民间马匹被征用入伍，就连怀孕的母马也不能例外，以至于母马在战场上产下马驹。在现代社会，则表现为大量的民用设施设备被有偿或无偿征用，严重破坏了正常的经济和社会运行秩序。而且，这些转而用于军事目的的资源会产生巨大的运行成本，结果不仅导致国家财政支出大幅增加，也使企业、家庭、个人深受其害，社会总体财富大量蒸发。战争带来的后遗症还有很多，"大军之后，必有凶年。"[1] 民众要恢复正常的生产生活，还将经历一个十分艰难的过程。

"罪莫大于可欲，祸莫大于不知足，咎莫大于欲得。"

"**罪莫大于可欲。**"所谓"可欲"就是引发人们内心不好的欲望。治理者最大的罪过莫过于因为治理行为不当，而导致社会各方面不适当的欲望横行。人类历史一再证明，一些掌握大权的治理者因为放纵自己的欲望或野心，而犯下各种错误，给社会造成

---

[1] 《道德经》第三十章："师之所处，荆棘生焉。大军之后，必有凶年。"

了深重的罪孽。比如，好大喜功的治理者，动辄花费大量资金用于华而不实的面子工程、形象工程，劳民伤财不说，还导致国库空虚、入不敷出；野心膨胀的治理者，为了强逞一时霸气而悍然发动战争，无论其成败如何，惨烈的战争只会造成生灵涂炭、血流成河。

老子系统思想主张"不见可欲，使民心不乱"①。明道有德的治理者应该为社会各方面的主体营造一个和谐共存的社会环境，让民众过上安静舒心的日子。只要国家治理得当，没有需要应对的太多突发事件，就能"使民复结绳而用之，甘其食，美其服，安其居，乐其俗"②。国家虽然保有强大的军事实力，但并不需要真正使用它，这样便是做到了"虽有甲兵，无所陈之"③。

"**祸莫大于不知足**。"老子的系统思想提出，人们为了生存发展而努力获得相应的资源是必要的，为此而付出精力和资本也是必须的，人的一生就是在"需求"与"知足"的互动过程中度过的。不过，人生中最大的祸患是不知道满足于已经拥有的良好现状，内心欲求无度、躁动不已，失去了符合大道的"清静"心境。

有的治理者将已经拥有的所有基础支撑都视为理所当然，全然不顾社会各方的平衡和协调，而不断滋生出一些极端要求。比

---

① 《道德经》第三章："不尚贤，使民不争；不贵难得之货，使民不为盗；不见可欲，使民心不乱。"
② 《道德经》第八十章："小国寡民……使民复结绳而用之，甘其食，美其服，安其居，乐其俗。"
③ 《道德经》第八十章："虽有舟舆，无所乘之；虽有甲兵，无所陈之。"

如，"服文彩，带利剑，厌饮食，财货有馀。"① 为了满足这些穷奢极侈的要求，他们会不惜采取不恰当的手段，到头来不仅未能加官进爵、锦上添花，还摧毁了已经拥有的重要利益，落得竹篮打水一场空。历朝历代总有一些掌握了一定社会资源的既得利益者，因为追求极度的浮华奢靡而不断盘剥民众，导致财富畸形集中，于是"朱门酒肉臭，路有冻死骨"。社会矛盾因此激化，社会动荡由此引发，最终把广大民众逼到绝境。奈何"民不畏死"②揭竿而起，国家治理被完全颠覆，这些治理者本人则无不招致杀身之祸，这样的案例历史上比比皆是。

"咎莫大于欲得。"作为一名治理者，最大的过失莫过于放纵自己的政治野心和功利欲望。为了满足一己之欲，治理者会狂妄、偏执、无所不用其极，做出很多危害极大的决策，这些错误决策一旦付诸实施会消耗大量的社会资源，对普通社会主体造成巨大的伤害。

得与失是每一个社会主体都要面对的抉择。过去由于生存压力，人们往往会把"得到"当成是对自己有利的结果，把占有更多物质、拥有更大名声看作人生成功的标志。"欲得"则是一种毫无节制的占有欲望，特别是那些占据社会优势地位的人。如果为了满足畸形的个人欲望而不择手段地去攫取社会稀缺资源，就会导致社会环境严重破坏，"朝甚除，田甚芜，仓甚虚"③，就连社

---

① 《道德经》第五十三章："大道甚夷，而人好径。朝甚除，田甚芜，仓甚虚。服文彩，带利剑，厌饮食，财货有馀。是谓盗夸，非道也哉。"
② 《道德经》第七十四章："民不畏死，奈何以死惧之？"
③ 《道德经》第五十三章："朝甚除，田甚芜，仓甚虚。服文彩，带利剑，厌饮食，财货有馀。是谓盗夸，非道也哉。"

会风气也随之日益败坏。

　　普通人的欲望无外乎金钱、美色、美食、华服，而具有一定支配能力的治理者更注重权力和名利，其欲望的满足需要大量社会资源的支撑，有时还需要很多普通人的牺牲才能够实现。"欲得"这种堕落的社会风气一旦由治理者带了头，就会像传染病一样在全社会传播，引发更多自恃聪明的人争相采用不法手段去获取不当利益。当社会上的大多数人为了欲望而不择手段时，就会导致社会混乱动荡四起，历朝历代的乱世末代无不如此。"欲得"最终导致社会治理的大厦倾覆，社会各个阶层无不历经刻骨铭心的动乱折磨，民生凋零而生活困苦，社会经济文化遭受巨大破坏，整个社会都要为此付出惨痛的代价。

"故知足之足，恒足矣。"

　　"知足之足"，这是一种积极的知足态度，更是一种恰到好处的价值观和人生观。治理者的恰当"知足"毫不消极，这是建立在有能力做事也能够做成事，并且已经得到了相应的成绩和回报的基础上。"知足"是一种心灵达到宁静充盈的获得感，还是一种发自内心的幸福感。除了名声、物质等世俗评价标准之外，"知足"作为一种发自内心的自我评价，可以超然于世俗的名利得失之上。

　　"恒足矣"，治理者做到了"知足之足"，就可以在治理过程中始终保持内心安稳坚定，不会因为个人得失、事情成败而动摇，可谓世间最为充实自信的人。这种充实和自信不仅是精神上的，也是物质上的。能够达到"知足之足"的治理者，一定是老子所讲的"善为道者"①，他们能够把理论与实践相结合，既善于谋划方案也擅长做成事情。他们在现实社会中能够克服常人难以逾越的困难，取得卓著的成绩，但又不被名利所困，这才是一种真正高明的境界。

---

① 《道德经》第十五章："古之善为道者，微妙玄通，深不可识。"

第四十七章　潜心悟道　寂寂前行

不出户，知天下；不窥牖，见天道。其出弥远，其知弥少。是以圣人弗行而知，弗见而名，弗为而成。

——《道德经》第四十七章

本章描述的是有道之人如何通过悟道来了解天下之事。

> "不出户，知天下；不窥牖，见天道。其出弥远，其知弥少。"

"不出户，知天下；不窥牖，见天道。"有道之人不用走出家门就能把天下的事情看得清楚明白，心中随时都有应对时弊、解救国家危难的治国良方，不像那些没多少真本事、一心谋求功利的聪明之人，整日东跑西颠、讨巧卖乖，却不能真正解决问题。有道之人不用趴在窗户上观察，就可以推算季节天气的变化，从而知道雨水丰歉、收获多少。

　　就老子系统思想的本意而言，"天下"是指所有存在人类活动和社会治理的地方。目前人类主要存在于地球之上，极少涉足地球外的空间，因此总体空间规模基本限于太阳系内。"天道"是人类可以较完整认知的系统规律和行为方式，其对应的系统即是"天地系统"。

　　三国时候的诸葛亮就是"不出户，知天下"的典型人物。他躬耕于南阳卧龙岗，潜心修行多年，上知天文下晓地理，对于军事、经济、文化无不精通，对当时的天下大势了然于胸，韬略过人。但诸葛亮并不像其他才子那样急于出仕、争夺名利，而是静待时机，直到刘备三顾茅庐后才答应出山。随后诸葛亮在非常艰难的情况下帮助刘备成就了"三分天下有其一"的非凡功业，舌战群儒、巧借东风、七擒孟获等精彩的历史典故向后人展现了其过人的智慧，而诸葛亮始终坚持"淡泊明志、宁静致远"①，为国家和黎民百姓"鞠躬尽瘁，死而后已"②，摒弃一己私利，成为千古楷模。

　　"*其出弥远，其知弥少*。"在现实社会中，圣人是非常稀缺的，大部分人缺少循道而行的恒心，稍长些本事就耐不住寂寞。他们浅尝辄止，刚刚窥见大道的端倪，就急于证明自己；他们热衷于机巧之术，只想凭着点本领去争取个人名利。由于在根本认识上与大道相悖，他们行动时对应于大道是"若存若亡"③，在关

---

　　①　诸葛亮：《诫子书》，"夫君子之行，静以修身，俭以养德。非淡泊无以明志，非宁静无以致远。"

　　②　诸葛亮：《后出师表》，"臣鞠躬尽瘁，死而后已；至于成败利钝，非臣之明所能逆睹也。"

　　③　《道德经》第四十一章："上士闻道，勤而行之；中士闻道，若存若亡；下士闻道，大笑之。不笑不足以为道。"

键时刻很可能做出错误判断，对于符合大道的正确做法也不得要领。为了掩饰自己悟道不精的真相，他们会打着遵循大道的旗号，却走向背离大道的目标。比如，他们热衷于搞神秘主义和形式主义，把大道变成极端仪式化和图腾化的崇拜，给原本朴素易懂的大道包裹上一层又一层神秘奢华、晦涩难懂的外衣，以此来迷惑普通民众，将众人引向对大道附着物的迷信追逐之中，使得社会治理距大道渐行渐远。

治理者悟道时若不能做到一以贯之，行动上就会立场摇摆、见风使舵。究其根本目的，还是为了谋取一己私利，为了博得功名利禄，因此才困扰于"宠辱"之间，"得之若惊，失之若惊"，到头来还是会被彻底识破，"道貌岸然""叶公好龙"描述的就是他们的嘴脸。就现实社会来讲，社会治理者在形式主义和表面文章上花费的精力越多，就越有可能带坏社会风气，损害社会的根基，导致社会发展偏离美好愿景。

> "是以圣人弗行而知，弗见而名，弗为而成。"

老子系统思想认为，"圣人"是明道有德的人，既具备智慧的头脑，也具有强大的行动能力，能够组织众人干成大事。

"是以圣人弗行而知。"圣人能够基于自己对规律的深刻把握来对事物的发展变化做出恰当的判断。这种"弗行"是有前提条件的，那就是圣人会对具有典型意义的事物进行深刻的分析，在关键性领域会有高超的认知。在此基础上，他们不需要也不会追求事必躬亲，而是善于全面、系统、有效地收集可利用信息，通过大量的他人实践来总结经验教训，从而知道什么是正确的行为方式。圣人也不必具体从事治理活动，就能全面了解当下社会、经济、科技、文化发展的水平，深刻把握不同社会阶层的具体情况和其中的矛盾。正是因为圣人深知社会治理的利弊和百姓的需求，因此能够制定得当的战略和政策以推动社会的发展。

"**弗见而名**。"圣人对于社会运行趋势把握精准，对于社会实际情况了如指掌，因此可以准确预判现实中将要发生的各种变化，并对即将发生的事情提前做好预案，随着事情的发展变化还会动态地调整和完善预案。随着事物的发展，圣人的判断不断被实践所证实，于是受到各方面的肯定和尊重。这种预见性是圣人具有的"大德"，是对大道深刻把握的结果。此处的"名"与"名可名，非常名"中的"名"是同一个意思，是说圣人具有客观地分析事物、动态地做出判断的能力。"弗见"不是说不进行调查研究，而是基于对同类事物的归纳总结，就可以提炼其内在规律，再据以推断和分析即将发生的事情。这是老子系统思想辩证统一的特点，与自以为是、闭门造车是截然不同的。

有的《道德经》注释版本认为本句应是"弗见而明"[1]，"明"与"名"通用，且与"不自见故明""见小曰明"[2] 是类似的用法，意思是圣人不需要亲眼看到，就可以知道事物发展的特点。如果这样解释，"弗见而明"与"弗行而知"是一样的句式结构，但与"不自见故明"[3] 则语义和句式差别较大。最新出土的帛书

---

[1]　陈鼓应：《老子注释及评价》（修订增补本），中华书局 1984 年版；冯振：《老子通证》，华东师范大学出版社 2012 年版。

[2]　《道德经》第五十二章："见小曰明，守柔曰强。用其光，复归其明，无遗身殃，是为袭常。"

[3]　可参见本书第二十二章的相关内容。

《道德经》用的是"弗见而名"。"名"抑或"明"这个差异从训诂学来讲是个问题，但这对于理解老子系统思想并没有太大的影响。

"弗见而明"还有另外一层意思，就是圣人不需要特意去表现自己，但凭自己深刻的思想、强大的行为能力，就可以对有志于社会治理的人产生重大影响。随着圣人思想的正确性不断被实践所证明，"不自见故明"①，圣人对社会的影响力就会大大增加，进而得到更多的认同。

关于老子系统思想的"出世"与"入世"之争长期存在，只因在很长一段时间内"无为"的深刻含义和作用机制被忽略和曲解，这也可以说是从老子时代以后，中国长期缺少科学精神和科学素养的结果。**很多研究老子思想的学者虽然有深厚的语言文字和人文艺术功底，但普遍缺少基本的自然科学素养，特别是缺少系统科学思维习惯，以至于把很多本应由自然科学来解释的现象和问题，都归到了形而上的唯心主义和宗教思想范畴②，结果不仅无益于问题的解决，还为老子系统思想蒙上了迷幻的表象，客观上增加了将老子系统思想作为一个完整哲学思想进行研究的难度。**清末民初时期，这种状况有很大的改善，一些学者已经开始了解西方最新的思想成果。在这一时期的相关著作中，对于老子系统思想的理解，明显增加了近代自然科学发展的最新成果。

"*弗为而成*。"圣人能够调动社会各方的积极性，发挥各阶

---

① 《道德经》第二十二章："是以圣人抱一为天下式。不自见故明；不自是故彰；不自伐故有功；不自矜故长。"

② 当前知名的科技博主、美国科罗拉多大学物理系研究员万维钢在其成名作《万万没想到：用理工科思维理解世界》列举了很多现代文人犯的类似错误。

层、各利益方的主观能动性，形成合力来解决难题、实现发展目标。圣人做事的特点是润物细无声，自然而然地就办成了一些大事。圣人还能在整个行动过程中，令每一个参与者都感觉到自己的价值，都觉得自己为事业的成功做出了贡献，对于个人特长和价值拥有自信，敢于且乐于与别人合作，于是共同成就了太平盛世。圣人即使不执政也能干成大事，此即"为无为，而无不为"。

　　在老子系统思想看来，圣人应该具有超凡脱俗的心态、慈悲济世的情怀、高超无形的手段。若由这样明道有德的人来治理国家，才算是百姓的福报。

第四十八章　得失之间　存乎一心

> 为学日益，为道日损。损之又损，以至于无为，无为而无不为。将欲取天下者，常以无事。及其有事，不足以取天下。
>
> ——《道德经》第四十八章

本章老子讲的是从"为学"到"为道"的区别，以及立志从事国家治理的人应当怎样学本事、进修学问，在明道以后又当如何坚持行大道，并以平常心去做好这一切。

"为学日益，为道日损。"

"为学日益，为道日损"，这是两种截然不同的发展情形，也是两种不同境界的行为方式。

"为学日益。""为学"本是一个利己行为，是使个体在众多同类中获得更强能力的一种途径，体现了系统主体之间的竞争关系。知识和技能的学习过程，也是个体从外部不断地获得资源、增强自身综合实力的过程，其成果的衡量指标包括个体获得了什么知识、增加了哪些能力、掌握了什么才能、行为上发生了哪些改变等。因为对于世界还存在很多未知，个体的每一次学习都是在增强自身的认知基础、让自己的技能变得厚重扎实。学习成效必然会有优劣，同样的机会、类似的经历，会因个体不同而收获各有差异。伴随着一次次的积累，这种差异会不断拉大，进而形成"为学者"在悟道方面质的差别。

"**为道日损**。""为道"则是一个利他行为，是个体在积累了充分学识，对于大道形成了自己正确独立的见解之后，通过治理活动在现实中实践大道的过程。"为道"是以个体的付出来获得群体的收益。对于所有参与实践的个体而言，"为道者"是因为付出而相对损失的一方，其他参与者则是受益的一方。这是"为道者"不断付出、消耗自己来成就集体事业的过程。在这个过程中，"为道者"需要知行合一、不断创新，才能突破困境、解决别人无从下手的难题，将自己对于大道的理解变成现实治理中的一个个成果。

"损之又损，以至于无为，无为而无不为。"

"**损之又损，以至于无为**。"在实践大道的过程中，治理者在不断付出智慧、不断消耗精力和体力，同时又在不断地验证并提高自身对于大道的感悟。在悟道行道的过程中，刚开始会有很多思想与实践的衔接转化比较生硬，一些创新虽然会给人以耳目一新的感觉，但也会遇到反对和非议；随着悟道水平的提高和治理行为的娴熟，这种生硬感就越来越不明显了。这就是前面第四章中讲的"挫其锐，解其纷，和其光，同其尘"。经过这个"损之又损"的过程，治理者的悟道水平会得到很大提高，进入治理的新境界，最理想的结果就是达到前面所讲的"圣人无为"的境界。

在本书中，我们对"圣人"给出了相对明确的界定，圣人是指知行合一的至善之人，是有限世界里的无限存在。总的来说，就是"才德全尽谓之圣人①"。圣人是一些具有优异天赋并且不畏艰难险阻、勤奋努力悟道行道的杰出人物，他们具有超强的综合能力，并且通达人情世故，是人类与大道对接的枢纽，亦是大道在人间的诠释者和实践者，引导着人类社会的发展进步。圣人层级的治理者做起事情来如同行云流水，恰到好处，很多事情仿佛自然而然地就成功了，这就是老子系统思想提出的"无为"的本义。

"**无为而无不为**。"当治理者达到"无为"境界之后，解决具体问题时就犹如信手拈来而非刻意为之。在"无为"的状态下做什么事情都会很顺利，成功也就是情理之中的事情，原来付出艰苦努力也达不到的目标现在轻松地就突破了，原来梦寐以求的境界也会水到渠成地实现。这就是"无为而无不为"。"为道有成者"会与环境中的其他主体协调一致，进而形成一个互相促进的行为系统。这个系统的运行规则能够把每一个参与者的积极性都充分调动起来，把每一个参与者的能力都恰当发挥出来，大事自然就能够干成了。治理天下是人类社会最大的事情，要治理好天

---

① 《资治通鉴》："是故才德全尽谓之圣人，才德兼亡谓之愚人，德胜才谓之君子，才胜德谓之小人。"

下首先必须依靠最大多数人的支持。治理者与其他参与者在社会治理中构成了共同行动的强大系统，能够实现社会力量的聚合效应，形成最大的向心力。这便是遵照大道而行，实现知行合一的"至善"① 状态。

> **"将欲取天下者，常以无事。及其有事，不足以取天下。"**

"将欲取天下者，常以无事。"一个有志向有能力的治理者在治理国家时会特别注重休养生息，尽量让民众的生活状态安稳平和。伴随着科技的进步和财富的增加，广大民众的心态整体上保持平和稳定，社会治理体系运行平稳顺畅，社会矛盾在萌芽状态就得到了合理解决，社会隐患大都消除于无形。在这种高明的国家治理下，社会不会出现大的动荡，也无需为应对突发事件而采取霹雳手段，持续稳定的生活方式使得文化风俗得以传承和发扬，流逝的时光波澜不惊但幸福充实。在看似平淡的社会生活背后是高效精准的治理实践。

明道有德的治理者也会面对各种突发事件的挑战，会遇见各种潜在的难题，但圣人的高明之处在于，面对突发事件时，能够基于社会储备、制度预案、民众心理等基本因素，从整体上全局上做出准确判断，综合借鉴以往大量经验中提炼的有效范式，制定正确的战略方针，并随时根据具体事件来形成动态灵活的应对策略和行动方案。这就体现了现代系统论中的"涌现"概念，如同人的免疫系统与健康之间的关系，健康的人不必为每一种病毒

---

① 《礼记·大学》："大学之道，在明明德，在亲民，在止于至善。"

都预设免疫方案，不需要某种特殊的养生之道，就可以百病不侵。这种看似平淡的"无事"就像四季变更、日夜轮换一样，平常中蕴含着生机。"人法地、地法天"① 的行为法则是治理天下的成功秘诀，也是"天地视万物为刍狗""圣人视百姓为刍狗"② 所体现的博大胸怀和一视同仁的态度。

"**及其有事，不足以取天下**。"如果在国家治理方面总是遇到各种意外，且没有足以应对的预案，要靠应急式方法来解决，那么不但资源浪费严重，还会对民众的正常生活造成困扰。这就说明治理者不合格，不能很好地担负起治理国家的重任，自然也得不到广大民众的信任和支持。老子认为"有事"就是在国家治理中经常"涌现"大事、险事和难事，这种情形一定是治理者出了问题。当然其中会有多种原因，比如，可能是治理者与民众之间没有形成合力，也可能是社会治理模式不能有效包容不同的社会主体等。如果突发事件频频发生，而治理者总是需要以特殊方式来处置，就会造成整个社会系统的内部损耗，引发意想不到的社会矛盾，从而降低社会运行效率。所有社会主体无一幸免地要为这种非常态的运行付出代价，治理者自身也会逐步丧失治理威信。

当"有事"状态发展到极端的时候，治理者的表现就是"将欲取天下而为之"③。治理者不悟道亦不懂行道，因此为之越多失败越多，结果必然会导致战乱。"天下无道，戎马生于郊"。在治

---

① 《道德经》第二十五章："人法地，地法天，天法道，道法自然。"
② 《道德经》第五章："天地不仁，以万物为刍狗；圣人不仁，以百姓为刍狗。"
③ 《道德经》第二十九章："将欲取天下而为之，吾见其不得已。天下神器，不可为也。为者败之，执者失之。"

理乱象之下，社会动荡战事不休，"大军之后，必有凶年"①，民众就难免要遭受苦难了，"有事"的治理者则会内外交困、天怒人怨。

---

① 《道德经》第三十章："师之所处，荆棘生焉。大军之后，必有凶年。"

第四十九章　心念百姓　必得拥戴

圣人无常心，以百姓之心为心。善者善之，不善者亦善之，德善矣。信者信之，不信者亦信之，德信矣。圣人之在天下，歙歙焉，为天下浑浑焉，百姓皆注其耳目，圣人皆孩之。

——《道德经》第四十九章

这一章，老子讲的是圣人治天下的立场、态度和原则，以及在具体治理活动中应当如何贯彻这些内容，让民众实现和谐共生。在前一章讲的"无为""无事"的基础上，本章生动刻画出圣人在践行大道时的信念、心态和行事方式，指明"德信"和"德善"是圣人治理天下的基础。

> **"圣人无常心，以百姓之心为心。"**

作为治理者的楷模，圣人从来都是摒弃一己执念，把一切事情都办得既让民众满意，也让国家实力得到增强。圣人在面对各种备选方案时，总是从善如流，善做且善成。

"圣人无常心"，这是圣人处事的根本立场。**"常心"是从一般主体自身立场出发的恒久不变的心念，但同时也是带有个体偏好的态度，这种带有个体特性的立场和态度在实际治理活动中就会演变成一系列具有偏向性的原则和措施，从而直接影响到系统中的每一个主体，对于国家而言就是影响到每一个民众**。按照老子治理哲学的观点，侯王都选择以"孤、寡、不穀"①自称，目的就是要使自己避免陷入某种特定利益的群体之中，努力保持公正客观的立场来做好国家治理。

圣人集大道大德于一身，其处世立场自然不会囿于任何特定的社会群体，也就是没有个人的"常心"，在实施国家治理时始终依照大道而行，即"圣人处无为之事，行不言之教，万物作焉而不辞，生而不有，为而不恃，功成而弗居"②。从践行大道的立场出发，圣人对待百姓的态度就如同天地对待万物的态度一样，体现出一视同仁的公正，即"天地不仁，以万物为刍狗；圣人不仁，以百姓为刍狗"③。

圣人的立场和态度最终会通过具体的治理活动体现出来，表现为圣人对待百姓和国家的至上大德，"生之畜之，生而不有，为而不恃，长而不宰，是谓玄德"④，这是人类个体所能达到的与大道相匹配的最高境界。这种境界循环往复、螺旋上升，可以促进

---

　　①　《道德经》第三十九章："故贵以贱为本，高以下为基，是以侯王自称孤、寡、不穀。此非以贱为本邪？"

　　②　《道德经》第二章："是以圣人处无为之事，行不言之教，万物作焉而不辞，生而不有，为而不恃，功成而弗居。夫唯弗居，是以不去。"

　　③　《道德经》第五章："天地不仁，以万物为刍狗；圣人不仁，以百姓为刍狗。"

　　④　《道德经》第十章："生之畜之，生而不有，为而不恃，长而不宰，是谓玄德。"

人类治理智慧的不断演化和完善。

"**以百姓之心为心**"，这是圣人开展治理的根本行为准则。"百姓"代表着治理范围内的所有民众，"百姓之心"简单来讲就是民众的意见和诉求，其实际含义非常丰富。

作为泛称的"百姓"，看似是特性一致的民众群体，其基本诉求似乎也应该是一样的。若如此看，"百姓之心"就是比较集中一致的，坚持"以百姓之心为心"是必要的，也是可行易行的。但是，"百姓"实际上可以细分为数量众多的不同群体，每个群体中还有可以细分的亚群体，最终落实到千千万万个具体的个人。每一个群体、每一个亚群体、每一个人都有自己独特的意见和诉求，如此一来"百姓之心"又是千差万别各不相同的。因此要真正恰当地实现"以百姓之心为心"，就需要把量大分散、意见相左的诸多见解汇集梳理成可供决策的有效信息，以支撑治理行为。

此举在理论上可行，然而在实践上困难重重。首先需要充分发挥各方面人士的才华，将民众的诉求和智慧集中起来，并将民众的重点诉求变成每次创新的起点。同时，必须充分认识到"百姓之心"不是僵化固定的，在不同时期、不同环境下，百姓的诉求也不尽相同。如果治理者用一成不变的治理方法来对待不断发展变化中的民情，必然会出现削足适履、刻舟求剑的情况。刻板僵化的治理不仅会给治理者带来尴尬和难堪，还会酝酿或激化社会矛盾，损害治理者的信用和威望，直接影响治理的成效。

"善者善之，不善者亦善之，德善矣。"

圣人心胸豁达态度包容，能够洞察社会方方面面的动态趋势，因势利导，将高超的智慧变成细致入微的治理策略和管理手段；能够了解民众的所思所念，恰到好处地对待不同的社会主体，无论其悟道水平如何，都能与之实现有效的沟通；能够将差异很大的人群组织起来，形成聚合效应，让每一个社会主体各得其所，共同达成国家和组织的治理目标。

在老子的系统思想中，"善"是一种在具体活动中展现出来的恰到好处的能力，是对大道的深刻认知，也是高超的实践能力。**在现实环境下，不同的社会主体对于大道的理解水平不一。有的主体对大道的感悟深刻一些，即所谓的"善者"；有的主体对大道的感悟肤浅一些，即所谓的"不善者"。**具体到每个社会主体，有的主体很重信誉，敬畏并遵守社会规则，处事与人为善；也有的主体唯利是图，甚至凭借自身能力将社会规则和法治当成儿戏，翻手为云覆手为雨，他们是社会治理中的大患。

国家是一个复杂适应系统，它的运行精妙绝伦，既有显性的制度和规则，也有更为复杂和不确定的"隐秩序"。作为这个复杂适应系统中的基础主体，千千万万的民众自然分成了不同社会阶层，具有相似特征的人们形成了相对固定的社会群体。一般人对自己喜欢的人会好一些，对于自己不喜欢的人则漠不关心甚至施以恶意。基于个人好恶和不同群体的利益，他们待人标准也不一样。爱屋及乌抑或殃及池鱼的事情经常发生，既有"一人得道，鸡犬升天"的荒唐事，也有"一人犯法，株连九族"的暴行，这都是治理"不善"的结果。本质上是因为治理者尚有个人偏私，做不到"以百姓之心为心"。

具备最高智慧的治理者，应当能够体察百姓的喜怒哀乐，准确把握百姓的各种需要，以百姓最容易接受的方式来达成社会发展的目标。在此，老子也明确指出治理天下绝不简单轻松，因为百姓是一个非常复杂的群体，个体差异很大，道德品质、行为水平也是参差不齐的。**圣人在立场和态度上对"善者"和"不善者"是一视同仁的，在具体方式上又是截然不同的。恰到好处地区别对待，才是大道和大德的正确展现，这就是"德善"。**

在这里需要再次强调：恰当地理解"善"字的含义对于掌握老子的治理哲学很关键，如果将老子系统思想中的"善"简单理解为现代汉语的"善良"，学习者就会一头雾水，难以明辨其义。同一个汉字在不同历史时期的内涵与外延都会有所差异，因此要想准确理解老子的系统思想，就必须结合中国文字的演化史，认识和了解语言文字的时代特点，这对于准确理解前人的思想观点是至关重要的。在这一方面，东西方文化有着相似的情况，在研究方法上也有着异曲同工之处。

"信者信之，不信者亦信之，德信矣。"

圣人深刻了解人性，因此能够包容人性的差异，在治理实践中扬长避短、奖善惩恶，树立社会制度和秩序的权威，确保社会和组织的良性运转。

"信"是一种态度，是主体对自己及他人的依赖和接纳。对于国家和组织治理而言，"信"是一种归属和服从，也是对于系统显性规则和隐性秩序的认同。"信者"是达到一定修养境界的社会主体，他们对于大道有着比较深刻的感悟，在行为上追求展现大德。"信者"可以是个人也可以是组织和机构。"信者"也有高低

之区分，有的"信者"既自信也他信，有的"信者"或自信或他信。"不信者"是与"信者"相反的主体。"不信者"的类型相对于"信者"而言会多一些：有的"不信者"对大道感悟不深，还没有形成完整的认知能力和恰当的处事本领；有的"不信者"从内心就不相信大道；有的"不信者"甚至故意背道而行。其中一些"不信者"头脑聪明精于算计，但为利欲所驱使，总想靠机巧来谋取不当的利益，这就是老子所说的"大道甚夷，而人好径"①。

社会主体往往良莠不齐，这体现了复杂自适应系统的多样性特点，任何时代、任何社会都会有一些品行不好的社会主体，他们口是心非、违规越法，以谋求私利为处事的原则；更有甚者，背信弃义，破坏社会准则，损人不利己，不断挑起事端，引发社会动荡。

圣人对待"信者"和"不信者"在立场和态度上虽是一视同仁的，但在具体对策上则是迥然不同。《道德经》第三章明确提出，"不见可欲，使民心不乱。是以圣人之治，虚其心，实其腹，弱其志，强其骨，恒使民无知无欲，使夫智者不敢为也。"在为全体民众提供良好社会环境和生活条件的同时，圣人对于那些企图通过扰乱治理秩序获取不当利益的群体和个人，特别是对那些故意背道而行的"聪明人"毫不手软，总是及时果断地给予打击和惩处，这也就给民众发出了明确的是非信号，以使民心不乱。

善者和不善者并存，信者和不信者同在，这是社会治理的客观现实。但圣人在治理社会的时候，不会因为某一社会主体的特

---

① 《道德经》第五十三章："使我介然有知，行于大道，唯施是畏。大道甚夷，而人好径。"

殊情况或者一部分主体的不确定性行为而改变自己的初心，而是始终秉持明确的大道来行事，以恰当的方式来对待所有的社会主体，包括那些行为不好的人和群体，这就是人类社会治理中能够展现出来的最大善意。同时，圣人治理天下时恪守信用，在法律的执行、安全的保障、社会的公平、处事的公道等方面，不会因为一些特殊情况就轻易破坏和改变规则，但会通过恰当适度的创新和变通达成既有的治理目标。这是"曲则全，枉则直"① 的具体体现，是社会治理者最重要的信用。

> "圣人之在天下，歙歙焉，为天下浑浑焉，百姓皆注其耳目，圣人皆孩之。"

在兼具"大善"和"大信"的圣人的治理之下，天下又会是什么样子呢？老子给出了一幅生动的画面。

"圣人之在天下，歙歙焉，为天下浑浑焉。"圣人对于天下的运行之道了然于胸，对待天下的各种客观存在心态平和，在遵循大道教化民众时春风化雨、润物无声。如果不是细心体会，社会主体很难感受到其平静外表下的巨大影响力。圣人在采取治理行动的时候，能形成一种浑然天成的向心力和凝聚力。在这样的社会氛围中，不同的社会主体会彼此尊重相互配合，很少产生无谓的分歧，更不会由简单的分歧升级成激烈的对抗。

"百姓皆注其耳目，圣人皆孩之。"圣人的"德善"和"德

---

① 《道德经》第二十二章："曲则全，枉则直，洼则盈，敝则新，少则得，多则惑。是以圣人抱一为天下式。"

信"光辉能够自然而然地引起社会群体对于大道的向往和追求，如同纯真的孩子对于师长的心悦诚服。广大民众对于圣人高度信任并主动跟从，会认真倾听、正确理解其思想，在其指导下遵照社会规范去做好各自的事情。具有大智慧的治理者对于百姓也是非常关心爱护的，就像父母对孩子、老师对学生一样，会用朴素直白的方式把社会发展的大道传播给百姓，在潜移默化中提高社会群体的整体素质，引导不同主体彼此善待、和谐相处，共同营造一个祥和盛世。

治理者若达到"德善"和"德信"，就可以实现《道德经》第二十七章所讲的高超治理境界："圣人恒善救人，故无弃人；恒善救物，故无弃物。"①《道德经》的其他章节就这个观点还有一些针对性的描述，这里就不逐一引证了。

---

① 《道德经》第二十七章："是以圣人恒善救人，故无弃人；恒善救物，故无弃物。是谓袭明。"

第五十章　生死有命　道行不同

出生入死。生之徒十有三，死之徒十有三。而人之生生，动之死地，亦十有三。夫何故也？以其生生之厚也。盖闻善摄生者，陆行不遇兕虎，入军不被甲兵；兕无所投其角，虎无所措其爪，兵无所容其刃。夫何故？以其无死地焉。

——《道德经》第五十章

　　这一章，老子讲的是大道对于人生的影响，通过分析个人先天禀赋与后天悟道之间的关系，阐释了悟道对于人生的重要作用。

> **"出生入死。"**

　　"出生入死"[①] 短短四个字，说出了万物轮回的大道理，讲明了人生在世的根本含义。

---

　　① 此处的"出生入死"不是现代汉语中通常讲的冒着生命危险、不顾个人安危的含义。王弼对此注解为："出生地，入死地"。

老子系统思想认为，相对于人类社会这个巨型复杂适应系统的发展演变而言，一个人的一生只不过是这个巨系统中一个特定主体的出现和消失过程。人的生死是一个客观的规律，谁也违背不了却又各不相同。每个人从诞生之日起就进入人类社会这个巨系统之中，从这个巨系统中汲取各种资源如食物、教育、友情、声誉等，并在这个系统中发挥着特定的作用，最终结果是缔造一段独属于自己的特定的人生经历。随着生命的结束，作为特有的物质存在的这个人将不再从人类社会和自然环境中汲取资源，且其形体很快就会从这个巨系统中消失，而以基础的物质元素的形式重新回归天地系统，参与新的循环。但是，作为社会主体的每个人对于社会发展的影响则因人而异：大多数人影响极微，人去神散，了无痕迹；少数人则影响深远，形散而神存，其影响力在一定范围内长期存在。

> "生之徒十有三，死之徒十有三。而人之生生，动之死地，亦十有三。"

"生之徒十有三，死之徒十有三"，这是从大概率层面对人类寿命进行分析。基于人类的动物属性，相对长寿的人群占比约为三分之一，生来短寿的人群占比也约为三分之一。"而人之生生，动之死地，亦十有三"，其余三分之一的人则是原本有可能长寿，却在生命过程中一再犯错，把自己置于有损生命的状态下，不断折损寿命，以致不能活到应有的寿数。

人的一生，从孕育到出生，从被抚养长大到独立生存，这是一个先天生命禀赋与后天生存环境复杂作用的过程。其中，生命的孕育和诞生是一个极为复杂多变的过程，这个复杂过程造就了个体生命在先天禀赋方面的巨大差异，不同个体的先天寿命因此而不同。现代生命科学的研究成果已经证明，遗传基因对于个体的先天寿命有很大影响，但是遗传基因并非绝对影响因素，后天环境因素的影响也不容忽视。比如同一对父母所生的多个孩子由于各种外部因素的影响，其先天寿命也会有差异。现代科学已经证实，这是因为父母在不同时期的生活环境、饮食习惯、身体素质、精神状态等有所不同，所生育子女的健康状态也会受到不同程度的影响。

先天禀赋确定之后，每个人在成长过程中，难免与生存的大系统发生相互作用，这又会对实际寿命产生影响，这种后天的影响也是巨大的。理解并遵照大道来养生，对于先天寿命有正向的帮助，反之则会减损寿命。中国古人尝试按照生辰八字来推算一个人的先天寿命，比如《易经》就试图从天地、社会这个巨系统中来推算特定个体的先天禀赋，甚至更进一步来推演个体在社会系统中的后天历程。通过这种推算结果，人们试图对个体和环境进行微调，以期得到相对优化的人生结果。曾经有人把这种推算当成纯粹的迷信占卜，但实际上，《易经》更强调人的努力与智谋，这说明人们开始对把握自己的命运增加了信心，认识自然界和人类社会的自觉要求增强了①。这种推算实际上暗含着以系统性来分析应对复杂系统、以模糊性来处理未知事件的古代智慧与

① 朱伯崑、李申、王德有：《周易知识通览》，中央编译出版社 2018 年版。

理性方法。

由此我们可以看到一个简单的大道理：三分之二的人其实只要按照自然规律生活就可以享有相对长久的寿命，但是由于各种欲望和陋习的驱使，很多先天条件不错的人自损其寿命而早逝。

"夫何故也？以其生生之厚也。"

本应享有较长寿命却早逝的这部分人，是什么原因致使他们折损了自己原本可以拥有的寿命呢？是因为这些人不够自律，为了满足一些不当欲望而过度消耗自己的精力与体力，甚至置身于险境，人为地损害了先天的禀赋，从而导致寿命的折损。

人出自本能地都希望长生，却常常有人因为追求某些享受而折损了寿命。比如过于追求生活的奢华，食不厌精、脍不厌细，反而破坏了身体的正常机能，以致减损了寿命。一个人若要得享天寿就应该遵循自然规律，顺势而为，按照"人法地，地法天，天法道，道法自然"[①] 的系统思想来生活和做事。但是，现实中总有些治理者，片面理解老子系统思想中的精妙内容，身居要位不思为民谋利，贪恋荣华富贵而抛弃大道，转而追求机巧和捷径。有的人甚至违背大道追求长生不老，妄想依靠法术实现长生甚至永生，结果都成了笑话。

治理者扭曲的心态和不良需求，必然导致其行为的丑陋和荒谬。历史上曾有一些封建帝王，为了长生不老而求助于各种江湖术士。那些心术不正的江湖术士则谎称能够为帝王富贾炼丹求药，

---

① 《道德经》第二十五章："故道大，天大，地大，王亦大。域中有四大，而王居其一焉。人法地，地法天，天法道，道法自然。"

四处寻找奇珍异宝炼制神丹妙药，实为骗取钱财。这种病态的心理和行为像瘟疫一样在社会中传播开来，一旦普通民众被裹挟其中，各种社会怪相就会层出不穷。这些"不道"的行为自然不会如愿，食用丹药反而对原本健康的机体造成了伤害。事实证明，即便在今天，幻想依赖所谓的灵丹妙药来提高人体系统机能的仍大有人在。虽然时代不同了，药方也在不断变化，也许会有一点效果，但却无一可以达到所吹嘘的疗效。这就如同自然界中的一场暴风骤雨，短时间内作用过度，对于万物生长弊大于利，且不能长久。"天地尚不能久，而况于人乎？[①]" 妄想以人力胜天道，结果却是荒诞无稽的一场闹剧。

> "盖闻善摄生者，陆行不遇兕虎，入军不被甲兵；兕无所投其角，虎无所措其爪，兵无所容其刃。"

古时候人们经常会面临一些突发危险，包括自然界固有的危险和人为造成的危险。人类早期的聚居区面积很小，间隔又远，交通设施也不发达，人们出远门都要经过荒山野岭，那里毒蛇猛兽出没，独自出行的人很容易遇到危险。像武松打虎那样的故事只是英雄传奇，一般人遇到稍大一些的野兽就对付不了了。加之在冷兵器时代人与人的直接冲突比较多。曾有一些才华出众的思想家、科学家或艺术家，因为某次偶发的冲突就丧失了性命，从而给人类文明进步造成了巨大损失，这样的例子在东西方历史上

---

① 《道德经》第二十三章："故飘风不终朝，骤雨不终日。孰为此者？天地。天地尚不能久，而况于人乎？"

都曾发生过。

"**盖闻善摄生者，陆行不遇兕虎，入军不被甲兵。**"这是说善于珍惜生命的人能够恰当防范以避免自己受到伤害。他们对于生活有着深刻的了解，会恰当把握行动的时机和方法，对于潜在的危险也会做出预判并早做准备。他们绝不会"以身轻天下"[①]，而是努力避免突发事件和意外危险的发生，也就是"不遇兕虎""不被甲兵"。珍惜生命的人不会让自己置身于险境，自然也不会受到伤害。

"**兕无所投其角，虎无所措其爪，兵无所容其刃。**"善于珍惜生命的人也不是完全不会遇到险境，但即使在危急情况下他们也会避免受到伤害，或将可能受到的危害降到最低。那些能够在复杂社会环境中成就事业同时又能保证自己身心健康的人是怎样做的呢？老子描摹了一幅惊险生动的画面：在一个险象环生的环境中，凶猛的独角兽想发起进攻，却找不到可以用角攻击的位置；老虎想扑上去撕扯，却根本找不到扑击的角度；手执利刃的敌兵虽然想出手，却找不到可以攻击的漏洞。不是这些危险的杀手没有攻击能力，而是善于把握生命的人具有严密的防御能力，这是效能极高的"无为"之益，是对"天下之至柔"[②]的精妙运用，也就是让敌对方找不到可以下手的破绽。

"**夫何故？以其无死地焉。**"

---

① 《道德经》第二十六章："是以君子终日行不离辎重……奈何万乘之主以身轻天下？轻则失根，躁则失君。"

② 《道德经》第四十三章："天下之至柔，驰骋天下之至坚。无有入无间，吾是以知无为之有益。"

善于把握生命真谛的人一生都在避免使自己步入死地。所谓的"死地"，是指能够对人造成各种直接危害的境况。有道的人总能预知行动的后果，所以能够按照客观规律做好准备，当困难和危险来临的时候便可以从容应对，即使面对突如其来的危机也能智慧应对、转危为安，而不是陷入无法脱身的绝境。

人的一生终究是要盖棺定论的。善于把握命运的人似乎一生都很平顺，他们在重大关头总能够做出正确的选择，"谈笑间樯橹灰飞烟灭"，风轻云淡地成就了非凡的事业。如果深入分析，就会发现这些表面的顺利绝非偶然。比如，位列新中国十大元帅之首的朱德元帅，他戎马一生，身经百战，历经枪林弹雨但却从未负伤，能够在许多绝境中化险为夷，在极为凶险的政治斗争中也能泰然处之安然渡过，终其一生而"无死地"。朱德元帅的传奇人生已经不能简单地用"幸运"来解释，一生"无死地"是其明道行道、待人以德的必然结果。他的一生可谓是恰当地实践了"大小多少，报怨以德"[①]，因此不仅成就了令人惊羡的功业，还勘破荣辱浮华，在盛名之下依然保持内心平静，享有个人生活的幸福安宁，成为"善摄生者"的典范。

---

① 《道德经》第六十三章："为无为，事无事，味无味。大小多少，报怨以德。"

第五十一章　道生德畜　善治真谛

道生之，而德畜之；物形之，而器成之。是以万物莫不尊道而贵德。道之尊也，德之贵也，夫莫之爵，而恒自然也。故道生之，德①畜之，长之育之，亭之毒之，养之覆之。生而弗有，为而弗恃，长而弗宰，是谓玄德。

这一章讲的是"道"和"德"对于世间万物的作用，也就是"天地"这个巨型的复杂适应系统中影响万物生存和发展的最普遍最基本的作用机制。按照"道、德、物、器"的顺序，体现了个体事物在整个生命周期中的逐渐收敛的存在意义。

"道"是最根本的力量，人的能力永远也无法达到；"德"是"道"与人类特性融合后的体现，是人类精英凭借自己的天赋和努力，经过努力可以达到的境界。"德"有很多层级，最高的境界

---

① 在马王堆汉墓帛书甲乙本中，此处没有"德"字。

是"玄德"①。"道"和"德"是形而上的层级，"物"和"器"是形而下的层级，是可以观测和度量的对象。

> "道生之，而德畜之；物形之，而器成之。"

世间万物从产生到发展，从幼稚青葱到成熟有形，从懵懂跟随、被动适应到主动发挥引领作用，都是"道、德、物、器"逐次发生作用的结果。此处的"之"泛指"天地"这个复杂系统中的所有主体，也就是包括人类在内的世间万物。

"道生之"，说的是事物由出现到消亡的完整过程，体现的是本质上的无差别和公平。"道生之"是一个复杂的过程，正如前面第四十二章说到的"道生一，一生二，二生三，三生万物"。大道是万物的根源，但大道不是直接生成万物，这中间有一个逐次衍生的过程。"道"首先表现为一个完整的巨系统，然后在这个巨系统中会生成若干一级子系统，一级子系统又不断地分化演变出二级子系统，以此逐步形成一个从"道"到具体主体即"万物"的巨系统。比如地球上，在"自然界"这个大系统中，先诞生了无机物与有机物两类子系统，然后在有机物系统中有了生物与非生物两个更低层级的系统，进而在生物系统中又逐步演化出细菌、真菌、动物、植物等更多的次级子系统。

"德畜之"，说的是特定个体得到系统资源支撑，从而得以实现自身特有的生命历程。不同个体的所得是不同的，这是特定个

---

① 《道德经》第十章："生之畜之，生而不有，为而不恃，长而不宰，是谓玄德。"第六十五章："常知稽式，是谓玄德，玄德深矣，远矣，与物反矣，然后乃至大顺。"

体不确定性的根源。"德畜之"是使"道"的复杂性通过万物得
以实现的过程。德有多个层级，不同层级的"德"对于具体主体
的作用结果也不一样。"德"是人类由"道"感悟而来的认知，
万物出现以后，它们在世上的具体发展，是依靠"德"的积累和
支撑、蓄养，世间万物之间存在着复杂的生态链条，"德"使得万
物按其规律各自成长，为不同物种提供发展所需要的资源和条件，
使其形成特有的存在方式。

"物形之"，说的是特定个体能够形成唯一的存在轨迹和独有
的存在形式，是特定主体与其他有关系的系统主体相互作用的结
果，每一个特定个体都有着复杂而独特的关系总和，从而使其个
体生命历程的差异更加清晰。"物形之"可以是特定物种在复杂的
生存环境中怎样与其他物种和环境达成平衡，从而尽可能长久地
保持自身的生存；"物形之"也可以是在某一个物种内特定个体的
存续，每一个物种中都有一部分个体是出类拔萃的，会在种群中
逐步形成生存优势，并通过繁殖后代形成遗传优势，而相对弱势
的个体连同基因会被逐渐淘汰。

"器成之"，说的是特定主体的优势能力在某种情境下得以展
现，从而达成现实社会所追求的结果，特定个体也因此获得了现
实社会追求的价值回报，从而让自身变得与众不同。"器成之"这
个过程依靠特定的小环境和相关条件的约束，这些约束因素就是
"器"。每一个物种中的优势个体在先天基因上都满足某些特定条
件，在后天的成长环境中也会有其他主体不曾经历的特殊际遇，
促使其与环境发生相互作用，展现出独特的生存能力以及与众不
同的价值。

> "是以万物莫不尊道而贵德。道之尊也，德之贵也，夫莫
> 之爵，而恒自然也。"

"是以万物莫不尊道而贵德。"世间万物以道为尊、以德为贵，这是人类长期观察得出的结论。"尊"和"贵"都是人类的价值判断，凝聚着人类特有的情感认知，是从人类的角度所表达的重视和珍惜。"尊"者在人们心中地位极其重要，通常具有强大的权威和影响力，能够使得组织成员发自内心地敬畏和遵从；"贵"者则拥有人们一致认同并向往的品质，通常因稀缺而具有很高价值，是值得珍惜和追求的美好事物。大道生成了大千世界及世间万物，自然居于最重要的位置；大德蓄养万物，为不同事物提供特定的资源和支撑，自然是最具价值的存在。斗转星移，沧海桑田，植物因环境而异，动物逐资源而生，世间万物的存亡表现，无不体现出大道的决定性影响和大德弥足珍贵的作用。

"道之尊也，德之贵也，夫莫之爵。"大道对于人类的生存而言是根本原则，大德则是人间最值得珍惜的认知和行为方式。"道"和"德"对于大千世界而言具有至高无上的重要性并且弥足珍贵。对于万物之灵的人类而言，大道和大德我们无以回报，即使是最高褒奖也无法与"道"和"德"的实际作用相称，这就是"夫莫之爵"。

"恒自然也。"大道和大德是恒久存在的，不依靠任何外力的认可和加持，相较之下人类社会只是这种恒久存在中比较短暂的一个小系统。"道"和"德"以恒定的方式对待每一种存在、每一个物种、每一代生灵。如果人类谋求做万物之首，在大道和大

德面前就会产生明显的无力感，这种现实似乎有些冰冷无情，对于企图战胜自然的狂热治理者而言，更会有心理上的强烈挫败感，但这就是最根本的系统关系。创造世间万物的大道，支撑万物存续和系统运行的大德，构成了最大的复杂系统和最完整的运行规则，这就是恒久存在的"自然"。"自然"系统及其法则不会对人类或者任何物种有所偏袒，"天之骄子"只是人类在特定条件下的自我感觉但不是事实，所有基于人类情感好恶的褒奖或贬斥，都不会使"自然"的大道系统发生任何偏好性的变化。

> **"故道生之，德畜之，长之育之，亭之毒之，养之覆之。"**

"道生之，德畜之。" 由"道"而产生万物之后，就依靠"德"来使之生长繁衍。"德"使得万物萌芽、发育、成长、成熟，在此过程中，各种事物由小变大、由简单到复杂，不断适应环境，持续进化。大德使得如此复杂的系统持续运行，正因如此，大德对任何一个特定个体都是一视同仁，使其按照各自特有的轨迹发展，有得有失、有生有灭。"德"的能力如此之大，就连天地都不能与之相比。天地之间，"飘风不终朝，骤雨不终日"[1]，可见天地虽然能够在短时间展现出惊人的能量，但不能长久保持。大德却可以持续地支持世间万物的周期性演化，包括天地系统的各种异动。比如在同一时刻，有的地方风调雨顺，有的地方连年干旱，还有一些地方洪水泛滥。所以说在表现形态上，大德对于万物而言会有很大差异，这些差异对于身处不同情境的同类生物

---

① 《道德经》第二十三章："故飘风不终朝，骤雨不终日。孰为此者？天地。天地尚不能久，而况于人乎？"

来说也许不够公平，但对于整个大道系统而言，这种不确定性恰恰又是一种大公平。

"长之育之，亭之毒之，养之覆之。"这几句话中包含了一些字义已发生较大变迁的古字，不免带来句意理解上的众说纷纭。"长之育之"，一般理解为使万物成长、发展，对此争议较少。至于"亭、毒"，这两个古字历来解读不一。根据陈鼓应先生在《老子今注今译》中的归纳，一种说法是"定、安"①，一种说法是"成、熟"②。还有学者认为"毒有禁而不犯之义，又有苦而使坚之义"③。林木乾先生在《道德经：宇宙人生老君正解》中的解读是："长之"使万物成长，"育之"使万物发育；"亭之"让万物定之以形，"毒之"让万物安之以势；"养之"使万物得到畜养，"覆之"使万物得到庇覆。虽然各家解读不一，但大致可以看出，老子在这里用了一系列使动词汇，讲述了一个大德蓄养万物的全过程。

被大德蓄养的万物并非完全被动和依靠宿命的，系统中的优秀个体特别是人类社会中的圣人，他们可以感悟和认知大道，并将这种认知转化成与大德一致的行为，让自己在与普通人同样的生命周期中成就非凡的人生价值，做出令人敬仰的社会贡献，或

---

① 《苍颉篇》："亭，定也。"《广雅·释诂》："毒，安也。"按："毒"为"悳"之借字。《说文》："悳，保也，高土也，读若毒。""悳"是土，名动相因，故有"保安"之义。这句话的意思是使万物安宁其心性。

② 河上公本和其他古本中，"亭之毒之"多作"成之熟之"。高亨说："'亭'当读为'成'，'毒'当读为'熟'，皆音同通用。"

③ 傅山说："'亭''毒'两字最要紧。'毒'字最好最有义，其中有禁而不犯之义，又有苦而使坚之义。"

者留下泽被后世的思想智慧。尤其是他们懂得"功遂身退"①，乐于享受通达"无尤"②的人生。

> "生而弗有，为而弗恃，长而弗宰，是谓玄德。"

就人的认知和感受而言，能够孕育产生万物而不据为己有，始终为万物生存提供发展环境而不居功炫耀；支撑万物繁衍进化而不干涉或主宰他们，这是人类所能认知的顶级大德。老子把世间至高的大道和大德用拟人化的手法讲得淋漓尽致，对于有心悟道修行的人来说，只要用心去体悟、真心去实践，一定可以取得超乎预期的成就。回顾前面第十章对于"玄德"的初步解析，"**玄德**"是人类个体所能达到的与大道相匹配的最高境界，达到这种境界的人所展现出来的能力还可以不断完善、不断提升而永无止境。

"玄德"与治理行为相结合，能够展现出高超的治理智慧。第二十一章讲过："孔德之容，惟道是从。道之为物，惟恍惟惚。惚兮恍兮，其中有象；恍兮惚兮，其中有物；窈兮冥兮，其中有精；其精甚真，其中有信。"后面第六十五章还将讲到："常知稽式，是谓玄德。玄德深矣，远矣，与物反矣，然后乃至大顺。"通过悟道并依照大道行事，人类社会的各类组织架构就能与大道相吻合，治理者展现出来的治理能力和个人品质就能与大德相一致。这些治理智慧犹如大德对待万物一样，会让社会发展生机勃

---

① 《道德经》第九章："功遂身退，天之道。"
② 《道德经》第八章："夫唯不争，故无尤。"

勃周而复始，涌现出各种层出不穷的社会创新，进而转化为促进社会持久稳定繁荣的动力，"绵绵若存，用之不勤"①，且不会对社会治理造成系统性危机。

---

① 《道德经》第六章："谷神不死，是谓玄牝，玄牝之门，是谓天地根。绵绵若存，用之不勤。"

第五十二章　依道而行　功成无殃

天下有始，以为天下母。既得其母，以知其子。既知其子，复守其母，没身不殆。塞其兑，闭其门，终身不勤。开其兑，济其事，终身不救。见小曰明，守柔曰强。用其光，复归其明，无遗身殃，是为袭①常。

——《道德经》第五十二章

在这一章，老子讲了治理天下的秘诀，这是治理者的立身之本。

> "天下有始，以为天下母。既得其母，以知其子。既知其子，复守其母，没身不殆。"

《道德经》在第一章就讲了"无，名天地之始；有，名万物

---

① "袭"通"习"。

之母"。"无"和"有"是大道存在的两种方式，"天地"这个复杂系统以"无"的状态作为发端，天地出现之后就进入了"有"的状态，进而生成万物，所以说"有"是万物之母。同理，"天下"作为一个复杂系统也有一个从无到有的转变，这个转变是基于"天地系统"已经存在的前提，也就是在"有"的状态下产生了"天下"，"有"是天下的发端，也是"天下"的母体。这里的"母"，是指根本、本源①。即，如果 B 系统由 A 系统而来，则可称 A 系统为 B 系统之母。

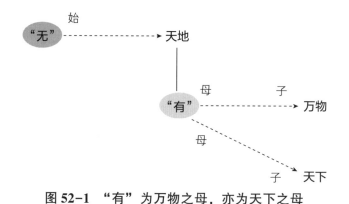

图 52-1 "有"为万物之母，亦为天下之母

"**天下有始，以为天下母。**"对于最为复杂的大道系统，人类只有定性的认知和感悟，而无法进行准确界定和定量研究。天地系统是可以被人类认知的大道系统内最宏大的子系统，专属于人类的"天下"则是天地系统中的一个子系统。对于大道而言，"天下"只是一个微不足道的小模块，这个模块解封之后就是纷繁复杂的人类社会，包括衍生出来的思想、情感、关系、制度、经济、军事等复杂的内容。"天下"系统的规模远小于"天地"系统，

---

① 王力:《王力古汉语词典》，中华书局 2000 年版。

"天下"可以大致理解为人类社会可以治理或影响的范围，而这种人类社会的有效治理出现时间较晚，是在生产力发展到一定程度后才出现的。

"天下"也是从天地系统中原本"无"的状态突变而来，应该说天地间存在的某种力量产生了人类最初的"天下"，就像由"无"开启的"天地"一样，所以老子在本章将这种造就天下的力量称为"天下母"。只不过，"天下"的开端，即人类治理体系的出现是有基础的，这个"天下母"是可以感知的，以"有"的状态存在于"天地"系统之内。按照美国人类学家摩尔根的观点，人类结成群体性的第一个组织形态，是以人与人之间纯人际的相互依赖为基础的社会，也就是氏族社会①。

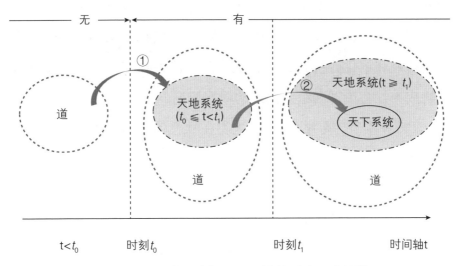

图 52-2　天地系统与天下系统的诞生示意图②

① ［美］路易斯·亨利·摩尔根：《古代社会》（新译本），中央编译出版社 2007 年版。

② 此图中，箭头①表示的是"天地系统"的生成过程，箭头②表示的是"天下系统"的生成过程。

天下万物都是由道而生，因德而存续，具体到某个历史时期，也都有其来处和产生的根源，比如朝代的更迭、政权的变化、君王的易位等。任何一个变化最初都有一个开端，这就是一个"根"，或一个起源。若能够清醒地认知事物的起源，"遵道依德"而行，就可以把握事情发展的规律，把事情做好。反过来也一样，治理者如果能够把当下的事情做好，按照事物发展的规律谋划未来、明确方向、团结民众、坚定信心，就可以维护好一个国家、一个组织或一个家族的根基，不断固本培元。这样就不致因一代英明治理者的离去而对正常治理造成重大损失。

"既得其母，以知其子。"既然明确了"天下"的母体是大道"有"的状态，那么按照"常有，欲以观其徼"① 的道理，就可以对天下进行系统架构的顶层研究和分析，可以对天下系统所涉及的主体、标识、积木块、内部模型、要素流动等进行实验验证、模拟研究和量化分析，进而总结为理论认识和行为规则，这些规则将成为社会治理和组织治理的根本依据。

"既知其子，复守其母。"人类在社会治理过程中通过各种各样的实践建立了复杂的显性秩序，比如宗教、法律、社会制度、交易规则等，还形成了与之对应的隐性秩序，比如风俗、习惯等。社会实践与社会秩序的融合和碰撞不断提升人类社会的文明水平。治理者往往需要跳出其所在的子系统，站在较高层级来俯视"天下系统"乃至"天地系统"，通过总结成功的经验、汲取失败的教训，不断提高对"有"这个天下之母的认知，并更加深入地了

---

① 《道德经》第一章："故常无，欲以观其妙；常有，欲以观其徼。此两者，同出而异名。同谓之玄，玄之又玄，众妙之门。"

解大道，由此逐步完善人类大德的内涵，不断坚定依照大道行事的信念。

"**没身不殆**。"治理者若能具有治理天下的大智慧，始终坚持恰如其分的治理行为，其治理的"天下"也就能自始至终国泰民安。即使这些治理者及其时代已经成为过去，后人依然会津津乐道，能够从往昔的治理体系和治理行为中汲取有益的养分，这就像已经消失的"天下"以某种形态在后来的"天下"中继续存在，已经逝去的治理者会继续对后来的治理者发生影响。比如中国历史上的"文景之治""贞观之治"等，就具有这种"没身不殆"影响力。

> "**塞其兑，闭其门，终身不勤**。"

懂得大道的治理者会适当节制和管控自己对于名利的欲望，通过有效的治理行为让民众从内心接纳并拥护现行的治理体系，上下同心共同努力，实现社会组织的良性发展。

"**塞其兑**"，就是堵住内心各种欲望向外涌动的渠道。"眼耳鼻舌身意"是人类感知外界并做出反应的主要方式，其中以眼睛和耳朵感知的信息量最大，而口舌的表达能力最强。人类依靠语言进行复杂信息的沟通交流，并表达诉求和情感。这里的"兑"主要是指口，口是实现人类语言能力的器官，可以表达综合复杂的意思。虽然人体器官中的口和眼都有表达诉求和情感的功能，比如可以通过眼神表达一定的诉求和情感，不过在信息传达的复杂性、完整性和准确性方面，语言显然更胜一筹。圣人能够很好地管控自身欲望，"众人熙熙，如享太牢……我独泊兮其未兆……众人皆有余，而我独若遗"①，因此圣人不需要"塞其兑"。但是，现实中的治理者在悟道方面的层次尚达不到圣人的高度，对于现实诱惑的辨别能力和抵御能力也不够强大，这就需要特意强调"塞其兑"，就是对个人的欲望严格管控，不让私欲和野心膨胀，不把对名利的追求和对事业的追求混为一谈，不让外部纷繁迷离的现象扰乱自己的内心。就如同堵住了欲望从内心冲出来的渠道，"塞其兑"有助于人们遵循大道，追求大德。

"**闭其门**"，是指关闭外界各种诱惑进驻治理者内心的门户，主动隔绝外界各种容易引发内心欲望或冲动的不良诱惑。耳朵、眼睛与口相反，是接收信息和情感的主要门户。外界的各种诱惑是通过耳朵和眼睛这些开放的门户进入治理者的内心，对治理者的心智和信念产生影响。面对纷繁的世间万象，治理者会比普通民众接收到更多的诱惑，比如超出实际的奉承吹捧、眼花缭乱的物质诱惑、令人心怡的美景美色，都足以在平静的内心掀起波澜。明道有德的治理者能够淡然看待各种名利和物质诱惑，冷静面对各种外部刺激，就如同闭上了眼捂住了耳，关闭了所有通往内心的门户，也就是主动屏蔽了所有诱惑和刺激。

"**终身不勤**"，是说治理者按照"塞其兑，闭其门"的标准严格要求自己，用心悟道、勤奋实践并时时反思，就能够摆脱所有诱惑和刺激，终身不受此累。这就是佛家高僧神秀②所说的境界："身是菩提树，心如明镜台。时时勤拂拭，莫使有尘埃。"

---

① 《道德经》第二十章："众人熙熙，如享太牢，如春登台。我独泊兮其未兆，沌沌兮，如婴儿之未孩。儽儽兮，若无所归。众人皆有余，而我独若遗。我愚人之心也哉！"

② 神秀（公元606—706）：唐代高僧，禅宗五祖弘忍弟子，北派宗禅创始人。

在这样的治理者的带动下，社会和组织内部会形成符合大道的行为模式，天下治理通达平安，不同群体和谐相处，自然环境舒适宜居，社会矛盾大大减少，即使遇到一些突发困难也能够上下同心顺利解决。

"开其兑，济其事，终身不救。"

"开其兑"之后，治理者就容易被内心的欲望所驱使，在治理实践中舍本逐末、谋求个人名利和物质占有；欲望的闸门一旦打开，抵御外部诱惑的大门也就再难以关闭了。"开其兑，启其门"之后，内心欲望和外部诱惑叠加，治理者的价值观念和行为规范将全盘崩溃，正所谓"五色令人目盲，五音令人耳聋"①。放纵欲望的治理者必然会肆意盘剥民众，无视民众的基本生存和疾苦。"民之饥，以其上食税之多，是以饥。"② 社会治理不当，资源分配不公，必然导致普通民众生活日益困苦。

"济其事"，欲望之门打开之后，心态失衡的治理者会想方设法利用权力侵占公共资源以满足一己之私。为此，他们会设定不切实际的宏大目标，执意推行难以完成的浩大工程，搞得国力衰竭民怨沸腾。正如第七十五章所讲，"民之难治，以其上之有为，是以难治。"治理者膨胀的野心和肆意乱为并不会令大道改变，只会给自己留下污名。

"终身不救"，一旦背离了大道，背弃了大德，治理者就会朝

---

① 《道德经》第十二章："五色令人目盲，五音令人耳聋，五味令人口爽，驰骋畋猎令人心发狂，难得之货令人行妨。"

② 《道德经》第七十五章："民之饥，以其上食税之多，是以饥。"

着错误方向愈行愈远，导致社会治理效果每况愈下，各种问题和矛盾不断产生并激化，最后甚至危及整个治理体系和治理者本人。"开其兑，济其事"的治理者不能坚守应有的信念，背弃自己执政的根本，就必然会脱离民众而无法取信于人。在这种情况下，民众对于治理者释放出来的每一个信息都会心存疑虑，每一个人都会瞪大眼睛、竖起耳朵，竭尽所能去获得各种信息，并根据这些不全面、不准确、不及时的信息做出判断或采取行动，而这些行动极易非线性地引发一系列事件，产生所谓的"蝴蝶效应"。于是，在明确的社会治理制度之外还会有更加强大的、非良性的隐性秩序，这类隐性秩序的存在将使每一个普通民众都可能成为一个突发事件的源头。

社会组织越庞大，组织结构越复杂，这种突发式事件就越多，也更加难以预料和应对。面对这样的复杂局面，治理者终将力不从心，手忙脚乱，摁下葫芦浮起瓢。因此老子系统思想主张："我无为而民自化，我好静而民自正，我无事而民自富，我无欲而民自朴。"[①]

"见小曰明，守柔曰强。"

"见小曰明。"从小事情上实践大道理是一种高明的能力。就像第三十二章讲过的"朴虽小，而天下莫能臣"，真正懂得大道的治理者可以用简捷有效的方法来实现治理目标。治理者从小处

[①] 《道德经》第五十七章："天下多忌讳，而民弥贫。民多利器，而邦家滋昏。民多伎巧，而奇物滋起；法令滋彰，而盗贼多有。故圣人云：我无为而民自化，我好静而民自正，我无事而民自富，我无欲而民自朴。"

着手解决复杂的问题，体现了治理者对大道的理解和实践能力。这种高明的治理者在民众面前能够自然地放低姿态，结合实际情况适度地展现治理能力，恰到好处地达成治理目标。他们不会在不必要的情况下也将自己的全部能力展露无遗，这和第三十四章讲过的"衣养万物而不为主，常无欲，可名于小"是同一个道理。这种通达务实的行事方式就是"明"，是圣人才能做到的"光而不耀"①。

"守柔曰强。""柔"是老子系统思想中的重要概念，它与"弱"相配合，是大道在现实世界中发挥作用的方式。始终坚持用平和的方式恰到好处地实现治理目标，才能体现真正强大的治理能力。"守柔"的治理者能够让民众感受到人性的温度，既有韧性有坚持，又有弹性有包容。如果治理者能够做到"专气致柔"②，就能协同不同主体，形成聚合效应，大大增强组织的行动力。与此同时，组织内的主体也都会甘居其位、各得其所。

> **"用其光，复归其明，无遗身殃，是为袭常。"**

"用其光。"应用符合大道的思想去引导民众，就能够在实施治理的时候自然而然地得到大多数人的支持；人们也都愿意向着治理者指明的方向去努力，不断取得成功，共同达成治理目标。治理者在此过程中会不断求诸大道，始终遵循大道行事，并用大德的标准来要求和完善自己。

---

① 《道德经》第五十八章："是以圣人方而不割，廉而不刿，直而不肆，光而不耀。"

② 《道德经》第十章："专气致柔，能婴儿乎？"

"**复归其明**。"良好的治理结果会让更多的人理解并追随大道。治理者遵循大道并在具体治理行动中不断取得成功，这会使大道的功能和作用更容易被理解和接受。

"**无遗身殃**。"治理者若能坚持依照大道行事，就会带领民众成就伟大的功业。在建功立业的过程中，治理者仍在不断完善自己对于大道的理解，逐步完善以大德为标准的修养和能力，在具体治理中坚持"见小"和"守柔"，通过精心治理形成和谐的社会氛围，让世间百姓都能够自觉自愿接受治理规则。这样，治理者卸任后不会受到诟病，社会也不会因为治理者的更替而动荡。

"**是为袭常**。"治理者若能达到本章所说的治理水平，就已经是与大道同行了。其言行可供后世的治理者借鉴，即使社会更替、制度变迁，这些治理思想和方式依然会发挥作用。要达到这个境界，需要治理者自身有很深的感悟，能够"知其子""守其母""塞其兑，闭其门"。后世一些悟道较深的大家，他们的感悟已颇有这种意境。比如说出"菩提本无树，明镜亦无台，心中无一物，何处惹尘埃"的佛家高僧六祖慧能；写出"不以物喜，不以己悲"的宋代政治家范仲淹；以及咏出"待到山花烂漫时，她在丛中笑"的现代领袖毛泽东。从这些深刻的感悟中，我们已经隐约窥见现实中的"孔德之容"。

第五十三章　道行有度　浮夸无益

使我介然有知，行于大道，唯施是畏。大道甚夷，而人好径。朝甚除，田甚芜，仓甚虚。服文彩，带利剑，厌饮食，财货有馀。是谓盗夸，非道也哉！

——《道德经》第五十三章

在本章，老子强调应当摒弃表面的繁荣和浮夸，依照大道脚踏实地做事。

"使我介然有知，行于大道，唯施是畏。"

"**使我介然有知**。"通过悟道，老子本人获得了顿悟，进而形成了毫不动摇的信念和行事原则，这就是"介然有知"。要想将对于大道的坚定信念转变成具体行动，就要在行道时始终秉持对大道的敬畏之心，每一次具体行为都严格遵照大道的规律，可以变通，但决不投机取巧。

"行於大道，唯施是畏。"治理者越是位高权重就越要时刻警醒自己，严格审视自己的决定和行为，对于治理行为可能带来的负面影响要有充分的认识。治理者做一些表面轰轰烈烈的事是很容易的，难的是怎样保持社会的和谐祥和，让国家和组织保持长期稳定的内生动力，不因为追求有为而生出隐患。保持对于大道的敬畏是把思想认知转变成实践的前提。"唯施是畏"不但是一种责任担当，还是一种高超的能力，是"上士"方能具备的崇高品德。

"大道甚夷，而人好径。"

"大道甚夷。"老子系统思想认为，大道是很容易遵循的，如同在出发点和目的地之间的一条平坦大路，路径没有太多的曲折变化，只是路途遥远，需要坚持不懈地走下去才能够到达终点。治理者若是懂得"大道甚夷"的真谛，就会在悟道行道之路上坚持走下去，不断接近大道的本质，正所谓"上士闻道，勤而行之。"① 治理者依照大道行事，则目标可期、路径清晰，只要坚持不懈就能积少成多，成就众人向往的宏伟事业，且不会有各种怪异离奇的事情发生。这种表象的平淡无奇恰恰是"道"的精妙之处，真正能够做到的只有极少数高水平的治理者。

老子用"夷"字来描述大道，除了表明"道"是平坦无歧之外，应该还有另外一层意思，那就是大道在某种意义上也是很隐晦的，一眼看不到头，如同没入大地之下"路漫漫其修远兮"，只有独具慧眼的人才能坚信终点的存在，只有坚忍不拔的意志才

---

① 《道德经》第四十一章："上士闻道，勤而行之；中士闻道，若存若亡；下士闻道，大笑之。不笑不足以为道。"

能够支撑求道者持续向前的意志。《道德经》第十四章中讲过"视之不见名曰夷","夷"是指很难直接观察到的存在，也指太阳落山，光明没入地下，所以"大道甚夷"同时也是说悟通大道不是一件容易的事。

"*而人好径*。"现实中的治理者容易被名利欲望所左右，通常更愿意选择那些看起来很"吸睛"的治理方案，乐于找窍门走捷径，喜欢用心机技巧和权术来办事。他们不甘于平淡，急于建功立业以证明自己的高明和伟大，惯于操控或愚弄民众，这就违反了践行大道的根本原则。"好径"的治理者属于"中士"和"下士"的类型，他们对待大道的态度或是"若存若亡"，或是"大笑之"。历史上也曾有一些很有名的君王，他们在治理初期尚能够做到心存敬畏，遵循大道成就了一番事业，但在成功之后便自视甚高，开始背道而行，为后世治理者留下巨大隐患，导致轻则国库空虚，重则王朝倾覆，此所谓"中士闻道，若存若亡"。至于那些昏庸君王，其行径就更奇葩了，像商纣王建造酒池肉林、周幽王烽火戏诸侯只为博美人一笑，那些行径就连"下士"都不如了。

> "*朝甚除，田甚芜，仓甚虚*。"

这一段话所描绘的情景，在中国两千多年的国家治理中曾经反复上演。

"*朝甚除*"，是说处理朝政过分严苛，反而没法长期维持下去；治理者太想在短时间内成就一番事业，反而落得失败下场。比如，历史上律法最为严苛的秦朝，在其统一六国以后，仅仅两代就灭亡了；明朝崇祯皇帝虽然勤俭自律、励精图治，但是为政刻薄，疑心太重，不善任用人才，难以凝聚民心，最终也是国破身亡。

"**田甚芜**"，田地过度耕种就会变得贫瘠荒芜。中国传统农业特别重视保持土壤肥力，严格实行农作物轮作以保持土地的持久生产能力和长期产出效益。如果过度使用土地而不注意休耕、涵养地力，土壤的肥力就会大大下降；抑或是为了追求产量而过度使用肥料，也会造成土壤板结，最终导致农田荒芜。

"**仓甚虚**"，治理者若过分注重物质资料储备，把过高比例的物质生产成果都变成国家储备，反而会造成很大的浪费和损失，导致民间流通物资匮乏、市场萧条、经济发展乏力，最终国力削弱而国库空虚。像隋炀帝在位时，对内横征暴敛大兴工程，对外东征西讨战乱不断，结果是劳民伤财，百姓无法生息，最后天下大乱，兵变中隋炀帝被叛军所杀，给后世治理者留下深刻的警示。

> **"服文彩，带利剑，厌饮食，财货有馀。"**

此寥寥数语，说尽了治理阶层崇尚虚荣而衍生出的社会怪相，指明了精英阶层腐化堕落对社会的危害。

"**服文彩**"，治理者喜欢衣着光鲜华贵，每次出现在公共场合时都像演戏一样靓妆细扮，喜欢讲排场，沉迷于众星捧月的感觉。上有所好，下必甚焉。治理者一旦开了坏头，必然会带坏社会风气，导致社会上形式主义泛滥，弄虚作假成风。社会风气浮夸奢靡，在华而不实的事情上耗费了大量宝贵的资源，严重损害了国家干实事的能力。

"**带利剑**"，在和平的环境下佩戴利剑，是把战争中使用的重要武器当成了饰品来炫耀，这种做法展现的不是真正的实力，而是一种不道的行为。老子在第三十一章中讲过，"夫兵者，不祥之器。物或恶之，故有道者不处。"所以，这种做法要么是恐吓民众，要么是把国之重器当作饰品，无论哪一种都于国于民不利，难免引发不必要的混乱和事端。

"厌饮食"。居高位者对于饮食不厌其精，不择手段地满足口腹之欲，甚至把基本的生存需求变成了对于自然生灵的肆意虐杀，这些行为违反了自然法则，败坏了基本人性和社会风气，甚至引发疫病流行，招致天谴。2003 年爆发的"非典"疫情，最初就是因为人们在猎奇炫耀的心理驱使下滥捕滥食野生动物而招致的。疫情的扩散，令数千人失去了生命或留下了严重后遗症，国家治理也受到了严峻考验。

"财货有馀"，有权有势的人若都热衷于攫取财富，就会利用其特定的社会地位谋取私利，把本该用于国计民生的资源变成一己的私产，进而导致社会贫富悬殊。这种恶劣行径一旦成风，会像传染病一样腐蚀治理体系，导致宝贵的公共资源被无效占用甚至蒸发浪费，社会矛盾也会因此而深化。

"是谓盗夸，非道也哉。"

"是谓盗夸，非道也哉。"这些大肆炫耀和追求个人地位和财富的行为，为人所不齿，懂得大道且循道而行的人决不会这样做。这就如同强盗显摆自己抢劫来的财富一样，治理者的"盗夸"展现出来的狭隘、贪婪、邪恶，将令其迅速走向灭亡。这就应证了第三十章讲过的"不道早已"。有些人还会因为其祸国殃民的行径被永远钉在历史的耻辱柱上。

第五十四章　善行有报　量力而行

善建者不拔，善抱者不脱，子孙以祭祀不辍。修之于身，其德乃真；修之于家，其德乃馀；修之于乡，其德乃长；修之于邦，其德乃丰；修之于天下，其德乃普。故以身观身，以家观家，以乡观乡，以邦观邦，以天下观天下。吾何以知天下然哉？以此。

——《道德经》第五十四章

中国古代的起义者常把"替天行道"当作正义行动的口号。从这一口号可知，治理者的本分应当是尽人力、行天道，可惜事与愿违，总有一些治理者逆天而为，招致天怒人怨。本章指导悟道之人在不同情境下恰当地悟道行道，强调了行道不受活动范围大小和社会层级高低的制约，处在任何位置的人都可以行大道、施大德。

"善建者不拔，善抱者不脱，子孙以祭祀不辍。"

明道有德之人，能够把大道与自身的修为融通结合，不需要刻意而为，却能时时处处展现大道。

"*善建者不拔*。"由能工巧匠完成的建筑会持久存在，这是因为杰出的工匠们善于遵从大道、师法自然，在建筑的设计、结构、用材和施工等多方面系统合理匹配，使之成为一个理想的整体，这样的建筑作品能够经受岁月磨砺和风雨侵蚀而较好地保存下来，相比普通建筑更不易损坏。

"*善抱者不脱*。"过去在收获的季节，谷物收割以后打成捆，还要抱到一个地方堆积成垛。因此每一趟运送中，劳动者需要尽可能多抱走一些谷物，同时又不能让抱持的谷物松散脱落。否则，要么会造成谷物损失，要么需要重新捡拾而增加额外劳动。那些善于抱送的人会根据自己的能力来确定一次抱送的数量，以确保每一趟都高效进行。如此坚持往返，很快就可以完成全部搬运，而不会有浪费或返工的困扰。

"*子孙以祭祀不辍*。"有道之人会被子孙后代们牢牢记住，其品德和道行也会历久而弥新。子孙后代对祖先的祭祀不是单向的纪念，而是生者与逝者之间的一种特殊的交流和沟通。在这种交流和沟通中，后人通过缅怀前人的言谈和事迹，融合当下生活，可将其智慧活化，这正是前面第三十三章提出的"死而不亡者寿"的意思。有道之人的榜样在后人心中始终栩栩如生，总能具有跨时代的参考价值。

"修之于身，其德乃真；修之于家，其德乃馀；修之于乡，其德乃长；修之于邦，其德乃丰；修之于天下，其德乃普。"

125

大道富有活力和生命力，是可以灵活应用的。一个人对于道的修炼和把握程度，往往决定了其作用范围和影响力。

"修之于身，其德乃真。"一个人的修为若能够做到独善其身，那么这个人就是一个具有纯粹德行的人，是普通人中的典范。"修身"之人不求一定要干成什么大事业，他们即便在日常生活中也能展现高雅品格，能够妥善处置各种事务，总会受到周围邻里和亲戚的尊重。

"修之于家，其德乃馀。"还有一些人的影响范围更大一些，他们不仅做到了独善其身，还能带动家族中的其他成员或者子孙后代悟道修德。这种有影响力的家族在中国历史上并不少见，理学造诣深厚的程氏兄弟（程颢和程颐），文笔出众的三苏父子（苏洵、苏轼和苏辙），三代为相的刘墉家族，都是这样的代表。这种修行的水平已经很高了，因为人们通常很难使得家族中每个人的悟道水准都达到很高的境界。在这里，一个"馀"字很生动地表明，个人修行较高者，除了独善其身还可以影响带动他人。

"修之于乡，其德乃长。"有的人修行水平更是了得，不仅可以让自己的家族兴旺传承，还能够造福一方并传承千年。比如我国一些著名古镇、千年古村，往往都是因为某一代出了大人物，或者连续几代出现杰出人士，而使这个地方具有了某种特质，被世人所尊重，为后人所传承。像河北衡水的皇后村、福建的土楼客家文化等。在这句话里，一个"长"字将其穿越时光的影响力描绘得淋漓尽致。

"修之于邦，其德乃丰。"这是一种比较少见的境界，一个人的修行若能兴旺一个邦国，其功德就很伟大了。这里用一个

"丰"字展现了人力的极限。现实生活中，个人所能拥有的最大的影响力，就是作为一代王侯的丰功伟绩。像被誉为"千年名门望族、两浙第一世家"的吴越钱氏家族，其祖先钱镠由贩盐起家而投身行伍，唐末平息多次叛乱使两浙统一，获唐僖宗钦赐的"金书铁券"，后唐建立后被封为吴越国王。他实行保境安民政策，大力发展农桑水利，将属地建成了遍地烽烟中的一片世外桃源……近代以来，钱氏家族更是涌现出了钱学森、钱伟长、钱三强、钱穆、钱钟书等众多大师级的人才。

"**修之于天下，其德乃普。**"这是最高层级的修行结果，能达到这一层级的就是我们通常所说的圣人。圣人几乎掌握了打开人类所有智慧的钥匙，他们的德行能够类似于天地的运行，通过思想的传播和智慧的启迪，给予人们无差别的眷顾。在这里，一个"普"字表达了这种智慧的广大和细微，近乎"无为而无不为"，却能使民众各守其道、各得其所。

> "**故以身观身，以家观家，以乡观乡，以邦观邦，以天下观天下。吾何以知天下然哉？以此。**"

在老子的系统思想看来，一个人只要修道就一定会受益，这其中的法门并不神秘，就是结合自身的实际情况，选定一个合适的榜样，然后坚定不移地做下去，必定会有结果。

以那些善于修行的人为榜样，坚持下去，就可以成为独善其身的人；以名门大家为榜样，推己及人，不仅自己修行到位，还能够带动和影响周边的人乃至子孙，使得自己的家族源远流长；

以那些造福一方者为榜样，必能舍小家为大家，努力带动本乡本土的人们形成一种良好风气；以兴国创业的人为榜样，必能舍小域为大国，可以成就一番伟业；以那些心系众生、追求大道的人为榜样，摒弃私心，公正治理国家，就可以使天下更长久更健康地发展。

修行的范围和层次不同，得到的回报也就各不相同。"身、家、乡、邦、天下"，这是个人从自身的修行开始，逐步上升到越来越高、越来越宽广的社会范围。在不同的范围内修行践道，都可以得到相应的成就。

"吾何以知天下然哉？以此。"老子道出了修行悟道的法门，就是体悟理解贤达之人的修养精髓，包括怎样成功做人、怎样使家族兴旺、怎样使乡里繁荣、怎样使得一方昌盛、怎样使得一国富足。老子本人就是以这种方式修行的，而且凭其杰出智慧，清楚地知道了天下发展演变的规律，并能结合具体情况把握自己的行事方式。

第五十五章　守住本性　真正强大

含德之厚，比于赤子。蜂虿虺蛇弗螫，攫鸟猛兽弗搏。骨弱筋柔而握固。未知牝牡之合而朘做，精之至也。终日号而不嗄，和之至也。精和曰常，知常曰明，益生曰祥，心使气曰强。物壮则老，谓之不道，不道早已。

——《道德经》第五十五章

在本章，老子通过观察赤子的特点，指出了人们在悟道修行中须具备的一个重要的基础——人类的先天禀赋，进而提出应注重个人的内在修养，并将大德与日常行为有机结合起来。

"含德之厚，比于赤子。"

"含德之厚，比于赤子。"本章的一个重要概念是"含德"，这是大德的又一种表现形式。人类是大道的产物，每个人的天赋也是与大道相符的，只要后天不去损耗和破坏，每个人都有成为圣人的可能。对于这一点，王阳明有更为清晰直接的表述，"这良知人人皆有。圣人只是保全无些障蔽。"①　"含德"是系统主体自身具备的天赋，也是一种与大道天然相合的大德。这种"含德"表现为主体与生俱来的属性，就像刚刚出生的婴儿身上的天然能力那样，能够与主体密切相合，自然而然地发挥作用，在特定的情境下才会无意识间展现出来。

为了更好地理解"含德"的意思，可将它与"玄德"对照理解，《道德经》第十章、第三十四章和第五十一章都讲过"玄德"的表现是"生之畜之，生而不有，为而不恃，长而不宰"，这是一种先于人类社会存在的大德，是较为高级的复杂系统对较低级的子系统的支撑能力，表现得包容、客观、持久。"含德"则是系统主体和子系统所先天具有的与高级复杂系统互动的能力，是保证主体在复杂系统中正常生存和行动的能力，是主体存在和发展的基础保证。

"含德"如同初生婴儿的天然能力一样，自然而然就抵御了很多成年人都难以应对的困境和挑战。它虽然没有"玄德"那样宏大的气势和强大的力量展现，却是大道在个人身上的先天存在，是无为的力量。第二十八章说"常德不离，复归于婴儿"，第十章也讲到"专气致柔，能婴儿乎"，都是从不同角度讲同一个道理。"赤子"即刚刚出生的婴儿，是一个人从无到有的初生状态。"赤子"具有一种原生的"朴"，但"朴虽小，而天下莫能臣"②。

---

①　《传习录》："这良知人人皆有。圣人只是保全无些障蔽，兢兢业业，亹亹翼翼，自然不息，便也是学。"

②　《道德经》第三十二章："道常无名。朴虽小，而天下莫能臣。侯王若能守之，万物将自宾。"

"厚"的意思就是"赤子"所具有的先天能力凝练了大道的本质，具有"无为而无不为"①"柔弱者生之徒"②等特点。

自人类文明形成以后，人类的先天能力就经常被忽略。"赤子"即刚刚出生的婴儿，总是被看成最为弱小的个体。认为一个人只有随着年龄和体魄的增长，特别是接受知识教育和专业训练之后，其能力才会突飞猛进，变得越来越强大。这一忽略先天能力的观念，在人类获得了更多的技术能力、通过学习培训就可使用更多工具之后，更是被很多人所接受，殊不知却忽略了本质。人类的先天潜能被进一步忽视，以至于一些人开始自我膨胀，打着"人定胜天"的旗号，逆天而行逆道而为，干出了很多自以为是的荒唐事，一番折腾之后只落得个身败名裂。

> "蜂虿虺蛇弗螫，攫鸟猛兽弗搏。骨弱筋柔而握固。未知牝牡之合而脧作，精之至也。终日号而不嗄，和之至也。"

为了把"含德"比作"婴儿"的天然能力的道理讲清楚，老子勾勒出了一幅生动的画面。

"蜂虿虺蛇弗螫，攫鸟猛兽弗搏。"在野外刚刚出生的小婴孩，正处于其一生中最弱小的时候，但是很奇怪，即使一些猛禽野兽就在附近，那些最危险的动物却不去伤害他；那些自然界中最可怕的毒物，比如毒蜂、毒蝎蝎、毒虫、毒蛇，也不去主动螫咬他。不是这些危险的动物没有发现这个"赤子"，而是"赤子"

---

① 《道德经》第三十七章："道常无为而无不为。"

② 《道德经》第七十六章："人之生也柔弱，其死也坚强。万物草木之生也柔脆，其死也枯槁。故坚强者死之徒，柔弱者生之徒。"

身上具有某种能量或表现出了某种状态，使得这些动物不产生进攻的念头——不是出于恐惧也不是没有进攻能力，而是它们觉得完全没有必要去攻击他。这与"善摄生者"的"陆行不遇兕虎"① 有着异曲同工之妙，只是后者是后天悟道修炼的极高境界。

"骨弱筋柔而握固。"婴儿的整个身体都是软软的，骨骼还没有发育成熟，特别是颅骨还没有完全闭合，筋脉也十分软弱，不足以支撑身体站立或行走，只有两只小手握得紧紧的很难掰开。与此形成鲜明对照的是，当一个人的生命结束时，则是肢体僵硬双手张开，这正是"撒手人寰"一词的由来。

"未知牝牡之合而朘作，精之至也。"刚出生的婴儿尚不知男女之事，在浑然不觉的情况下，小生殖器却一直勃起，这是因为出生时是人一生中精气最旺盛的时候。"精"是人类原生的生命力，刚刚出生的婴儿却具有最强大的生命力，个体的所有系统都处于全面迅速发育的状态。随着个体的成长和成熟，"精"的水平会下降，外在表现是发育速度会慢慢下降；直至壮年以后，衰老速度又会逐渐加快；到了老年阶段，人的精气会日渐丧失，肌体的衰老速度远远快于生长速度，生命也就慢慢走向终结。这是人类个体亘古不变的生命周期性规律。

"终日号而不嗄，和之至也。"刚出生的小婴儿可以一直啼哭，一天下来嗓子也不会沙哑，这是因为"赤子"是人一生中阴阳最为调和的时期，身体系统自然和谐。"和"是人类生命系统天生的协同性。新生命诞生之时是协同性最好的时候，随着年龄增

---

① 《道德经》第五十章："盖闻善摄生者，陆行不遇兕虎，入军不被甲兵。"

长和生长发育，个体在适应环境的过程中会发生变化，比如遇到各种侵害，导致系统的协同水平也会逐渐失衡。随着机体的逐渐老化，协同能力会逐步丧失，这也是生命体的周期特性之一。

> **"精和日常，知常日明，益生日祥，心使气日强。"**

前面关于婴儿特点的分析可以说是一种常态，很容易被人们认同。接下来老子话锋一转，将其中蕴含的深刻道理娓娓道来。

"精和日常。" 精气饱满且阴阳调和，是生命系统得以正常运行的基础，也是大道运行的基本规律。新生命刚诞生的时候生命力最旺盛，生命系统协同效能最佳，此时"精"正处于最佳的"和"的状态，两者在新诞生的生命体上得到完美的体现。大道系统、天地系统能够长久存在而不衰老，不断支撑万物周而复始地循环发展，就是因为能够一直保持"精和"的状态。

"知常日明。" 治理者若能够认识到大道作用的基本规律，就会意识到复杂系统内部系统动力和系统协同性的关系，就能基于"精和"的恰当匹配来设计治理体系和治理制度，把复杂生命体的运行机制引鉴到社会治理中来。"明"是人类顿悟后形成的系统智慧，"知常"与"见小"① 是人类感悟大道获得智慧的两个主要方向，分别代表着最深刻的宏观认知水平和微观认识水平。

"益生日祥。" 在现实生活中，每一个人都会不同程度地受社会环境的影响。大多数人都希望自己的欲望得到满足，于是就耗费精力去争取。其中一部分人在激烈博弈后得到了自己想要的名

----

① 《道德经》第五十二章："见小曰明，守柔曰强。用其光，复归其明，无遗身殃，是为袭常。"

利，作为社会名流享受荣华富贵。在外人看来很羡慕，实际上这些人始终无法摆脱别人的嫉恨，总是面对各种隐患而不得安生。过度追求名利享受而带来的压力还会不断侵蚀原本健康自在的人生，这类人就属于老子所说的"而人之生生，动之死地，亦十有三"①。过度的欲望追求对人生是有害的，"祥"就是物极必反而导致的"益之而损"②，因为与大道相违背，必然不会有好的结果。

"**心使气曰强。**"更多的人因为对自己的当前处境和生活状态不满，于是就强迫自己去奋斗去争取或者钻营投机。但逆着本性行事会导致心态扭曲，看任何事情都不顺眼，做任何事情都不顺心，看似是愤世嫉俗、生不逢时，实则是因为强扭本性而迷失了自己。"心使气"的结果是耗费了原本充足的精气，打破了先天阴阳的和谐，好像是凭借人力支配了先天的能力，但最终会伤及自身，丧失应有的人生收获。

为什么会有那么多人迷失了本性，而把原本很好的人生牌打得很烂？这要归于他们对于大道的错误认知。老子系统思想认为，"坚强者死之徒"③，一些人错误地认为在社会中生存就必须要打败别人，要在每一件事情上都争取对自己有利的结果，强求的结果就是走向了反面。最后不是被别人打败，而是因为自己"心使气"而导致失败。

---

① 《道德经》第五十章："出生入死。生之徒十有三，死之徒十有三。而人之生生，动之死地，亦十有三。"

② 《道德经》第四十二章："故物，或损之而益，或益之而损。"

③ 《道德经》第七十六章："人之生也柔弱，其死也坚强。万物草木之生也柔脆，其死也枯槁。故坚强者死之徒，柔弱者生之徒。"

"物壮则老，谓之不道，不道早已。"

这句话在《道德经》中是第二次出现，第一次是在第三十章讲用兵法则时提出了这一观点。老子系统思想认为，运用强力来解决治理问题是不符合大道的，明道有德的治理者不会轻易采用军事手段或强力措施来实现治理目标。

"物壮则老。"有人费尽心机去争斗去钻营，到头来看似取得了预期的目标，得到了比大多数人更多的利益，表现得很强大很有实力，但却失去了原本最重要的精气与柔和，早早就进入了老化阶段。治理者个人是如此，一个国家也是如此。大国如果一味追求霸权，在国与国的相处中不讲道义、恃强凌弱，虽然可以逞一时之快，但随着力量对比的悄然转化，很快就会步入衰败的境地。

"谓之不道。"一个生命体的"精"与"和"不再协调时，其生命周期就开始走下坡路了。许多人因为内在生命力被过度消耗，而早早地进入了老化阶段。而且，由于系统经常违背大道的运行规律，其协同能力也会大大下降，协同效果会越来越差。

"不道早已。"由于违背大道的行为方式，由"壮"而"老"的系统会加速灭亡。往往此前越是迅速强大起来的系统越是没落得快，失去得也更彻底。这就像《桃花扇》里的唱词："俺曾见，金陵玉树莺声晓，秦淮水榭花开早，谁知道容易冰消！眼看他起朱楼，眼看他宴宾客，眼看他楼塌了。"

这些浅显的大道理虽广为人知，现实中人们却一再重蹈有违大道的行径。这就一再验证了老子讲的"大道甚夷，而民好径"①。许多聪明人觉得大道虽好，但是人生苦短，不如先得些便宜再说。贪念一现，人就走上了邪路，到头来聪明反被聪明误，想回头时才发现时光不再，悔之晚矣。

---

① 《道德经》第五十三章："使我介然有知，行於大道，唯施是畏。大道甚夷，而人好径。"

第五十六章　完整人格　独立可贵

知者弗言，言者弗知。塞其兑，闭其门；挫其锐，解其纷；和其光，同其尘，是谓玄同。故不可得而亲，不可得而疏；不可得而利，不可得而害；不可得而贵，不可得而贱。故为天下贵。

——《道德经》第五十六章

在本章，老子很具体地讲解了怎样内修于心，形成个体的高贵德行。

"知者弗言，言者弗知。"

"知者弗言。"对于大道的理解越是深刻，就越是知道大道的深奥玄妙很难用语言来明确表达，而要用心去仔细体悟，须知毫厘之间便会有巨大差别；行动时也保持敬畏之心，慎终如始，善作善成。反之，一些人讲起大道来滔滔不绝，貌似满腹经纶，实际上思想体系支离破碎，内在逻辑混乱不清，用这样的认知去指导行动必然会不着边际。人的修行深浅很容易分辨，悟道深刻的人一下子就能看到事物的本质，并联想到与之相关的方方面面，其内心洞若观火，其外表知行合一。大道大德若聚于一身，则其人一定是行胜于言，讲出来的道理也是言语朴素，尤能以小见大。

"**言者弗知**。"那些悟道不高的人，看问题立场不定态度不明，经常不见全局舍本逐末。他们做事没有分寸，说话模棱两可，侥幸对了便沾沾自喜自鸣得意，一旦错了就故弄玄虚推卸责任。这种人纯属一瓶子不满半瓶子晃荡，却很喜欢指手画脚说三道四，实则是成事不足败事有余。

> "**塞其兑，闭其门；挫其锐，解其纷；和其光，同其尘，是谓玄同。**"

这是老子给出的修炼秘诀之一。第五十二章曾建议"塞其兑，闭其门，终身不勤"，第四章指出大道的作用机制就是"挫其锐，解其纷，和其光，同其尘。湛兮似或存"。本章则是从悟道修德的角度再次认知这些方法。一个明道有德的人若达到这种境界，施展抱负便不再是个人成就的小事，而是利民安天下的大德了。

"**塞其兑**"，是说悟道修德之人需要堵住内心冲动向外涌动的渠道，对个人欲望严加管控，不使其膨胀；坚守本分，不把对名利的追求作为行动的动机。这就像是堵住了欲望从内心冲出来的渠道。

"闭其门"，是说悟道修德之人需要关闭外界各种诱惑进入内心的门户，杜绝各种容易引发过度欲望和冲动的不良诱惑。在纷繁变幻的世间万象面前，平静对待各种新鲜的诱惑。面对各种现实诱惑和挑起欲望的外部刺激时，就犹如闭上了眼睛、捂住了耳朵，丝毫不为所动并保持内心平静。

"挫其锐"，是说悟道修德之人尤其需要调整自己的个性。系统中的每个主体都有自己的特殊性，但在与其他主体互动中，这些特殊性很容易引发冲突甚至造成伤害。悟道修德之人会顺应大道对自身的特殊性进行有效调整，把自身与其他主体间的差异和对立变成互补和协调，即形成有效的协同关系。

"解其纷"，是说悟道修行之人善于化解矛盾形成合力。世间万物都不是独立存在的，每一个主体都会与其他数不清的主体构成直接或间接关系。马克思说，"人的本质并不是单个人所具有的抽象物，在其现实性上，是一切社会关系的总和。"在所有关系中，有的是有利于主体发展的，有的则是不利于主体发展的。悟道修德之人能够顺应大道，把这些关系整合成有利于实现系统发展目标的和谐秩序，使众多系统主体形成合力。

"和其光"，悟道修德之人善用众人之长，能够将系统内众多主体的个体优势强强联合，整合成系统优势。系统内的不同主体虽具有各自不同的优势，即各自的特长和亮点，但仅靠某一种亮点是不能满足整个系统的实际需求的。而大道能够把这些不同的亮点有机整合为适合当下事物发展所需的独特供给。

"同其尘"，在大道这个复杂系统中，与道的伟大和恒久的存在相比，世间万物的存在都是渺小而短暂的；由大道而来的万物所形成的众多子系统，最终都要回归到大道系统这个共同的起点。第二十八章所讲的"恒德不忒，复归于无极。恒德乃足，复归于朴"，就是讲人的行为与大道"同其尘"的关系。

提升个人对于大道认知水平的正确路径是求诸内心。在第四十七章老子就讲过"不出户，知天下；不窥牖，见天道"，说的是个人内心与外部世界之间的关系。在本章则是说自己的修为，是自己内心的"德"与"欲"之间的较量。不理解大道，不依照大道行事，那么就会做得越多、偏离越远。没有正确的认识观和方法论，在片面思想的指导下开展治理活动，只会放任固有的错误认识，扼杀创新的可能。"人法地，地法天，天法道，道法自然。"① 明白通达的人了解大道的真谛，自然知道天地运行的规律，对于天下的发展趋势和特点也了然于胸，在任何时候都能正确判断形势，提出恰到好处的对策。

"是谓玄同。"要做好治理工作，治理者就需要如老子所说的"塞其兑，闭其门；挫其锐，解其纷；和其光，同其尘"，此时的治理状态就是"玄同"。"玄同"是与大道浑然一致的和谐，"玄"是系统在"有""无"两种状态之下都能达成最优的情景。

> "故不可得而亲，不可得而疏；不可得而利，不可得而害；不可得而贵，不可得而贱。故为天下贵。"

老子认为，一个人的修行若能达到很高的境界，就可以实现

---

① 《道德经》第二十五章："域中有四大，而王居其一焉。人法地，地法天，天法道，道法自然。"

内心世界与外部世界的和谐。

"**不可得而亲，不可得而疏**。"有德之人不会与当下的世俗事物过于亲近，也不会与之过于疏远。有德之人并非不食人间烟火，他们了解世风的利弊，无论身处庙堂之高或者江湖之远，都不会受不符合大道的因素影响，不会有个人的亲疏之别，在治理时总能做到通览全貌没有偏颇。

"**不可得而利，不可得而害**。"明道有德人不会被人利用去做不合大道的事情，在任何情况下都不会助纣为虐；明道有德的人也善于保全自己，不会因为坚持大道而被人构陷，即使身处险恶的环境中也能独善其身，不被坏人所迫害。

"**不可得而贵，不可得而贱**。"有德之人不会因为别人看重而自以为尊贵，也不会因为不被了解而自认卑贱，这就像诸葛亮当年躬耕于南阳，不肯投靠任何一方势力，直到刘备三顾茅庐方才出山，助其实现了"三分天下"的宏韬伟略。他在做了蜀相之后治国安邦，令百业俱兴，仍勤勤恳恳不居功自傲，实现了自己"鞠躬尽瘁，死而后已"的诺言，成就了"宠辱不惊"的典范。

"**故为天下贵**。"达到了这样的悟道修行水平，就可以率领民众依道行事，将德"修之於身、修之於家、修之於乡、修之於邦、修之於天下"[①]，把国家、地区、乡里、家庭各级事务都办好，功在当代利在千秋，这样的人就是受天下人敬重的圣人君子。

---

① 《道德经》第五十四章："修之于身，其德乃真；修之于家，其德乃馀；修之于乡，其德乃长；修之于邦，其德乃丰；修之于天下，其德乃普。"

第五十七章　政通民和　上行下效

以正治国，以奇用兵，以无事取天下。吾何以知其然哉？以此：天下多忌讳，而民弥贫；民多利器，而邦家滋昏；民多伎巧，而奇物滋起；法令滋彰，而盗贼多有。故圣人云："我无为而民自化，我好静而民自正，我无事而民自富，我无欲而民自朴。"

——《道德经》第五十七章

本章分析了治国、用兵、理政之道的表象和根源，进而指出了关于治理的一些重要原则。

"以正治国，以奇用兵，以无事取天下。"

"**以正治国**。"明道有德的治理者对于国家的治理要理念坚定、模式清晰、制度连贯、执行一致。简单地讲，"国"就是由一个个民众组成的复杂系统，"正"就是普通民众都能理解的正确的道理和行为方式，因此治理者必须要把复杂的系统治理问题转化成与普通民众日常生活和认知水平相吻合的具体原则和规范，使得民众能够轻松地理解并遵照行动。在治国理政的指导思想方面，老子讲"道德仁义礼"，孔子讲"仁义礼智信"，合在一起就是"道德仁义礼智信"。老子与孔子的基本思想有很多共同之处，二者的最大区别在于具体落实的方法和路径上。老子对治理者提出的要求多，而对于民众的要求较低。他要求治理者要认识并遵从大道，要具有高于民众的"德"，还要以身作则，"行不言之教"①；孔子则对于民众提出较多要求，并基于治理需要构建了一套复杂的以"礼"为核心的民众行为规范，将维护社会系统持续稳定的责任分解到每一个普通民众，要求民众"克己复礼"，时刻规范自己的思想与言行，这使得普通民众受到的约束较多。

"**以奇用兵**。"老子认为，打击敌人时要采取迥然不同的行为方式。明道有德的治理者在不得已而用兵时，会做好充分的准备，不战则已战之必胜。"奇"是绝大多数人预想不到的道理和难以理解的行为，在对抗中不能让敌人了解自己真实的战略意图和行动细节，"国之利器不可以示人"②，要以敌人意想不到的方式战胜敌人，尽量减少己方的损失。

"**以无事取天下**。"一个国家要想在天下的博弈中取得主导地位，需要得到大多数国家的认同和支持。国家之间因为文化、历

---

① 《道德经》第四十三章："不言之教，无为之益，天下希及之。"
② 《道德经》第三十六章："柔弱胜刚强。鱼不可脱于渊，国之利器不可以示人。"

史、制度、习俗等各方面的差异，在交流相处的过程中很容易产生冲突，作为主导大国，必须有能力化解平息这些矛盾，引导建立不同群体相融共存的思想基础、制度基础和行为规范，努力消除历史积怨，避免产生新的矛盾，尤其是激烈冲突和流血事件，逐步形成一个尊重各国差异、欣赏不同特点的和谐的"天下"。

"无事"不是一般意义上的没有事情发生，也不是回避现实矛盾的"视而不见"。对于国家治理者而言，"无事"指的是"精兵简政"，不因治理行为不当而妄生事端。坚持"无事"原则的治理者会心怀敬畏，谨慎用权，爱惜民众涵养国力。中国历代盛世明君无不执行"无事"的执政理念，汉朝的"文景之治"、唐初的"贞观之治"都是如此。现代经济学理论倡导的"小政府+大社会"的治理模式也暗合了老子系统思想的观点，主张将强制执行的政府行为与创新驱动的市场行为有机结合起来，形成互补互促的效果。这种符合大道的理论认识和社会实践，使得西方国家在近200年的人类发展阶段处在了世界的主导位置，也使得中国仅用40年的时间重回世界经济巅峰。

> "吾何以知其然哉？以此：天下多忌讳，而民弥贫；民多利器，而邦家滋昏；民多伎巧，而奇物滋起；法令滋彰，而盗贼多有。"

"吾何以知其然哉？以此。"老子系统思想不是凭空臆想出来的空中楼阁，而是基于对现实社会治理活动的观察，通过理论层面的分析得出的结论。

"**天下多忌讳，而民弥贫**。"治理者在国家治理中设置很多禁忌是违背大道的，且与"善者善之，不善者亦善之"①的善治观念背道而驰，这种情形在中国历史上屡见不鲜。治理者为显示威权而设置许多令人瞠目结舌的禁忌，比如帝王的名讳之忌就多次导致明清两代血雨腥风的文字狱；独尊儒术导致封建制度教条僵化，使得民间丰富的思想资源变得贫瘠枯竭，这些都可归为"盗夸"②，是对社会系统的严重破坏。设定这些禁令的国家治理者把圣人的理论和思想教条化并设为思想禁区，治理者不能系统地理解圣人思想，必然导致以偏概全甚至歪曲圣人思想本意。思想本身是非物质的，但是思想禁锢的影响力却会在物质方面体现出来，最直接的影响就是治理者掌握绝对的"真理"和话语权，可以指鹿为马为所欲为，而百姓精神生活苦闷，创新活力被大大压制，物质生产也受到抑制，导致生活物资贫乏，百姓生活越来越穷苦。

"**民多利器，而邦家滋昏**。"如果民间藏有大量武器，寻常百姓家也有刀有枪，就说明百姓在日常生活中经常需要武器来捍卫利益、解决问题。在发生民事纠纷冲突时经常付诸武力，社会风气就会日益暴戾，民心离散、礼仪崩塌。出现这种形势是因为国家治理水平低下，社会环境恶化导致民众人身安全缺乏保障，民众对法律制度和国家执法能力失去信任，社会治理成本急剧增加而效果越来越差。比如，当今民间持枪数量最多的美国，

---

① 《道德经》第四十九章："善者善之，不善者亦善之，德善矣。"
② 《道德经》第五十三章："朝甚除，田甚芜，仓甚虚。服文彩，带利剑，厌饮食，财货有馀。是谓盗夸，非道也哉。"

每年死于枪击事件的人数也十分惊人，美国警察虽然拥有最为先进的装备，面对这种状况依然是防不胜防、疲于应对，甚至警察自己也时常会制造误伤事件，引发了重大的社会治安问题和种族对抗。

"**民多伎巧，而奇物滋起**。"如果国家治理体系不能保障民众的正常生存需求，民众就必须花费更多的精力去适应日益险恶的生存环境，表面上看普通民众的个人能力提高了，实际上个人内心的安全感和对治理体系的信任已经不复存在了。民众一旦对国家治理缺乏信心，对于治理者倡导的思想主张就会产生怀疑，对于治理者的施政信念也就不以为然。此时，原本"不敢为"的"智者"① 便活跃起来，各种邪门歪道奇门异术纷纷登场，缺少大道引导的民众便会盲目相信和追随，各种异端邪说、奇闻怪事就会层出不穷，符合大道的价值观被颠覆，社会矛盾和群体冲突自此加剧。

"**法令滋彰，而盗贼多有**。"国家治理一旦偏离了大道，原本适应社会实际的治理规则和制度就失灵了。此时，治理者正确的做法应该是对治理思想与实际治理活动进行全面系统的反思，及时修正不适宜治理行为，使得国家治理回归正确的轨道。如果治理者不能按照大道规律进行反思，也不能与民众沟通，只想利用权力制定体系繁复、内容繁杂的法令法规并强迫民众服从和遵守，那么由于治理者不能感悟大道，其制定出来的法律法令必然难以适应实际需求，民众也就无法遵照执行，于是社会矛盾层出不穷。

---

① 《道德经》第三章："是以圣人之治，虚其心，实其腹，弱其志，强其骨，恒使民无知无欲，使夫智者不敢为也。为无为，则无不治。"

现实中，有的治理者既想要维持国家稳定又急于求成，于是屡屡采取权宜之计，制定出更多治标不治本的法令制度来给原已失灵的制度体系"打补丁"，这些法令只会让民众更加无所适从。治理者本想依靠法令约束民众不生祸乱，结果却适得其反，百姓有法难依有法不依，社会上反而会出现更多的不法之徒，甚至出现官逼民反的现象。所以，与大道相悖的法治行为在复杂的社会问题面前只会是扬汤止沸、愈演愈烈。

> 故圣人云："我无为而民自化，我好静而民自正，我无事而民自富，我无欲而民自朴。"

"**我无为而民自化**"，此处的"我"是指国家或组织的治理者。治理者若能够遵循大道，不乱作也不妄作，一心只为民众服务，"行不言之教"[①]，民众自然愿意真心追随这样的治理者，即"百姓皆注其耳目"[②]。在治理者的引导下，社会主体知礼仪明荣辱，行为得体进退有据，国家政治清明经济繁荣，民众修养也会得到很大提高。

"**我好静而民自正**"，这是说治理者若是心思清净，就会对社会治理产生很强的正面引导作用，民众的行为也会规范得当。现代社会虽然尊重人的个性发展，信息技术的发展也使得个性张扬更加容易，但是社会治理阶层的品行依然会对民众造成很大影响，

---

① 《道德经》第二章："是以圣人处无为之事，行不言之教，万物作焉而不辞，生而不有，为而不恃，功成而弗居。夫唯弗居，是以不去。"

② 《道德经》第四十九章："圣人之在天下，歙歙焉，为天下浑浑焉，百姓皆注其耳目，圣人皆孩之。"

治理者完全可以推动形成各种良性风潮。国家治理者心思清净、淡泊名利，就会减少很多资源的虚耗，把节省下来的宝贵资源用于支持国家的长远发展。

"**我无事而民自富**"，这是说治理者若能坚守大道，遇事慎重决策，不热衷于用所谓"大事"去劳民伤财，就是"我无事"。治理者若"无事"，民众反而会焕发出无穷的创新活力，自主自发地发展经济、创造财富，国家就会强大，民众就会富足。从心理学角度讲，民众对于损失的敏感性要远高于对于收益的敏感性。位高权重的治理者可以集中社会资源干大事，但一个治理者能够调度的资源越多，所需担负的压力和责任也就越大，客观上对其能力与品质的要求也就越高。在重大治理活动中，治理者的认识与判断稍有闪失就会造成重大损失，还会给民众留下强烈的负面印象。

"**我无欲而民自朴**"，是说治理者以天下为己任，摒弃个人私欲，一心为国家谋发展为民众谋利益，也就是"圣人无常心，以百姓之心为心"①，对民众怀有大爱之心，公正包容地对待所有人。这样公正无私的治理者会令国家安定社会安宁，社会上没有各种扰乱心智的诱惑，民众能够保持好良好的先天素质，也就是"赤子"般的"含德"②，能够做到"见素抱朴"③，人皆淳朴，生活无忧。

现实治理中的问题是，不合格的治理者不反省自己，反而抱

---

① 《道德经》第四十九章："圣人无常心，以百姓之心为心。善者善之，不善者亦善之，德善矣。信者信之，不信者亦信之，德信矣。"

② 《道德经》第五十五章："含德之厚，比于赤子。"

③ 《道德经》第十九章："见素抱朴，少私寡欲。"

怨民风不古，甚至把社会治理难题归咎于现代文明和科技发展。其实，最应该反思的恰恰是治理阶层自身，如果治理者受制于自身欲望与执念，迟早会走上悖道而行的治理之"径"①，贪腐沉沦、肆意妄为，甚至动摇社会治理根基，这是极为危险的。

---

① 《道德经》第五十三章："使我介然有知，行于大道，唯施是畏。大道甚夷，而人好径。"

第五十八章　为道利民　不慕虚名

其政闷闷，其民淳淳；其政察察，其民缺缺。祸兮，福之所倚；福兮，祸之所伏。孰知其极？其无正也。正复为奇，善复为妖。人之迷也，其日固久！是以圣人方而不割，廉而不刿，直而不肆，光而不耀。

——《道德经》第五十八章

老子系统思想认为，国家治理是一个复杂的社会系统工程，治理者在其中发挥着重要的作用，有时国家兴衰就在于治理者的一念之间。上行下效，民众的行为特点和社会风气就像一面镜子，真实地反映了治理的好坏。

> "其政闷闷，其民淳淳；其政察察，其民缺缺。"

这句话描述了两种截然不同的治理景象，把"有道"的社会治理与"无道"的社会治理做了一个形象的对照。

"**其政闷闷，其民淳淳**。"明道有德的治理者能够坚守大道以其大德进行治理。他们悟道层次较高，个人品性高贵，了解治理的真谛，没有膨胀的个人欲望，能够抵御名利诱惑，对于寂寞也能乐在其中。治理行为是治理者内心修养与现实社会互动的结果，体现了治理者悟道的深刻程度和所具大德的层次高低。越接近大道的治理行为越是朴实无华，而符合大道的治理表现出来的状态就是"闷闷"，王弼描述其为"无形、无名、无事、无政可举"①，其实是不争于表面而充实于内里。这样的治理者能够俯下身来倾听民意，因而制定出的法律制度民众乐于接受和执行，所采取的治理行动民众能够积极配合。

"其政闷闷"的治理者是大智若愚、大巧若拙的人，不会故意显示自己的高明，也不会夸耀自己的功绩，而习惯于把功绩都归于他人。他们对民众很有亲和力，在其治理之下，民众也都平和淳朴。"其民淳淳"的社会发展趋势清晰可控，各类社会主体都能自觉维护社会秩序，全社会信用程度很高。治理者"闷闷"而民众"淳淳"，就是"太上，不知有之"②的治理境界。

"**其政察察，其民缺缺**。"无道的治理者为了不断创造所谓政绩而严苛律政，因此逼得下属奸诈油滑而民众疲于应对。孔子所说的"道之以政，齐之以刑，民免而无耻；道之以德，齐之以礼，有耻而格"③，与老子的这一观点正是一脉相承。治理者若是

---

① （魏）王弼著，楼宇烈校释：《老子道德经注校释》，中华书局 2016 年版。

② 《道德经》第十七章："太上，不知有之；其次，亲而誉之；其次，畏之；其次，侮之。"

③ 《论语·为政第二》："子曰：道之以政，齐之以刑，民免而无耻；道之以德，齐之以礼，有耻且格。"

热衷于树立自己的权势和威严，就总想别出心裁标新立异，贪天功为己功炫耀个人成就，导致在其治理下大奸似忠大愚若智，因为无法服众，只能推行严刑酷法来治理民众。于是，有"察察"的治理者就会有"缺缺"的民众，为了生存大家也只能察言观色、口不应心，说一套做一套因此难免滋生一批媚上欺下奸佞狡猾之徒。

"其政察察"的治理者疑心很重，对于他人缺乏起码的信任和尊重，认为只有把民众严控于股掌之中，才能保证治理的权威。他们把"己所不欲，勿施于人"变成了"己所不欲，必施于人"，为民众设置严苛的法度桎梏，甚至采用极端方式监控民众。虽自以为精明过人明察秋毫，其实已众叛亲离、人心尽失。"缺缺"的民众对于治理者没有信任感，对于国家或组织没有归属感，凡事只求自保而不图发展，对于各种治理指令只管应承而不会用心实施，对于治理者更是随时可以背弃而不愿做无谓的牺牲品。

> "祸兮，福之所倚；福兮，祸之所伏。孰知其极？其无正也。"

"祸兮，福之所倚；福兮，祸之所伏。"这是一个深刻的辩证关系。"福"与"祸"、"得"与"失"、"成"与"败"，都是社会治理中相生相杀的重要关系。表面看起来幸福快乐、自鸣得意的时候，也许正是众叛亲离、万劫不复的开始；而当前的艰难困苦、孤苦无援，也许正是峰回路转、柳暗花明的开始。"福"与"祸"的交替变化，伴随着人类社会的发展演变一直存在，表面看起来没有什么固定模式，其实暗合着大道的规律。

"**孰知其极？其无正也**。"为什么会有这样的转化？这种转化是怎样发生的？大部分人对此都会感到困惑，而且这种困惑伴随着人类社会已走过很长时间。在现实中很少有人能够认识到这种辩证转化的终极结果。老子认为，在人类的现实治理中之所以存在这样的矛盾现象，是因为人类难以做到一以贯之地按照大道来行事，总会不断在偏离→修正→再偏离→再修正的实践中前行，这样的过程必然导致这种相生相克现象一直存在。

"正复为奇，善复为妖。人之谜也，其日固久！"

随着发展，原本符合大道的行为有可能变成偏离大道甚至背离大道的行为，原本恰当的好事会变成不能被接受的坏事，让人觉得莫名其妙、一头雾水，在现实中这种情况比比皆是。

"**正复为奇**。"好的治理都有一套行之有效的制度，这套制度体现着大道的智慧，被不同阶层的社会主体广泛接受和遵守，这就是"以正治国"①的道理。与治理国家相反，对待战争中的敌人就需要打破常规，以意想不到的方式打击对方从而获得胜利，这就是"以奇用兵"。②曾经行之有效的治理制度也需要随着社会发展而不断调整完善，若一味坚持表面化的"正"，而不去观察和适应对象和环境的变化，也就是把大道给定格和固化了，把某个特定情形下大道的表现形式当成了大道本身，这就不再是真正的大道，而是大道的反面了。

---

①② 《道德经》第五十七章："以正治国，以奇用兵，以无事取天下。"

"正复"是说治理者执着于既往的规则制度，不肯做出任何改变，结果反而背离了大道，就像现代语言所说的"正正为负"，导致社会治理制度难以被大多数社会主体接受，也没有人真心愿意遵守和维护这样的制度。"正复"的结果是把原本应该一体化的治理者和民众对立起来，使得双方的关系形同敌我，代表民众利益、服务于民众的治理制度变成针对民众的博弈手段，治理者和民众离心离德，再也无法取得好的治理效果。

"**善复为妖**。"恰到好处的行为方式都是同具体的环境或场景相结合的，社会治理行为中的"善"就是恰逢其时、恰到好处的治理行为。若是治理者不能与时俱进，一味坚持曾经行之有效的治理手段和政策措施，就如同"刻舟求剑"，会因为与现实情况格格不入，而导致治理结果事与愿违，"善"就会变成不可捉摸的"妖"。

"善复"是过于强调某种治理行为曾经具有的效能，以至于不考虑形势与环境的变化，这样就会导致制度措施失效的局面。当一种治理行为的正面效果越来越弱、负面作用越来越强时，"善"就不再是"善"而是"妖"了。同一种行为方式由"善"变"妖"，并不是具体治理行为的问题，而是治理者不能理解"是谓惚恍"①的精妙，没有因势而变，而一味因循守旧、故步自封造成的恶果。

"**人之迷也，其日固久**。"充分冷静理性的时候，人们大都会

---

① 《道德经》第十四章："是谓无状之状，无物之象，是谓惚恍。"第二十一章："道之为物，惟恍惟惚。惚兮恍兮，其中有象；恍兮惚兮，其中有物；窈兮冥兮，其中有精；其精甚真，其中有信。自今及古，其名不去，以阅众甫。"

相信只有坚守大道才是最好的选择，并激励自己要遵循大道而行。但是当面临现实社会中的各种诱惑和压迫时，人们又会向欲望和压力妥协，甚至自暴自弃、完全背离大道。这种"天堂有路不肯走，地狱无门自来投"的困惑，从人类治理制度诞生之初就存在了，并且持久地困扰着治理者们。"大道甚夷，而人好径"①，只要人类的社会治理活动存在，这种困扰就还会继续存在。

是不是所有的坏事都能变好事，而所有的好事随后一定会变成坏事呢？老子认为这也不一定。治理者若能够提前认识并恰到好处地把握规律，慎终如始、不忘初心，随时调整，避免产生坏的结果，就可以跳出这种福祸相倚、正奇轮回的怪圈了。明大道有大德的治理者能够坚持正道以造福民众，所以能够避免福祸相随、正奇相混、善妖不清的现象。有这样的治理者，是民众之福，也是国家之福。

> **"是以圣人方而不割，廉而不刿，直而不肆，光而不耀。"**

"方而不割。" 真正明道有德的治理者自身拥有大德，行事具备大智，做人做事有规矩有章法。"方"是指极高的综合素养，体现为做人正派有原则，做事严谨踏实，面对复杂的社会治理问题时能够做到条理分明、思路清晰。"不割"展现出治理者的包容性和创新精神，即待人和善可亲而不古板刻薄，不会心胸狭窄、自以为是，也不会嫉贤妒能、怀疑排挤他人，并且善于调动大家的积极性，协同各方面的资源成就一番功业。

---

① 《道德经》第五十三章："使我介然有知，行于大道，唯施是畏。大道甚夷，而人好径。"

"廉而不刿。"治理者为人清正而头脑警醒，深刻了解社会的复杂性，能够做到严以律己、宽以待人。治理者的"廉"表现在带头遵守各种法律制度，身体力行、善为人先，用榜样的行为去影响和带动别人，而不是把自己置于法律之上，更不会执法而犯法。治理者在坚守"廉"的同时还能做到"不刿"。"不刿"就是不以道德制高点自居，苛责于人，而是能够客观认识民众的整体素质，对于他人无心的小过失恰当宽容，不会过于严苛而动辄严惩，导致百姓战战兢兢、民不聊生。

"直而不肆。"治理者内心刚正豁达，行事通达干练，不易被人情琐事所困扰，因此社会治理成本很低，依靠上行下效就可以使得社会风清气正，"百姓皆注其耳目，圣人皆孩之。"① 治理行为的"直"看似很直截了当，却非简单粗暴，"不肆"表现为治理者能够恰当地表达治理意见、实施治理方案而不会让人感觉唐突，其行事风格如行云流水张弛有度，在细节上也能做到恰到好处无可挑剔。

"光而不耀。"治理者自然是引人注目的，这是治理者用以带领民众实现社会理想的一种领袖魅力。明道有德的治理者虽然具有吸引或影响他人的强大的光芒，但绝不会过分耀目而灼伤他人。好的治理者懂得韬光养晦、与人为善，"复众人之所过"② 而不会刻意突出自己的作用。懂得"不耀"的治理者，不会自以为是、

---

① 《道德经》第四十九章："圣人之在天下，歙歙焉，为天下浑浑焉，百姓皆注其耳目，圣人皆孩之。"

② 《道德经》第六十四章："学不学，复众人之所过，以辅万物之自然，而不敢为。"

恃才傲物，"处上而民不重，处前而民不害"①，所以能够更好地发挥才能，引导民众成就更大的事业。

本章是对圣人治理社会的形象描绘。对此，那些真心悟道、全心全意为民考虑的治理者，一定会心向往之并愿意身体力行。

---

① 《道德经》第六十六章："是以圣人处上而民不重，处前而民不害。是以天下乐推而不厌。以其不争，故天下莫能与之争。"

第五十九章　治人以爱　长治久安

治人事天，莫若啬。夫唯啬，是谓早服，早服谓之重积德。重积德，则无不克；无不克，则莫知其极；莫知其极，可以有国；有国之母，可以长久。是谓深根固柢，长生久视之道也。

——《道德经》第五十九章

治理者只有坚持用大爱去治理国家，才能够实现国家的长治久安。

在老子系统思想看来，"生之畜之，生而不有，为而不恃，长而不宰，是谓玄德"①，是治理者遵循大道治理国家的最高境界。理想的治理者在社会治理中的表现应是如圣人那样，"处无为之事，行不言之教，万物作焉而不辞，生而不有，为而不恃，功成而弗居"②。现实中的治理者虽然不能做到圣人那般完美，但也应

---

① 《道德经》第十章："生之畜之，生而不有，为而不恃，长而不宰，是谓玄德。"
② 《道德经》第二章："是以圣人处无为之事，行不言之教，万物作焉而不辞，生而不有，为而不恃，功成而弗居。夫唯弗居，是以不去。"

以较高的才德标准要求自己，努力遵循大道做好社会治理。

> **"治人事天，莫若啬。"**

"*治人事天*"，这里的"天"指师法大道的天。从周朝开始，中国古代帝王即以"天子"自居。"天子"就是由大道而产生的最高治理者，"立天子、置三公"①，"君权天授"是古代君王获得社会治理权的合法性基础。对于民众而言，帝王是统治者；对于"天"而言，帝王是以子孙身份自居。"治人事天"是治理者需要做好的两件大事，其中，"治人"要求治理者拥有行之有效的治理能力，建立符合大道的治理体系，组织引导民众共同达成国家的发展目标；"事天"要求治理者遵循大道，敬畏自然规律，正确看待人类在大道系统中的位置，实现人与自然的和谐相处，为人类社会的长久发展争取良好的生存环境。

之所以将百姓与大道相提并论，是因为二者都是国家治理得以存在的根本基础，任何一方面出现问题都可能使得治理者失去治理地位。一方面，如果治理者"治人"不当，就会导致人心涣散、社会混乱，社会矛盾大量产生且不断激化，当民众反对治理阶层的力量逐步增加并达到临界点的时候，治理体系就会崩溃，治理阶层就会被推翻和取代；另一方面，如果治理者狂妄骄横不遵大道，经常违背自然规律行事，在关键时刻便会受到大自然的惩罚，突如其来的自然灾害与人祸叠加，会让没有准备的治理者应接不暇、焦头烂额，大灾难带来的社会动荡会直接导致国家治

---

① 《道德经》第六十二章："夫立天子，置三公，虽有拱璧以先驷马，不如坐进此道。"

理体系迅速倾覆。纵观中国几千年治理史，"官逼民反"和"天灾人祸"这两种情形是朝代更替之际的主要范式。用现代观点来看"治人事天"，就是一方面要实现经济社会的良性发展，另一方面还要保护好资源环境，实现可持续发展，不能一味追求满足人的贪恋而违背大道倒行逆施，以免给人类自身带来灾难。

"**莫若啬**"，要在治理好天下的同时又能够与自然和谐相处，根本的途径就是要懂得爱惜。"啬"体现了大德，是恰到好处的爱惜，这与出于个人好恶的爱有着根本性差异，属于"天地不仁，以万物为刍狗；圣人不仁，以百姓为刍狗"的大爱的境界。也就是，治理者应对百姓加以重视和珍惜，尤其要重视休养生息，对于民力和国家资源却要慎重使用。在具体治理中，治理者应严格秉持大道，坚持善始善终，谨守"一曰慈，二曰俭，三曰不敢为天下先"[1]的原则。有些消耗较大的事情就算不得已做了，也要做到"果而不得已"[2]，这才是符合大道的作为。

> **"夫唯啬，是谓早服，早服谓之重积德。"**

"**夫唯啬，是谓早服。**""啬"有如此巨大的作用，是因为治理者若懂得对人和自然环境的爱惜，就会比别人更懂得大道的真谛，更能恰到好处地依道行事，也就是"正善治，事善能，动善

---

① 《道德经》第六十七章："我有三宝，持而保之。一曰慈，二曰俭，三曰不敢为天下先。"

② 《道德经》第三十章："果而勿矜，果而勿伐，果而勿骄，果而不得已，果而勿强。"

时"①。具有大爱的治理者懂得尊重自然规律，对于事物发展的趋势会有客观的预见，对于社会资源和国力非常珍惜，能积聚相当规模的资源和财力物力来应对潜在的问题和突发事件。"早服"，是说治理者的这些准备不是盲目的，也不是过度盘剥民众来实现的，而是充分理解了"祸兮，福之所倚；福兮，祸之所伏"② 所蕴含的辩证内涵，故能结合事物的发展演变规律，提前做好预案以有效缓解社会治理中的矛盾冲突，避免极端情况的发生。

"早服谓之重积德。"治理者比别人更懂得大道并努力去做好应对一切问题的准备，就是在不断地积蓄个人的"德"。正如在前面反复讲过的，"德"是"道"在个人行为上的体现。随着治理者不断地积累大德，其施政和管理能力就会不断提升，也就能克服各种治理难题。这样的治理者懂得规律并坚持实践，还会把大道渗透到现实的治理活动中，让广大民众能够不断增强切身的体验，这种"重积德"的治理会带给民众越来越多的幸福感，而这正是治理者造福芸芸众生所积累的大德。与"正复为奇，善复为妖"③ 相对应，治理者若能懂得大道、尊重大道，便会坚守大道、为而不恃。"百姓皆谓：'我自然'。"④ 这是治理的无上境界，也是人类社会治理的真谛。

> "重积德，则无不克；无不克，则莫知其极。"

---

① 《道德经》第八章："居善地，心善渊，与善仁，言善信，正善治，事善能，动善时。"

② 《道德经》第五十八章："祸兮，福之所倚；福兮，祸之所伏。孰知其极？其无正也。"

③ 《道德经》第五十八章："正复为奇，善复为妖。人之迷也，其日固久！"

④ 《道德经》第十七章："悠兮其贵言，功成事遂，百姓皆谓：'我自然'。"

"**重积德，则无不克**。"治理者若是通过不断积蓄自己的大德，在实际治理活动中让民众接受大道，就能组织民众一起从事伟大的事业，并不断获得成功。在此过程中，上下齐心、天人合一，便可以克服一切艰难险阻；即使有牺牲和奉献，民众也甘愿为了不凡成就而付出，原本平凡的人们变成了一个个了不起的大英雄，国家或组织就能够战胜在发展中遇到的各种困难和阻碍。

"**无不克，则莫知其极**。"一次又一次的成功实践，会让治理者更加相信遵照大道行事的重要性，也会让民众对治理者更加信任和依赖。只要遵循大道去治理国家就会有更加美好的未来，会实现一个又一个美好的愿景，大道会对遵循大道的人类回馈以积极的响应，为人类社会的可持续发展发挥正向的促进作用。

> "**莫知其极，可以有国；有国之母，可以长久**。"

"**莫知其极，可以有国**。"在能够可持续发展的治理现状下，治理者懂得如何遵循大道把众多民众组织起来，形成一个功能强大、运行高效的复杂社会系统，也就是理想的国家形态。国家是人类社会发展到较高水平后的产物，是人类模仿大道所创造的最高最复杂的组织形态，也是与人体构造极为相似的复杂适应系统。于是，以"啬→早服→重积德→无不克→莫知其极→有国"这样一个逻辑链展现出来，国家组织的正向逻辑就清晰明确了。

"**有国之母，可以长久**。"这是一个关于国家的朴素的大道理。人类早期的治理者建立国家，是按照"大道"设立适当的制度和规范，并严格按照这些制度规范来治理国家。"国之母"就是国家产生和发展的根源，是人类基于大德的治理思想，它是与人类智慧同生的"有"。在不同的发展阶段，国家各个阶层的各类主体齐心协力，让国家众多的细分子系统都运转良好，这种治理模式就可以比较长久地存在并稳定发展。一个国家的兴起和一个企业的强大都符合这个道理，具体的顶层设计路径则是按照"长久→国之母→莫知其极→无不克→重积德→早服→啬"这个链条去反向推演。

"是谓深根固柢，长生久视之道也。"

"深根固柢。"这就如同一棵千年大树，它的主根"柢"① 一定扎得很深，同时它的侧根也需要非常发达，既能让自身站得稳固，又能汲取更多的养分，这是大树能够长久存活的道理。治理国家与此类似。国家需要建立最根本的制度，同时积极构建合理的治理体系，还要与时俱进，根据具体情况适时做出调整，以确保其连续性和适用性，一代又一代的治理者则会把这种有效的治理体系传承下去。

"长生久视之道。""长生久视"不是说治理者长生不老，而是说治理体系可通过代际传承而延绵不断，恰当合理的治理制度能够尽可能长久地实施。地球作为天地系统中的一个子系统，是人类及世间万物生存的家园。这个家园中有无数成员，从微生物

---

① （清）朱骏声：《说文通训定声》，"蔓根为根，直根为柢。"

到昆虫，从鱼类到两栖动物，即使是哺乳动物也是难以计数。在漫长的生命周期中，地球生态圈曾经被不同的生命主体所主宰，比如侏罗纪的恐龙，强悍一时似乎无所不能，可是突然间，自然环境变动给予的小小回击，就让我们发现所谓的主宰者竟是如此脆弱，这些貌似强大的物种短时间内就完全灭绝了。随后在天地系统的孕育下，新的主宰者又会产生。而天地本身依然如故，就如同我们早上醒来，换上了一身新衣服，便以新的面貌迎来了新的一天。

当下的人类社会过度依靠科学技术而轻视大自然的力量，把对自然的破坏和对大道的违背当成人类挑战的成果，认为这是人类强大的表现，是人类战胜自然的标志。但从更大的系统视角看，真实的情况却是大规模现代产业发展形成的废气、废水和固体垃圾被大量排放到自然界，到处都是短期内难以分解的废弃污染物，各种自然灾害因此更加复杂和频繁。现代产业的不规范行为造成的环境污染，导致很多人的健康受损。加上大规模杀伤性武器的使用，让战争的杀戮愈发血腥恐怖，许多人被迫流离失所。那些狭隘的政客和利欲熏心的商人们，仍然在幻想剥夺他人而让自己独享财富和权势，却浑然不知，他们因为贪婪而实施的狂妄之举，恰恰在加速自我毁灭的进程。

如此看来，人类若不想在不远的将来就成为"曾经"在地球上活跃一时和"短暂"主宰地球的一种生物，每个人乃至每个国家都必须学会如何与自然、与他人相处，如何爱惜万物、爱惜同类。正如张松如先生所讲的，"大到维持国家的统治，小到维持生命的长久，都离不开'啬'这条原则，都要从'啬'这条原则做起。"① 最起码也要做到"己所不欲，勿施于人"②，这就是老子系统思想对于社会治理的重要建议。

---

① 张松如:《老子校读》，吉林人民出版社1981年版，第331页。
② 《论语·卫灵公第十五》:"子贡问曰：有一言而可以终身行之者乎？子曰：其'恕'乎！己所不欲，勿施于人。"

第六十章　谨慎用权　国运昌盛

治大国，若烹小鲜。以道莅天下，其鬼不神；非其鬼不神，其神不伤人；非其神不伤人，圣人亦不伤人。夫两不相伤，故德交归焉。

——《道德经》第六十章

"治大国，若烹小鲜。"

"治大国，若烹小鲜。"短短的七个字，就生动概括了关于国家治理的深刻而复杂的道理。强大的国家和精美的新鲜食物，是如此对立而富有意境的画面，看似风马牛不相及，然而这种比喻却让我们有醍醐灌顶、茅塞顿开的感觉，真切地感受到大道的真谛。

大国，通常意味着满足人口多、国土广、资源丰富、经济强大、文化先进、军事强盛等标志性指标。在一般人看来，治理这样的强大国家应该是纵横驰骋、大开大合，然而，在老子的系统思想看来却恰恰相反，老子认为治理大国要抓住若干要点，就像名厨面对手中难得的鲜美食材，从不敢掉以轻心，需要掌握好加工方法、烹调方式、成品形态等关键环节，最后才能奉上一桌色香味俱全、令人垂涎的美味佳肴。在烹调过程中，必须精神集中、动作协调，有时甚至小心翼翼，以免稍不小心就把食材的完整和原本性味给毁掉了。正所谓"一着不慎，满盘皆输"，高超的治理者会倍加珍惜国家的战略资源，爱护来之不易的综合国力，在动用国力和资源时会谨慎自律，绝不恃强妄为，而是力求社会和谐、上下同心。这种符合大道的治理态度会让国运昌盛、世代传承。

任何一个治理者的个人行为都存在不确定性。即使对于自己最擅长的领域，专家和高手也可能会出现意想不到的失误，治理者掌控的系统层级越高，一旦出现失误，给系统造成的损失越大。在中央集权的帝国统治时代，一国治理者有着至高无上的社会地位和绝对的治理权力，而厨师只是平常的社会底层中有专项特长者，把这二者联系在一起就是要说明治理大国的根本原则：治理者处理国家事务时，一定要像高明的厨师烹饪时那样小心得当，否则稍有不慎就有可能把原本稳定有序的治理局面搅乱，让民众美好的期待破灭，给民众带来困扰，给国家造成人为的灾难。

"*治大国若烹小鲜*"体现的是一种原则和态度。治理者应客观看待国家资源与民众需求之间永远存在的差距。再强盛的国家在大道面前也是脆弱渺小的，治理者一旦背离大道，就会做出浪费国家资源、劳民伤财的决策，抑或为了追求霸权而恃强凌弱，这些做法都会加速消耗大国优势，导致国力急速衰落。这恰恰印证了"物壮则老，谓之不道，不道早已"①。治理者若能采取烹小鲜的态度来治理国家，就会体恤民众珍惜资源，多做有益民生的事情，把大国优势切实地发挥出来。这正如第五十九章所说的"治人事天，莫若啬"，心存敬畏的治理者知道没有永远的盛世，因此会珍惜当前来之不易的好光景，让国家的这种好状态尽量保持长久。如此小心谨慎，才算达到了"天下难事必作于易，天下大事必作于细"②的高水平治理状态，即使遇到一些突发状况，也会因为早有准备而能从容化解。"早服谓之重积德；重积德，则无不克"③，治理者高瞻远瞩防患于未然，就能够避免国家实力的大起大落或盛极而衰。

> "以道莅天下，其鬼不神；非其鬼不神，其神不伤人；非其神不伤人，圣人亦不伤人。"

"以道莅天下，其鬼不神。"明道有德的治理者在治理国家时始终坚守大道，适时采取恰当的治理行为，把符合大道的治理思想与恰到好处的治理行为结合起来，在宏观战略上稳定持久，在微观行动部署上精准有效，因而能把宏大的战略渗透到具体策略

---

① 《道德经》第五十五章："精和曰常，知常曰明，益生曰祥，心使气曰强。物壮则老，谓之不道，不道早已。"

② 《道德经》第六十三章："图难于其易，为大于其细；天下难事，必作于易，天下大事，必作于细。"

③ 《道德经》第五十九章："治人事天，莫若啬。夫唯啬，是谓早服。早服谓之重积德；重积德，则无不克；无不克，则莫知其极；莫知其极，可以有国。有国之母，可以长久。"

和行动细节上，能把远大的目标分解成可以逐步实现的节点目标，勤勤恳恳、兢兢业业，不敢有些许懈怠。这样一来，"其鬼不神"，即所有不符合大道的思想和行为就没有机会作乱，也就不会对国家治理造成实际的危害。

大国所面对的内部和外部环境都是错综复杂的，各种事务更是千头万绪。治理者要想把事情做好做细，就需要日理万机，这是非常辛苦的。如果在治理期间频繁遭遇天灾人祸或外敌侵犯，内忧外患夹击之下，处理起来就更加敏感复杂，稍有不慎就会影响全局甚至引发大乱。有些事件的发生往往具有偶然性，而非某个主体的明确行为，如同有一种看不到的力量在推动，这种力量会让人感到恐惧或者敬畏。在有神论者的眼里，让人心生恐惧的就是"鬼"，让人心生敬畏的就是"神"。老子充分理解世人关于"鬼"和"神"的想法，并借此来形象地阐述自己的系统思想。

老子的系统思想把唯物主义与唯心主义很好地结合在一起，从哲学的角度整体来看待两者之间的辩证关系。老子很少提及"鬼、神"这一类概念。后世的孔子也是这样，"子不语怪、力、乱、神。"① 在老子系统思想中，"鬼"就是不符合大道的思想和行为，对社会治理具有破坏作用，这些思想行为通过特定的个人或人群来展现。"鬼"不一定都是治理者的敌人或者对手，有时候"鬼"恰恰就是治理阶层和治理者自身存在的一些问题。"鬼"也可以是消极的过去，是曾经失败的范例。无论什么时候，按照"鬼"的方式去做事情，其结果必是错的。如果当下的治理者坚

---

① 《论语·述而》："子不语怪、力、乱、神。"

持错误的治理方法，其结果一定是再次失败，为后世造成"鬼"很吓人的印象。与"鬼"相对的"神"是符合大道的思想和行为，比如"谷神不死，是谓玄牝"①，"神"也代表积极的过去，是曾经成功的范例，其影响很大，后人在特定情况下是可以借鉴而取得成功的。治理者依照大道行事，有效借鉴前人的成功做法，就能在现实治理中取得骄人的成绩，甚至令常人倍感神奇，惊叹于"神"的强大。若是正确理解"鬼"和"神"的含义，治理者就能够时刻清醒地审视治理状况，采用恰当的方式把事情做好。

现实治理中有不少这样的情形，一些治理者对于大道的理解水平低下，导致其推行的政策和活动产生了难以厘清的社会问题。面对自己造成的问题他们拿不出好的解决办法，就把问题的产生推脱为"鬼"在捣乱，把治理者造成的人祸描述成"神"对民众的不满。比如遇到旱灾求雨神，遇到洪涝求河神等，无疑是这种自欺欺人的治理让"鬼"变成了"神"。治理者把现实中存在的治理问题都推卸给不确定的"鬼"，只会导致其治理行为更加背离大道。

在任何一个国家的治理中，"鬼"都是存在的，而且也具有相当大的破坏力量，一旦环境适宜就会兴风作浪。在有道的大国治理中"鬼"之所以没有造成破坏性的影响，是因为抱有这些思想的人没有市场，无法左右治理者的决策，也就发挥不了破坏作用。"鬼不神"指的是违背大道的行为不会被当成正确行为而参照执行。对于前人曾经犯过的错误，后人是有警惕性的，这种时刻都

---

① 《道德经》第六章："谷神不死，是谓玄牝，玄牝之门，是谓天地根。"

不放松的警惕性使得"鬼"变不成"神",失败的行为就不会被重复,自然也不会贻害国家和社会。

"**非其鬼不神,其神不伤人**。"按照大道来治理国家,就可以避免历史上的错误再次发生,也能够避免因循守旧、教条僵化造成的社会落后。当代人如果简单照搬前人的做法,不恰当地复制曾经的成功经验也会导致失败,这就是"神伤人"。但若按照大道来进行治理,就会总结前人的教训,摒弃既往的错误,恰当地判断和借鉴前人的成功做法,用符合大道的治理行动达成新的治理成果。也就是,借前人之成,行今日之道,自然是"其鬼不神、神不伤人"。

依照大道进行治理时,不仅"鬼"不能兴风作浪造成伤害,"神"也不会对民众造成不良影响。老子从鬼怪讲到了神灵,从其系统思想来看,"神"是指那些前人曾经运用过的、看起来符合大道的思想和行为,这些思想和行为曾经具有巨大的能力,取得过不凡的成就,以至于被后人高度赞誉并变成了某种力量的象征。人类历史上有很多神,东西方都经历过多神的时代,时至今日我们还喜欢用"股神""战神"等来称赞某些具有特殊能力的人物。"神"还可以指在总体上符合大道,亦具有较强的社会推动力的思想和行为。拥有这些思想和行为能力的个人,往往具有强烈的责任心和积极的创新意识,他们极力想改变不符合时代要求的治理体系和行为。但是,思想正确不一定就会有好的实施结果,简单模仿过往的成功做法肯定会招致失败,甚至会给民众带来额外的痛苦。

中国历史上的多次变法就是很好的例子。比如在秦国的崛起过程中，商鞅变法起到了重要作用。而宋代的王安石变法，乃至清末的戊戌变法，思想上虽与商鞅变法一脉相承，但在具体操作上都有所偏颇，因急于求成而与时代环境融合不够，这些变法最终都以失败告终，造成很大的社会动荡和政治对立，不仅使普通民众遭受苦难，变法者自身也因此受到伤害。

"**非其神不伤人，圣人亦不伤人**。"在普通民众眼中，圣人的能力超强。作为大道的诠释者和实践者，圣人坚守大道，时时处处都依照大道而行，必然会带来一种较好的社会状态，国泰民安，百业兴旺。正是因为这种正确的实践，使得圣人更容易被民众认可，其思想和言行也会被民众崇拜并模仿。圣人主张随时随势而演化，但是总有人不恰当地理解圣人的思想，把圣人的言论教条化而背离了大道，自然也就扭曲了圣人的本意，结果对社会治理带来伤害，这就是"圣人伤人"现象的由来。这种现象在实际治理中最为普遍。比如，孔子思想本来是促进社会和谐的灵活思维，但以孔子为代表的儒家思想被教条化之后，就成了阻碍国家进步的思想禁锢；老子的系统思想一旦被肢解，就分化成若干比较极端化的门派，这些门派不能够完整系统地传承老子的思想，仅是把某个子系统当成大道本身，转而追求神秘化和教条化，原本灵活生动的思想体系因固化僵硬而失去适应性。于是，有情有义、丰满鲜活的"圣人"变成了教条的脸谱化的"神"。生搬硬套前人的经验导致治理失败，就是把令人信服的"神"变成了令人质疑的"鬼"，这不是圣人的过错，而是现实治理者因循守旧的必然结果。

在普通人看来，从"鬼怪"到"神灵"是由坏到好，从"神灵"到"圣人"是由远而近。如果治理者懂得大道并遵照大道行事，就会化危为机、遇难成祥，把坏事变成好事，将过去的失败变成当下的成功，为今后的治理积累成功经验，这就是由"鬼"变"神"；治理者不断成功的治理实践，会让民众对治理者满怀信心进而敬仰，坚信治理者的任何决定都会带来新的成功，这就把只存在于传说中"神"对应到现实治理中的人身上，治理者成为当代的"圣人"。每个人心里的鬼怪都是千差万别的，对于神灵则有基本相似的认同。虽然世界各地有很多种宗教，但是所有神灵的形象基本比较规范，而圣人就更清晰了。自人类有史以来，一共也就那么几位圣人，其形象非常清晰。所以老子认为，如果依照大道治国的话，令人厌恶的鬼怪就不会有伤人，并非其不伤人，而是没有伤人的机会。难以捉摸的神灵也不会伤人，圣人的思想放在实践中就更加不会伤害到民众。

但是，治理者若是好大喜功，处处显示自己的精明能干，就不是"依道"治国了，其结果一定是"摁下葫芦浮起瓢"，整天忙于表现疲惫不堪，却把一把好牌打得稀烂。如果治理者能够做到"治国如烹小鲜"，态度上重视，行为上有矩，结果就会大大不同，各种复杂问题将变得简单，各种危机事态将很少发生甚至不会发生。俗话说"魔高一尺道高一丈"，这是普通老百姓都明白的道理，但有些自以为是的精英们却被私欲障目反而糊涂了，总想侥幸成功。这就是老子在第五十三章讲过的"大道甚夷，而人好径"。

"夫两不相伤，故德交归焉。"

"夫两不相伤，故德交归焉。"国家治理者不能做鬼怪，不要妄想做神灵，也不要冒充圣人，不如踏踏实实依据大道去行事，这样就能够把国家治理的大道理与百姓谋生的小目标融合在一起，"人""鬼"不相伤，"人""神"不相犯，"圣人"与"人"亦不相对，这就是"德交"。这是现实治理者能够做到的最佳结果，也就是让治理回归大道，其结果必然是内无忧外无患，国泰民安。

这一章的内容蕴含着深刻的哲理，通过"鬼、神、圣人"等约定俗成的概念，把实践大道的微妙和不确定性生动展现出来，使人理解和感悟到老子系统思想的完整性、适用性和对不确定性的深刻解读，更加体会到老子系统思想的博大精深。只有通过恰当领悟而非教条地生搬硬套，治理者才可以在治理实践中做到知行合一、善作善成。

第六十一章　以大容小　相处之道

大国者下流也。天下之交，天下之牝。牝常以静胜牡，以静为下。故大国以下小国，则取小国；小国以下大国，则取大国。故或下以取，或下而取。大国不过欲兼畜人，小国不过欲入事人，夫两者各得其所欲，大者宜为下。

——《道德经》第六十一章

在上一章，老子阐述了大国应如何做好国家治理，本章接着讲述大国主导下的各国间的交往原则，核心要义就是：大国应包容谦让小国，方可实现国家间的和谐相处。其中蕴含的大智慧对于当代国际关系仍然意义重大。

"大国者下流也。"

"**大国者下流也。**"大国境内各种资源富集，对于各种具有流动性的战略资源具有明显的"靶标"特性。"下流"本意是指自然界中居于江河下游的区域。在这些区域，山川、河流、海洋交互作用，自然条件优沃而物产丰富，万物均可以通过周期性生产实现繁衍生息。大国的空间格局亦具有"下流"的特点，人力资源充足，国土空间广阔，自然资源丰富。

大国的各类资源充沛，能够建立起雄厚的经济基础，进而推动人文科技率先发展，支撑起领先于时代的政治思想、意识形态等上层建筑。大国的发展模式和治理体系还会对其他国家产生较强的影响，成为其他国家学习效仿的典范。资源的靶向性①是大国"下流"特点的重要表现，具体包括大国的人才、资金、技术非常密集，文化、艺术、信息也很活跃，是各种创新交流碰撞的磁力场，也是各种精英人物创造事业奇迹的天堂。

"下流"体现在治理理念上就是低调谦逊、亲和包容。大国的治理者不仅要把国内的民心凝聚起来，还要得到其他国家的信任和敬意，具有协同其他国家共同开展国际治理行动的能力。大国的"下流"特点尤其表现在对人才的吸引方面。大国人才济济，看似是人才高地，但是相对于其庞大的人才需求而言，大国仍是人才洼地，能够为各类人才提供丰富的发展机遇，从而吸引其他国家的人才源源不断地流入。

大国若要为不同的人群和事业机构提供和谐共生的生态环境，就要能承受各种一元化、绝对化观点的批评，不畏惧情绪化的诟

---

① "资源靶向性"是指自然资源、资本、人力资源、技术资源等要素资源自身具有的一种特性，这一特性使得一种资源对于某些特定区域环境具有更强的亲和力，从而导致该类资源主动流向这些区域，并在这些区域聚集，形成集聚优势。参见刘春成等："基于资源靶向性的区域优势发展理论和模式研究初探"，载《中国科技论坛》2003年第8期，第86—89页。

病，诸如文化不纯粹、风味不纯正、风俗不统一，等等。若是单纯追求某个单一特点，大国反而没有鲜明的优势，甚至会暴露出明显的劣势。大国的优势就在于复杂系统的综合优势，能够同时面对和包容众多差异化的主体及其对立的特质。大国作为一片小天地，也会有天地系统"天地不仁，以万物为刍狗"[1] 的特点。大国犹如一个巨大的容器，冲而不盈、满而不溢，而大国的中心城市就是大国特质的浓缩版，在这些充满魅力的城市中，不同的人种、不同的文化互相交融相得益彰，成为人类追求安全与发展的理想容器[2]，使得置身其中的多种多样的城市主体能够各显其能、各得其所。

> "天下之交，天下之牝。牝常以静胜牡，以静为下。"

"天下之交"，是说大国作为国际交流的核心地区，是不同思想、不同文化、不同习俗的交汇之地，能够带动贸易、文化、艺术、科技等各方面的融合创新。各种交流和碰撞在这里迸发出原始创新的火花，带来许多新生事物，包括可以指导某一领域的新思想，无疑这增强了人类"观其妙"[3] 的能力；各种生产技能的交流还会推动新的技术进步，促进生产力的发展，这就是"观其徼"[4]的能力。在此过程中，大国作为人类文明的策源地必然首先受益。自然形成的先发优势和资源集聚优势，将使其综合实力遥

---

[1]　《道德经》第五章："天地不仁，以万物为刍狗；圣人不仁，以百姓为刍狗。"

[2]　刘春成、侯汉坡：《城市的崛起：城市系统学与中国城市化》，中央文献出版社 2012 年版。

[3][4]　《道德经》第一章："无，名天地之始；有，名万物之母。故常无，欲以观其妙；常有，欲以观其徼。"

遥领先于其他国家。

"**天下之牝**。"大国的这种特别优势具有类似于雌性动物的特征。比如说，大国在同其他国家的交往中展现出博大的包容性，能够容纳其他国家的特殊性；大国文化表现出更大的宽容和承受的雅量，很少表现出进攻性和排他性；大国善于在国与国的交往中求同存异，变差异为互补，进而创造出协作共赢的局面，建立国家间和谐共处的关系。纵观人类发展史，所有的大国在其强盛时期都具有这种低调阴柔的特点。而大国一旦变得锱铢必较、咄咄逼人，经常依仗着强大的军事实力和经济能力，动辄干涉威胁别的国家，国家特征便将由"牝"变为"牡"，这就是一国由盛转衰的开始，其终被新兴大国取代已是历史必然。

"**牝常以静胜牡，以静为下**。"自然界中的雌性动物通常被看作弱者，但其在实际生存中却普遍比雄性动物更具优势，原因就是"柔弱胜刚强"[1]。这种隐秘的生存能力正是从看似被动的"静"中获得的优势，是以低调忍让的姿态赢得最终的胜利。"静为躁君"[2]已经讲得很清楚，大道系统的长久运行依靠的就是系统的协同，而"静"是维持系统协同运行的根本。

"以静为下"就是要建立基于"静"的治理基础，从而达到"清静为天下正"[3]的治理境界。老子的系统思想提出，要成为真正的大国，治理者就应在国与国的交往中采取"为下"策略。"下"就是在国家内部稳定持久地积淀实力，在对外交往中平和

---

[1] 《道德经》第三十六章："将欲歙之，必固张之；将欲弱之，必固强之；将欲去之，必固兴之；将欲夺之，必固予之。是谓微明。柔弱胜刚强。"

[2] 《道德经》第二十六章："重为轻根，静为躁君。"

[3] 《道德经》第四十五章："静胜躁，寒胜热，清静为天下正。"

谦逊，既不自恃强大而轻视别国，也不恃强凌弱肆意妄为。一个国家总是要经历一些艰难困苦才能强大起来。明道有德的治理者都明白，兴国难而亡国易，因此都警醒后来者们要慎终如始、广结善缘，并且善于吸收资源积蓄实力，努力为不同主体提供适宜的发展环境，以保证大国持久的发展能力，避免落入"其兴也勃焉，其亡也忽焉"的历史周期律。

> "故大国以下小国，则取小国；小国以下大国，则取大国。故或下以取，或下而取。"

"大国以下小国，则取小国。"不论国家大小，在国家博弈中若知道采取"为下"策略，就可在博弈中逐渐形成优势，保证自己国家立于不败之地。当国家相对强大的时候，更要采取甘居下流的策略，以削弱他国的警惕和戒备心理，还能获得弱小国家的信赖和支持，彼此合作形成强大的力量集团。"取小国"的本义是通过符合大道的外交策略，以"居下"姿态来展现大国的综合实力和影响力，从而取得小国的信任与合作，而非吞并小国。

"小国以下大国，则取大国。"当本国实力相对弱小的时候，同样可以采用"为下"策略，这样就能够在不损伤国家尊严的前提下，获得大国庇护，实现小国的和平发展，并借助与大国的合作提升本国在国际上的影响力。"取大国"其实是指小国在独立自主前提下，得到大国的支持和帮助。

"故或下以取，或下而取。"国家虽有大小强弱之分，但在处理国家关系方面的道理是一致的，那就是坚持"以下处之"。无论实力高低，治理者若都能坚持低调谦逊，谨慎采取行动，就可以在复杂的国际环境中正确把握风云诡谲背后的规律，使本国能始终立于不败之地。"下以取"和"下而取"是处理国家间关系的不二法则，这对于在激烈的竞争中求生存求发展的企业而言，同样具有重要指导意义。

> "大国不过欲兼畜人，小国不过欲入事人，夫两者各得其所欲，大者宜为下。"

"大国不过欲兼畜人，小国不过欲入事人。"老子指出了国家之间交往的本质。大国的目标就是要通过国家间的交往来扩大同盟的规模，吸收融合小国的局部优势，聚集他国的优质资源，以增强自身的综合国力，提升对于其他国家的影响力和号召力，也就是所谓的"兼畜人"。小国的目标则是通过国家之间的交往，加入大国主导的同盟体系来保障自身的安全，并在由众多国家组成的共同体中争取更为有利的地位。在不同的文化传承和治理体系冲突中，小国可通过"入事人"的方式保证本国的主权独立，保存自身的治理特色，展现独特的文化价值。

"夫两者各得其所欲，大者宜为下。"如果现行的国际交往体系能够让大国和小国各得其所，那它就是一个好体系；这样的治理体系需要众多国家的共同努力来构建，其中大国的行为影响必然更大些，核心大国的行为则更为关键。"大者宜为下"就是要求大国更要具备群体责任感，要为国际关系体系的良性运行付出更多努力，在大原则一致的前提下包容其他国家的现实差异，尊重各个小国的特色，以逐步达成国际关系的协同优化。

　　有这样"甘为下"的负责任大国既是时代的幸运，也是各国民众的福分。反之，如果核心大国缺乏责任意识，没有对于文化差异的包容性，动辄破坏国家之间的良性互动，就会激化彼此因文化和制度差异而存在的一些矛盾。随后在矛盾调解中，核心大国的偏颇将进一步导致其失去应有的影响力，而小国在"无枝可依"的状态下，很容易陷入各种混乱和冲突。因此说，国家间协调体系的失灵是时代的悲剧，也是各国民众的灾难。

第六十二章　内心明道　淡泊名利

道者，万物之奥。善人之宝也，不善人之所保也。美言可以市，尊行可以加人①。人之不善，何弃之有？夫立天子，置三公，虽有拱璧以先驷马，不如坐进此道。古之所以贵此道者何？不曰以求得，有罪以免耶？故为天下贵。

——《道德经》第六十二章

本章讲的是探求大道的个人如何正确看待悟道与实现个人价值之间的关系。老子主张：表面风光不如内心强大，求道者应该磨练内心、增强才干、淡泊名利。

> "道者，万物之奥。善人之宝也，不善人之所保也。"

---

① 本句采用的是王弼版本，马王堆汉墓帛书中此处为"美言可以市（持）奠（尊），行可以贺人"。这句话的另一个通行的版本是："美言可以市尊，美行可以加人。"该版本的根据是《淮南子·道应训》《淮南子·人间训》。参见任继愈：《老子绎读》，国家图书馆出版社2015年版。

"**道者，万物之奥**。"这是老子对于大道的一贯认识。世上万物之所以会是现在这个样子，究其根本是大道发挥作用的结果。不论强弱多寡，万物均能各守其道，生生不息。现代人崇尚科学精神，认为只有可验证和可复原的认知才可信，这种探索未知的勇气和动力，有其积极的作用。但是，自强不息不代表自以为是，人类之所以一直在探索不止，就是因为对于浑然天成的大道系统来说，能够被准确认识并加以验证的只是某些特定部分或者特定条件下的某些现象。有史以来，人类在认知大道方面不断遇到新的困扰和阻碍，目前世上还存在很多我们并不了解的奥秘，我们尚且无法估算这些未知内容所占比重究竟有多大，但它们肯定比人类已知的内容要多得多。

"**善人之宝也**。"大道是人们自我完善提升的法宝，如果一个人确定了大方向，并能够坚持不懈地加深对大道的认识，其智慧和能力就会不断提升。在第二十七章讲过，"善人"是明大道有大德并能够付诸实际行动的人，他们可以使自己日臻完善，无限接近圣人的境界。在治理实践中，"善人"还能够发现他人的潜能，并以恰当的方式激励他们。

老子也客观指出，在现实世界中符合"善人"标准的人只是少数。每个人的生命有限，天赋和悟性也各不相同，绝大部分人对于大道的认知刚刚起步就因为各种内外部因素的影响而停滞；有的人虽然有悟性，但缺少悟道的恒心，到达一定程度后就很难再深入了；只有少部分的求道者最终会成为"善人"；而达到最高层次的"圣人"更是罕见。在中国迄今为止的历史上，"圣人"也是寥若晨星。老子、孔子是被后世推崇的圣人，但他们自己对于圣人显然还有更高的标准。

"**不善人之所保也**。"对于不通大道、缺少大德的人来说，大道也是最为宝贵的存在，这些人是在懵懂之间受到了大道的佑护，得以在复杂的人世间完成自己特有的一段人生经历。与大自然中的芸芸众生相比，能够生而为人，生来就拥有更高级的智慧和主观能动性，这本身就很有意义。虽然绝大部分求道者的悟道水平有限，但只要内心坚持对大道的向往和追求，也能具有相当强大的能力，使得自己在社会中得到恰当的位置，而不会随波逐流，滑向更低的水准。

"美言可以市，尊行可以加人。人之不善，何弃之有？"

"**美言可以市**。"一个人若悟通了大道，其言论就能赢得大众的共鸣，其行为就会受到人们的敬仰，这就是大道在个人身上所展现出来的魅力。语言是思想的载体和外在表现，符合大道的言语能够被人们广泛接受和认可。传播大道的语言朴实无华，"希言自然"①"大音希声"②，却能够唤起人们内心美好的情感，引导人们去做符合大道的事情。人类很多伟大的思想，在其创立的时候非常深奥，只有少数拥有大智慧的人才能够理解接受，这些思想之所以最终能够被广大民众接受，往往是一些极具表达能力的传道者所为。比如，天主教的圣彼得、佛教的达摩禅师、道教的丘处机等，都不是本教的创始人，但却为传播教义发挥了不可替

---

① 《道德经》第二十三章："希言自然。故飘风不终朝，骤雨不终日。"
② 《道德经》第四十一章："大白若辱，大方无隅，大器晚成；大音希声，大象无形，道隐无名。"

代的作用。

"**尊行可以加人**。"明道有德的人，其行为随时随地都会与大道相符，能够在细微之处展现出大道的特点，体现大德的魅力。他们举手投足之间流露出的气质，会形成一种特有的气场，具有无形的影响力，其他社会主体都会学习追随，就如同第四十九章所讲的"百姓皆注其耳目，圣人皆孩之"。明道有德的治理者"行不言之教"，① 做无为之事，善于自然而然地开启民众的智慧，不知不觉地推动社会的进步。

"**人之不善，何弃之有**？"人的悟性都有其极限，但若是有心悟道向善，就算在悟道的进程中徘徊不前，也不会有什么遗憾，更不会因为无法更进一步而否定和放弃此前已经达到的认知水平。一个明白大道的人必然会拥有价值非凡的人生，对于世俗社会的物化评价，自然也就能不为所动、处之淡然。

> "**夫立天子，置三公，虽有拱璧以先驷马，不如坐进此道。**"

"**立天子**。"在中国漫长的社会治理进程中，国家治理者的最高一级是"天子"。从分封制到中央集权制，天子的权力虽有所变化，但大体的功能是一致的。为了体现"天子"的重要性和法理的正统性，治理阶层一直企图在理论上完善这个位置的含义。他们强调"天子"是"父天母地"，这里的"天、地"应该就是

---

① 《道德经》第二章："是以圣人处无为之事，行不言之教，万物作焉而不辞，生而不有，为而不恃，功成而弗居。"第四十三章："不言之教，无为之益，天下希及之。"

"天地系统"的简称，而在老子系统思想中，"天地"只是"大道系统"的重要子系统。由此可见，"天子"的合法性虽来自"天地"，但这也只是遵循大道的人为设定而已。"立天子"中的一个"立"字，把"天子"的本质特征讲清楚了，君权的本质不是来自"上天"，而是人类早期的"善为道者"根据大道设定的社会治理系统中最重要而且最特殊的主体。人们对于这个主体的素质有着很高的要求和期待，最早称为"天子"的人都是明大道有大德的杰出人物，炎、黄、尧、舜莫不如此。《尚书》中也讲到"天子作民父母，以为天下王"，强调其责任之大、能力之强。后世一些人虽有"天子"之名，却大多不明大道、德不配位，在其治理下很容易产生社会危机。《大诰》中记载了周公关于周朝兴而商朝亡的论述。周公认为，商亡于失道而周兴于明德，因此周室得天命以替代商，而明德的首要条件就是取得民心的支持。民心得失关乎天下得失，中国历史上的朝代更替基本都延续了这条逻辑主线。

"置三公。"有了"天子"，接下来就要为其设立重要的助手。一个好汉三个帮，于是就有了所谓"三公"① 的设置。历史上的"三公"都有很高的官职，拥有相当大的权力和大量财富。

"虽有拱璧以先驷马。"身居高位的治理者会享受到相应的礼遇，"天子"和"三公"都可以享受各自级别的华贵仪仗，也就是"有拱璧以先驷马"。周朝时候，"王"是最高统治者，其下就

① "三公"是古代辅佐皇帝的三个最高官职。周朝为太师、太傅、太保。西汉为丞相（大司徒）、太尉（大司马）、御史大夫（大司空）。魏晋后"三公"多无实权，为荣誉职。明清恢复太师、太傅、太保为"三公"，亦为荣誉衔。

是"公、侯、伯、子、男"各级爵位。这些爵位在某些朝代是可以世袭的，其荣华富贵是大多数人梦寐以求的。这种治理体系吸引很多人为了权势和财富而不择手段，背弃大道甚至铤而走险，成为现实中的"鬼怪"，为害一时。

"*不如坐进此道。*"对于有道明德的人而言，这些看似非常显贵荣耀的地位和物质享受，与悟通大道相比，就显得微不足道了，悟道获得的精神上的满足感更值得人们珍惜。《孟子·告子上》提出，"有天爵者，有人爵者。仁义忠信，乐善不倦，此天爵也；公卿大夫，此人爵也。古之人修其天爵，而人爵从之。"孟子的这段话正好解释了老子提出的"不如坐进此道"的原因。

> "*古之所以贵此道者何？不曰以求得，有罪以免耶？故为天下贵。*"

"*古之所以贵此道者何？不曰以求得，有罪以免耶？*"大道的奥妙无穷，自古以来明道有德的人从内心敬畏大道，在行动上遵从大道，这些"贵此道者"为何对于大道如此坚信执着？在巨大的物质和名利诱惑面前不为所动，这是普通人无法理解的。老子则很清楚地指出，其中的道理并不复杂，那就是"信者信之，不信者亦信之"[1]。明道有德的治理者笃信大道，心中有坚定的信念并在实际行动中始终坚持。他们既不强求别人的理解，也不期望以自己的付出博取世俗的赞誉。

---

[1]　《道德经》第四十九章："圣人无常心，以百姓之心为心。善者善之，不善者亦善之，德善矣。信者信之，不信者亦信之，德信矣。"

有的人会以为，既然大道有"无为而无不为"的巨大作用，感悟和遵循大道就应该给个人带来现实的好处。比如，一方面可通过悟道提高自己的能力，从而可以更容易实现个人的追求，满足个人的欲望；另一方面通过悟道增强自己躲避灾祸的能力，在干了错事和坏事之后还能够逃脱惩罚。在真正明道有德的人看来，只要动了这样的念头就不是真正相信大道，是典型的"而人好径"①，也不可能悟得大道或遵循大道。

真正悟道行道的前提是放下一己之私，不被个人欲望驱使，也不被名利诱惑所动。这些追求大道的杰出人物不是为了具体回报，也不会被浮华的世俗目标迷惑，更不是为了在现实社会中投机取巧、损人利己而不受惩罚。与此相反，明道有德的人深刻理解当前的社会实际，他们致力于寻找可行的办法济世救人，并不追求世俗社会回馈给成功人士的物质享受和名利回报。"及吾无身，吾有何患？"② 他们对待个人得失宠辱不惊，因此更能得到世人的尊敬，也会得到历史的肯定。

"**故为天下贵**。"这句在《道德经》中是第二次出现。第一次出现在第五十六章，认为明道有德的治理者的外部表现是"不可得而亲，不可得而疏；不可得而利，不可得而害；不可得而贵，不可得而贱。故为天下贵。"本章指出治理者"为天下贵"的内在表现，就是坚持悟道修行，一心为了民众，不谋求个人"（有）求以得、有罪以免"，主动担负起治理国家的重任。

----

① 《道德经》第五十三章："使我介然有知，行于大道，唯施是畏。大道甚夷，而人好径。"
② 《道德经》第十三章："何谓贵大患若身？吾所以有大患者，为吾有身，及吾无身，吾有何患？故贵以身为天下，若可寄天下，爱以身为天下，若可托天下。"

第六十三章　直面复杂　化难为易

为无为，事无事，味无味。大小多少，报怨以德。图难于其易，为大于其细；天下难事，必作于易，天下大事，必作于细。是以圣人终不为大，故能成其大。夫轻诺必寡信，多易必多难。是以圣人犹难之，故终无难矣。

——《道德经》第六十三章

从老子的系统思想来看，大道不仅可以体现为思想认识，也是可以指导具体实践的方法论，对于解决具体问题的路径、模式、制度、措施等的制定，同样具有重要的指导作用。这其中的关键在于直面现实问题的复杂性，建立与之对应的系统认知，从细节入手，率先解决核心问题，进而带动整个系统的优化发展。

"为无为，事无事，味无味。大小多少，报怨以德。"

"为无为" 不是不采取任何行动或不作为，而是采取顺应大道的恰当作为、针对具体问题的有效作为。明道有德的治理者在行动中积极主动而且效果显著。相比那些不明大道的治理者，明道有德的治理者不屑于追求轰轰烈烈的显绩，不喜欢大造声势让自己名扬天下，而是置身于民众之中，发掘并展示大众的智慧和力量，让更多的人相信伟大的事业是普通民众齐心合力来完成的。在这样的治理者带动下，普通民众能够形成蓬勃向上的干劲和自信心，进而形成社会责任心和健康积极的价值观。"为无为"的治理者必然能够率众成就伟大功业，能够实现社会的和谐安宁。

"事无事"是说在遇到一些大事时，明道有德的治理者总能够以最恰当的方式处理好，不会制造事端引发新的矛盾，也不会为了彰显自己的治理才能而故作姿态、故弄玄虚。明道有德的治理者深刻理解"我无为而民自化"[1]的大道真谛，在应对系统难题时，善于将其分解成可以依次解决的行动内容，通过有效的行动化解具体矛盾，逐步达成宏大的系统目标。必要的时候，明道有德的治理者也会使用霹雳手段，展现出"扶大厦于将倾"的决断力和行动力。这种化解矛盾的高超能力，与我们通常所说的"大事化小，小事化了"以及推诿扯皮截然不同，是"善有果而已，不敢以取强"[2]，目的是使激烈的冲突归于平静，而不追求强硬立威，不追求"一将功成万骨枯"。"事无事"的治理者善于发现问题、分解问题，并以高效行动来解决问题。这是一种"润物

---

① 《道德经》第五十七章："故圣人云：'我无为而民自化，我好静而民自正，我无事而民自富，我无欲而民自朴。'"

② 《道德经》第三十章："善有果而已，不敢以取强。果而勿矜，果而勿伐，果而勿骄，果而不得已，果而勿强。"

细无声”的系统优化，也是水滴石穿的长期经验。

"味无味"是指高超的体察能力。明道有德的治理者有着敏锐的感知能力和分析总结能力。同样的实践过程，明道有德的治理者会关注到更多被常人所忽略的细节，从"无状之状，无物之象"① 中获得一些重大感悟，以进一步提升对大道的认知水平。所谓的"无味"之味，其实是将平淡无奇的日常生活中获得的感悟，从实践上升到理论，凝练而成的规律性认知。

若将"为无为、事无事、味无味"的能力运用在实践中，会有奇妙的效果：能够在处理现实问题时由此及彼、举一反三；能够保持开阔的心胸和眼界，及时吸收并运用新的理论认知来指导实践；能够把枯燥的理论研究与生动丰富的治理实践高效地结合起来。

"大小多少。"治理者若能遵循大道行事，就有可能将原本综合实力处于劣势的一方变成综合实力强大的一方，从而改变双方在博弈中的力量对比，获得平等对话的权利。这里的"大小"是指把弱小的事物变得强大，"多少"是指把较少的资源变得更多。在现实治理中要实现这种变化，治理者需要依照"天道"② 而行，提出前瞻性的发展目标，制定切实可行的发展规划和实施路径，立足现实做好工作；谨记"千里之行，始于足下"③，通过系统细致的工作聚集资源、增强实力，逐步获得竞争优势，达成"柔弱

---

① 《道德经》第十四章："一者，其上不皦，其下不昧。绳绳不可名，复归于无物。是谓无状之状，无物之象，是谓惚恍。"

② 《道德经》第七十七章："天之道，损有余而补不足；人之道则不然，损不足以奉有余。"

③ 《道德经》第六十四章："合抱之木，生于毫末；九层之台，起于累土；千里之行，始于足下。"

胜刚强"① 的战略目的。

"**报怨以德**。" 治理者要组织众多参与者共同成就伟大的事业，不仅需要具有做成事的能力，还需要拥有包容人性弱点的胸怀，帮助他人之后不求回报，还能淡然面对外界的误解和中伤。"怨"是人性中消极负面的成分，身有"怨气"的人不能正确认识自己，内心欲望与自己的实际处境反差鲜明，在社会和组织中找不到恰当的定位。他们不懂得反思自己的行为，总是把责任推卸给别人，还有人"升米恩斗米仇"，在得到丰厚收益后不知足，甚至还会恩将仇报。对待现实社会的人性百态，明道有德的治理者从一开始就在营造"功成事遂，百姓皆谓：'我自然'"② 的氛围，所以极少会面临被民众抱怨的情况。

老子主张"以德报怨"，孔子主张"以直报怨"③，其中有明显的差异。孔子主张的"直"是基于"礼"的标准，其对象是具有基本修养的广大人群，建议大家要坚持规则和规矩，以正直的方式对待不公正的行为。老子主张的"德"是以"道"为标准，其对象是明道有德的治理者，建议治理者要有"生而弗有，为而弗恃"④ 的大德，把原本存在的对立和怨恨变成相互尊重和支持。但两位圣人都不主张"以眼还眼、以牙还牙"和"以其人之道还治其人之身"，他们的观点之间有着巧妙的内在联系，对于社会

---

① 《道德经》第三十六章："将欲歙之，必固张之；将欲弱之，必固强之；将欲去之，必固兴之；将欲夺之，必固予之。是谓微明。柔弱胜刚强。"

② 《道德经》第十七章："太上，不知有之……功成事遂，百姓皆谓：'我自然。'"

③ 《论语·宪问》："或曰：'以德报怨，何如？'子曰：'何以报德？以直报怨，以德报德。'"

④ 《道德经》第五十一章："生而弗有，为而弗恃，长而弗宰，是谓玄德。"

治理则有异曲同工之用。

> "图难于其易，为大于其细；天下难事，必作于易，天下
> 大事，必作于细。是以圣人终不为大，故能成其大。"

"图难于其易。"明道有德的治理者善于寻求解决难题的恰当方法，在治理过程中能够及时总结经验、发现规律，积累系统资源、增强协同解决难题的能力。"难"就是用现有的经验和条件无法直接解决的问题。治理者能够把新的难题分解成若干可以用既有条件解决的、相对容易的问题，就是"图难于易"。这样做既可以解决难题，又可以促进治理能力的提升。

"为大于其细。"明道有德的治理者会高度重视治理行动的细节，特别是善于从系统角度来分析细节的作用和影响，并由细节来反向认识系统的复杂性，通过细节动态掌握整个系统的变化情况，对可能"涌现"的问题做出准确预判，从而能够很好地把握复杂系统的不确定性，提高治理的整体效能。

"天下难事，必作于易，天下大事，必做于细。"这是基于复杂系统理论的行为方法论。明道有德的治理者在着手解决重大系统难题时，首先会采用系统分析的方法，把一个复杂的系统性难题分解成若干隶属于单一子系统的细分问题，或依托若干子系统可以协同处理的细分问题，再以既有的资源储备和行为能力分别予以解决。明道有德的治理者在推进一项伟大的系统工程时，一定会始终把握关键环节，处理好容易被忽略的细节问题，以免"千里之堤，毁于蚁穴"。

"**是以圣人终不为大，故能成其大。**"明道有德的治理者若能够做到以上几点，也就具有了圣人的大德。圣人从不夸大自身的能力和价值，因此能够在行动中始终遵循大道，依靠实际行动来凝聚民心，以实际成果获得广大民众的拥戴和支持。圣人就是在这种"我无为而民自化"①的心态之下实施治理，带领民众取得了一个又一个伟大的成就，圣人发挥的重要作用会逐渐被民众认识到，随着时间的推移，圣人的形象会越来越伟大。

> "**夫轻诺必寡信，多易必多难。是以圣人犹难之，故终无难矣。**"

"**夫轻诺必寡信。**"治理者若是好高骛远且轻许诺言，就得耗费巨大的战略资源去兑现，由此徒耗资源而丧失公信。由于其设定的社会治理目标过于宏大缥缈，不能按照"化大为小，化难为易"方式加以解决，因此民众虽然付出了许多艰辛努力，却依然达不到预计的结果。加之治理者既有经验不足、储备资源有限，治理目标一再落空之后，将很难再获得民众的信任，其号召力和影响力也就日益衰减。于是，治理问题频出，社会矛盾层出不穷。

"**多易必多难。**"治理过程就是一个不断面对问题与解决问题的过程。而众多的现实问题总是有难易之分的。明道有德的治理者会依据大道对问题进行分析，明确解决问题的先后顺序，会率

---

① 《道德经》第五十七章："故圣人云：'我无为而民自化，我好静而民自正，我无事而民自富，我无欲而民自朴。'"

先解决系统性、全局性的核心问题，再以点带面逐步控制、减少次一级问题的发生。而不明大道的治理者会刻意回避难题，总是想先解决相对容易的问题，一味地避重就轻，结果是治标不治本，核心问题迟迟得不到解决，问题越积越多，处理起来越来越难，等到必须解决的时候已经是积重难返，这时已经失去了治理核心问题的最佳时机，若是强行解决，轻则伤筋动骨，重则危及治理系统的存续。

"**是以圣人犹难之，故终无难矣。**"明道有德的"圣人"深谙治理之道，因此面对治理系统中出现的各种问题，从不回避其内在的复杂性和艰巨性，而是准确抓住当期最重要的问题，集中力量加以解决。"圣人"尤其善于把巨大而复杂的问题分解成若干子问题分头解决，或是把这些子问题细化为阶段性任务分期完成。高明的治理者在具体实施中会把握好那些看似细小的关键环节，高度重视、严格把控分解任务的接口。相关人员只要把各自负责的具体任务都高质量完成，通过系统接口就能够把分解后的任务逐一整合，使一项宏大的系统工程得以顺利完成。这种恰到好处的组织方式，在常人看来就像在按照一个事先制定的剧本演练，一切都有条不紊、按部就班，似乎没有任何困难。只有负责系统设计和实施控制的"圣人"，才能深刻体会到顶层设计和系统规划所蕴含的精妙大道，深知不同群体和子系统之间的复杂协同关系，以及突破关键节点所需的坚忍不拔。

所以说"终无难矣"是以"圣人犹难之"为前提的。治理者对事物具有充分的预见性，拥有前人处理同类事物的经验和智慧，能够有效组织民众凝聚力量共同行动，化大为细、变难为易，将一项复杂的系统工程分解成一项项能够发挥每个参与者特长的具体任务，因此能够顺利地实现系统总体发展目标。"终无难"属于极高的治理境界，常人是难以企及的。

第六十四章　注重细节　善始善终

其安易持，其未兆易谋。其脆易泮，其微易散。为之于未有，治之于未乱。合抱之木，生于毫末；九层之台，起于累土；千里之行，始于足下。为者败之，执者失之。是以圣人无为，故无败；无执，故无失。民之从事，常几于成而败之，慎终如始，则无败事。是以圣人欲不欲，不贵难得之货；学不学，复众人之所过，以辅万物之自然，而不敢为。

——《道德经》第六十四章

大道的作用机制有一个内在逻辑，那就是：从立场到态度，再从态度到原则，最终依照原则采取行动。说一千道一万，要解决实际的治理问题，终归要落实到一系列的具体行动。用老子系统思想的观点来看，对于现实中的治理，治理者懂得因势利导、防微杜渐，要比能够力挽狂澜、解决难题更重要。而且，治理行为要取得理想的效果，需要一系列的行动组合，每一个行动都对应一个特定状态，需要恰当地把握好行动的时机，前后衔接、一气呵成，避免有始无终、功亏一篑。

细节关乎成败，坚持成就辉煌。老子系统思想认为：防微杜渐、坚持不懈是成功的关键，治理者要想感悟大道、提升自身的治理能力，首先需要有坚定的立场，"上士闻道，勤而行之"①，就是对于大道笃信笃行；其次要有积极鲜明的态度，"窈兮冥兮，其中有精；其精甚真，其中有信"②，就是要努力积极地探求大道真谛；最后要能坚持恰当的行为原则，依照第八章提出的"七善"原则采取行动做好实践活动。

> "其安易持，其未兆易谋。其脆易泮，其微易散。为之于未有，治之于未乱。"

上一章讲过"图难于其易，为大于其细"，那么在什么时候，我们面对的问题或挑战是处于"易"或"细"的状态呢？本章对此进行了回应。

"其安易持。"当系统处于稳定状态时，系统内部的协同是比较高效的，只需较小的资源消耗就可以支撑系统的正常运行。"安"是最理想的系统运行状态，系统运行平稳可靠，没有躁动。明道有德的社会治理者就是要让社会系统尽可能保持在"安"的

---

① 《道德经》第四十一章："上士闻道，勤而行之；中士闻道，若存若亡；下士闻道，大笑之。不笑不足以为道。"

② 《道德经》第二十一章："道之为物，惟恍惟惚。惚兮恍兮，其中有象；恍兮惚兮，其中有物；窈兮冥兮，其中有精；其精甚真，其中有信。"

状态，此时"神不伤人、圣人亦不伤人"[①]，社会治理者和民众和谐相处各得其所。

"**其未兆易谋**。"系统整体处于稳定状态的时候，比较有利于酝酿和推进重大的系统变革，此时可以比较从容地考虑系统优化，对于系统内相对薄弱的环节进行优化提升。由于系统薄弱环节还没有出现问题，系统改进的风险能够降到最低。在"未兆"之时应细心观察系统潜在的问题，针对系统运行的实际状况，尽早发现系统即将出现变化的征兆，预见可能出现的系统涌现，这样就能把握时机、提前谋划对策、设定预案，做好必要的资源储备，等到变化真正发生的时候就能够从容应对了。

"**其脆易泮，其微易散**。"大自然中"脆易泮、微易散"的现象很直观，脆性的东西受到撞击就会碎裂，细小的东西分散到环境中就会消失不见。这些现象是如此显而易见却又饱含哲理：当矛盾积累不深的时候，比较容易通过施加影响力来破解，不会形成痼疾；将激烈的矛盾冲突放置于较大的系统中来处理，就可以有较大的回旋余地，能够不激化矛盾就得到理想的处置效果。

"**为之于未有，治之于未乱**。"通过前面的分析引出了一个结论：明道有德的治理者会针对尚未发生的问题采取措施，即将出台的新政策正是为了预防问题的发生，而此时绝大部分人尚未意识到问题所在。在治理政策的提醒下，民众才知晓即将发生的问题以及应采取什么样的对策，于是实现了政策的推出与民众的认识同步。等到问题逐渐显现，民众大都已做好了应对的准备，上

[①] 《道德经》第六十章："以道莅天下，其鬼不神；非其鬼不神，其神不伤人；非其神不伤人，圣人亦不伤人。夫两不相伤，故德交归焉。"

下一心、从容不迫。民众在解决问题的过程中获得了成就感，树立起自信心，对于治理者的决策会更加拥护，即使仍有些小矛盾也不会对治理体系产生抵触，更不会形成与治理者的对抗甚至动乱。这就是前面第十七章说过的"功成事遂，百姓皆谓：'我自然'。"百姓们会自然地集结在治理者周围，共同谋求社会治理的新发展。

> "合抱之木，生于毫末；九层之台，起于累土；千里之行，始于足下。"

怎样才能做到有预见性呢？老子指出，凡事都有来龙去脉，也就是要用系统的发展的眼光去看问题，可以"执古之道以御今之有"[①]，这样就可以化繁为简、化难为易。这些道理是显而易见的：高大的树木，都是由微小的种子长成的；雄伟的建筑也都是从一砂一石堆垒起来的；遥远的旅程不可能一蹴而就，但是只要朝着正确的方向坚持不懈地前进，就一定可以到达终点。

> "为者败之，执者失之。是以圣人无为，故无败；无执，故无失。"

"为者败之，执者失之。"不尊重大道肆意妄为的人最终会失败，心有执念和贪欲的人最终会失去所追求的一切。"不肆意妄为、无执念贪欲"是老子对于治理者的反复忠告。因此，真正有

---

① 《道德经》第十四章："执古之道以御今之有。能知古始，是谓道纪。"

道的治理者会始终如一地坚持大道，做到"无为而无不为"①。

"**是以圣人无为，故无败；无执，故无失。**"明道有德的治理者在进行治理的时候内心平和没有杂念，做事富有章法行止有度，也就不会遭受失败。他们在处理事情时没有执念贪求，"以百姓之心为心"②，一切以民众的利益为上；在带领民众干成一番伟大事业之后也没有个人的奢望，视功名利禄为过眼烟云，依然可以回归到平静的生活状态，怡然自得，而不会有丝毫的失落。

"民之从事，常几于成而败之，慎终如始，则无败事。"

"**民之从事，常几于成而败之。**"对于大多数普通人而言，虽然知道干成一番事业的大致途径，但事情往往都快要成功了，最后却不可避免地失败了，究其失败的原因，都是由于一些看似细小或偶然的因素。自古至今已有很多成语来描述这种现象，诸如功败垂成，前功尽弃，"为山九仞，功亏一篑"等。老百姓遇到大事、难事时也常爱说，"三拜九叩都过了，就差在了这一哆嗦。"这种现象背后往往有着深刻的道理，一般人在开始做事时会很有冲劲，推进中也比较顺利，但是随着工作的深入，碰到一些小差错或发生一些小矛盾之时，很多人不懂得"图难于其易，为大于其细"③的道理，对于基础性工作和关键细节疏于把控，结果很快就"根基不牢，地动山摇"，眼看就要成功了却遭遇失败，最

---

①　《道德经》第四十八章："为学日益，为道日损。损之又损，以至于无为，无为而无不为。"

②　《道德经》第四十九章："圣人无常心，以百姓之心为心。"

③　《道德经》第六十三章："图难于其易，为大于其细；天下难事，必作于易，天下大事，必作于细。"

终难以达成既定目标。

"**慎终如始，则无败事**。"若要成功，必须对每一个节点都高度重视，越接近成功越要加倍小心，解决好系统中涌现的每一个问题，不抱任何侥幸心理；不因当前已取得的工作进展而背上思想包袱，也不被即将到来的巨大成功扰乱心神；始终保持平常心，如初始时那样，做好每一件事，珍视每一段进展，把最终的成功与阶段性成果等同看待，保持恰到好处的心态，直到赢得最后的成功。治理者若不能"慎终如始"，就会"一鼓作气，再而衰，三而竭"，到最后"强弩之末势不能穿鲁缟"。要突破"几于成而败之"，的确是需要十分艰苦的修炼和坚韧的毅力。

> "**是以圣人欲不欲，不贵难得之货；学不学，复众人之所过，以辅万物之自然，而不敢为。**"

"**圣人欲不欲，不贵难得之货**。"明道有德的治理者有着常人难以理解的人生追求，他们不会把普通人的欲望作为自己的追求目标，对于功名利禄根本不放在心上。"不贵难得之货"在第三章中就讲过，这里是第二次出现。"圣人欲不欲"不是因为清心寡欲，而是其需求层次已经超越了常人的需求，他们只需拥有适度的物质保障，就能够以良好的状态投身治理实践，带动民众建功立业，实现远大的理想。

"**学不学，复众人之所过**。"明道有德的治理者善于把握人类智慧的精髓。普通人的学习是"为学日益"，执着于知识的获得，结果往往是"只知其然不知其所以然"；圣人之学则是"为道日损"，不仅能够学到知识和能力，还能够用于解决现实问题，补救一般人因为教条主义、形式主义而犯的错误，恰当地解决历史积累的问题，在实践中丰富和发展自己的能力。

"*以辅万物之自然，而不敢为*。"明道有德的治理者解决问题时不是越俎代庖，更不是"代大匠斫"①，而是以点带面纲举目张，通过抓住主要矛盾带动次要矛盾的解决。"圣人"掌握了常人穷极一生也难入其门的大学问，并且能够运用这些学问去解决实际问题，在事态发展的关键时刻才会挺身而出，巧妙地加以修正，让事态自然而然地转向有利局面。在事情取得成功后，圣人默默地把自己融入普通民众之中，不刻意地显示自己的功劳与作用。"为而不恃，功成而弗居。夫唯弗居，是以不去。"② 这就是行大道者的风范。

---

① 《道德经》第七十四章："夫代司杀者杀，是谓代大匠斫，夫代大匠斫者，则希不伤其手矣。"

② 《道德经》第二章："万物作焉而不辞，生而不有，为而不恃，功成而弗居。夫唯不居，是以不去。"

第六十五章　淳朴民风　国之大运

古之善为道者，非以明民，将以愚之。民之难治，以其智多。故以智治国，国之贼；不以智治国，国之福。知此两者，亦稽式。常知稽式，是谓玄德，玄德深矣，远矣，与物反矣，然后乃至大顺。

——《道德经》第六十五章

在前面几章，老子讲了明道有德的治理者怎样悟道以提高自身修行，怎样行道去解决实际问题，以及在带领民众一起解决问题时所遵循的原则等。本章说的是有道之人应怎样"治民"，如何与普通民众相处。老子在本章中提醒治理者注意，淳朴的民风是一个国家最大的运气。

> **"古之善为道者，非以明民，将以愚之。"**

"古之善为道者"是人类社会中的宝贵精华，他们集人类智慧之大成，具有超凡卓越的能力。第十五章对"善为道者"有过完整的描述："古之善为道者，微妙玄通，深不可识。夫唯不可识，故强为之容；豫兮若冬涉川；犹兮若畏四邻；俨兮其若客；涣兮其若凌释；敦兮其若朴；旷兮其若谷；混兮其若浊。"由此可见老子眼中的"善为道者"标准之高，现实社会中能够达到这一标准的人少之又少，他们是可遇不可求的稀缺人才。

"**非以明民**。"老子系统思想并不主张让每一个普通民众都成为拥有大智慧或具有超能力的人。事实上，大部分民众更愿意接受专家意见，按照约定俗成的方式生活，这也是孔子思想能够产生巨大影响的原因之一。对于大道的动态把握和持续探索，是少数综合性人才和不同领域顶级专家的事业，并不需要每一个普通民众都清晰了解前沿领域，更不可能要求每一个民众都勘透大道本质，成为"善为道者"。

"**将以愚之**。"在符合大道的治理环境中，民众只需要做到"知其然"，而不需要对所有事情都"知其然又知其所以然"；只需发挥自身的特长，而不需要成为事事精通的全才。这样的社会分工，才能让普通民众的生存压力大大减轻。关乎群体发展和国家治理的重大责任应该由少数具有特殊才能、堪当特别责任的人去承担，普通民众只需要承担好自己的社会分工，就可以依靠群体的力量来增强自己的生存能力，完善对于大道的系统认知，增强对抗潜在风险的能力，而不需要费心考虑无关生存的其他问题，更不需要彼此猜忌或防备。

后世很多诟病老子、批判老子思想的人都把"非以明民，将以愚之"这句话当成靶子来批判。他们认为老子的立场是与民众对立的，老子从内心看不起民众，推崇"愚弄民众"的政策。如果这种批评成立，老子思想就应该是人类文明的糟粕，应该被坚决摒弃，但事实显然不是这样。老子系统思想是辩证统一的系统思维，老子深知"水能载舟亦能覆舟"的道理，始终把民众放在最重要的位置，在评价治理者的优劣时也都是以民众的评价为根本标准，比如，他认为圣人之治的特点是"处上而民不重，处前而民不害，"① "百姓皆注其耳目，圣人皆孩之。"②

之所以出现这种误解，主要是因为这些人割裂了老子思想的系统性，片面理解字面意思而误读了老子思想的本义。有些学者直接从现代汉语"愚民"和"无为"的字面意思来曲解老子思想，指责老子是消极颓废的，甚至给老子冠以"没落奴隶主阶级代表"的大帽子，在讨好时代喧嚣的同时还想通过贬损圣人来显示自己的"高明"。这是典型的"智者"行为——这些人治学态度不严谨、学术研究不深刻、投机取巧哗众取宠，丧失了学者应有的水准和操守。到头来，没有把老子打倒，却给自己带来了污名。

在《道德经》中，老子用了大量篇幅来说明：大道看似简单，实际上玄妙复杂；即使是心智超群的圣人，要真正把握大道也是很难的，更遑论心智一般的普通民众。老子认为，"善为道者"会率先把握大道的精髓，他们通过制度设计把繁复系统的大道变成条理清晰、简单易行的社会治理规则。对于普通民众而言，

---

① 《道德经》第六十六章："是以圣人处上而民不重，处前而民不害。是以天下乐推而不厌。"

② 《道德经》第四十九章："圣人之在天下，歙歙焉，为天下浑浑焉，百姓皆注其耳目，圣人皆孩之。"

只要对大道有个基本认识、愿意信任并遵守那些依照大道制定出来的社会制度和行为规则就可以了。没有必要强求人人都精通大道的玄妙，这是不可能的，也不会有什么结果。这正是"古之善为道者，非以明民"的原因。

"非以明民，将以愚之。"这句话既承认了民众的基础作用，也肯定了明道有德的治理者应该发挥的特殊与关键性引领作用，其根本立足点是这样的安排有利于国家安定和社会和谐，这是在此处使用"愚"字的真正含义。

> "民之难治，以其智多。故以智治国，国之贼；不以智治国，国之福。知此两者，亦稽式。"

"民之难治，以其智多。"百姓之所以不好管理，往往是因为他们对于国家的未来没有信心，不相信治理者会替民众着想。于是，老百姓各有各的小心思小打算，把心思都用在争夺眼前利益上，只想从单次博弈或短期博弈中获得更多的好处。社会上的各种机巧心态和小聪明，就是老子反复讲到的所谓"智者"行径，它们是阻碍大道的祸患。"大道甚夷，而人好径"，"好径"的这一类人脑子聪明心眼很多，总想走捷径，常因为小聪明得到一些便宜。这本无大碍，问题是这类人一旦拥有治理权，妄想用这种小聪明去处理天下大事，那就会犯第六十四章说的"为者败之，执者失之"①的毛病，结果反而误国误民。

---

① 《道德经》第六十四章："为者败之，执者失之。是以圣人无为，故无败；无执，故无失。"

"**故以智治国，国之贼**。"出现上述治理困境的根本原因，其实是当权者小聪明太多而大智慧不够，一心只想谋求自己的名利，甚至会用狡诈的伎俩来哄骗诱导民众。治理者同时掌握着权力和信息，却不能以大道来凝聚民心，而是一味使用诡智与民众对抗，一次次地欺骗民众，又一次次地被民众识破，必然会失去民众的信任，民众不再认为治理体系是符合大道的。于是，上下离心，彼此防范，国家失去团结一致的目标而变成一盘散沙。这样的治理者等于是破坏治理、毁灭国家的"国之贼"。"不以智治国"中的"智"并非指大智慧，而是小聪明、小伎俩，或许凭此可得一时之利，但终究不会有长久之功。老子的这段话尖锐地指出，当权者如果不懂大道也不能正确行事，就会假公济私、算计民众，沦落到与民众离心离德，其结果就是让国家治理越来越混乱，百姓生活越来越艰难，陷入第五十七章所讲的"法令滋彰，而盗贼多有"的恶性循环。

"**不以智治国，国之福**。"如果治理者能够不打个人的小算盘，不与老百姓要心眼，而是依照大道行事，那么举国上下就会团结一心，诸事顺达国泰民安。具体方法是：治理者通过富有成效的治理来获得民众的信任，让民众相信有道者确实比自己强一点点，而这一点点就是普通人自己没法克服的"民几于成而败之"①的宿命，只要大家一起按照有道者的方法做，就会不断取得成功。在这个过程中，领袖人物不恃道自重，而是非常尊重普通民众，民众不会感到被驱使，而是感到自己只要跟随明道有德

---

① 《道德经》第六十四章："民之从事，常几于成而败之，慎终如始，则无败事。"

的治理者前行，就能够干成大事，过上理想的生活。正所谓"高下相倾，音声相和，前后相随。"① 治理者对民众以诚相待，民众对治理者充分信任，民众就能够安心享受"知足之足"②，这将是国民的福分，也正是治理者努力的目标。

"知此两者，亦稽式。"只要搞清楚"明民"和"愚民"的真正含义，治理者就能找到国家治理的正确模式，也就是"稽式"。

> "常知稽式，是谓玄德，玄德深矣，远矣，与物反矣，然后乃至大顺。"

"常知稽式，是谓玄德。"治理者若能始终坚持大道，在治理中恰当地做到"不以智治国"，就能够构建既符合时代特点又顺应大道的治理体系，制定适宜的治理制度，采取恰当的治理行为。治理者如此对待民众和万物，所体现的就是"玄德"。

"玄德深矣，远矣，与物反矣。"在第二十五章介绍"道"的时候，老子就讲过，"大曰逝，逝曰远，远曰反。"③ 这里用玄德的"深、远、反"与大道的"逝、远、反"相呼应，就是要说明"玄德之治"的本质就是"道"。因此，基于玄德的治理体系和制度措施，必然会体现出"生而弗有，为而弗恃，长而弗宰"④ 的

---

① 《道德经》第二章："故有无相生，难易相成，长短相形，高下相倾，音声相和，前后相随。"

② 《道德经》第四十六章："故知足之足，恒足矣。"

③ 《道德经》第二十五章："吾不知其名，（故强）字之曰道，强为之名曰大。大曰逝，逝曰远，远曰反。"

④ 《道德经》第五十一章："生而弗有，为而弗恃，长而弗宰，是谓玄德。"

特点。

"反"就是指"道"最接近人类生活的规律性表现。"与物反矣"体现为人类治理行为实施以后，必然会与其他万物互相作用、相互影响，从而产生可以观察和总结的规律，可以用于指导具体行动。

"反者，道之动。"[①] 大道在人类可以理解的任何维度上都是无限的，可以在无数的维度上无尽伸展，这些伸展又是可逆的，不管在什么维度、什么领域，千差万别的表象都能回归到大道的原点，能够清晰地显现出其内在联系，这就是"反"。大道所展现的规律无处不在，在不同的领域、不同的事物上，我们都能够总结出规律或者看到规律的影子，这就是"道"无所不在的结果。

"然后乃至大顺。"明道有德的治理者既有深刻完整的系统认知，又有行之有效的治理举措，理论与实践能恰到好处地结合，使国家发展壮大、社会治理稳定长久，这种浑然天成的治理会带来国运昌盛、百姓幸福。

---

① 《道德经》第四十章："反者，道之动；弱者，道之用。"

第六十六章　谦逊待民　治理无虞

江海之所以能为百谷王者，以其善下之，故能为百谷王。是以圣人欲上民，必以言下之。欲先民，必以身后之。是以圣人处上而民不重，处前而民不害。是以天下乐推而不厌。以其不争，故天下莫能与之争。

——《道德经》第六十六章

高明的治理者总是谦逊地对待民众。若想团结广大民众去实现宏伟的目标，治理者除了要具有"独立而不改，周行而不殆"[①]的精神，还要有广阔而谦卑的胸怀，包容世间千差万别，吸引民众主动归附，争取获得广大民众的真心支持，共同维护和促进治理系统的健康运行。

"江海之所以能为百谷王者，以其善下之，故能为百谷王。"

[①] 《道德经》第二十五章："有物混成，先天地生。寂兮寥兮，独立而不改，周行而不殆，可以为天地母。"

老子讲述了一个众人皆知的自然界客观事实，大江大海是成千上万条水流的王者，它们之所以规模宏大，是因为它们处于最低洼的下游之地，从而能够把众多的上游水源汇集起来。可以说，正是因为"江海"的"善下之"成就了"百谷王"的磅礴之势。"江海"虽处于下游的地理位置，但它们也不是纯粹被动的接纳，"善下"是"江海"自身特点与多重影响因素相互作用的结果，亦是"江海"主动的选择。

像长江、黄河这样的河流在历史上曾多次改道，从而变得更加能接纳众多支流并行洪，废弃的老河道和河流入海口日久则形成肥沃的冲积平原，有利于各种农作物生长和人类的生产生活。江海的"善下"疏解了水灾，为众多生灵带来了福祉，也成就了自身的壮阔气势，形成了大自然的水体循环系统。

> **"是以圣人欲上民，必以言下之。欲先民，必以身后之。"**

"**圣人欲上民，必以言下之。**"圣人的思想博大深邃，能够为国家规划美好的前景，这些治理思想一旦被民众接受，就能形成磅礴的行动力量。圣人拥有高超的智慧、广博的阅历和不凡的能力，卓尔超群、与众不同。因此，圣人理解普通民众的思想和行为较为容易，而普通民众却难以真正懂得和理解圣人。所以说，圣人与普通民众的关系有些类似江海与溪流的关系，类似大国与小国的关系。与"大国者下流也"[①] 的道理相似，圣人在领导民众的时候善于用民众喜闻乐见的方式来传播大道，让民众能听懂

---

① 《道德经》第六十一章："大国者下流也。天下之交，天下之牝。"

并且深信不疑。

"欲先民，必以身后之。"伟大的事业需要众人的共同努力和付出。"先民"就是明道有德的治理者在率领民众行动时会"以身后之"，在具体的实践活动中充分尊重民众的智慧和力量，激发民众的积极性和创造力，把宏大的集体目标与每个民众的个体价值有机地结合起来，充分发掘民众的潜力。因此大家都会心无旁骛、奋勇争先。

> "是以圣人处上而民不重，处前而民不害。"

"圣人处上而民不重。"当圣人带领民众实现重大战略目标时，民众会自觉自愿地遵从其安排，而不会感到背负着沉重的负担。"圣人处上"，是为了担负起统筹全局的领导责任。明道有德的治理者能够让广大民众高度认同他们的治理理念，不用给民众施加不必要的负担就能达成治理目标。民众对于自己从事的工作高度认同，对于个人的付出毫无怨言，也不会认为治理者是在发号施令，因而感受不到治理带来的压迫感，不会为了集体发展目标而背负沉重的负担。

"处前而民不害。"要实现远大的治理目标，往往需要动用大量的人力物力，这在任何时代都不是轻松的事情，处理不当很容易形成民众与治理者的对立。但圣人带领民众前行时能够得到大家的真心拥戴，在治理的推进过程中大家都会自觉跟随其步伐，即使面对困难和挫折也不会退缩不前，更不会有背叛和颠覆。这是因为圣人在言论上尊重民众，在行动上团结民众，在分享成果时不亏待民众，自然能得到广大民众的支持和爱戴。

"是以天下乐推而不厌。"

圣人一般是在处理大小事务的过程中被民众自发地推上领导地位的。民众在圣人的领导下共同依照大道行事，国家因此能保持良好的发展态势，不断取得令人欣喜的成就。民众对于圣人的治理能力已经十分信服，对于治理体系和治理方式也非常适应，因此不会有被统治的沉重感，也不会对治理行为不满或敌对。

著名歌曲《东方红》所歌颂的就是一个"天下乐推而不厌"的时代场景①。当年中国共产党率领的中国工农红军历经千辛万苦才到达陕北，一路都把人民的利益放在最重要的位置，与人民同甘共苦，结果群众自发地把共产党当成了自己的领导者，把党的领袖认定为人民的救星，愿意为了实现党的战略目标牺牲个人利益甚至生命。因为群众的"乐推而不厌"，中国共产党才确定了对于国家和民族的长期领导权，带领广大群众为了实现共同的发展目标而奋斗。中国从贫穷落后的状态重新发展壮大起来，尤其是经过改革开放后几十年的努力，再次崛起成为世界众多国家中综合国力最强大的国家之一，并至今保持着强劲的上升势头。

老子系统思想认为，好的治理不是让民众心机复杂，而是保持内心淳朴简单，这就是"非以明民，将以愚之"② 根本意思。

----

① 该歌曲源自20世纪40年代陕北地区农民自发创作的歌颂领袖毛主席的民谣："东方红，太阳升，中国出了个毛泽东，他为人民谋生存，他是人民的大救星。"

② 《道德经》第六十五章："古之善为道者，非以明民，将以愚之。民之难治，以其智多。故以智治国，国之贼；不以智治国，国之福。"

圣人治下的民众心智健全而不需要过度劳心以求生存。这里有一个重要的前提，即社会治理者必须是明道有德的"圣人"，治理者的智慧和能力足以造福人民，因此民众不需要靠小聪明和机巧之术占便宜求生存。民众由"智"变"愚"只有在开明的治理环境下才会实现，治理者亦能"不以智治国"①，时时处处为民众着想，并能把民众的个体诉求与社会治理的公共目标结合起来，把社会集体发展战略与民众个人愿景统一起来，在此前提下民众才会甘愿为"愚"者。也就是说，治理者的思想最终落实为广大民众的主动自愿的行为意识，社会或集体取得的成功会成为每一个民众的骄傲，社会整体氛围和谐融洽。

一脉相承的汉语言文字，迄今已历经几千年的演化，字形字义都有了很大变化。如今一些词汇的意思与原始词义差异很大，一些词汇的现代语义甚至与本义是完全相反的。这一点在《道德经》中表现尤为突出。对于三千年前的字义，可供查询的字典中很少有明确的注释，即使去查《说文解字》《康熙字典》这样的工具书也帮助有限，有时只能参考《左传》《汉书》之类年代比较接近的文献中的相近用法。《东方大智慧：竹书老子》一书特别关注到这个问题，指出："上古的春秋战国时代，文字流行还在自然发展的约定俗成时期。七国文字传承体系相同，但书写有差异。其中六国文字包括楚文，与甲骨文、商周金文比较起来，传承关系明显，字体也类同。相对而言，秦兴起于西鄙，秦文字与六国文字就有明显差异。秦统一以后'书同文'，废止了六国的文字

---

① 《道德经》第六十五章："古之善为道者，非以明民，将以愚之。民之难治，以其智多。故以智治国，国之贼；不以智治国，国之福。"

符号，在西秦文字的基础上确定了规范文字并沿用至今。因此现行汉文字与秦文字的渊源很深，与战国楚文的差异比较大，辨识也比较困难。"① 老子之学发轫于荆楚，因而《道德经》中所用的很多字句的本意特别值得深思。

后世的研究者大多是基于这些已经偏离了老子本意的《道德经》释义来研究老子的哲学思想，加之受到漫长的封建社会高度集权统治下的思想桎梏，老子系统哲学思想在系统性和复杂性上被进行了人为的阉割，绝大部分研究者的精力都花在了断句和勘误方面——这方面的著作多如牛毛，但是对于老子思想中包含的复杂的系统思维却熟视无睹。《道德经》所载述的是超越了机械唯物主义和机械唯心主义的系统哲学思想，是人类最早最完整的哲学思想，时至今日仍然没有哪部著作能够达到这个高度。对于这样一个思想宝库，我们的重视程度和研究深度还远远不够。

作为迄今所知人类历史上最早的一部哲学作品，《道德经》比西方任何一部哲学著作都早，而且保存相对完整。只是，中国过去往往将它视为一家之言，归入春秋时期的"诸子百家"来一概而论，研究角度大多局限于政治统治和个人修养的范畴，而忽略了老子思想对于自然科学和社会科学的根本性指导作用，尤其是对社会治理、军事、经济、组织管理等领域。加之，过度解读历史上诸子百家的观点之争，而没有深入研究这些思想家的传承关系。比如，孔子、墨子、孙子、韩非子、荀子等人都不同程度地

① 杨逢春、蔡清旦：《东方大智慧：竹书老子》，苏州大学出版社 2015 年版。

受到老子系统思想的影响，他们的学说相当于在子系统层级对老子系统思想进行了细化和发展，这就如同哲学与各个子学科的关系。《庄子》则是文学化、科普版的老子思想，语言形象、风格浪漫，更能吸引民众去阅读和思考，但《庄子》在复杂性和系统性方面与《道德经》还是有差距，而且其中的一些神秘化描述反而助推了老子思想的宗教色彩。

1993 年，史学家吕思勉先生曾提出："道家之学，实为诸家之纲领，诸家皆于专明一节之用，道家总揽其全。诸家皆其用，道家则其体。"这里的"体"应该是"体系"的意思。直到清朝末期，皇权统治走到了末路，中国开始引进西方的科学体系，才有了自然科学与社会科学的概念。但是作为终极学问的哲学，所受重视程度仍然很低，只是作为社会科学的一个学科。

20 世纪 70 年代，中国一些老子思想研究者曾尝试结合最新的科学技术成果与现代科学方法论重新审视老子的系统思想，取得了一些很有创新意义的研究成果。张松如先生是这个时期的代表人物之一，在 70 年代后期和 80 年代前期，他先后出版了《老庄论集》和《老子读校》等著作，提出了老子思想具有系统性特点，相较于其他诸子百家思想更系统更完整。"老庄哲学无论在哲学概念和范畴的提出上，还是在深化抽象思维能力方面，都对我国文化产生了相当深刻的影响，对我们民族理论思维能力的发展，起过难以估量的积极作用。"[1]

> **"以其不争，故天下莫能与之争。"**

---

[1]　张松如、陈鼓应等：《老庄论集》，齐鲁书社 1987 年版。

明道有德的治理者能够广泛地团结民众，把国家和民众的利益置于最重要位置，用符合大道的系统智慧来谋划治理方略，用高超的行为能力来实施落实；他们对待民众从不颐指气使，而是俯下身子服务民众，从而形成了一国坚不可摧的凝聚力。这样的组织面对任何挑战都会无往而不胜。

圣人治理下的国家因其"不争"而"莫能与之争"，感悟大道和实践大道同样也是这个道理。老子系统思想始终没有假想敌，只是在不断接近大道的本质，不断拓展人类对于终极系统的认知能力。这种思想上的"不争"，是"莫能与之争"根本原因。

相较之下，同时期的其他思想家，有的站在维护旧有治理体系的立场，有的站在维持诸侯分立的立场，还有的是为集权独裁提供理论依据，他们思想的共同出发点是"争"，思想高度首先就比老子低了一个层次，思想体系的复杂程度又比老子低了一个维度，再加上他们急于立言立身开宗立派，就只能勉强在较低的系统层级来建立自圆其说的理论体系。

这种局面在秦始皇统一中国之后就更加不堪了。在皇权独裁统治之下思想研究受到严格限制，创新的思想观点经常受到残酷迫害，先秦时期思想和文化的开放局面再也没有出现过。二十世纪初期，"五四新文化运动"曾经带来了中国思想文化大发展的曙光，但因当时的中国急于摆脱被列强宰割的惨痛命运，主要关注点放在了自然科学和民主政治体系方面，丰富的中国传统哲学思想被简单地归于封建"糟粕"而一并抛弃了。

中国历史上，每逢需要拨乱反正、解放思想的时期，按说老子的系统思想研究就应该迎来大发展，但是由于庄老之说长期被统治阶层扭曲后当作统治秘术，大部分研究者也有意给老子思想增加神秘色彩，遂使得这一系统哲学研究方向一直处于学术边缘，而无法被现代治理者充分了解和运用。

第六十七章　仁慈勤俭　治理法宝

　　天下皆曰我道大，似不肖。夫唯大，故似不肖。若肖，久矣其细也夫！我有三宝，持而保之。一曰慈，二曰俭，三曰不敢为天下先。慈，故能勇；俭，故能广；不敢为天下先，故能成器长。今舍慈，且勇；舍俭，且广；舍后，且先；死矣！夫慈，以战则胜，以守则固。天将健之，以慈卫之。

——《道德经》第六十七章

"天下皆曰我道大，似不肖。"

　　"天下皆曰我道大，似不肖。"随着大道的传播，大道的复杂性和丰富性不断地被认知，天下越来越多的人相信大道是真实存在的，并且大道对于个人和社会的影响是巨大的；无论做什么，只要循道而为就可以干得很好，反之就会遭遇失败。但是，若要深究一下大道到底是什么样子，却又没有人能够准确描述出来。虽然对于大道的描述在具体情境下可以比较生动，"有物混成，先天地生"，若要抽象定义就很难准确。"一"是当下人类对于大道的认知极限，其状态正如第十四章所言，"是谓无状之状，无物之象，是谓惚恍。迎之不见其首，随之不见其后。"人类对于大道既熟悉又陌生，既清楚又模糊，这种既真切又不准确的感觉就是"似不肖"。但人类对于大道的作用却是十分肯定的，就像第三十九章所讲的："天得一以清；地得一以宁；神得一以灵；谷得一以盈；万物得一以生；侯王得一以为天下正。"

> **"夫唯大，故似不肖。若肖，久矣其细也夫！"**

对于无限复杂的大道，要用语言清晰描述显然是不可能的，想用我们已经能够了解的事物做类比也只能是意会，若想用人类已经能够清晰认知的事物来具体对应，就会越比越不像，甚至是舍本逐末。

"*夫唯大，故似不肖。*"这句话直截了当地指出，要想真正地懂得大道并在实践中运用不是一件容易的事。大道的不确定性和动态变化，使得任何表面模仿或者简单复制都不可能体现大道的精髓。如果非要把变化莫测的大道固化下来，变成不需要理解只需要遵循的僵硬规范，那么原本"独立而不改，周行而不殆，可以为天地母"① 的大道就会变得不伦不类，大道所具有的神奇作

---

① 《道德经》第二十五章："有物混成，先天地生。寂兮寥兮，独立而不改，周行而不殆，可以为天地母。"

用也会荡然无存，于是"前识者，道之华而愚之始。"① 把复杂多变的大道固化成生硬的教条，也就失去了大道的精髓，无论怎样完善也是徒具其形而无其神，其结果就是"天无以清，将恐裂；地无以宁，将恐废；神无以灵，将恐歇；谷无以盈，将恐竭；万物无以生，将恐灭；侯王无以正，将恐蹶。"②

"**若肖，久矣其细也夫**。"如果无视大道的不确定性，非要把大道具体地描述出来，虽然在某一个特定时间段内会被众人认可，但是随着时间的推移，特别是随着人类对于宏观世界和微观世界认识的深入，原来被认为是确定的认知就会变得单薄狭隘了，所谓的规律和公理也就变成了在特定条件下的定理和推论。面对无比复杂且持续演化的大道，如果非要用静止的观点去认知和定义它，其结果必然是刻舟求剑或盲人摸象。

当然，通过降低大道的复杂性来研究分析某些子系统是必要的，但是把降低了复杂性之后得出的认知直接当作大道的本质就不恰当了，原因就是"久矣其细也夫"。遗憾的是，这种现象在我们的现实生活中屡屡发生。如果不能把握事物的整体规律，只纠缠于事物的某一局部或者某一具体方面的描述，那么与已知事物的相似性被描述得越细致，则相对于正确认知事物整体就可能偏离越远。这就像盲人摸象故事中的几个盲人那样，他们只摸到了大象的某一个部位，比如身躯、牙齿、鼻子，却把这个部位当

---

① 《道德经》第三十八章："前识者，道之华而愚之始。是以大丈夫处其厚，不居其薄；处其实，不居其华。故去彼取此。"
② 《道德经》第三十九章："天无以清，将恐裂；地无以宁，将恐废；神无以灵，将恐歇；谷无以盈，将恐竭；万物无以生，将恐灭；侯王无以正，将恐蹶。"

成大象本身，并确信无疑地描述为墙、匕首、蛇等人们所熟悉的事物，这样一来，他们对大象的整体认识岂止是"谬之千里"。这其中蕴含着深刻的辩证思想，对于系统了解老子系统思想有很好的警示意义。

> "我有三宝，持而保之。一曰慈，二曰俭，三曰不敢为天下先。"

"我有三宝，持而保之。"大道虽然复杂，悟道行道的路径却很明确，在这条道路上没有捷径可走，任何投机取巧都只是浪费时间，甚至是损耗已有的悟道积累。只有按照正确的方向持之以恒努力不懈，才能够逐步达到较高的认知境界。老子认为，在悟道行道的过程中有三个法宝，即三个原则，只要始终坚持这些原则，在实践中就能够恰当作为，与时俱进，不断成功。这三个原则就是"慈""俭""不敢为天下先"。

"慈"，是母亲对孩子无条件的关爱，这种关爱和支持是主动的付出，既不需要任何前提条件，也不需要接受方对等的理解，更不要求感情的"等价交换"。有道明德的治理者对于民众的"慈"也是这种无条件的付出，不需要回报，也不需要立马被肯定。他们会耐心等待民众的理解，相信民众在经历了实践的不断验证后，对于大道的总体认知水平会得到提升，也会积极配合治理者的各种正确决策。这种"慈"，就是第十七章讲到的"太上，不知有之"，所以"百姓皆谓：'我自然。'"需要注意的是，"慈"与"仁"是有区别的，"慈"是放低姿态的关爱，是甘居其侧的包容；"仁"是以上对下、以高对低的包容和爱护，其角度不同内容也不同。

"俭"，是一种积极的自我约束，但它不是苦行僧式的自我折磨，而是为了保持系统长久持续的良好状态而自觉采取的对于个人当前欲望的约束和克制，是居安思危考虑下的审慎选择，也是对于系统美好状态持续保持下去的信心。"俭"还是一种富有远见的积累，是当代人自觉自愿地为后人保留必要的发展资源的觉悟，是"苦在当下，利在千秋"，是治理者对于治理体系的坚定信念及对于治理行动的高度负责态度。

"**不敢为天下先**。"老子的这句话并不是否定创新，否定身先士卒。有人将此理解为"胆怯""守旧"和"不敢创新"，是将老子的原话当作现代汉语来理解，但这是与老子原意完全相悖的。**老子的本意是指：明道有德的治理者会致力于改善和优化国家和组织的整体状态，让更多的社会民众和组织主体得到治理的好处。在这个过程中，明道有德的治理者不会因为带领民众取得了成就而居功自傲。**"不敢"是治理者心有敬畏，不把大道之功据为己有；"不为天下先"是治理者不会凭借自己的能力和贡献而攫取财富、权力、声望、奢侈享乐等作为个人回报。他们深知身体力行对于治理实施的重要性，治理者"不敢为天下先"，别的精英人士和广大民众也会向他们学习，即使一些"智者"① 仍有以机巧谋利的自私想法，在大氛围的影响下也不敢轻易付诸实施。

---

① 《道德经》第三章："是以圣人之治，虚其心，实其腹，弱其志，强其骨，恒使民无知无欲，使夫智者不敢为也。"

> "慈，故能勇；俭，故能广；不敢为天下先，故能成器长。"

"**慈，故能勇**。""慈"代表的是治理者待民如子，这种大无畏的精神和无私付出的勇气，是一种大德。治理者坚持"慈"以待人，便能使追随自己的民众上下同心，大家心无旁骛，整个团队会展现出充足的勇气和旺盛的战斗力，能够依照大道行事，不断克服各种困难，取得治理的最大成效，整个国家和组织也会在这种良好状态下持续稳定地发展进步。

"**俭，故能广**。"治理者坚持"俭"的原则，以身作则、行"不言之教"①，民众受其影响自然会积极仿效。治理者得道多助资源广聚，国家和组织的运行效能大大提高，资源利用效率和产出成果与日俱增，战略资源支撑能力不断增强。国家和组织用较少的资源消耗就可以获得更大的发展效益，这相当于增加了国家和组织可用的资源总量，依靠既有的人才和资源就可以干成更多更好的事情，可以支撑国家和组织更为长久的发展。

"**不敢为天下先，故能成器长**。"治理者个人的行为美德自会形成强大的感召力。明道有德的治理者坚持"不敢为天下先"，因此能够团结聚集各种出类拔萃的人才，并让他们发挥各自的特长，进而形成强大的组织团队，为成就伟大的事业积蓄力量。在此过程中，治理者是以高超的能力和卓越的人品使众多优秀人才心悦诚服，并受到大家发自内心的拥护和爱戴，成为众望所归的领袖人物。

---

① 《道德经》第四十三章："不言之教，无为之益，天下希及之。"

"今舍慈，且勇；舍俭，且广；舍后，且先；死矣！"

"**今舍慈，且勇。**"但是，现实社会中很多治理者不能坚持"慈"的原则，心胸狭窄、不自量力，妄想仅凭个人的匹夫之勇便可达成国家和组织的发展目标。

"**舍俭，且广。**"治理者若不能坚持"俭"的原则，便会私欲膨胀、挥霍无度，幻想仅凭借表面的繁荣就能够聚集起国家和组织发展所需要的丰富资源。

"**舍后，且先。**"治理者不能谨守"不敢为天下先"的原则，只想抢头功，占便宜，又不能团结人才，心胸狭窄、嫉贤妒能，却空想仅凭蛊惑煽动民众来干成经天纬地的大事业。

"**死矣！**"治理者放弃了"慈、俭、不敢为天下先"这三大法宝，其结果只有死路一条。"慈""俭""不敢为天下先"这三个原则看似不难，现实世界中的治理者真正能够做到的却是凤毛麟角。有些治理者能知而不能行，有些则干脆背道而驰。人类发展史上一个个治理者的黯然收场，就是在反复验证这个朴素不变的论断。

"夫慈，以战则胜，以守则固。天将健之，以慈卫之。"

"**夫慈，以战则胜，以守则固。**"在老子思想的三大法宝中，"慈"起着基础性决定性作用。正如前面说的，"慈"是领袖人物才具有的一种大德。治理者心怀大慈悲，就能够为追随自己的民众注入巨大的勇气和力量，形成集体的战斗力和凝聚力。万众一心、众志成城，这样要进攻就一定能取得胜利，要防守就一定是固若金汤。坚持"慈"必然会带来事业的发展和壮大，并且攻坚克难、遇难成祥，就好像冥冥之中得到了上天的护佑一般，出人意料而又自然而然。

"**天将健之，以慈卫之**。"天地系统对于即将发展壮大的主体或子系统会给予独特的助力，这种帮助不是厚此薄彼的偏爱，而是无私的大爱，是全面支持、无怨无悔的情怀。明道有德的治理者对于普通民众和组织主体不会有失偏颇，而是一视同仁地"畜之，长之育之，亭之毒之，养之覆之"①。治理者的"慈"是人类至高的大德，具备这种素质的治理者能够保证治理系统的良性循环，让社会系统在良性治理下健康发展，在规模与水平上都日新月异。

---

　①　《道德经》第五十一章："故道生之，德畜之，长之育之，亭之毒之，养之覆之。生而弗有，为而弗恃，长而弗宰，是谓玄德。"

第六十八章　知人善用　成功之道

善为士者不武；善战者不怒；善胜敌者不与；善用人者为
之下。是谓不争之德，是谓用人之力，是谓配天，古之极。

——《道德经》第六十八章

再高明的治理者也不可能仅凭一己之力就做好一个国家或一
个组织的治理，治理一个强盛国家更是一项极其复杂的社会系统
工程，需要一批明道有德的杰出人物相互配合来实现。这些治理
者是不同专业领域的佼佼者，他们在社会治理、军事斗争、对外
邦交、人才培养与使用等事关国家治理成败的重要方面，发挥着
各自不可替代的重要作用。本章从"为士、战斗、胜敌、用人"
几个方面来阐释如何依"道"行事获得成功，并特别强调了领导
者想要得到人才的襄助，必须做到礼贤下士。

> "善为士者不武；善战者不怒；善胜敌者不与；善用人者为之下。"

"善"是指治理者在现实情况中遵循大道，恰到好处、恰如其分地行事，并取得最理想的结果。

"**善为士者不武**。"在一国治理体系确定以后，作为治理阶层中坚力量的高级管理人才，他们的能力水平决定了治理体系的运行效率和运行质量，对于治理目标的实现起着关键作用。"士"是国家治理的实际执行者，"善为士者"是能够恰到好处地做好治理的中高级人才。对于国家的高级治理者而言，"不武"，并非不懂武力或者害怕动用武力，而是懂得使用武力的作用和危害，在治理中慎重使用武力。

明道有德的治理者知道国家拥有强大武力的必要性，深刻懂得拥有强大武力在处理国家间关系时的重要作用，必要时也能够运用武力获得胜利。"善为士者"的高明之处在于他们清楚诉诸武力是极端的行为方式，不到万不得已决不会轻易使用。所以，高明的治理者要求自己具有战略预见性，"为之于未有，治之于未乱"①，能够在矛盾尚未形成或者刚刚出现苗头的时候就及时采取行动，用和平方式把问题恰到好处地解决，而不会坐等矛盾激化后再用武力解决。

任何强大的国家都需要拥有一支高素质的军队，以备国家在必须一战时能够克敌制胜，这就是"养兵千日，用兵一时"。一

---

① 《道德经》第六十四章："其安易持，其未兆易谋。其脆易泮，其微易散。为之于未有，治之于未乱。"

支能够随时完成既定目标的强大军队，其统帅必须明白一个道理，那就是战争的目的是"善有果而已，不敢以取强"①。治理者要充分认识到，战争是最极端的对立和博弈，长期不断的战争对于参战各方来说都是灾难性的，"大军过后，必有凶年。"② 战争不是解决重大争端的唯一途径，依靠武力也不可能解决一切矛盾，甚至会使得矛盾更加复杂。

"**善战者不怒**。"指挥作战的人需要冷静客观的心理，不可轻易被情绪冲昏头脑。第二十六章讲到"重为轻根，静为躁君"，这是因为战争中决策者要面对战场上的种种残酷场面，要面对敌人的各种诡诈手段，还要控制内心对于胜利与失败的焦虑，这些外部和内部因素都会影响决策者的冷静思考。而作为统帅，一旦失去理智就会酿成大错，轻则影响到战事的胜负，重则影响一国的命运。

战场如同舞台，指挥作战的统帅都是历史舞台上演出的明星。"台上一分钟，台下十年功。"一出好戏需要演员自身的悉心摸索和努力，还需要幕后人员的支持，是众多人共同努力的结果。如果台上的演员演出失败，幕后的众多付出也就化为乌有。在"怒"的状态下，治理者会丧失理性而不计后果，以致造成巨大的无谓牺牲，或许会把长期的组织准备和资源储备消耗殆尽。一国民众的长期辛苦努力将由于治理者的轻率动怒而毁于一旦，一

---

① 《道德经》第三十章："善有果而已，不敢以取强。果而勿矜，果而勿伐，果而勿骄，果而不得已，果而勿强"。

② 《道德经》第三十章："师之所处，荆棘生焉。大军之后，必有凶年。"

国治理者也会落得"奈何万乘之主以身轻天下"①的下场。

"不怒"至少包括两个方面的含义：一是不被对方激怒；二是自己不动怒，换句话讲就是要保持心态稳定，不轻易躁动，也就是"君子终日行不离辎重，虽有荣观，燕处超然"②的姿态，以此作为"不怒"的理解就更生动形象了。高明的统帅既要有战胜敌人的意志和能力，还要有冷静淡然的心性，这是因为"静胜躁，寒胜热，清静为天下正"③。

"善胜敌者不与。" 在具体的战役中也要讲求智慧，善于在战斗中获胜的人，通常会避免跟敌人进行面对面的厮杀，而是运用计谋以最小的损失获得最大的胜利。如果在对抗中恃勇斗狠，与敌人硬碰硬，就算是赢得胜利，结果也会是杀敌一千自伤八百，没有什么值得夸耀的。在与对手的直接交锋中，真正的高手不会与对手死缠烂打，为求一时之胜而不计全盘得失。

即使在最危急的情况下，善于战斗的人也能够保持冷静，选择恰当时机组织发动果敢的行动。"胜敌"的场景是在双方激烈交锋的最前线，包括战场上将士面对面的搏杀，以及双方在谈判桌上或明或暗的较量。在这些关键时刻，一线指挥者的应对时间紧迫、回旋余地小，这对于人的原则性和急智提出了很高的要求，考验的是平时的经验积累和在危急情境下的应变能力。

"不与"是指不失去内心的冷静，始终能够将具体行动与系

---

① 《道德经》第二十六章："虽有荣观，燕处超然，奈何万乘之主，而以身轻天下？轻则失本，躁则失君。"

② 《道德经》第二十六章："重为轻根，静为躁君。是以君子终日行不离辎重。虽有荣观，燕处超然。"

③ 《道德经》第四十五章："静胜躁，寒胜热。清静为天下正。"

统目标结合，以局部行动配合全局目标，在任何突变条件下都能够恰当实现二者的协调统一。这需要一线指挥者对于系统目标有着清晰而坚定的认知，同时还具有应对系统"涌现"的超强能力，随时都能做出恰到好处的决策，既能"大厦崩于前而不惊"，又能心细如发、把握全局、沉着应对。

"**善用人者为之下**。"高明的治理者善于接纳和使用人才。对于治理而言，成败的核心因素是人才。真正的人才总是稀缺的，且各有其特点。大部分人才是具有一定特长的专才，而不是明道有德的全面的"圣人"，因此需要用其长而避其短。这就要求"用人者"具有高超的识人用人水平。无论是军队的建设还是战争的准备，无论是战役的组织还是战斗的指挥，这个庞大系统的稳健运行依靠的是各个层次的人才。怎样才能让不同层次的人才发挥其应有的作用呢？老子指出，从全军统帅到各级指挥者都要谦逊地对待人才，为人才提供发挥才能的空间，让人才有安心作为的环境，这是用好人才的秘诀。

楚汉相争中项羽和刘邦就是一个鲜明的对比。论个人勇武，刘邦远比不上项羽，但是刘邦善于用人，手下网罗了张良、萧何、韩信等众多奇才，最终由弱变强夺得天下；而项羽自诩个人能力超强，是"力拔山兮气盖世"的大英雄，对待他人轻慢懈怠，结果身边人才逐渐凋零，最终落得个孤家寡人自刎乌江的悲剧下场。

> "是谓不争之德，是谓用人之力，是谓配天，古之极。"

"**是谓不争之德，是谓用人之力**。"具有强大支配权的治理者应具备"不武""不怒""不与"的能力，优秀的治理者之所以能够具备这些超常的能力，是因为具有"不争"的品德。在《道德经》第二章，老子就讲过"道"的表现就是"生而不有，为而不恃，功成而弗居"。治理者善于团结和依靠有才华的人一起去实现目标的能力，就是善于"用人之力"，这是对于治理者的高度评价，这里的"不争之德""用人之力"正是治理者对于大道的践行。

"*是谓配天，古之极*。"治理者若具有上述品德和能力，就会与天地系统的自然规律相吻合。"配天"是指国家或组织的治理行为与天地运行之道相一致，是人类出现治理活动以来的最高标准。治理者一旦达到这种境界，不但不会在历史上湮灭，而且还会流芳万世。正所谓"夫唯不居，是以不去"①，这就是依"道"而行的结果。

---

① 《道德经》第二章："万物作焉而不辞，生而不有，为而不恃，功成而弗居。夫唯弗居，是以不去。"

第六十九章　慎重应战　哀兵必胜

用兵有言：“吾不敢为主而为客，不敢进寸而退尺。”是谓行无行，攘无臂，扔无敌，执无兵。祸莫大于轻敌，轻敌几丧吾宝。故抗兵相加，哀者胜矣。

——《道德经》第六十九章

本章讲的是用兵之道，在具体分析本章内容之前，有必要再梳理一下老子关于战争的基本观点。老子对于战争的态度一直是慎之又慎，认为明道有德的治理者应是有勇、有谋、有远见的人，他们不需要大动干戈就能够解决争端，达成既定目标。现实中发生的重大的战争其实都是治理者行为不当造成的，因为没有更好地遵循大道来行动，错失了其他更为合适的解决方式之后，不得已做出这样的选择。“物或恶之，故有道者不处。”① 用武力解决

---

① 《道德经》第三十一章：“夫兵者，不祥之器。物或恶之，故有道者不处。君子居则贵左，用兵则贵右。兵者，不祥之器，非君子之器，不得已而用之，恬淡为上。”

争端是不吉祥的，因此老子特别提醒，"不得已而用之，恬淡为上。"① 就是说，在不得已用兵的时候，也要以最小的伤亡来取得胜利，决不可大开杀戒，只求做到"善有果而已，不敢以取强"②。达成既定目的后要马上停止战争，转而采用其他更为恰当的方式来消弭双方矛盾。

> **"用兵有言：'吾不敢为主而为客，不敢进寸而退尺'。"**

"**吾不敢为主而为客**。"按照老子的观点，高明的统帅不会主动挑起战争冲突。这不是消极避战或畏战，而是知道战争的后果，所以力求以军事准备为支撑，尽可能采用非战争手段来解决争议。即便对手咄咄逼人，战争已不可避免，也尽量不先发起进攻。所谓的先发制人，只会获得一时的胜利，对于解决国家层面的战争冲突实无益处，这一点在人类战争史上已被屡屡验证。春秋时期晋文公重耳，面对楚国军队的进攻，虽然退避三舍却依然能够克敌制胜；在第二次世界大战中，日本偷袭珍珠港的战术获得了一时胜利，而美国的全面参战却导致了战争格局的彻底翻转。

当然，要做到老子所说的这种"为客"的姿态，前提是要有强大的军备支撑，具有强大的军事实力。在此基础上既不好战也不畏战，在和平手段完全失效的情况下也不心存侥幸，如此才能在激烈的对抗中知己知彼、从容不迫，故能战而胜之，始终都做

---

① 《道德经》第三十一章："夫兵者，不祥之器。物或恶之，故有道者不处。君子居则贵左，用兵则贵右。兵者，不祥之器，非君子之器，不得已而用之，恬淡为上。"
② 《道德经》第三十章："善有果而已，不敢以取强。果而勿矜，果而勿伐，果而勿骄，果而不得已，果而勿强。"

到"有理、有利、有节"①。

"**不敢进寸而退尺**。"在具体的战役和战术层面，老子系统思想主张：为了实现最终的战略目标，要善于保全有生力量，不追求一时一役的得失。"不敢进寸"是在进攻时要采取审慎的态度和周密的部署，进则能胜得而有利，用最小的代价获得胜利。宁愿"退尺"与"不敢进寸"形成鲜明的对照，是说在面对敌人强势进攻时，不计较一城一池的得失，先保住有生力量，再在敌进我退的较量中消耗敌人，寻求机会反击。必要的退让更能让对方得意忘形，从而更容易摸清敌人的实力，发现对方的破绽，然后集中力量来打破敌人的安排部署，让战局转向有利于自己一方。

> **"是谓行无行，攘无臂，扔无敌，执无兵。"**

这里老子所描述的出神入化的作战艺术，是战则必胜的高超能力。战争一旦打响，军队统帅必须有积极的上进心和坚定的意志力，要把自己对于大道的参悟渗透到指挥战略上。明道有德的军事统帅"以奇用兵"②，在战斗过程中将有如神助，战无不胜。

"**行无行**"，是说军队的行动部署神秘莫测，作战形式出人意料，行动意图令对手无法正确判断，甚至根本无法察觉。这既要求军事指挥者具有高超的指挥艺术，对战场情况了然于胸，对双方态势把握精准，让对手察觉不到真正的战术目的，又要求己方军队具有很强的纪律性和忍耐力，有高水平的战斗素养，能够不

---

① 毛泽东：《目前抗日统一战线中的策略问题》，"同顽固势力作斗争时必须采取有理、有利、有节的原则。"

② 《道德经》第五十七章："以正治国，以奇用兵，以无事取天下。"

折不扣地执行指挥者的战略部署。

"攘无臂"，是指隐藏己方军队的真正实力，让敌方无从应对，虽然拥有打败对手的强大力量，但却能够巧妙地隐藏实力。如同搏击中出手极快而无法被对手看出，对手自然也摸不透下一次击打会来自哪里，因此神经紧绷内心恐惧，却无法提前预防，也不能有效出击。

"扔无敌"，是指将自己和敌人的情况都摸清楚，故而一切都了然于胸，无惧于敌人。由于对敌方的战略战术非常清楚，对于敌我双方的资源和部署有着同样充分的认识，因此在采取行动前就能在整体系统中来分析敌我双方的互动态势，做出高超的军事部署，能够牵着敌人的鼻子走，敌人却浑然不觉。

"执无兵"，是指能够把一切可以利用的战斗手段都高效利用起来，不拘泥于教条固化的战术，采用的手段也灵活多样，而不是只有硬碰硬的短兵相接。最高明的军事统帅会结合实际情况及时调整作战策略，运用最巧妙最有效的手段来打击对手，而不拘泥于刻板的军事规则。

> "祸莫大于轻敌，轻敌几丧吾宝。"

"祸莫大于轻敌。"既然不得已要用战争手段来解决问题，就一定在战术上高度重视对手，不给对方任何机会，要以最小的代价获得胜利，也就是"善有果而已"[1]。在实际军事对抗中经常看到，原本占优势的一方因为轻敌而失败，其原因主要是军事将领

---

[1]　《道德经》第三十章："善有果而已，不敢以取强。"

缺乏正确的全局意识和系统认知，对于战争这一手段的严重破坏性认识不清，甚或指望通过战争增加个人的声望，结果稍有局部胜利就得意忘形，产生轻敌之意，导致战争规模升级，战争时间延长，战争消耗日增而损失愈大。但是，轻敌造成的严重误判将导致其节节败退，逐渐丧失战争主动权，优势变成了劣势，所有的辛苦积累最终都消耗殆尽。

"**轻敌几丧吾宝**。"老子系统思想认为，"轻敌"是军事对抗中的最大祸患，在军事对抗时一旦轻敌就脱离了大道的原则，丧失了致胜的法宝。老子对于"宝"一词有明确的阐述，它是治理者将大道付诸实践最重要的原则，具体来说包括三方面："一曰慈，二曰俭，三曰不敢为天下先。"[①] 坚持这些重要的原则，就能有战胜敌人的能力和资源，始终高度重视对手，凝神聚力全力以赴，直至达成既定的战略目标，并在适当的时候及时结束战争。

"轻敌"对于实施大道的不利影响是多方面的：一是"轻敌"导致治理者一向"不慈"，对于自己军队将要面临的危险和挑战自然缺乏应有的重视和认识，结果必然导致不必要的牺牲和消耗。二是"轻敌"导致治理者素日"不俭"，由于军备资源的调度和投入上准备不足，导致在危机来临时才紧急筹备和投入资源，这样做时间紧、成本高，消耗远远超出正常状态，会造成巨大的浪费和消耗，结果自然是事倍功半，甚至徒劳而无功。三是"轻敌"导致治理者容易盲动甚至随意挑衅，轻率地做出错误的决定，并且趾高气扬而听不进去正确的意见和建议。这些"敢为天

---

① 《道德经》第六十七章："我有三宝，持而保之。一曰慈，二曰俭，三曰不敢为天下先。"

下先"的高调行为犯了兵家大忌，失败也就是情理之中了。军事统帅背离大道而逞个人之威，便落入了"舍慈且勇，舍俭且广，舍后且前"① 的境地，那么，一旦面对坚守大道、慎重行事的对手，走向失败就是必然的结果。这也是"天地不仁，以万物为刍狗"② 的大道在发挥作用，得道多助而失道寡助。

> **"故抗兵相加，哀者胜矣。"**

"得道"的指挥者会为了正义而战，也会用同样的理由说服将士们投入战斗，以免国家落败，民众受难。"哀兵"往往是被动接受挑战的、因受难而奋起反抗的一方，因此坚信自己是正义的化身，是为了维护正义而背水一战，与对方进行殊死搏斗也是非常必要的。此时的"哀兵"势力虽弱然而气盛，必能够上下同心、斗志昂扬，将帅用心、战士舍力，展现出无坚不摧、抵死抗争的勇气，甚至不惜舍生取义。这样的军队必然会爆发出强大的战斗力，所向披靡，会用事实印证"柔弱胜刚强"③ 的道理。

---

① 《道德经》第六十七章："今舍慈且勇，舍俭且广，舍后且先，死矣！"
② 《道德经》第五章："天地不仁，以万物为刍狗；圣人不仁，以百姓为刍狗。"
③ 《道德经》第三十六章："柔弱胜刚强。鱼不可脱于渊，国之利器不可以示人。"

第七十章　知行合一　不懈前行

> 吾言甚易知，甚易行也；天下莫能知也，莫能行。言有宗，事有君。夫唯无知也，是以不我知。知我者希，则我者贵。是以圣人被褐怀玉。
>
> ——《道德经》第七十章

　　大道的可贵，往往需历经岁月的验证才更能彰显，这与人类个体生命的有限性形成了一对鲜明的矛盾。明道有德之人会被后人铭记，但对于当世的人来说，要分辨清哪些理论学说或治理措施能够经得起历史检验，却是很不容易的。

　　老子的系统思想尤其是其中包含的认识论和方法论，是人类认识大道、形成大德的根本途径。然而，正确的思想也需要广泛传播才能够被更多的人理解和接受，而传播思想同样需要很高的智慧并需要付出常人难以想象的艰辛。践行先进思想就更不容易了，需要处理好各种错综复杂的关系和细节，有时还会被人误解，需要承受无人理解的寂寞，最终的成功来自长期不懈的坚持。

《道德经》第七十章和第七十一章分析了具有"上德"的圣人如何看待悟道和传道，这也是老子系统思想的自我认知。老子对于其思想在理论研究和实践方面可能会遇到的现实困难进行了分析，那些追求以人为本、崇尚圣人之治的治理者可以从中得到深刻的启发。

"吾言甚易知，甚易行也。"

老子系统思想学习起来很有趣味，运用起来很有成效，它既是诸子百家思想的总纲，也是人类哲学的最重要起源，既是思想的引导，也是行为的方法。这就是现在常说的"知行合一"。如果人们能够按照老子说的道理去思考，按照老子所说的方法去做事，就一定会取得成功。

老子系统思想直面大道这个客观存在的复杂性，坦然承认人类和人类社会只是大道这个客观存在的一个有机的子系统。随着人类认识能力和行为能力的提高，大道向人类不断展现出相应的形态和作用，而就"大道系统"本身而言，其复杂性和稳定性在人类社会出现直至目前的这段时间内并没有什么重大变化。老子用"无"和"有"以及二者之间的转变表达了对于事物本源的认识，这比把唯物主义与唯心主义绝对对立起来更加科学合理，现代量子科学等科技进步正在逐步证实这一认识的正确性。

"吾言甚易知。"老子系统思想是完整的哲学认知体系，老子命名为"道"。随着东西方文化的日益交融，"道"的哲学特征更加显现出来。老子的系统哲学思想为现代东、西方哲学提供了重要思想养料，相比之下，反而是西方现代哲学对于老子系统思想的吸收和利用效率还要高一些，比如哲学研究的两大流派唯物主义和唯心主义体现的就是老子哲学思想中的"常有"和"常无"的关系。

哲学作为人类最古老、最综合的学科，是基于人类对大道全面、整体的认知①，也可说是由大道直接产生的学问。哲学作为一门学问，相对于人类建立的其他学科而言就是"一"，是按照"道生一"的逻辑发展出来的。所谓的唯心主义和唯物主义只是哲学研究的认知子系统，两者有交叉也有分离，是哲学"一生二"的结果；其后分化而来的数学、物理、天文学、地理学、军事学、管理学、社会学、教育学、逻辑学、伦理学、政治学、美学等，则是"二生三"的结果；人类知识体系发展到今天，大量新兴学科仍在不断产生，如信息技术、生命科学、材料科学、空间科学、海洋科学等，它们既是全新的学科，又同物理、数学、化学等古老学科有着密不可分的联系，可以说就是经过"三生万物"演变而来。人类对于自然事物有着螺旋式上升的认识规律，在经历了"玄之又玄"②的认知升华之后，发展衍生出来的"众妙"体系，也就是人类的知识系统。

大道是人类可以认知的最根本的存在，包括人类社会在内的

①　杜兰特：《哲学的故事》，"科学是分析式描述，哲学是综合式诠释。"
②　《道德经》第一章："常无，欲以观其妙，常有，欲以观其徼。此两者，同出而异名。同谓之玄，玄之又玄，众妙之门。"

世间万物都是大道的产物，而人类是具有独立思考和认知能力的高级动物。只要客观、理性、全面、认真地观察人类自身的生死规律以及周围世界的运行发展规律，就会对大道的基本内涵有一定的理解。人类只要认识到这一点，就能够在人类社会进化发展的不同阶段妥善处理好各种复杂关系，从容应对各种自然或人为的突发事件，稳妥地维护国家和社会的繁荣和发展。

老子认为，他所阐述的系统思想是很容易被大众理解并接受的，只要有心悟道就一定会有所收获。那些"微妙玄通，深不可识"①的"善为道者"②，是高水平的行道者，是在悟道基础上的再次升华，只有极少数"上士"才能做到。有些人觉得悟道很难，其实是他们把目标定得太高，脱离了自身的禀赋与经验基础，自然无法企及；有些人虽然意识到了大道的价值，但却无法摆脱经验束缚，不能达到更高的悟道层级。那些人抱怨和否定老子思想的人，他们多属于《道德经》中讲到的"中士"③，对于大道的认知本就是"若存若亡"④，其行为也显得他们仅有"智"而"德"不足。

"*甚易行也*。"老子的系统思想既是思想论也是方法论，这些论点在不同章节中各有具体介绍。比如，"不出户，知天下；不窥牖，见天道"⑤的认识途径；"一曰慈，二曰俭，三曰不敢为天

---

①② 《道德经》第十五章："古之善为道者，微妙玄通，深不可识。"

③④ 《道德经》第四十一章："上士闻道，勤而行之；中士闻道，若存若亡；下士闻道，大笑之。不笑不足以为道。"

⑤ 《道德经》第四十七章："不出户，知天下；不窥牖，见天道。其出弥远，其知弥少。是以圣人弗行而知，弗见而明，弗为而成。"

下先"① 的治理原则；"治大国，若烹小鲜"② 的治国态度；"善有果而已，不敢以取强"③ 的军事思想；"不敢为主而为客"④ 的用兵之法，等等。这些思路、原则和方法清晰明确，只要坚持做下去，就会取得显著的成效。

"天下莫能知也，莫能行。"

既然老子所阐述的道理很容易懂，而且像老子这样的圣人也非常愿意把他们所掌握的大道传授给天下人，那么理想情景应该是天下大同、圣人辈出，为什么现实中却是极其艰难、历尽曲折？

"天下莫能知也。" 老子明确指出，这是因为当世的人们知其表而不知其里。原本很清晰的道理做起来并不复杂，但在现实中人们非要把它异化，特别是一些所谓"智者"更是有意把鲜活的大道转变成僵化刻板的教条，其结果是"道之华而愚之始"⑤，自然无法进入"道常无为而无不为"的高超境界。

"莫能行。" 还有一些"智者"用心不正，总想用自己悟道所得的本事去获取不正当的利益，甚至不惜损人利己，在"好径"⑥ 心态的驱使下，走上了背离大道的邪路。他们虽然也能凭学来的

---

① 《道德经》第六十七章："我有三宝，持而保之：一曰慈，二曰俭，三曰不敢为天下先。"

② 《道德经》第六十章："治大国，若烹小鲜。以道莅天下，其鬼不神；非其鬼不神，其神不伤人；非其神不伤人，圣人亦不伤人。夫两不相伤，故德交归焉。"

③ 《道德经》第三十章："善有果而已，不敢以取强。果而勿矜，果而勿伐，果而勿骄，果而不得已，果而勿强。物壮则老，是谓不道，不道早已。"

④ 《道德经》第六十九章："用兵有言，吾不敢为主而为客。不敢进寸而退尺。"

⑤ 《道德经》第三十八章："前识者，道之华而愚之始。"

⑥ 《道德经》第五十三章："大道甚夷，而人好径。"

一招半式获得一时的成功，但根基不牢，做得越多偏离大道越远，一系列的失败也就接踵而来。

> **"言有宗，事有君。"**

当我们用各种方式发表自己的言论时，在离散的表象背后总会有一个整体的逻辑。做事情也是这样，一个有道的人在做事情的时候，表面看是在分头推进一件件独立的事情，其实是在一个完整的系统框架之下的匹配，看似无心实则有意。

老子系统思想前后相连、相辅相成，不同的章节各有深意又彼此呼应，这一特点与量子科学最新发现的不同类量子纠缠技术的特点很相似——一些粒子之间看似不相干，却可以产生纠缠和互动，达成不可思议的效果[①]。运用老子的系统思想去做事也会自有其系统性，每一件事情都可以考虑得很周全，能够按部就班顺利完成，同时又很清楚每一件事情在更大的系统范围内的地位和作用，从而做到知其然且知其所以然。

> **"夫唯无知也，是以不我知。"**

"**夫唯无知也。**"老子系统思想一贯主张以"朴"行道，反对以"智"御民。所以，现实治理中的"善为道者"也是不求有智，而求有德，清醒认知人类智慧与浩瀚的大道比起来，始终是

---

① 2020年，中国科学技术大学杜江峰院士领导的中科院微观磁共振重点实验室与美国国家标准技术研究院合作，成功制备出单个原子和单个分子间的量子纠缠。国际权威学术期刊《自然》发表了该成果。参见：《中美学者重大突破：首次实现分子与原子间"跨界"量子纠缠》，http://www.chinanews.com/sh/2020/05-30/9198914.shtml

渺小和脆弱的。因此，明道有德的治理者会始终抱有敬畏之心，采取的治理行动都尽力与大道相符合，始终承认实际行为与大道存在差距，对民众不要小聪明，不使用机巧手段。秉持治理的"三宝"①，用发乎内心的"慈"感动和凝聚民心，用约束治理行为的"俭"规范权力的运行，用以民为先的"不敢为天下先"建立和谐持久的治理环境。这种永恒的"无知"，恰恰是治理者获得成功的最宝贵的基础。

"**是以不我知**。"简单来讲，"不我知"就是"不自见、不自伐、不自矜"②，行大道的治理者智慧过人，还能够博采众长，吸收有价值的意见建议，做出正确的决策。"不我知"的治理者既可以避免被错误的建议误导，在关键的时候还能够避免被阴谋陷害，这也是"兕无所投其角，虎无所措其爪，兵无所容其刃。"③ 的一种表现。在明道有德的治理者引领下，国家治理会沿着正确的方向前行，其前途必然是"大道甚夷"，实现成功后也必然是"功成事遂，百姓皆谓：'我自然'。"④

对于这一段话，也有人从另外一个角度理解：普通人确实无法理解明道有德之人的深邃思想，加上"智者"们有意无意的曲解，就更加难以全面理解这个复杂的系统思想了。事实上，在思想文化传播速度低下的时代，由于封建集权统治的限制，老子思

① 《道德经》第六十七章："我有三宝，持而保之。一曰慈，二曰俭，三曰不敢为天下先。"
② 《道德经》第二十二章："是以圣人抱一为天下式。不自见故明；不自是故彰；不自伐故有功；不自矜故长；夫唯不争，故天下莫能与之争。"
③ 《道德经》第五十章："兕无所投其角，虎无所措其爪，兵无所容其刃。夫何故？以其无死地焉。"
④ 《道德经》第十七章："功成事遂，百姓皆谓：'我自然。'"

想长期以来被当成帝王之学藏于朝堂之中，其广泛传播尤为艰难，只有少数社会精英能够相对完整地了解老子的系统思想。所以明道有德之人并不追求完全被民众理解，而是让民众真实享受依道而行的成果，从而凝聚民心共同行动。

老子能够在近三千年前就提出如此宏大系统的哲学思想，其本人一定是阅历广博、志存高远、意志坚定，思维活跃缜密、极富创新意识。其思想体系的形成过程想来也应有一个极富传奇的故事，可惜后人脸谱化的传述，把老子思想的孕育过程丢失了，只得到了结果而没有过程，这也是大家对老子思想"无知"的原因之一。对此，想必老子也早已经料到了这种"不我知"的情形。

> **"知我者希，则我者贵。是以圣人被褐怀玉。"**

"知我者希。" 能够真正懂得老子深邃思想的人总归是有的，只是在现实社会中很稀少，并且这样的人平时很难被认知，这与"大音希声"① 是类似的道理。"知我者"是那些能够全面理解把握老子系统思想的人，这些人始终支持用符合大道的方法去认识事物，系统了解事物发展的大局，清晰掌握事物发展的关键节点。这些人不会受环境的影响而失去判断力，也不会因为个人的得失而改变立场和态度。

"则我者贵。" 懂得老子思想并付诸实践的人就更难得了，这

---

① 《道德经》第四十一章："是以建言有之曰：明道若昧，进道若退，夷道若纇。上德若谷，广德若不足；建德若偷，质真若渝。大白若辱，大方无隅，大器晚成；大音希声，大象无形，道隐无名。夫唯道，善始且善成。"

种人在现实世界中是极为宝贵的。"则我者"是指认同老子系统思想的基础并能够在现实社会中付诸实践的人，这样的人是非常稀缺的。了解和认同老子的系统思想已经很不容易了，要把老子的系统思想付诸实施就更加不容易，这就是知难行更难。但是，懂得大道并能够付诸实践的人可以给社会带来现实的好处，让社会发展民众受益，他们是时代的贵人，是国家和组织的珍宝。能够做到知行合一的人可遇而不可求，往往是几个朝代都出不了一个，明代的王阳明可算是一个。

"是以圣人被褐怀玉。"

圣人所具有的独特的人生观和价值观，不足与外人道。就像是一人怀揣稀世宝玉，自己当然很清楚其价值，只要肯拿出来交易就可获得巨大的财富，过上人皆羡慕的奢华生活；但是，圣人宁可怀揣宝玉，身着素服，过着平实的生活。具有圣人思想的人也会坚持这样的行为方式，不会与恶俗势力同流合污，不会委身于背道而行的权贵，能够看破各种机巧权谋却不屑于使用，更不会去哗众取宠，用现在时尚的网络语言就是"不跪舔""不圈粉"。但是，这些人内心光明智慧通达，学识丰富能力卓越，可以洞察并引领时代的发展，也能够创造事业上的奇迹。

时至今日，老子的形象已经被固化成一位鹤发长髯、宽衣博带、慈眉善目的朴素长者，这是他八十岁时骑青牛西出函谷关时的形象。后人以此来脸谱化地描绘老子的形象，也是想直观地表达圣人"被褐怀玉"的感觉。

第七十一章　悟道不止　行道可成

知不知，尚矣，不知知，病矣。是以圣人不病，以其病病。
夫唯病病，是以不病。

——《道德经》第七十一章

"知不知，尚矣，不知知，病矣。"

"知不知，尚矣。""知不知"是悟道修德的高级境界。如果
一个人已经具有很高的学问、很强的能力，还能清醒地认识到自
己所知有限，这是很了不起的认知境界。我们都知道，像牛顿、
爱因斯坦这样的科学巨人，他们学识渊博、兴趣广泛，是现代科
学的集大成者，例如牛顿在力学、数学、光学、热学、天文等很
多领域都做出了伟大的成就。在他们的人生顶点的时候，反而感
叹自己的未知领域变得更大了；他们对客观世界及其规律的探索
越深入，便发现人类的未知领域越浩瀚。这种认识与老子对于人

类与大道的关系认知是一致的。正是这些当代"上士"所具有的这种"知不知"的认知，引领人类文明不断前行。这是人类悟道求进的伟大表现，也是我们人类共享的宝贵财富。

"**不知知，病矣**。"与"知不知"相反，"不知知"是人类认知世界的错误方式。有的人刚刚悟到一点门道就止步不前，稍微有点学问就自以为是，一瓶子不满半瓶子晃荡，对于大道不求甚解却自以为是，结果是成事不足败事有余。这些人在过去被嘲笑为"南郭先生""狗头军师""叶公好龙"，他们只注重表面工夫，缺少真正的实践能力，可以为荣华富贵出卖良知，可以为蝇头小利颠倒黑白，到头来是误国误民，还耽搁了自己的前程。这些人在现实中很有欺骗性，与"圣人被褐怀玉"[①] 完全相反：他们很注重外在表现，看起来颇有风度很有学问，衣冠楚楚侃侃而谈；他们喜欢用煽情的表达，用片面认识来煽动蒙骗大众；他们没有能力解决问题，但有能量让问题更加复杂更加难以化解；他们把好事都揽到自己身上，一旦遇到失败就把责任推给别人来撇清自己。

老子认为，大多数民众不会热衷于去探求"道"这个高深的问题，正如大科学家、大思想家、大艺术家、大政治家、大军事家都是人群中的极少数那样，大多数普通民众更愿意在"圣人"制定的规则下过简单的生活。这是社会分工的结果，也符合人类社会的客观需求。信仰和宗教有这种作用，国家和组织制度也能够起到这些作用。关键在于制定规则的治理者要有真知灼见、真

---

① 《道德经》第七十章："知我者希，则我者贵。是以圣人被褐怀玉。"

才实干，确保制定出的制度是恰当的。在"知不知"的治理者带领下，社会能够沿着正确的方向发展，广大民众甘愿接受和遵守社会秩序，甘愿做不需要殚精竭虑的"愚民"①；反之，如果社会不幸被"不知知"的"智者"们主导，他们在治理实践中自以为是不懂装懂，甚至违背天理去任意妄为，那国家和民众的灾难就不远了。

> **"是以圣人不病，以其病病也。"**

老子认为圣人不会违反大道，是因为圣人拥有符合大道的认识论和方法论。圣人能够依照大道而行，不会做出"不知知"的蠢事和错事，而且能做到"居善地，心善渊，与善仁，言善信，正善治，事善能，动善时"②，这就是"**不病**"。圣人能够"不病"、能够真正做到"七善"，恰恰是因为圣人具有"病病"的能力。"**病病**"，是以病为病，而非讳疾忌医，也就是否定之否定，它是完整的辩证思维，这种思维对中国思想界影响深远。

由于很早就认识到了阴阳对立转化的规律，以及老子系统思想对于后世的深远影响，东方思维方式天然地对于系统性认知比较容易接受。相较之下，在古希腊虽然出现了辩证的方法，但其在认识的系统性上却比较粗糙；直到18世纪后，随着工业革命和宗教改革的兴起才开始走向系统化。马克思在费尔巴哈、黑格尔等人的研究基础上，把唯物主义、辩证法与当时的科技前沿结合

---

① 《道德经》第六十五章："古之善为道者，非以明民，将以愚之。"
② 《道德经》第八章："居善地，心善渊，与善仁，言善信，正善治，事善能，动善时。夫唯不争，故无尤。"

起来，形成了系统的方法论即辩证唯物主义。

唯物辩证法认为，人类对于客观世界的认识是循环往复、螺旋上升、永无止境的。这种思想认识和老子的系统思想非常吻合。老子认为"有物混成，先天地生……（故强）字之曰道，强为之名曰大。大曰逝，逝曰远，远曰反……人法地，地法天，天法道，道法自然"①，以及"视之不见名曰夷，听之不闻名曰希，搏之不得名曰微。此三者不可致诘。故混而为一。一者，其上不皦，其下不昧。"② 中国的现代哲学是在西方入侵的情况下建立起来的，与现代自然科学一样，被视为西方的先进文化引入，在很长时间内都忽视了隐藏在这些西方学科中的东方基因，却把古代东方源于对大自然的观察与对人类生活的总结、带有系统思维特性的朴素辩证哲学思想，与古希腊起源于神话、语言与修辞学的朴素辩证法相混淆，甚至认为古希腊哲学辩证法中所蕴含的理性思辨远远高于古代东方哲学，这是中国哲学研究的失误，也是世界哲学研究的重大遗憾。

只不过，在科技验证能力比较低下的年代，老子系统思想的丰富内涵难以得到完整清晰的诠释和验证。老子思想的传承逐渐出现分化，表现为：一是在治国理政方面被当成帝王之道备受重视，《道德经》成为历代帝王的必修课程；二是在民间被神秘化而演变成宗教，以上天的权威来应对民众对于未知事物的"致

---

① 《道德经》第二十五章："有物混成，先天地生。寂兮寥兮，独立而不改，周行而不殆，可以为天地母。吾不知其名，（故强）字之曰道，强为之名曰大。"

② 《道德经》第十四章："视之不见名曰夷，听之不闻名曰希，搏之不得名曰微。此三者不可致诘，故混而为一。一者，其上不皦，其下不昧。绳绳不可名，复归于无物。"

诘"，老子本人也被尊崇为太上老君，从"圣人"变成了"神仙"，一些原本用来探索大道本质的技术手段也变成了维护迷信的工具。

这方面的典型就是一些道士的修炼之术。炼丹术与西方炼金术和早期的化学实验相似，历经了长期艰难的摸索、无数的尝试、偶然的运气、天才的猜想，才一点点揭开了物质的奥秘。中国古代炼丹术在长期发展中虽然也促成了火药、豆腐制作技术的发明，推动了酿酒、机械制造、地图绘制等工艺的进步，但遗憾的是，在创新思想被禁锢的封建僵化环境下，这些带有很强实验性质的技术分支最终没能发展成为现代自然科学。

历史已经证明，在不同的时代都会有圣人出现，虽然随着时代的变迁，圣人的形象、身份、职业等外在表现不同，但其在根本上具有一些共同特点：圣人懂得大道的深奥复杂，不会用片面理解来误导众人；圣人深知悟道不易，需要卓越的天赋和艰苦的修炼，还需要强大的心理承受能力，这些对于普通人来说是难以想象的。

很多片面理解老子思想的人，否定老子系统思想，指责其主张"愚民政策"，企图以此证明老子对于普通民众的蔑视，证明老子系统思想否定普通民众在社会发展和国家治理中发挥的作用。其实，这是他们偷换概念引起的误会，恰恰属于老子说的"不知知，病矣"。老子说的"愚之"其实是说，普通民众无须像专家那样钻研高深艰涩的专业知识，无须像圣人那样饱尝悟道艰辛"虽九死其犹未悔"，无须像贤者那样胸怀天下、忧国忧民，老子主张对普通民众"虚其心，实其腹，弱其志，强其骨"[1]，是希望其不必靠尔虞我诈就能过上"甘其食，美其服，安其居，乐其俗"[2] 的幸福无忧的生活。真正在实行"愚民政策"的，反而是这些"狗头军师"们，他们歪曲真理、欺上罔下、愚弄民众，目的是实现个人野心、一己私利。

圣人因为反对这种无耻行径，所以不会为虎作伥、助纣为虐。爱因斯坦等大科学家在第二次世界大战期间拒绝为希特勒服务，才使得原子弹这个具有巨大杀伤力的战略武器没有落入纳粹之手，最后帮助正义的一方获得了胜利。20世纪50年代前后，钱学森、邓稼先、钱三强等科学家放弃西方国家优渥的工作生活条件，不惧威逼利诱，毅然回归祖国，创建了新中国的战略威慑力量。这些都是"圣人不病，以其病病"的鲜活例子。

"夫唯病病，是以不病。"

如果一个时代的精英人物大多具有求真务实、不计私利的思想境界，能够安心从事自己所擅长的专业领域并不断拓展认知，那么他们一定能够深刻了解这个时代存在的一些局限性，并能够努力消除弊病，为民众谋福利。"不病"，就是在任何情况下都能够坚持大道，不犯有悖于大道的错误，并能够针对特定环境和具体事情做出正确的判断，采取恰当的行为。在"不病"的社会状

---

① 《道德经》第三章："是以圣人之治，虚其心，实其腹，弱其志，强其骨。恒使民无知无欲。"

② 《道德经》第八十章："甘其食，美其服，安其居，乐其俗。邻国相望，鸡犬之声相闻，民至老死，不相往来。"

态下，可以最大限度地展现人的智慧，处理好各种复杂的关系，恰当地应对各种问题的"涌现"，维护系统的正常运行。这就是孔子说的能够"随心所欲"，与老子所主张的"无为而无不为"相仿，这样的社会就是美好的社会，这样的时代就是治理的盛世。

第七十二章　行有底线　必得敬重

民不畏威，则大威至矣。无狎其所居，无厌其所生。夫唯弗厌，是以不厌。是以圣人自知不自见，自爱不自贵。故去彼取此。

——《道德经》第七十二章

从这一章开始，老子连续用了四五章的篇幅来阐释治理者与民众的相处之道。

"民不畏威，则大威至矣。"

民众不畏惧治理者，治理者亦亲近民众，社会各界团结一致、共谋发展，这将为社会发展带来勃勃生机。民众不惧怕治理者的权威，是因为社会治理能够坚持以民为本，各种治理行为深得民心，治理者融入民众生活而没有特权，这比通过强制力来达到治理目标更有效果。民众的"不畏"恰恰体现了治理的权威和稳定。

"威"是治理者拥有的社会属性，治理者拥有行使治理职能和调配使用资源的权力，其行为能够对民众造成相应的影响，民众对他们的直观感觉就是"威"。如果民众能够不畏惧拥有治理权力和资源调度权力的治理者，这就说明了治理者做到了"以言下之"和"以身后之"①，这种上下协同的治理一定是高效率的，治理者无形中就拥有了"大威"，民众对于治理者也是有呼必应、不召而至，治理者符合大道的理念会得到最充分的实现。老子认为，利用权威强迫民众服从不是真正有道的治理方式，他对悟道层次不同的治理者做了清晰的划分，即"不知有之、亲而誉之、畏之、侮之"②四个层级，其中"不知有之""亲而誉之"两个层级是能使民众"不畏威"的治理者，其治理境界远高于令民众"畏之"治理者。

　　"民不畏威"与"民不畏死"③是完全不同的概念。"不畏威"是说治理者与民众相互尊重，彼此理解，相处融洽；"不畏死"则不然，是治理者与民众彼此仇视，激烈对抗，双方矛盾已经激化到了无法调和的地步。当民众可以不顾性命、以死相搏时，治理者掌握的强制力量已不足以维持治理体系的存续。

　　"民不畏威，则大威至矣。" 这段话的另一种解释是：当民众不再畏惧统治者的权威，那么社会的大危机就要来了。在现实社会中，不管是基于权力还是专业能力，权威者给人的感觉通常是令人敬畏，"民不畏威"是说治理者的德行已不能令民众信服，强权也不能令民众恐惧，这时整个治理体系的大危机就出现了。粗

---

　　① 《道德经》第六十六章："是以圣人欲上人，必以言下之。欲先民，必以身后之。是以圣人处上而民不重，处前而民不害。"

　　② 《道德经》第十七章："太上，不知有之。其次，亲而誉之。其次，畏之。其次，侮之。信不足焉，有不信焉。"

　　③ 《道德经》第七十四章："民不畏死，奈何以死惧之？若使民常畏死，而为奇者，吾得而杀之，孰敢？"

看起来似乎有理，但深究下来就会发现这种解释的片面性，与老子系统思想的辩证思维不能契合。

之所以这样说，是因为真正懂得治理之道的人会让民众感到可亲可敬，不会有畏惧感，这种看似没有威严的治理者反而具有无比巨大的影响力，民众会自发地信任拥戴这种治理者，愿意为治理者提出的目标而努力，甚至可以牺牲个人的利益和生命，在革命年代的中国共产党就成功地做到了这一点。所以"民不畏威，则大威至矣"的真正意思是说：当民众不害怕权威，发自内心地拥戴治理者，愿意一心一意追随治理者的行动时，治理者才算真正具有最大的威信。

治理者带领民众实现了伟大的构想，建立起长久和谐的治理体系，在这种治理体系下所有的美好目标都会自然而然地实现，还能让各类社会主体各得其所，都有获得感、幸福感和成就感。此时，治理者自身的去向选择，就是考验治理者悟道行道水平的最后一个问题。老子的系统思想一贯认为"功遂身退"[①] 是治理者行道的最高境界，是明道有德的治理者个人最好的人生归宿。如果治理者能在恰当的时候以恰到好处的方式退出民众的视线，回归到与大道融合的自我世界，回归让民众"不知有之"的状态，"众人熙熙……我独泊兮，众人皆有余，而我独若遗。众人皆有以，而我独顽似鄙。我独异于人，而贵食母。"[②] 这样的治理者

---

① 《道德经》第九章："功遂身退，天之道。"

② 《道德经》第二十章："众人熙熙，如享太牢，如春登台。我独泊兮其未兆，沌沌兮，如婴儿之未孩。儽儽兮，若无所归。众人皆有余，而我独若遗，我愚人之心也哉！俗人昭昭，我独昏昏。俗人察察，我独闷闷。澹兮，其若海；飂兮，若无止。众人皆有以，而我独顽似鄙。我独异于人，而贵食母。"

就是得道的圣人。

> **"无狎其所居，无厌其所生。夫唯弗厌，是以不厌。"**

"无狎其所居，无厌其所生。"这一句话的意思很直接，也是老子反复强调的，那就是对于广大民众而言，他们没有什么远大的理想和宏伟目标，但是他们需要安居乐业、繁衍生息，解决民众这种最根本的生存问题就是治理之道。民众具有水一样的特性，分散则微小聚集则洪大，一旦形成合力，既可以载舟也可以覆舟。所以伟大的政治抱负一定会符合民众的基本需要，会给民众带来生活环境的改善、生活水平的提高，能让民众安居乐业、各得其所。拙劣的治理者则会为了一个所谓的宏大目标去侵犯民众的基本权益，轻则引发民声鼎沸、怨声载道，重则导致国家混乱、民不聊生。比如秦始皇修建万里长城，隋炀帝开凿京杭大运河，虽然给后世留下了无出其右的伟大工程，但对于当时的民众而言，却是无休无止、苦不堪言的劳役负担，甚至付出了生命代价。

"夫唯弗厌，是以不厌。"对于治理者而言，既要考虑长远还要关注当下，只有不损害民众的根本利益且保障民众的基本生存，才不会引发民众对于社会治理的抱怨和不满。须知民众的生存基础是"甘其食""安其居"①，明道有德的治理者追求的治理境界是"为腹不为目"②，只有抛弃一切浮华，让民生得到应有的保障，才可以保持社会的基本稳定和长期繁荣。

---

① 《道德经》第八十章："甘其食，美其服，安其居，乐其俗。"
② 《道德经》第十二章："五色令人目盲，五音令人耳聋，五味令人口爽，驰骋畋猎令人心发狂，难得之货令人行妨。是以圣人为腹不为目，故去彼取此。"

"是以圣人自知不自见，自爱不自贵。"

"**是以圣人自知不自见。**"明道有德的治理者，对于自己的能力有着全面清醒的认知，因此不会轻易向别人显示自己的卓尔不群，亦知道在什么情况下以何种方式恰到好处地发挥自己的能力。"自知"是他们发自内心的强大，是不需要通过外部标准来验证的能力。并且，真正强大的治理者不会向民众炫耀自己的与众不同。他们与民众有天然的亲近感，不会将民众的惧怕作为权威的体现，更不会为了功彪史册而驱使奴役民众。

"**自爱不自贵。**"明道有德的治理者有着高尚的人格和强大的内心，他们自尊自重，不会被社会上的不良风气所影响，也不会被世俗名利所诱惑，此即"不以物喜，不以己悲"[①]。明道有德的治理者不会认为自己高明而看不起民众，他们对自己超乎常人的天赋和感悟力只会心存感激，并把这种感激之情转化为对于社会和大众的回报。他们认为自己的才能受之于天，只能报之于民，因而能以满腔的热情和无私的心态服务民众，民众自然也会响应这种力量的感召。"是以圣人处上而民不重，处前而民不害。是以天下乐推而不厌。"[②] 这样的治理者能够在风轻云淡之际成就非凡的事业，造就承前启后的治理盛世。

"故去彼取此。"

---

① （北宋）范仲淹：《岳阳楼记》，"不以物喜，不以己悲，居庙堂之高则忧其民，处江湖之远则忧其君。是进亦忧，退亦忧。"

② 《道德经》第六十六章："是以圣人欲上民，必以言下之。欲先民，必以身后之。是以圣人处上而民不重，处前而民不害。是以天下乐推而不厌。"

在"自知与自见、自爱与自贵"之间，明道有德的治理者会选择"自知、自爱"，而摒弃"自见、自贵"，这就是"去彼取此"的真正意思。

"去彼取此"在《道德经》中共出现三次，第一次是在第十二章，"是以圣人为腹不为目，故去彼取此"，要求治理者做事务实，控制个人对于浮华的追求；第二次是在第三十八章"是以大丈夫处其厚，不居其薄，处其实，不居其华。故去彼取此"，同样是要求治理者的行为要持重自律，约束自己，树立正确的价值观和政绩观；本章是第三次，强调治理者要从自我内心审视"权威"，树立正确观念，实现最高的人生修养。这三处"去彼取此"的内容各不相同，却有着微妙的内部联系，其内在逻辑是逐步递进的，蕴含着老子系统思想对治理者的期待。这些具体内容有助于现实社会中的治理者对照反思，并不断提升自己的意志品质。

第七十三章　勇于不敢　道高一层

人们在处理人际关系和复杂问题时，必须有所抉择并付诸行动。在复杂的组织管理中这种情形每天都在上演，只是不同心态下做出的决定不一样，所导致的行为结果也完全不同。

> "勇于敢则杀，勇于不敢则活。此两者，或利或害。天之所恶，孰知其故？是以圣人犹难之。"

"勇敢"在现代汉语中通常被作为一个词，表达一种积极的应对态度，包括不怕危险和困难，有胆量不退缩。而在本章，"勇"和"敢"被分为两个概念。"勇"是行为主体对待事物的积极态度，"勇，气也。"① 对于治理者来说就是面对重大问题不会逃避。不同的"勇"与治理者个体特质和悟道水平紧密相关，在紧要关头和重大决策时就会表现出来。"敢"则是具有强烈主观色彩的个体行为方式，往往是对于能力极限的挑战。在老子的系统思想看来，"**敢**"是治理者错误评价自己对于大道的认知水平，并企图通过一些有悖于大道的行为来展示自己的强大。治理者的"敢"通常表现为过高估计自身力量、不恰当地设立目标，并将这些不符合大道的行为强硬付诸行动等。

"**勇于敢则杀。**"在大道这个复杂系统内，系统主体如果主观上违反大道，意图凭借强力去追求不恰当的目标，破坏大道系统的运行规律，就会遭到惩罚，行为主体自身很可能会被制止甚至灭绝。现实社会中也是如此，如果有人恣意妄为，敢于冒天下之大不韪，一番疯狂过后必会走向失败。这种失败既可能是治理者肉体的消灭，也可能是一种治理制度或者治理体系的终结。如果治理者在反复权衡之后仍然选择了不符合大道的"敢"，就会做出极端的事情。如果面对的是意想不到的尖锐的社会矛盾或者激烈的外部抗争，则会因为治理者的错误判断而使矛盾激化，其结果必然是更加惨烈的对抗，这种对抗通常意味着武力冲突和人员伤亡，治理体系也将遭受严重破坏甚至被颠覆，治理者个人也会付出重大代价。

"**勇于不敢则活。**"治理者若能遵循大道慎重行事，就可以在复杂的社会系统中找准定位，实现国家和组织最理想的发展目标，

---

① （东汉）许慎：《说文解字》。

成就一段良好的治理周期，实现当世的成就和持续的历史价值。治理者的"不敢"其实是指敬畏大道，依照大道而行的态度，采取第八章"上善若水"的行为方式，"善利万物而不争，居众人之所恶"，在治理过程中坚持"居善地，心善渊，与善仁，言善信，正善治，事善能，动善时"；面对重大抉择和决策时，"豫兮若冬涉川，犹兮若畏四邻，俨兮其若客，涣兮其若凌释，敦兮其若朴，旷兮其若谷，混兮其若浊"①；对于个人的人生价值追求"功遂身退"②。如此一来，治理者在每个重大时刻，都能够控制住自己内心的好胜、恐惧、愤怒心理，在巨大压力之下也能恰当地采取符合大道的行为，以审慎的"不敢"态度解决问题和争端，从而避免很多无谓的牺牲，也使治理体制得以存续。"勇于不敢"的治理者既能成就一番事业，又能保证民众的幸福平安。

"**此两者，或利或害**。"老子认为这两种不同的行为方式，对于治理者和广大民众的实际利益而言，一个是有利的，一个是有害的。对于崇尚英雄气概的社会舆论而言，做出"勇于敢"的决策既简单又容易获得民众的支持，但其结果是民众甚至治理者本人都要付出巨大的代价，正所谓"一将功成万骨枯"；而治理者做出"勇于不敢"的决策后，不仅要面对对手的轻视，还要面对不明真相者的责难，成功了不一定被民众敬佩，不成功则一定会备受非议，甚至落得出师未捷身先死。可见，做出这样的抉择，需要治理者具有非比寻常的智慧和勇气。

---

① 《道德经》第十五章："古之善为道者，微妙玄通，深不可识。夫唯不可识，故强为之容：豫兮若冬涉川，犹兮若畏四邻，俨兮其若客，涣兮其若凌释，敦兮其若朴，旷兮其若谷，混兮其若浊。孰能浊以静之，徐清。孰能安以动之，徐生。"

② 《道德经》第九章："功遂身退，天之道。"

"**天之所恶，孰知其故**？" 天地系统对待不同主体选择的态度就是反对"勇于敢"者而保护"勇于不敢"者，因此天地系统中"勇于敢"的主体往往首先灭亡，而"勇于不敢"的主体却可以长久存在。"敢"和"不敢"都是一种最终选择，这种选择一旦做出，系统主体就要面对由此带来的系统反馈，或好或坏都无法回避。只不过明道有德的治理者会预知这两种行为的后果，主动选择"勇于不敢"；而无道的治理者会选择"勇于敢"。天道为什么会对"勇于敢者"表现出如此强烈的反对，这其中自有原因。

> "**天之道，不争而善胜，不言而善应，不召而自来，繟然而善谋。**"

"**天之道**"是天地系统运行的规律，人类对于这个系统已经总结了一些整体性基础性认知，但是对其众多子系统及其中纷繁复杂、无法穷尽的主体，目前的认知还很肤浅。老子认为天之道的高明之处在于：不需要争抢却能获胜，不必用言语却能巧妙回应，必要时总能主动现身，不用费尽心机却能有解决问题的好办法。从现代复杂系统视角来看，老子在这里用朴素形象的语言表达了对于天地系统"自组织"与"隐秩序"的充分认识和无上尊重。

"**不争而善胜**。"从人类社会的发展来看，天地系统从未想着去改变人类，而人类却经常有野心去挑战天地系统。"人定胜天"成为某些治理者奋发有为的信条，并经常会错误地以为已经取得了相当的进展。其实从天地系统的整体来看，这些小小改变对于整个天地系统而言根本构不成有效的影响，不足以使得天地系统做出根本性改变，最终人类还是要服从天地系统的规律和法则，才能保证人类社会的存续和发展。在军备高度发展的今天，偶有一些狂妄的治理者叫嚣着要毁灭地球，其实他们的真实能力也只是能够破坏人类赖以生存的环境条件，危及人类的生存、阻断文明的发展而已。即使人类全部毁灭，地球本身和众多的其他生物，会依旧平稳地运行和从容生存，把毁灭人类自身等同于毁灭地球，其狂妄和愚昧同样可笑。

"**不言而善应**。" 人类社会是天地系统中一个小小的子系统，天地系统对待人类社会的方式与对待天地系统中的其他子系统一样，不会对人类社会特别制定规则，这就是"不言"。但是，对于人类社会的行为，天地系统会形成一系列复杂的反馈回路。这种复杂的反馈回路遵循天地系统的规则，并与人类的行动力相对应，既有些像经典物理学中作用力与反作用力，也很像现代物理学中的量子纠缠，因而反馈的最终结果可能是反直觉的，常常令人类感到意外。如果人类的行为得当，就会在天地系统中站稳脚跟并得到很好的发展；反之，如果人类的行为严重失当，就会受到来自天地系统的惩罚。如果人力的破坏力足够大，那么天地系统的反馈也会足够可怕，甚至能够让人类遭到灭顶之灾。这种灭种的危险已初见端倪，例如人类如今拥有的核武器破坏力极大，核战争一旦全面爆发，对天地系统的影响微乎其微，但却足以使得人类自己和人类文明彻底消失。

"**不召而自来**。" 天地系统的运行有其特有的规律，各个子系统会按照系统的特有规律运行，不会因人类的期望而改变。这就像地球上的四季轮回、潮起潮落，自然科学领域发现的各种规律等，它们都不受人类意识的控制，人类可以适应这些规律却无法改变它们。

"**繟然而善谋**。"看似安静淡泊、悄然不存的天地系统，实际上却是设计精妙、浑然天成，其中蕴含了无穷的智慧。它有一种与世无争的包容，一种处处"无死地"①的能力，还有"不可致诘"的复杂内容。这个看似无为之作的复杂系统外部没有天敌，内部又环环相扣、井然有序。因为是大道的产物，才能"居善地，心善渊，与善仁，言善信，正善治，事善能，动善时。夫唯不争，故无尤"②。

"天网恢恢，疏而不失。"

天地系统自有其规则，如同一张巨大的网，它规模宏大无处不在，保护和规范着天地万物的生息繁衍。按照一般形式逻辑的理解，普通的网随着尺度的增大，基本网眼的空间就会加大，有些形体较小的物体就可能从网中漏掉。天网则不然，它的规模是巨大无比的，但其无形的网眼却不会漏掉任何需要关注的事物。天地系统的规则既博大又细小，既有宏观上的广度又有微观上的精度。对于社会和国家层面的行动会恰当反馈，对于具体事物同样会有恰当的回应。事无巨细，皆有因果。这一规律屡试不爽，这就是天道的奥妙。

----

① 《道德经》第五十章："盖闻善摄生者，陆行不遇兕虎，入军不被甲兵；兕无所投其角，虎无所措其爪，兵无所容其刃。夫何故？以其无死地焉。"

② 《道德经》第八章："上善若水。水善利万物而不争，居众人之所恶，故几于道。居善地，心善渊，与善仁，言善信，政善治，事善能，动善时。夫唯不争，故无尤。"

第七十四章　注重民生　依法治理

民不畏死，奈何以死惧之？若使民常畏死，而为奇者，吾得执而杀之，孰敢？常有司杀者杀，夫代司杀者杀，是谓代大匠斫，夫代大匠斫者，则希不伤其手矣。

——《道德经》第七十四章

在这一章，老子系统思想指出：注重民生是依法治国的前提，而在依法治国的具体实践中，治理者的示范作用尤为重要。

"民不畏死，奈何以死惧之？"

在现实的社会治理中，民众对于强权的本能反应是服从，但是人们对治理者的服从隐忍也是有底线的，只要能够维持最基本的生活和尊严，对于未来还不至于彻底绝望；如果连这一点也做不到，就会逼得民众以命相搏，此时国家治理就出大问题了。生命对于每一个人只有一次，是最为宝贵的东西，即使面对巨大压迫和极度挑衅，人们也大都会选择妥协忍耐而活下去。所以，一旦民众誓死反抗无道的统治，就意味着治理者对于民众的压榨已经达到穷凶极恶，现存的治理体系已经走到穷途末路。

老子警醒无道的治理者：对于治理阶层而言，最可怕的事情莫过于普通民众对现有统治体系已经深恶痛绝、忍无可忍，为了改变糟糕透顶的治理现状，即使明知面对的是血腥镇压，他们依然会义无反顾地奋起反抗，或者以激烈的行动破坏现有的治理体系。这个时候再用极刑酷法去恐吓民众，只会激起更大仇恨，演变为更激烈的对抗，这种情形在朝代更迭时曾多次出现。例如法国，作为现代共和制度的发祥地，近代以来经历了三次大革命，其中法国大革命的结果是国王路易十六及其支持者被送上了断头台，与此同时，一些行为激进的革命者也成了大革命的牺牲品①。

> **"若使民常畏死，而为奇者，吾得执而杀之，孰敢？"**

怎样才是正确的治理方式呢？答案就是国家治理者为民众提供必要的生存和发展资源，使其能够安居乐业，这时候绝大多数民众会珍惜生命和财富，努力实现家庭幸福和子孙繁衍。在社会秩序安定的情况下，难免还有少数人因为种种原因而违法，有人甚至妄图破坏和颠覆治理体系，对于这些"为奇者"必须予以严厉惩处，老子系统思想对此态度鲜明。如果单独把本段话拿出来，那就是法家思想的核心，强调在特定情境下治理者应积极作为，这也是"无为而无不为"②的另一层重要含义。

---

① 托克维尔：《旧制度与大革命》，原著出版于1856年。
② 《道德经》第三十七章："道常无为而无不为。侯王若能守之，万物将自化。"

　　具体来说，有些"为奇者"是直接破坏社会规则，包括个人行为和群体行为。比如为满足私欲而杀人越货，那就要对其惩处，也就是俗话说的"杀人偿命，欠债还钱"；又如拉帮结派为匪为盗，这时就要"擒贼先擒王"，严惩首犯震慑从犯。治理者对于这些典型的"为奇者"绝不能纵容，要依法予以坚决有效的惩处，及时制止这种不法行径。

　　还有一类"为奇者"，就是老子多次讲到的"智者"中的一些极端人物，他们心思狡诈善于鼓动别人去以身试法，自己却躲在背后坐享其成。这些人智力水平较高但内心狡诈阴险，他们会在治理出现一些问题时借机鼓动民众冒死反对既有的治理体系、用极端的手段去破坏社会秩序，自己却不用承担风险，意图趁乱谋取私利。这一类"为奇者"一般难以发现和甄别，需要治理者有较强的判断力，及时发现并及早解决。"为之于未有，治之于未乱"①。对这类人绝不能掉以轻心，否则容易酿成大乱，即使最终得以平定，也要付出巨大的代价，造成难以愈合的长久伤害。

　　"吾得执而杀之，孰敢？"直白地说就是：对于触犯治理底线的违法者，就要抓起来严厉处罚以儆效尤。治理者要严格遵循大道行事，态度鲜明地维护法治体系的权威。"侯王若能守之，万物将自化。化而欲作，吾将镇之以无名之朴。"② 在"吾得执而杀之"中，"得"字表达了治理者对于违法之人坚决惩处的态度，对于破坏正常治理秩序的人和事绝不姑息，必须及时果断地予以严

---

　　① 《道德经》第六十四章："其安易持，其未兆易谋。其脆易泮，其微易散。为之于未有，治之于未乱。"

　　② 《道德经》第三十七章："道常无为而无不为。侯王若能守之，万物将自化。化而欲作，吾将镇之以无名之朴。"

肃处置。

> "常有司杀者杀，夫代司杀者杀，是谓代大匠斫，夫代大
> 匠斫者，则希不伤其手矣。"

"常有司杀者杀。"对于违法的人要依法处罚，对于犯法的人要交由司法部门处置，这就是基本的法治原则，对于这一点需要高度重视。此处的"杀"对于后世而言就是法律的裁决。在老子之后，韩非子作为法家的代表人物，把老子的法治思想独立出来，发展成了比较完整的学说体系。韩非子是法家思想之集大成者，可以认为是中国最早的法学创始人，而其思想根源则是老子的系统思想。对比相近时期的西方思想家的法学理念，老子的法治理念更具有系统性和现代人文思想特点，并且老子倡导的法制实践相较于同时期西方的法制实践也超前了很多，其观点更加富有理性。

"夫代司杀者杀，是谓代大匠斫。"面对违法行为，如果治理者直接以行政手段处置，就如同让一个生手代替熟练的工匠去砍伐木头。在现实社会治理中，治理者直接插手执行法律制度，其效率可能会比依靠法律程序来审判要高效得多，但这种做法却动摇了法治精神的根本。因为法制从根本上讲是一种"礼"。在老子的系统思想中，"道、德、仁、义、礼"的顺序是很鲜明的，"礼"就是固化了的"道"和"德"，是缺少了大爱包容的"仁"，是去除了人情特点的"义"。"礼"是一套完备但缺乏弹性和灵活性的社会制度，是一套单纯判断"是与非"的标准化程

序，大致相当于现代国家的法制体系。"礼"可以被大多数具有基本认知能力的人来执行，同时需要一些具有较高智慧的人配合治理者不断地优化调整。在执行的过程中，治理者要带头遵守"礼"才会起到良好的示范效果。反之，如果高层治理者凭自己的权力和威望对司法程序动辄加以干涉，必然会践踏既有的司法程序，还可能会把原本简单的事情搞复杂。以权代法无异于越俎代庖，这种做法很容易被广泛模仿，其后果就是对于整个治理体系的严重破坏。

"**夫代大匠斫者，则希不伤其手矣。**"由一个生手代替非常专业熟练的高级工匠砍伐木头，就算侥幸成功了，再多试几次，难免会伤到自己的手。国家治理者作为法律体制的构建者，需要让整个治理体系与社会发展实际相匹配；针对治理中出现的问题和矛盾，也要及时修正相应的制度。商鞅说过，"治世不一道，便国不法古。汤、武之王也，不循古而兴；殷夏之灭也，不易礼而亡。然则反古者未必可非，循礼者未足多是也。"[①] 只是在现实社会中，很多治理者都有超然于法治之上的冲动，他们不去完善治理制度而是经常逾越制度，虽然其行为大部分时候不是为了满足个人欲望，而是为了克服现行制度的缺点，这种越权比较容易被民众接受，甚至还会提升治理者的个人形象，但付出的代价是社会的法制系统被动摇，法治的权威性被损害，整个治理体系的信用和稳定性都将会被破坏。

反之，治理者若能带头遵守其颁布的各项制度法规，法律就

---

① 见《商君书·更法篇》。

会形成巨大的影响力、威慑力。秦国的商鞅变法就是典型的例子。从秦孝公开始支持商鞅变法，几代秦王都能带头遵守，遇到一些棘手案件也仍坚定地依法行事，不去越权干涉。即使在商鞅被害之后，他所推行的制度依然能被严格遵守。变法的成功使得原本相对落后的秦国在各国纷争中成为最后的胜利者，建立了大一统的中国。

第七十五章　资源有限　清廉可贵

民之饥，以其上食税之多，是以饥。民之难治，以其上之有为，是以难治。民之轻死，以其上①求生之厚，是以轻死。夫唯无以生为者，是贤于贵生。

——《道德经》第七十五章

在本章，老子从可能引发社会动荡的几种极端情况出发，进一步深刻剖析了民众与治理者之间的关系，并指出在维护社会和谐方面治理者要担负更多的责任。这里所说的治理者不仅仅指古代帝王这样的顶层治理者，也包括处于统治机构各个层级的治理者。各个治理阶层均有一定范围的权力，会对社会资源的统筹使用产生相应的影响。在经济尚不发达的社会中，治理者依靠权力

---

① 在严遵本、河上本、王注本、景龙本、范应元本、帛书甲（乙）本中，此处没有"上"字，本句为"以其求生之厚"。但傅奕本作"以其上求生生之厚也"。今世学者如严灵峰、高亨、张松如、任继愈、陈鼓应等，皆主张应有"上"字。参见汤漳平、王朝华译注：《老子》，中华书局 2014 年版。

进行调整，意味着对于有限资源分配的人为干涉。若治理者为政清廉，就可以留出相对较多的资源分配给民众，改善民众的生活；若治理者私心较重，就会以权谋私，社会资源就会大量流向投机钻营者的口袋。

> "民之饥，以其上食税之多，是以饥。"

"民饥"是社会治理不当引发的第一种极端情况。假如民众勤奋劳作却依然食不果腹，连基本生存都得不到保证，民众内心就会陷入绝望。此时便是社会治理最阴冷灰暗的时刻，产生这种结果的常见原因并不是天灾，而是治理者贪婪无度、残酷剥削所导致的人祸。

即使在生产力水平比较低下的时期，只要社会稳定风调雨顺，民众通过辛勤的生产劳动仍然可以过上安稳的生活，即使遇到一些小灾小难，也可以通过丰年的储备来应对，这是天地系统给人类提供的天然保障。但若社会治理存在弊病，情况就会大不相同。在治理不当的情况下，即使在丰年，民众的所获也不会增加，因为增收的部分会被利益集团变相剥夺；一旦遇到灾年，民众的生活都成了问题，治理不当小灾害就可能演变成大灾难，民众就会朝不保夕、流离失所。荒年、战乱、繁重赋税都会给民众生活带来沉重的打击，造成民不聊生。杜甫的"三吏三别"、柳宗元的《捕蛇者说》都犀利地揭示了这一点。

"以其上食税之多。"说到底，民不聊生的根本原因还是治理阶层收取的税负过重，严重超出了社会生产力水平和民众的承受能力。既得利益阶层贪得无厌，在任何时候都"取之尽锱铢"，只顾榨取满足其享受的丰厚收益，哪怕是社会大众已经处于灾难边缘，也不愿意放弃一丁点利益。在这种不顾及民众死活的压榨下，民众无论多么勤劳，依然无法养活自己。这就说明治理制度已经出现了大问题。治理者如果不能及时化解危机，反抗的力量就会像压抑的火山，一触即发。

> **"民之难治，以其上之有为，是以难治。"**

"**民难治**"是社会治理不当引发的第二种极端情况。不当的治理行为已经给民众造成了深刻的伤害，导致民众对于治理者的能力产生了怀疑，后续的治理举措便难以得到民众的支持和配合。这是社会治理极为尴尬的时刻，治理者空有大志想要成就一番伟业，但是其志向不仅没有激发民众的响应，反而让民众感到深深的不安。对于治理者推出的施政措施，民众也只能从坏处去理解，只恐轻信治理者而令自身进一步受害；在执行中也是消极抵触，只希望生存状况不再恶化。当民众感觉毫无希望时，就会竭尽所能地抵制治理。

"**其上之有为**"主要指两种情形：一种是治理体系虽处于兴盛时期，但治理者的"有为"引发了民众对立。比如秦始皇统一中国之后采取的治理制度沿用了早先的秦国规制，严苛的法制不利于民心稳定，加之原来的六国民众对于统一的秦王朝本就缺少认同，始皇帝又急于建功立业，大兴土木修建阿房宫、万里长城等宏大工程，使得民众负担沉重，各种因素叠加，最终引发了陈胜吴广起义。积怨已久的各方力量群起响应，强大的秦朝迅速走向灭亡。

"其上之有为"的另一种情形是治理体系已处于衰落时期，治理者的"有为"更加速了治理体系的崩溃。此时，往往是现行治理体系出现了各种问题，治理遇到了民众的普遍抵制。最高治理者虽然意识到治理出现了问题，但仍想维系旧秩序，指望在治理体系内部修修补补来解决问题。治理者希望民众还像之前一样容忍治理者的各种不当行为，要求民众继续忍辱负重来恢复昔日辉煌，但事与愿违，被长期愚弄的民众已看透了治理阶层的虚伪，对其彻底失去了信任。而治理者自身却看不清社会矛盾已经严重激化的事实，所做的补救与民众的期望相去甚远，自然无助于弥合治理者与民众之间的巨大裂痕。这种事情在历史上也多次出现，最典型如明朝末年的崇祯皇帝、清末的光绪皇帝等，他们自身都有做好国家治理的主观意愿，以为只要足够勤政发奋，还可以重振治理体系。但他们没有意识到，当民众到了"难治"的时候，现有治理体系已经病入膏肓、回天乏术了，他们的"有为"反而在客观上加速了治理体系的灭亡。

> **"民之轻死，以其上求生之厚，是以轻死。"**

"民之轻死"是社会治理不当引发的第三种极端情况。社会黑暗秩序崩塌，已到了两极分化的极端情形。"朱门酒肉臭，路有冻死骨"，民众生活极度困苦，甚至出现"易子而食"的现象。普通民众仅凭一己之力无法改善生存现状，对生活完全失去信心。

民众"轻死"也有不同的状态：一种是相对平静的，将自己遭受的苦难归咎于命运，无奈地接受现实或者寄托于某种信仰，把此生当作受难或者赎罪，而将希望寄托于来世或者死后进入另外一个美好世界。另一种则是比较激烈的，民众认为自己的苦难都来自治理者的贪婪，如果不进行反抗就永远也无法摆脱困苦无依的命运，于是他们以暴力手段来反抗治理者无节制无休止的压榨。

"**以其上求生之厚，是以轻死。**"这是说，民众的"轻死"，完全是因为上层治理者的"求生之厚"。治理者在生活水平上优于普通民众是可以理解的，有时候为了体现治理活动的庄重，还需要"拱璧以先驷马"①，配以必要的礼仪和仪仗。但是，如果治理者对于物质享受和财富占有的欲望超出了正常的范围，社会治理就会发生质的变化。治理者物欲膨胀、横征暴敛、挥霍无度，财富被极少数特权阶层垄断，社会经济活力受到沉重打击，社会正义缺失而人性沦丧。如果顶层治理者昏庸无道、任人唯亲，中层治理者奢靡腐化、粉饰太平，那么基层治理者多半是刮地三尺、穷凶极恶，广大民众必将生活在水深火热之中。

在一般的艰难困苦下，民众普遍会选择隐忍求生、苟延残喘。民间有句俗话"好死不如赖活着"，这是普通民众面对艰难世道的自我宽解。但是，当民众发现不管多么隐忍仍然逃脱不了悲惨的命运，就会对社会彻底绝望，对生活毫无留恋，把个人的生死也看得很轻。面对治理者的极度残暴和压迫，民众会从内心里接受造反者的口号。比如陈胜吴广起义前商量说："今亡亦死，举大计亦死，等死，死国可乎？""壮士不死即已，死即举大名耳，王侯将相宁有种乎？"又如李自成起义时，民间流传的口号："开了

---

① 《道德经》第六十二章："夫立天子，置三公，虽有拱璧以先驷马，不如坐进此道。"

城门迎闯王，闯王来了不纳粮。"

> "夫唯无以生为者，是贤于贵生。"

"无以生为者"，指的是明道有德的社会治理者，他们不追求个人生活奢华，不追求表面上的治理显绩，既不谋求私利也不追求虚名，却时时刻刻牵挂百姓的冷暖，一枝一叶总关情。

"是贤于贵生。""贤"① 是治理者在现实社会中面对"人之道"的具体考验时，能够做出的最符合大道的行为方式。这样的治理者真正关心民众，因此能制定出有利于国计民生的政策，民众会真切地感到自己受到尊重，对当前的生活抱有信心，对未来的生活充满希望。民众会发自内心地信任和依赖"无以生为"的治理者，原意追随他们并贡献自己毕生心血，从而实现社会和谐发展、民众安居乐业。治理者的"贤"是因为对自己的"无以生为"，这不是简单的自我克制，或者是极端的禁欲主义，而是"其不欲见贤"② 的勘透大道的通达。

---

① 《道德经》第三章："不尚贤，使民不争。不贵难得之货，使民不为盗。不见可欲，使民心不乱。"

② 《道德经》第七十七章："是以圣人为而不恃，功成而不处，其不欲见贤。"

第七十六章　柔弱能胜　道在其中

人之生也柔弱，其死也坚强。万物草木之生也柔脆，其死也枯槁。故坚强者死之徒，柔弱者生之徒。是以兵强则灭，木强则折。故坚强处下，柔弱处上。

——《道德经》第七十六章

对生活的态度是人在社会中生存的重要基础。人生观是一个形而上的词汇，体现了人类的智慧。一个人无论伟大还是平庸、富裕还是贫穷、健康还是不健康，都需要一种信念来支撑着度过日复一日的生活。伴随着人类文明的发展进步，公平正义、包容性、多样性等理念被逐步纳入人类社会的治理规则体系中来。近一百多年来的技术创新和生产力提升使得社会治理取得了很大的进步，特别是在种族、人权等方面表现尤为突出。但是，自然进化所具有的天然竞争性，使得物竞天择、适者生存始终是人类社会的基本规则之一，自然法则对于社会治理思想及制度的影响依然强大。什么才是真正的适应力与竞争力？那些在本物种内看似强大的个体是否就更能够适应环境，从而获得生存竞争的优势？老子在本章给出了对于柔弱与坚强的辩证观察与结论，其思想对于塑造人生观有着深远影响。

> "人之生也柔弱，其死也坚强。万物草木之生也柔脆，其死也枯槁。"

这段文字用白描的手法把大自然的生死规律一语道尽。人在健康状态下，四肢灵活、眼神顾盼、皮肤温软；但人若失去生命，很快就会变得四肢僵硬、眼神死滞、皮肤冰冷。一言以概之，有生命的人表现出来的主要特征是可以与环境发生互动。人类所处的生存环境中随时都会有不确定事件涌现，在自身系统结构不变的情况下，人类要在动态变化的环境中保证自身的生存，就需要具有良好的变通性和适应性。

世上所有生物都有类似于"柔弱"的特点。比如植物在生命旺盛的时候，枝叶繁茂舒展，花朵争妍斗奇，果实饱满鲜美，表现出多姿多彩的生命气息；但当它们失去生命的时候，就会变得枝枯叶落、色彩凋败、根系枯萎。又如动物在生命力旺盛的时候，鹰击长空、鱼翔浅底、龙腾虎跃；它们死去的时候则会身形枯瘦、精神萎靡、躯体僵硬，最终剩下一堆枯骨而回归自然，就好像从来没出现过一样。

这里的"柔"是指生物为适应生存环境而做出的调整和变化。比如人类现在可以乘坐汽车出行，大大提高了出行效率和旅行的舒适度。但若坐进轿车后，就需要适当地蜷缩身体以适应汽车内的空间，这就是典型"柔"的表现。人性的"柔"体现在社会关系中，就是承受不同社会身份带来的环境压力，并以适当的弹性处理好相应的关系。即使处在同一位置，也要适应不同上级的风格变化，克服下属变动带来的影响，以灵活的方法做好既定的工作。在工作中始终保持精力充沛、心态平和，一旦身心过于疲累，就要及时休息调整以恢复最佳状态。

人类的示"弱"其实是人类在适应大环境方面富有智慧的表现。比如，面对高山大川，人类的运动天赋比很多飞禽走兽都弱，身体构造也毫无优势，但正是这种"弱"促使人类不断开发大脑的潜能，创造工具和创新技术。人类凭借技术进步获得的后天能力远远超越了动物依赖基因进化获得的自然天赋，早已由一种弱小的物种快速崛起而成为万物的灵长。

人类的示"弱"对于保护个体生命尤其重要。比如一个强壮的人在战斗中受伤严重或者患上重疾，就要及时救治和疗养，等到康复了再重回战场。这种自我保护意识可使人度过人生的多种考验，毕竟保全了生命才能成就事业。

"故坚强者死之徒，柔弱者生之徒。"

"坚强者死之徒。" 治理者若不能适应环境的变化，始终坚持固有的行为方式，以僵化守旧的策略来应对各种新的挑战，看起来强势不妥协，实际上必然会处处受挫，日积月累就会导致权威受到质疑，制度受到挑战，治理体系必然也摇摇欲坠。这样的治理者根本不懂变通，处理不好自己与社会大系统的相互关系，不但会处处碰壁、举步维艰，甚至还会招致其他主体的反制，注定走向败亡。"死之徒十有三"①，足以说明这一类人在现实中还是有相当大的比重和数量的。有的人最初是相信大道的，能够遵循大道行事从而获得了一些成功，但他们在有所成就之后忘乎所以、狂妄自大，把大道的规律抛之脑后，结果就会从成功走向失败，从巅峰跌落低谷。这种人在社会中的占比也不小，即"人之生生，动之死地，亦十有三"②。

"**柔弱者生之徒**。"明道有德的治理者能够充分理解大道系统的复杂性，善于用符合大道的思维和行为方式去适应各种变化，以积极灵活的反应去迎接环境带来的挑战，恰到好处地达成主体与社会系统的高效匹配。懂得大道的人会主动适应环境、扬长避短，不断地提升自己应对复杂性的能力，进而逐步影响环境，使之变得更有利于自己的生存。于是他们在与环境的良性互动中成就了事业，圆满了人生，印证了"生之徒十有三"③。

"是以兵强则灭，木强则折。"

"**兵强则灭**。"柔弱者生，坚强者死，延伸到军事方面也是一样的道理。人们通常认为，武力强大与否是判断一支军队能否在战争中取胜的唯一标准，然而事实上人类战争史上的很多案例并非如此。武力强大的一方如果过度强调武力的作用，一味倚仗武力而逞强好胜，就会产生轻敌的思想，容易夸大自己的优势而忽视对方的长处。一旦两军对垒，决定成败的不仅是军队规模、武

---

①②③ 《道德经》第五十章："出生入死。生之徒十有三，死之徒十有三。而人之生生，动之死地，亦十有三。"

器强弱等表面数据，更决定于道义与人心向背、军队整体素质以及指挥者的战略部署等具主观能动性的因素。"故抗兵相加，哀兵胜也。"① 一旦被"哀兵"抓住战略机遇，很快就会出现双方强弱的翻转。"得道多助，失道寡助。"军事作为极端的治理手段，应将其纳入治理全局中来统筹使用，并尽可能避免直接的武力冲突。正如《孙子兵法》强调的"上兵伐谋，其次伐交，其次伐兵，其下攻城"，如果治理者一味穷兵黩武，轻则劳民伤财、损兵折将，重则内忧外患、四面楚歌。

"木强则折。"在自然界中高大粗壮的乔木属于强者，可以获得更多的阳光和水分，能够压制周边其他草木的生长，是自然竞争的佼佼者，似乎注定一直强势下去。但是高大的树木更容易招致暴风雨、雷电等自然力量的打击，小小的蚁虫也会悄悄蛀蚀它，使其早早折损。而且，一旦人类介入这个区域，情况还会更糟糕：高大笔挺的大树正好作为上乘的材料，用来建造宏伟的宫殿，或者加工成各种木器。所以这些树木会成为伐木者的首选目标，最高大的个体可能最先被砍伐。

"故坚强处下，柔弱处上。"

"坚强处下。"这一结论又回到老子系统思想的一贯主张，坚强者处下可以稳固基础，"重为轻根"② 从另外一个角度说明这个道理。社会治理也是如此，治理者应该坚守大道，把大道这个最

---

① 《道德经》第六十九章："祸莫大于轻敌，轻敌几丧吾宝。故抗兵相加，哀兵胜也。"

② 《道德经》第二十六章："重为轻根，静为躁君。是以君子终日行不离辎重。"

为坚实稳固的系统及其规律作为社会治理的基础。在具体实践中，还要结合时代特点，恰当地制定治理制度，体现与时俱进的特征，以得到民众和社会各方的广泛支持。如果治理者墨守成规、僵化刻板地处事，于己于人都不会有好的结果。这种"坚强处上"的低水平行事方式会引发各种矛盾，不断冲击治理的根本，大道在这样的治理实践中也就"若存若亡"①了。

"**柔弱处上**"体现了老子系统思想关于大道的辩证认知，治理者认清了这个道理，就能在现实的社会治理中展现出恰到好处的行动力。正如前面所讲的，"将欲歙之，必固张之；将欲弱之，必固强之；将欲去之，必固兴之；将欲夺之，必固予之。"②这些话都是主张以柔弱的姿态与对手博弈，最终实现"柔弱胜刚强"。

在现实治理中，还需要把大道变成人们容易理解和实施的规则体系。社会治理中的各种规则可以统称为"礼"，这些"礼"需要由明道有德的人来制定，并应随着时代的发展变化做出相应的优化和完善。"礼"是人为固化的大道，被用来规范普通民众的行为；"礼"不要求人们懂得其中的道理，只须按规定照做；民众的行为是否与"礼"相合，社会上有明确的判断标准。"礼"具有很强的时代性，时代变迁了，"礼"的制度体系也要做出相应的调整和改进，否则就会成为社会治理的隐患或恶疾。因此，老子

---

① 《道德经》第四十一章："上士闻道，勤而行之；中士闻道，若存若亡；下士闻道，大笑之。"

② 《道德经》第三十六章："将欲歙之，必固张之；将欲弱之，必固强之；将欲去之，必固兴之；将欲夺之，必固予之。是谓微明。柔弱胜刚强。"

说,"礼者,忠信之薄,而乱之首也。"① 老子并非不赞成"礼",而是他看到了礼偏于表面和形式化,以及与"礼"相随而来的隐患,即忠信的缺失。

----

① 《道德经》第三十八章:"夫礼者,忠信之薄,而乱之首也。前识者,道之华而愚之始。"

第七十七章　人性求得　天道相与

天之道，其犹张弓欤？高者抑之，下者举之；有余者损之，不足者补之。天之道，损有余而补不足；人之道则不然，损不足以奉有余。孰能有余以奉天下？唯有道者。是以圣人为而不恃，功成而不处，其不欲见贤。

——《道德经》第七十七章

在这一章，老子讲的是治理者的施政策略，建议治理者要效法天道，克服人性的弱点，善用治理权力，实现"能有余以奉天下"的社会治理。

> "天之道，其犹张弓欤？高者抑之，下者举之；有余者损之，不足者补之。"

"天之道，其犹张弓欤？"老子系统思想认为，天地系统的运行规则，在某些程度上很像开弓射箭这样一项古人所熟悉的技术性活动。弓箭是古代最有杀伤力的非接触性武器，弓箭手需要掌握好瞄准的角度和力度，二者需要恰到好处的配合，才能够准确命中目标。如果面对的是一个动态的目标，角度、力度、目标三者之间更需要动态地调整，使其在箭矢射出的一瞬间达成恰到好处的统一。就像老子在第五章将天地形象地比喻为一个橐籥①。在本章，老子同样用了一个对于古人来说很鲜活的例子来生动地反映天地系统所遵循的天之道。

"**高者抑之，下者举之**。"为了恰到好处地瞄准目标，弓箭手就需要不断地调整举弓的角度，根据目标的移动方向和速度，准确地预判其未来的行动轨迹。其中的关键是估算提前量，如果瞄准角度高了就向下稍微调整，如果瞄准角度低了就要向上稍微调整。老子在这里用朴素的语言讲述了一个适应性主体能够自觉地发现误差并进行适当调整的道理。对此，维纳在1948年发表的《控制论——关于在动物和机器中控制和通讯的科学》中，利用现代科学语言进一步揭示了信息与反馈对于复杂系统形成自适应自学习能力的重大意义。

"**有余者损之，不足者补之**。"这里的"有余与不足"是针对拉弓的最佳力度而言的，这是弓箭手基于经验而做出的一种精细判断。若想最终命中目标，除了瞄准的角度合适外，还需要配以恰当的箭矢速度，这就需要通过拉弓的力度来实现。弓弦的张力决定着箭矢的初始速度，如果拉弓的力道大了就稍微放松些，如果拉弓的力道小了就稍微拉紧些，通过力量的微调实现箭矢最佳

---

① 《道德经》第五章："天地之间，其犹橐籥乎？虚而不屈，动而愈出。"

速度，进而准确地命中目标。

人类发明了弓箭，并将弓箭用于捕猎和战争。历史上，开弓射箭曾经是人类生存的重要能力，射手们都知道，把握好开弓射箭的力度，才能准确命中目标。老子系统思想认为，应该也能够把天地系统犹如拉弓射箭的这种规则运用到人类相处之中，就可以实现社会的和谐，可惜实际的情况并不是这样，其中的原因令人深思。

> "天之道，损有余而补不足；人之道则不然，损不足以奉有余。孰能有余以奉天下？唯有道者。"

"天之道，损有余而补不足。"天地系统遵从大道，形成了公平对待系统中万物的行为方式，这种行为方式的一个伟大之处在于：天地系统能够清晰地分辨出在芸芸万物中，哪些物种占用的系统资源超出了支撑其正常生存发展所需要的数量，即资源拥有量是有富余的；哪些物种占有的系统资源已经不足以维持其正常的生存和发展，即资源拥有量是不足的。针对系统内不同物种资源拥有量的不均衡状态，天地系统会动态地做出调整，并及时将系统资源从富余处调整到不足处，从而维持系统内的总体平衡和较高的运行效率。比如，大自然会把土壤中丰富的养分提供给植物让它们蓬勃生长，自然循环系统会把江河湖海的水分蒸发，通过气流输送到陆地形成降雨，为各种生物提供珍贵的淡水等，这就是"天之道"的行为方式。

"人之道则不然，损不足以奉有余。"人类社会系统的行为特点与天地系统不同，人类社会治理的特点是把原本稀缺的分散在个人手中的东西（比如财富、荣誉、权利等）汇集起来，集中到少数人手中，形成相对充足的聚集，以此评判一个人或者一个阶级成功与否。事实上，随着人类社会的进化，在财富分配方面的"均贫富"始终只是美好的社会理想，在现实社会中往往是穷人不断被盘剥，富人的财富越聚越多，贫富分化依然严重。治理阶层拥有的大量社会财富宁可被闲置和浪费，也不愿意拿出来帮助有需求的人，这不是天地系统对人类社会的供给不足，而是"人之道"背离了"天之道"而产生的问题。

造成这种社会现实的根源在于"其上食税之多"和"其上求生之厚"①。如果没有治理思想的根本转变，即使物质财富大幅度增加，依然无法改变这种治理困境。在生产力落后的时期，经济富足者通过地租、经商等方式获得较高比例的剩余价值；其后技术进步和生产水平的提高并没有使这种现象有所改变，甚至还有进一步加剧的趋势。现代信息技术和数字技术的发展，使得极少数资源垄断者压制竞争者、实现"赢者通吃"的可能性进一步加大了。

通过对比"天之道"和"人之道"，会无奈地发现，人类社会的治理体系在形成之初就存在缺陷。与天地系统相比，人类社会系统在系统规模、资源总量、存续时间等方面都存在质的不足，治理者和少数社会成员对于稀缺资源的无限追求和过度占有，会导致人类社会内部成员之间、人类社会与外部世界之间越来越难

---

① 《道德经》第七十五章："民之饥，以其上食税之多，是以饥……民之轻死，以其上求生之厚，是以轻死。"

以调和的矛盾。资源占有和使用的不平等，会不断滋生各种社会矛盾，并引发不同国家、不同群体和不同阶层之间的对抗。随着人类科技能力的增强，这种冲突的范围会从一国内部逐步扩大到国家之间，进而扩展至全球范围内，甚至扩展到地球以外的宇宙空间。人类若任由这种趋势发展下去而不及时制止，人类科技能力的快速发展，无异于是在加快人类整体自我毁灭的进程。

"**孰能有余以奉天下？唯有道者。**"针对人类社会治理体系的先天缺陷，人类需要积极寻求某种力量的干预和调整，从而把原本具有破坏性的社会资源分配模式，调整成与天地系统相一致的能够支撑人类社会更长久存续的模式。随着人类文明的进步，越来越多的人意识到"损不足以奉有余"的治理模式是不可持续的，它会加重各种社会问题，最终使社会治理体系走向崩溃。要改变人类社会这种自我毁灭的宿命，就必须在社会治理中实行"能有余以奉天下"。而要把这种认识变成现实，就需要治理者遵照大道而行，设计并实施类似于天地系统运行规律的社会规则，也就是按照"人法地，地法天"[①]的思路，模仿天地系统对于物质能量的分配模式，不断调整和优化社会治理体系，使得社会运行保持长久的生命力。

> "**是以圣人为而不恃，功成而不处，其不欲见贤。**"

"**是以圣人为而不恃，功成而不处。**"明道有德的治理者会在恰当的时候展现自己的才能，以最恰当的方式带领民众一起行动，

---

① 《道德经》第二十五章："故道大，天大，地大，王亦大。域中有四大，而王居其一焉。人法地，地法天，天法道，道法自然。"

克服常人难以想象的各种困难，最终取得令人瞩目的成功。在成就一番伟业之后，大部分参与者都会为成功而激动不已，也会因自己的贡献而期待回报，但此时明道有德的治理者不会居功自傲，也不会对权力和声望割舍不下。他们反而会避开众人热切的关注，悄然离开熙熙攘攘的名利场。"众人皆有以，而我独顽似鄙。"①这种治理者就是老子眼中的"圣人"，他们把"道"与"德"融为一体，成为自然大道和光辉人性完美结合的典范。

老子系统思想始终认为，明道有德的治理者应该具有符合天道的品质，"无为"这种品质在大部分普通人看来是不可理解的，一些利益至上的"智者"还会"以小人之心度君子之腹"，把这种高贵的思想和行为说成是消极避世。这在现实社会中并不奇怪，"为而不恃，功成而不处"的境界，就连大部分相对优秀的治理者也难以做到。很多人一旦体验过拥有权力和财富的感觉就变得不能自已了，原本"专气致柔"②、立志要做按照大道"勤而行之"③"处无为之事"④的求道者，此时或许已变成认为大道"若存若亡"的"中士"，甚或变成对大道"大笑之"而抛到九霄云外的"下士"。唯有"功成而不处"的治理者，在成功之后会回归自我的宁静，继续从内心去探索和感悟大道，于宁静中不断增

---

① 《道德经》第二十章："众人皆有以，而我独顽似鄙。我独异于人，而贵食母。"

② 《道德经》第十章："专气致柔，能婴儿乎？"

③ 《道德经》第四十一章："上士闻道，勤而行之；中士闻道，若存若亡；下士闻道，大笑之。不笑不足以为道。"

④ 《道德经》第二章："是以圣人处无为之事，行不言之教……功成而弗居。"

进对于大道的理解，希望能达到"不出户，知天下；不窥牖，见天道"① 的境界。

"**其不欲见贤**。"明道有德的治理者不会被常人的欲望所左右，在历经沧海桑田之后，依然能淡然回归内心的宁静。这种再度归来的宁静平和，恰恰展现出人性所能达到的最高境界——"贤"。"贤"是治理者在现实社会中面对"人之道"的具体考验时，能够做出的最符合大道的行为方式。比如美国的开国总统华盛顿，他率领美国人民取得独立战争的胜利，在两届总统任期内也多有创举，任期结束后自愿放弃权力，在众人的不解之中回归田园，开创了美国三权分立和总统任期的先河。在大多数人的眼里，这种无欲无求的状态似乎有点不可思议。恰如第二十章所形容的"澹兮，其若海，飂兮，若无止……我独异于人，而贵食母"。但正是这种淡泊名利的"不欲"之举，展现出了"贤者"不可超越的伟大人格，可以说，促进人类社会治理体制进步的正是这类知进退的治理者。

---

① 《道德经》第四十七章："不出户，知天下；不窥牖，见天道。其出弥远，其知弥少。"

第七十八章　知易行难　贵在坚守

天下莫柔弱于水，而攻坚强者莫之能胜，以其无以易之。弱之胜强，柔之胜刚，天下莫不知，莫能行。是以圣人云："受国之诟，是谓社稷主；受国不祥，是为天下王。"正言若反。

——《道德经》第七十八章

老子在《道德经》第八章中说过，"上善若水"。他认为，在我们所处的世界上，水的存在方式与大道最为相似，治理者在实践中若能够参照水的特性，就一定能够做好社会治理。

"天下莫柔弱于水，而攻坚强者莫之能胜，以其无以易之。"

"天下莫柔弱于水。" 在天下万物之中，水最能够体现老子系统思想中"柔弱"的特性。从形态上看，水没有固定的形状，在陆地上可以汇集成溪流江河随着地势蜿蜒曲折，在容器中可以随器形而变，在空气中可以成为天上飘浮的云朵、山中纱幔般的云雾。水无处不在，却几乎没有什么固定形态。从许多方面来看，水都具有柔顺的特质。水遇热后会蒸发成气体，同时吸收大量的热量；水蒸气遇冷会凝结成水滴，同时释放出热量。随着自然环境的变化，水会顺从地改变形态，从不与外界争锋。水在地球上无处不在，既可以单独存在，也可以与其他物质结合在一起发挥特定功能。水悄无声息地为地球生态系统服务，尤其是它为所有生命的诞生与演化做出了不可替代的贡献。

"*而攻坚强者莫之能胜*。"但正是水这种表现得最柔顺不争的物质，却可以战胜世上最坚强的事物。世界上最厚重坚实的莫过于大地和山脉，但千万条小溪形成的声势浩大的江河，却把它们冲刷成了一道道沟壑和峡谷。最不起眼的一滴滴水，在不间断的滴落中也可以凿穿坚硬的岩石。这是任何有形的坚硬物质所不具备的强韧。因此从远古时代起，人们就知道用水磨技术来加工最坚硬的材料。在自然界的常见物质中，水的热容是比较大的，加热的水蒸气蕴含着巨大的动能，由此发明的蒸汽机，使人类从手工业时代进入了工业化时代。时至今日，一些大型的运输船舶仍然在使用蒸汽动能，核电站也应用蒸汽动能来实现最终环节的发电。水在遇冷之后会降温或凝固，这个过程同样蕴藏了很多冷能，因此水又可以作为蓄冷的重要介质，广泛运用于用电量峰谷差异大的区域的储能解决方案中。

"*以其无以易之*。"水的作用是不可替代的，这是源于水所具有的特性。在第八章讲过"水善利万物而不争，处众人之所恶，故几於道"。水对于世间万物都有帮助，很多时候它甘愿处于配合的位置。从功能的角度看，很多场合下水没有发挥实质性作用，但若离开了水的配合，那些功能性物质便无法发挥作用。水还是生命体必不可少的组成物质，在生命体内占有很大的比重，比如人体60%以上都是水分。水还是许多物质的运输载体，比如很多药物成分需要以水作为载体，才能够通过人体的循环系统发挥效用，人体必需的一些营养物质也要溶解于水才能够被人体吸收；人体一旦脱水，就会危及生命。

水总是无私地奉献自己来帮助世间万物。比如，清澈的泉水毫不介意渗入土壤，够将土壤中的养分溶解并一同被植物的根部吸收，使植物生长茂盛，开花结果。水的参与使得天下万物之间实现了"损有余而补不足"①，这种"损己利他"的品性是一般的人性不愿意做也做不到的，而这恰恰是水最可贵的品质，"居众人之所恶，故几于道。②"

> **"弱之胜强，柔之胜刚，天下莫不知，莫能行。"**

"弱"胜"强"、"柔"胜"刚"是大道的根本特性，这一规律在人类可以认知的天地系统中展现无遗，人类社会的发展也一再证明这一规律的正确性。所以老子说，"坚强者死之徒，柔弱者生之徒。"③ 前面第三十六章专门讲过"柔弱胜刚强"，还讲到了如何做到既"柔"且"弱"，那就是"将欲歙之，必固张之；将欲弱之，必固强之；将欲去之，必固兴之；将欲夺之，必固予

---

① 《道德经》第七十七章："天之道，损有余而补不足；人之道则不然，损不足以奉有余。"

② 《道德经》第八章："水善利万物而不争，居众人之所恶，故几于道。"

③ 《道德经》第七十六章："人之生也柔弱，其死也坚强。万物草木之生也柔脆，其死也枯槁。故坚强者死之徒，柔弱者生之徒。"

之"。若能把握这"四将四必"，就算是深刻体悟到了"柔弱胜刚强"的真谛，就可以恰到好处地处理好各种事情。

"**天下莫不知，莫能行**。"柔弱胜刚强是一条颠扑不破的真理，只要稍加用心就能够理解其中的道理。但是理解归理解，真要付诸实践就不容易了，能够坚持者就更稀少了。原因在哪里呢？从老子系统思想来看，这是由"人之道"决定的。人类天性争强好胜，总以为强大才能压制对方，刚硬才能令对方屈服；喜欢追名逐利，总想"持而盈之、揣而锐之"，追求"金玉满堂、富贵而骄"[1]。为了达到这些目标不惜采取各种极端手段，甚至"损不足以奉有余"[2]。在欲望和诱惑面前，人们经常会败下阵来，背弃"道德"而求"利益"。这就是第五十三章讲过的"大道甚夷，而人好径"。大道很容易理解但需要长期坚守，很难一眼就看到结果。相比之下，世人更看重眼前利益，做事愿意选择走捷径，窃以为比别人更聪明，等到陷入歧途越走越难时，后悔已来不及了。人生是一段单向旅程，一旦行差踏错，过后是无法重来的。许多人遇事后才能明白，更多的人至死不能醒悟。

> "是以圣人云：'受国之诟，是谓社稷主；受国不祥，是为天下王。'"

圣人能把"水之道"和"柔弱胜刚强"的道理与国家治理结

---

① 《道德经》第九章："持而盈之，不如其已。揣而锐之，不可长保。金玉满堂，莫之能守。富贵而骄，自遗其咎。"

② 《道德经》第七十七章："天之道，损有余而补不足；人之道则不然，损不足以奉有余。"

合起来，这是因为真正的"治理之道"就是：治理者能够承受多大的压力和风险，才能有多大的担当和成就。

"受国之诟，是谓社稷主。""受国之诟"是指能够为了国家的发展而承受民众的批评和指责，这种批评主要是来自内部的。能够承受大家的误解，一以贯之带领民众前行的治理者一定能做好国家领袖。"社稷主"是独立国家的治理者，比如在春秋战国时期就是诸侯国的国君，这些国君把"孤、寡、不毂"作为对自己的称谓，可知其很多时候的处境是相当孤独的。一国治理者必须独自承担起民众的指责和批评，"江海之所以能为百谷王者，以其善下之"①。"社稷主"要具有开阔包容的胸怀，才能肩负使命，造福民众，成就伟业。

"受国不祥，是为天下王。"堪当天下王者必定能够肩负使命，在天下危难的时候挺身而出，看清问题、找到出路，集众人之力实现天下太平，带领国家在邻国中树立威信。"为天下王者"有能力统一不同的诸侯国而建立统一的大国家，或者在众多国家中树立威信，具有超乎众国的领导力。在春秋战国时期，"天下"就是指所有的诸侯国。如果某一个诸侯国堪当天下大任，在艰难时刻勇于承担风险、化解争端，实现天下稳定，那就可以在诸侯国中称雄。当年的春秋五霸、战国七雄就是这样的"天下王"。最后当秦始皇灭掉六国，建立了中国第一个中央集权大国之后，统一的中国与周边其他邻国形成了新的"天下"，"天下"概念就更宽泛了。

---

① 《道德经》第六十六章："江海之所以能为百谷王者，以其善下之，故能为百谷王。"

又如，在抗日战争结束后，身为中国共产党领袖的毛泽东冒着巨大风险亲自到重庆与国民党进行和平谈判。这次谈判是典型的"受国不祥"实例。共产党人通过广泛的统一战线工作，充分宣传了中国共产党的和平主张，获得了各个民主党派和广大民众的支持，并拿出诚意签订了和平协议。后来国民党单方面撕毁协议发动内战，力量较弱的共产党仅用了短短几年就取得了决定性胜利，成为了民意所向的"天下王"，建立了中华人民共和国，这就是大道的力量。

"天下王"是能够赢得天下支持的治理者。"天下"这个概念随着时代变迁，如今已经发生了很大变化。对于现代人而言，空间上的迁移更加便捷，不同国家的经济文化相互交融，世界各国的相互联系和相互影响越来越紧密。"构建人类命运共同体"作为应对人类共同挑战的全球价值观已逐步形成，"地球村"作为人类的"天下"逐步获得国际共识。在这种大背景下，明道有德的治理者会通过国际组织的体系和机制来维持、规范各国之间相互依存的关系，最大限度维护共同利益，从而赢得大多数国家和民众的支持，引领了全球治理的发展。

"正言若反。"

这段话直白而深刻。治理者一旦真正了解了老子系统思想，就会发现大道的本义很容易理解，只要坚持按照大道去实践就会取得成功。但是在现实社会中，很多人对于老子系统思想不以为然，清晰明了的大道时常会被歪曲理解，甚至是完全背离。在现实中遵循大道而行的治理者比较稀缺，这是因为世俗观念的侵蚀，使得很多治理者的心性难以保持淡泊平静，而是被欲望躁动所驱使，"静胜躁"变成了"躁胜静"。表面说着"圣人"的思想，心里却动着"智者"的心机，导致自作聪明的"智者"动辄弄巧成拙，甚至走火入魔。"知行背离"必然难得善果，这并非圣人所言有误，而是在现实社会治理中，只有少数治理者才能够始终坚守大道，做到"知行合一"。

第七十九章　德治利民　各得其所

和大怨，必有馀怨，安可以为善？是以圣人执左契，而不以责于人。故有德司契，无德司彻。夫天道无亲，常与善人。

——《道德经》第七十九章

老子系统思想最强调辩证思维，从这种系统思想出发总能够从更恰当的视角、更大的系统中来分析和解决问题，所以其认识和分析自然会高人一筹。圣人始终善于帮助他人，且乐于带领民众实现共同的理想与目标。

"和大怨，必有馀怨，安可以为善？"

治理者在实践过程中一定要富有预见性，尽量不产生余"怨"。圣人会在矛盾形成之前就尽量防范，在矛盾刚刚发生时就及时解决，也就是"为之于未有，治之于未乱"①，而不是等到矛盾激化或者积重难返时再花大力气去解决。治乱之举看似轰轰烈烈，给普通民众造成治理者意志强大、能力超强的错觉，实际上既费力又不会有好结果。从老子的系统思想来看，这种治理方式是不妥的，与大道相去甚远。

好的治理者会及时处理"小怨"，以免发展成为"大怨"。现实社会中必然会有各种各样的矛盾和冲突，有些矛盾和冲突比较容易辨别对错，只要方法得当也会得到及时解决，有些矛盾和冲突则因治理者的"有为"而产生，由于"人之道"②的缺陷使得这些矛盾不断激化，从而形成不同人群、不同国家之间难以化解的结怨。虽然在各个时期都有人试图来解决这些矛盾，并且费尽周折使得这些矛盾不再那么尖锐，某一个时期甚至会相当缓和，以至于人们误以为这些矛盾已经不存在了。但是，这种未从根本上解决的隐患一旦遇到诱发因素就会死灰复燃，再次变成激烈的对抗。

不同国家或不同人群之间的"大怨"一旦形成就很难化解，即使费尽周折使其缓和，也很容易反复。比如，以色列人与巴勒斯坦人的矛盾是全世界公认的，如今已演化为文化冲突、国家矛盾、个体仇恨复杂交织的"大怨"。长期以来矛盾双方以及其他力量都在力求彻底化解这个矛盾，但始终不能化解，大小冲突不断。二者都试图通过武力完全打败对方，于是引发了以色列与阿

---

① 《道德经》六十四章："其安易持，其未兆易谋。其脆易泮，其微易散。为之于未有，治之于未乱。"
② 《道德经》第七十七章："天之道，损有余而补不足；人之道则不然，损不足以奉有余。"

拉伯国家的几次战争。在旷日持久的战争冲突中双方损失惨重，后来在挪威的撮合下，巴以和谈取得了一些进展，以色列总理拉宾还因此获得了诺贝尔和平奖。但双方国内都有极端分子反对和解，拉宾本人被犹太极端分子暗杀，巴勒斯坦解放组织领袖阿拉法特也被毒杀身亡。时至今日，巴以矛盾依然尖锐，双方不时发生武装冲突，局势随时都可能恶化。

"安可以为善？" 如何才能化解仇怨呢？这些难以化解的积怨都有其产生的特定根源，往往与早年的某些治理者有关。一些强势的治理者为了彰显自己的力量或者出于某种欲望制造了矛盾，这些矛盾继而发酵演变成难以消弭的"大怨"。比如，一直争执不下的印度与巴基斯坦领土争端，就是当年英国殖民者在两国独立时人为制造的问题，想以此继续保持殖民地宗主国在两个国家的特殊利益，从双方矛盾冲突中渔利。这种例子在非洲国家的领土争端中比比皆是，当年殖民地治理者的错误勘界方式留下了很多矛盾，这些不负责任的行为导致当事方事后冲突不断，各方都付出了众多的生命代价和大量的资源损耗。历史上形成的仇视心理使得各方的理性不断丧失，大家如同坐在火山口上，随时都可能面对两败俱伤的不确定灾难。

> *"是以圣人执左契，而不以责于人。故有德司契，无德司彻。"*

"是以圣人执左契。" 圣人如同一个乐善好施的大富人，拥有大量财富并乐于接济别人，即使财富都变成了手中的借据，也不

去催促苛责那些负债的人，这情景恰好印证了"为道日损"①。一般人即使再富有也终有财富散尽的时候，无法帮助更多的人。圣人则不同，圣人的行为始终遵循大道，因而具有超强的能力，能够恰到好处地统筹和协调资源，还可以不断地创造资源去帮助别人，"虚而不屈，动而愈出。"② 圣人用来帮助别人的资源总能够及时得到补充，在这个"损之又损"的过程中新的资源不断产生，能够为有需求的人提供恰到好处的帮助。圣人没有占有资源的私欲，所以新生的资源可以用来帮助更多有需求的人。如此一来，圣人可以帮助的人在理论上来说是可以无限多的，这也属于"无为而无不为"③ 的境界。

"**而不以责人。**"圣人给予民众的帮助是慷慨的，可以对民众个体的命运产生重大的影响，但是圣人并不因此而要求民众感恩或回报，更不会因此去驱使和苛责民众。圣人帮助别人的行为方式就如同天地对待万物，是"生之畜之，生而不有，为而不恃，长而不宰"④。圣人的慷慨属于悟道的最高境界，也就是"玄德"。

"**故有德司契。**"明道有德的人给予别人很多帮助而不求回报，只希望被帮助的人也能以同样方式去对待别人，这样就可以把德行放大，让更多的人接受并遵从大道。明道有德的人这么做的时候，就会把大道的力量传递下去，潜移默化地影响别人，让越来越多的人变成帮助别人的"司契"之人。明道有德的治

---

① 《道德经》第四十八章："为学日益，为道日损。损之又损，以至于无为，无为而无不为。"

② 《道德经》第五章："天地之间，其犹橐龠乎？虚而不屈，动而愈出。"

③ 《道德经》第三十七章："道常无为而无不为。侯王若能守之，万物将自化。"

④ 《道德经》第十章："生之畜之，生而不有，为而不恃，长而不宰，是谓玄德。"

理者会让在治理中受益的民众认为所发生的一切都自然而然，而不会恐惧或担忧，也就是"处上而民不重，处前而民不害"①。

"**无德司彻**。"无德的治理者对待民众苛刻无情，为了展示自己的威力而制定各种繁复的法律，使得民众动辄得咎，其结果是"法令滋彰，而盗贼多有"②，民众在这种严苛的治理之下根本无法安居乐业。这些看似精明严厉的治理者明明是在盘剥民众，却干得心安理得，他们不明白"罪莫大于可欲，祸莫大于不知足，咎莫大于欲得"③的道理。整个治理阶层也上行下效，会把这种"不道"行为的影响逐级放大，从而侵蚀正常的社会生态，加速治理体系的崩溃和灭亡。

"**有德司契，无德司彻**。"明道有德的治理者宁愿让社会和民众欠自己很多人情，无道无德的治理者则会欠社会和民众很多人情。老子这句话的寓意耐人寻味，发人深思。大家都知道老子的境界是"报怨以德"④，以至很多研究老子思想的人都想不通。有人说这样做不符合人性、是迂腐，也有人说这个要求太高了根本做不到。孔子的观点则是"以直报怨"，普通人经过努力是可以做到"以直报怨"的，因此这观点被很多人当成做人的准则。其实，**两位圣人的思想并不冲突，老子系统思想的认知层次是"道、德、仁、义、礼"，而孔子思想的认知层次是"仁、义、**

---

① 《道德经》第六十六章："是以圣人处上而民不重，处前而民不害。是以天下乐推而不厌。"

② 《道德经》第五十七章："天下多忌讳，而民弥贫；民多利器，而邦家滋昏；民多伎巧，而奇物滋起；法令滋彰，而盗贼多有。"

③ 《道德经》第四十六章："罪莫大于可欲，祸莫大于不知足，咎莫大于欲得。故知足之足，恒足矣。"

④ 《道德经》第六十三章："为无为，事无事，味无味。大小多少，报怨以德。"

礼、智、信"，二者有交集也有不同。老子是向上追求，达到人类认知的最高层级，是道德哲学，而孔子是向下求索，为每一个普通民众提供生存哲学；把二者的观点结合起来思考，才能够在更大的系统中实现认知平衡。

"夫天道无亲，常与善人。"

"**天道无亲**"是说天道的态度。天道对于所有的人和事都没有亲疏之分，利万物而不争，总是给予别人而不要求回报，在帮助别人的过程中能够使得被帮助的人不断变好。在第五十六章讲到高境界的修行时，也讲过"不可得而亲，不可得而疏……故为天下贵。"①

"天道"是人类可以比较完整地认知的最复杂的系统规律和行为方式，其对应的系统是"天地系统"。"亲"这个概念首次出现是在第十七章，本意为感情深厚、关系密切，引申义是有姻亲关系。"六亲"被看作是一个人最密切的社会关系之一。

"**常与善人**。"明道有德的人对于人和事没有亲疏之分，"利万物而不争"，总是无私给予而不追求回报。他们在整合资源促进事业发展的时候，能够发现并发挥好每一个主体的作用。

符合"天道"的行为方式无关乎人际关系的亲疏，但会倾向于照顾那些善于客观全面认识世界的"善人"。因为得到了"天道"的支持，"善人"成为明大道有大德并能够付诸实际行动的人，他们努力让自己日臻完善。"善人"还能够找到与别人交流沟通的恰当方法，发现并激发出他人的潜能。这才是天道运行的方式。

---

① 《道德经》第五十六章："故不可得而亲，不可得而疏；不可得而利，不可得而害；不可得而贵，不可得而贱。故为天下贵。"

第八十章　强而不用　天下安泰

小国寡民，使有什伯之器而不用，使民重死而不远徙。虽有舟舆，无所乘之；虽有甲兵，无所陈之。使民复结绳而用之，甘其食，美其服，安其居，乐其俗。邻国相望，鸡犬之声相闻，民至老死不相往来。

——《道德经》第八十章

"小国寡民。"

这是经常被后人引用的老子的一句话，但其引述所表达的意思已与老子系统思想的本意相去甚远。原因在于：后人在解读《道德经》内容的时候经常会偏离其系统思维的脉络。中国自秦朝以后长期存在的高度集权的皇权统治和世袭制度本身就有违大道。与西方中世纪教会顽固坚持"地心说"的情形类似，中国历朝历代的治理者为维护其治理制度的合理性，必然要对老子思想进行曲解。在这样的大环境下，各个朝代的学者对于老子系统思想的校注必然受到封建皇权思想的束缚，这就如同盲人摸象、管中窥豹，只能对老子系统思想进行片面的、"降维"式的解释。失去了系统联想和复杂认知的语境，他们的解读在关键之处会以偏概全、断章取义，出现"失之毫厘谬以千里"的结果也就不奇怪了。

此处的"小"和"寡"，应该按古代汉语中的"意动用法"来理解，即它们表达的是"虽然大……却以小自居"，"虽然多……却以寡自居"，表达的是一种自我认知方式和行为方式，是有道者谦逊平和的处世态度。如果将"小"和"寡"理解为"使动用法"，这句话就会解读为"使国家规模变小，使民众数量变少"，由此得出的结论便是：老子的思想是"悲观的""消极的""倒退的"。这种解读与老子系统思想本义完全相悖，是对老子系统思想的字面曲解。**老子系统思想精妙绝伦、形散神聚、系统协调、积极向上，这些妙处需要反复研读才能感悟到。**在此过程中，需要逐步剔除各种不符合大道的认识，在"损之又损"①之后，领悟到的思想精髓才会越来越清晰，此时方能看穿事物表象而直达根本，实践起来轻松自如、得心应手。

老子系统思想中的"小国"并非指国土面积狭小、人口总量有限、综合国力贫弱的国家，而是指行为符合"下以取"②的国

---

① 《道德经》第四十八章："为学日益，为道日损。损之又损，以至于无为，无为而无不为。"

② 《道德经》第六十一章："故大国以下小国，则取小国；小国以下大国，则取大国。故或下以取，或下而取。大国不过欲兼畜人，小国不过欲入事人，夫两者各得其欲，大者宜为下。"

家——这种国家的综合实力比较强大，在国家之间有较强的影响力，在处理国家关系时又低调包容。这种国家的治理者懂得在国际交往中"大者宜为下"①的道理，对内注重培养国民精神，教育国民心态平和，对外注重塑造国家形象、友好相处，不以强势施压于人。以"小"自居的国家注重国家关系的和谐平等包容，反对霸权者恃强凌弱，获取不当利益，这同"大国者下流也"是相呼应的。可见，这里的"小"是在强大基础上的谦逊低调，是符合大道的国家观念。

"寡民"指的是民众没有太多的个人私欲。明道有德的治理者能够让本国民众在生存和安全方面得到良好的保障，在此基础上治理者会引导民众建立健康的生活方式，让广大民众心思清净，减少不切实际的欲望，避免社会上物欲横流。这里的"寡"是在物质生活富足基础上的"不贵难得之货，使民不为盗"②，是在文化生活丰富基础上的"不见可欲，使民心不乱"③，亦是在充分实现个人价值基础上的"不尚贤，使民不争"④。既是对自然资源的珍惜和节约，也是为了社会可持续发展的自我约束，更是当代对于子孙后代的宝贵馈赠。

> "使有什伯之器而不用，使民重死而不远徙。虽有舟舆，无所乘之；虽有甲兵，无所陈之。"

---

① 《道德经》第六十一章："故大国以下小国，则取小国；小国以下大国，则取大国。故或下以取，或下而取。大国不过欲兼畜人，小国不过欲入事人，夫两者各得其欲，大者宜为下。"

②③④ 《道德经》第三章："不尚贤，使民不争；不贵难得之货，使民不为盗；不见可欲，使民心不乱。"

"**使有什伯之器而不用**。"强大的国家必然拥有强大的综合实力，这种实力突出体现在经济、军事、政治、文化等方面，不过在明道有德的治理者看来，国家必须具备这些能力，但却不一定要用它们来达成战略目的。"什伯之器"在古文中的意思是"十百人之器"，是指使用效能相当于十人百人之力的器械，亦即功效比较强大的器械，用今天的话来解释就是高效能的战略武器和设施，体现的是一国强大的军事能力、产业能力和创新能力等。

现实中的强大国家在综合国力上远超其他国家，拥有强大的经济动员能力和军事动员能力，具有同任何对手展开经济竞赛和军事较量的能力。但是，由于治理者采取了"小国寡民"的治国方略，在现实的国家关系中便不存在能构成威胁的敌人，即使存在势均力敌的对手，凭借强大的国力和得当的外交政策也能达成有效的博弈均衡，而不需要采取激烈的经济较量或军事对抗。当代中国追求和平崛起，坚持可持续发展的战略思路，与老子系统思想的大智慧可谓一脉相承。结合第三十二章讲过的"道常无名，朴虽小，天下莫能臣也"，更能体会到这种深意。

"**使民重死而不远徙**。"如果民众比较满意当下的生活状态，对于国家的治理体系也很认可，自然不愿意承担改变现状的潜在风险。强大国家的民众不愿意离开自己的家园，并非他们没有见识，而是对于自己的生活现状很知足，不愿承受因为变化而带来的风险。强大国家的民众既知道本国在国际上的地位，也比较了解其他国家民众生活的实际。圣人的教化会让民众形成对于外部世界的客观了解，因此民众基本上也能做到"不出户，知天下；

不窥牖，见天道"①。这样的民众更珍爱生命，会选择安分守己、富足健康的平凡生活。大部分民众会选择留在自己的家园，过着自得其乐、心意相通的生活，而不是四处漂泊、居无定所的日子。

"死"是人生所面临的最大威胁，"重死"是一种人出自本能的风险意识。民众只有在日子过得好时才会留意生活中存在的各种风险。这里的"死"也代表着广义的潜在风险。"远徙"的本意是离开家园到遥远的地方去。在古代，这种选择通常包含着很大的风险，需要下很大的决心和勇气，人们通常是在不得已的情况下才会做出这样的决定。民众因为"重死"而不"远徙"是出于对生活现状的基本认可，也是对于国家治理的基本肯定；反之，如果出现"民之轻死"②的现象，也就是大批民众逃离故土，颠沛流离，那一定是社会治理出现了大问题，民众已经无法在故土生存下去了。

"虽有舟舆，无所乘之；虽有甲兵，无所陈之。"这些情景都与军事相关——国家虽然为了备战而准备了大量战船和战车，但因为没有战事发生，所以并没有在实际中应用；国家虽然有很多重型军备和军队，但因为没有战争威胁，所以不需要在战场上展示其威力。这里再次强调，一个国家若想不面对极端情况，首先需要具备经济和军事上的强大实力，只有当这种综合力量强大到足以打消任何国家想用战争手段达到获利目的企图，才可以用符合大道的方式构建和谐的国家关系，确保国家的安全。这也再次

---

① 《道德经》第四十七章："不出户，知天下；不窥牖，见天道。其出弥远，其知弥少。"

② 《道德经》第七十五章："民之轻死，以其上求生之厚，是以轻死。夫唯无以生为者，是贤于贵生。"

说明老子系统思想所主张的"无为"是恰到好处地作为，是积极的"无为而无不为"①，而不是消极的"鸵鸟政策"，等着挨打。

> **"使民复结绳而用之，甘其食，美其服，安其居，乐其俗。"**

"使民复结绳而用之。"这句话被很多人误解，甚至有人以此证明老子对社会现状不满、想回归原始生活。这种批评显然存在逻辑问题，这段话描摹的是一派祥和的民间生活情景。老子想要表达的是民众生活平静顺心，没有太多的大事件发生，所以只要依靠简单的记录方式就可以把一些必要的事务记录清楚。按照这样的理解，再看接下来的表述就顺理成章了。

"甘其食，美其服，安其居，乐其俗。"这段话生动形象，不需要翻译，也很符合一个现代盛世的生活描述。大家吃得满意、穿得满意、住得安心，文化生活很丰富。这便是"为腹不为目"②的圣人之治，是"生而弗有，为而弗恃，长而弗宰"③的以德治国的结果。这是人类亘古至今的追求，也是与时俱进的可持续发展，所以怎么可能是复古倒退、反对社会发展呢？贫穷限制了人们的想象，苦难抹杀了人们的希望。长期处在无道者治理的社会环境下，苦闷的知识分子误解了老子系统思想的本义，这是他们个人的悲哀，亦是那些时代的悲哀，却也是情理之中的误解。

> **"邻国相望，鸡犬之声相闻，民至老死不相往来。"**

---

① 《道德经》第三十七章："道常无为而无不为。侯王若能守之，万物将自化。"

② 《道德经》第十二章："五色令人目盲……是以圣人为腹不为目，故去彼取此。"

③ 《道德经》第五十一章："生而弗有，为而弗恃，长而弗宰，是谓玄德。"

　　这句话描绘的看似是农耕时代村落之间的和平生活，其实却映射了世界大同的盛世景象。大小不同、特色各异的国家彼此守望相助而没有争端冲突，这才会有"鸡犬之声相闻"的边境生活状态；如果国家之间矛盾重重，领土争端纠纷不断，边境地区的民众早就逃之夭夭了，甚至会有"戎马生于郊①"的战乱景象。如今各国民众都能够按照自己的习俗生活，彼此尊重，各安其土，因为没有战乱灾荒，因此不需要彼此戒备。这里的"往来"不是指正常的交流来往，而是指战争和冲突。当国家之间产生矛盾的时候，边境地区的民众必然首当其冲，率先爆发激烈的冲突。届时和平生活将荡然无存，双方都会遭受巨大损失。

　　老子系统思想属于超时代的先进理念。比如，老子所倡导的文化多元、生态文明等治理主张，对于当今世界的现实治理依然有很强的指导意义。国家治理者只要保持对于圣人思想的敬畏，用心感悟并付诸实践，便会在看似风云变幻的时代背景下，梳理出清晰可行的治理思路，形成行之有效的治理策略，为国家和民众带来最好的治理成果。

---

① 《道德经》第四十六章："天下无道，戎马生于郊。"

第八十一章　大道无言　不争而胜

信言不美，美言不信。善者不辩，辩者不善。知者不博，博者不知。圣人无积，既以为人，己愈有；既以与人，己愈多。故天之道，利而不害；圣人之道，为而弗争。

——《道德经》第八十一章

　　本章是《道德经》的最后一章，读到这里，就如同正在智慧的丛林中流连忘返、心旷神怡之际，蓦然发现已经临近终点。对于这一段难忘的悟道历程，回首望去满心留恋。

　　老子系统思想博大精深，潜心感悟必然会开卷有益。但是，老子系统思想的复杂性中所蕴含的多维度、模糊性、不确定性等特点也使得很多学习者望而却步。**有些人为了得到某种"准确"的理解，只能以降低理论复杂度为代价，结果把自己封闭在较低维度的小系统中无法自拔。而且，由于各人视角的不同，其简化维度也不一样，这就会形成侧重不同的纷杂认知，由此形成的研**

究成果更是莫衷一是。每思及此，眼前总会浮现出一个画面：一群盲人围着一头大象，在争论大象更像他们各自熟悉的哪种事物，蒲扇、蛇、匕首、柱子还是墙？每个人都在以偏概全却自以为是。真理明明就在眼前，却又如远隔重山。

"信言不美，美言不信。"

这是老子对其系统思想的自我评价。老子深知依照大道行事的人才能安于"被褐怀玉"①的人生状态并且不苛求自己的思想作为能够被别人充分理解。或许正是因为这种人生态度，使得老子能够最为真切地认识到大道的存在及其运行的规律，并能把人类践行大道的最高境界"玄德"②发掘出来。老子始终坚持"行不言之教"③，劝导治理者努力去做"上德"之人，自己则把全部精力用于研读上古典籍，结合自己的观察和实践，创建系统思想，以一部《道德经》来指导人类社会的治理理论和治理实践。这是一份何等卓越的贡献，于寥寥数十言中蕴含了惊天力量。

"**信言不美**。"人类创造语言和文字是为了表达思想和情感，思想表达效果的首要标准是信，而情感表达效果的首要标准是美，这是两件充满矛盾的事情，体现了理性认知和感性认知的冲突，所以人类的语言很容易产生歧义、很难做到准确表达。不同语言

---

①　《道德经》第七十章："知我者希，则我者贵。是以圣人被褐怀玉。"

②　《道德经》第十章："生之蓄之，生而不有，为而不恃，长而不宰，是谓玄德。"第五十一章："生而弗有，为而弗恃，长而弗宰，是谓玄德。"第六十五章："常知稽式，是谓玄德。玄德深矣，远矣，与物反矣，然后乃至大顺。"

③　《道德经》第二章："是以圣人处无为之事，行不言之教，万物作焉而不辞，生而不有，为而不恃，功成而弗居。夫唯弗居，是以不去。"

之间的转换还会加深这类偏差，即便是同一种语言，在历史发展
演变中也会发生很大变化，很多字词写法上虽然延续不变，但随
着时代变迁，其含义却发生了较大变化。因此，让听者或读者理
解自己用语言和文字表达的真实意思，即"言善信"① 是语言的
最高境界，也是老子这本著作追求的境界。真正体现大道的"信
言"的语言往往不那么迎合听者的心理需求，不太容易被理解和
接受；"信言不美"简单说就是，"信言"通常不那么入耳。

"美言不信。"每一个时代都是某一种治理思想和治理制度的
现实载体，但固化的制度必然会逐渐失去活力，不断暴露出各种
问题，因此老子说"道之华而愚之始"②。如果一种治理观念和治
理体系不能与时俱进，就需要各种说辞来维护，这时候治理者就
会用各种听起来很容易蛊惑人心的语言来标榜其正确性。用偏离
本义的语言来曲解圣人的思想，必然会把社会发展从平坦宽广的
大道引上前途多舛的邪路歪道。"天下皆知美之为美，斯恶矣。"③
但是，违背大道的"美言"即使能够蒙蔽众人一时，真相总是很
快就会展现，这就是大道的力量。

"信言不美，美言不信。"真实反映客观世界的话语，往往不
是华丽动听的，而那些华美的语言一定不是对真实事物的客观描
述。俗话说，"真理都是朴素的。"这并不是否定华美的语言，而
是客观地指出：所有的语言表达都是基于表达者的认知水平，带
有个人的情感，必然出自表达者的某种偏好。"道之出言，淡乎其

---

① 《道德经》第八章："居善地，心善渊，与善仁，言善信，正善治，事善能，动善时。"
② 《道德经》第三十八章："夫前识者，道之华而愚之始。"
③ 《道德经》第二章："天下皆知美之为美，斯恶矣；皆知善之为善，斯不善已。"

无味，视之不足见，听之不足闻，用之不足既。"① 以书面语言为载体来传播的思想，必然会有不同时代的思想者不断地进行校释，即用当下时代的语言尽可能地复原古人思想的原貌，既需要逐字考证，也需要逐句对照，还需要从思想系统的整体来修正。对于任何一个希望获知老子系统思想本义的解读者来说，这都是一项富有挑战性的工作，开始时枯燥而艰难，随后进展中经常会阻滞不前。然而每每会在苦思冥想后豁然开朗，或是从前人注释中突然发现突破困顿的灵光时，"信者信之，不信者亦信之"②，便会油然生出与圣人相视而笑的释然。

"善者不辩，辩者不善。"

"**善者不辩**。" 真正悟道有成的人能透过表象直接认清事物的本质，因此不会纠结于表象的繁复和细枝末节的差异。明道有德的治理者属于"善者"，他们在思想和行为上具有水的特性，能够做到"居善地，心善渊，与善仁，言善信，正善治，事善能，动善时"③，能够耐心引导并以恰当的方式说服民众，让各类主体以其乐于接受的方式参与到共同治理中来，让每个参与者都觉得自己对整个系统是了解的，而且自己在其中发挥了不可替代的作

---

① 《道德经》第三十五章："道之出言，淡乎其无味，视之不足见，听之不足闻，用之不足既。"

② 《道德经》第四十九章："善者善之，不善者亦善之，德善矣。信者信之，不信者亦信之，德信矣。"

③ 《道德经》第八章："上善若水。水善利万物而不争，处众人之所恶，故几于道。居善地，心善渊，与善仁，言善信，正善治，事善能，动善时。"

用。这就是"不言之教"① 的作用，也是治理者引导民众依照大道行事的正确方式。

"**辩者不善**。"对大道的本质一知半解的人往往会纠结于表象，对非本质的差异争执不下。"'智'是争辩的器具"②，"辩者"似乎只有在争辩中占据上风才能证明自己的思想高度和专业水平，殊不知这些看似逻辑严密的争辩过于强调细节的特殊性、差异性，而忽视了问题的整体性、系统性，因此"其出弥远，其知弥少"③。各方通过争辩来显示的"智"，其突出特点就是外露，其目的只是争名夺势，而不关注怎样才能够把各种资源整合起来采取恰当的行为。于是在这些无关紧要的纠缠中，人们失去了采取恰当治理行为的宝贵时机，等到不得已采取行动时，已经与大道相去甚远了。

"知者不博，博者不知。"

"**知者不博**。"那些标榜自己什么都懂的人，其实对于悟道而言还是门外汉，是"不知知"④ 的哗众取宠，远未能理解大道的博大精深。在这些所谓的"知者"当中，有些人对于大道的理解似是而非，处于"下士闻道，大笑之"的层次；有些人对于大道只有些模糊的理解而无法恰当把握，处于"中士闻道，若存若

---

① 《道德经》第四十三章："不言之教，无为之益，天下希及之。"

② 参见林语堂：《老子的智慧》第三章。该书为林语堂编译的哲学著作，原版为英文版本，于1948年首次在纽约出版。

③ 《道德经》第四十七章："不出户，知天下；不窥牖，见天道。其出弥远，其知弥少。"

④ 《道德经》第七十一章："知不知，尚矣，不知知，病矣。"

亡"的层次。这两种层次的治理者在实际治理时"不知知，病矣"①，其行为必然导致治理体系弊病丛生。"博"是指对于系统的全局有所把控，或具有掌控全局的意识和视野，可以按照大道来判断、分析、决策，并采取有效的行动。

"**博者不知**。"真正悟通大道的人能够融会贯通，在面对具体问题的时候不会故弄玄虚，而是凭其对于大道的理解来解决棘手问题。这样的治理者属于"博者"，他们在取得了很大的成就后依然能够保持清醒的头脑，因为他们认识到大道有无穷奥妙，并相信人类智慧无论怎样发展，仍然有巨大的进步空间。这就是"知不知，尚矣"②。

一个人若能认识到自己的"不知"，说明他对于大道的认识已经达到同时期的最高水平，对于理论研究而言就是处于时代最前沿。这些"知不知"者所要探索的都是人类的未知领域或未知知识，比如诺贝尔奖的获得者大都是各自领域中的"知不知"者。作为治理者，只有直面大道的复杂性，才能够认识到人类社会和国家治理中同样存在着类似的特征。"其精甚真，其中有信。"③ 治理者若是能不回避社会矛盾，不忽视国家治理的复杂性，就可以"执古之道，以御今之有"④，通过继承和创新来找到最优发展路径。

"圣人无积，既以为人，己愈有；既以与人，己愈多。"

---

① ② 《道德经》第七十一章："知不知，尚矣，不知知，病矣。"

③ 《道德经》第二十一章："窈兮冥兮，其中有精；其精甚真，其中有信。"

④ 《道德经》第十四章："执古之道，以御今之有，能知古始，是谓道纪。"

"**圣人无积。**"圣人不会为一己之私而积累或有所保留。这里的积累不只是狭义的私有财产，而是说圣人对于名利没有过度的追求，对于经验能无私传授，但不积累并不代表圣人就是贫困潦倒的。贪官污吏令人唾弃，暴君昏君令人痛恨，这是大家都看得见的积弊；但也有一些治理者虽然在表面做到了清廉但思想僵化，他们固守落后思想和制度，反对与时俱进的变革，无疑阻碍了国家的进步和民众的幸福。这些人虽然没有追求物质利益而只追求一个"贤德"的名声，同样造成了国家资源的消耗、发展机遇的浪费，导致国运衰落，给民众带来无形的灾难。

"**既以为人，己愈有。**"明道有德的治理者能够调动自己所能调动的资源来帮助他人成就事业，通过无私的付出去积极促成一件件有意义的事情。圣人能够对他人慷慨相助，并且这些帮助对于接受者而言是迫切需要、很有意义的，他们在圣人的帮助下创造出了更多有益于社会的成果。在帮助他人的过程中，圣人自身所能调动的资源也变得越来越多，帮助他人的能力变得越来越强，可以去支持更多有需求有潜力的人，使得越来越多的人愿意追随圣人去做符合大道的事情。

接下来，老子以一个对比句，作为《道德经》全篇的结束。这句话高度概括了"天之道"和"圣人之道"，将老子系统思想的精髓展露无遗。

> "**故天之道，利而不害；圣人之道，为而弗争。**"

"**天之道，利而不害。**"大自然的运行法则是给万物提供有利的生存条件，使世间万物各得其所，自然不会为了彰显自己的存在而任意干涉它们。对于人类社会而言，可以体现天道的是拥有社会和国家治理权的治理者阶层，他们做出的决策会影响到全体民众，甚至影响到人类与自然界的关系，影响到子孙后代。这种能力过去多为君主、侯王所拥有，也就是那些以"天子"自居的人，他们可以效法天道为民众谋福利，而不去戕害民众，关键就看他们能否控制自己的不当欲望。

"**圣人之道，为而弗争**。"在老子系统思想中，明道有德的治理者是积极作为的，只是这种作为隐藏在更高的认知层面，是对于大道恰到好处的运用。真正的圣人具有很强的能力，上至天子下至百姓，圣人都可以帮助他们去实现符合大道的目标。同样地，如果现实中发生具体的矛盾和对抗时，圣人帮助哪一方，成功的天平就会向哪一方倾斜。假如圣人有争名夺利的私欲，一定可以把世间搅得天翻地覆，但这样一来就是"正复为奇，善复为妖"[1]了。所以老子认为，圣人是"孔德之容，惟道是从……自今及古，其名不去，以阅众甫"[2]；圣人能够超脱于凡人的名利之欲，乐于帮助依照大道行事的人达成良好愿望，但又不刻意渲染自己的作用，让社会和谐发展，民众各得其所。

---

① 《道德经》第五十八章："孰知其极？其无正也。正复为奇，善复为妖。人之谜也，其日固久！"

② 《道德经》第二十一章："孔德之容，惟道是从。道之为物，惟恍惟惚。惚兮恍兮，其中有象；恍兮惚兮，其中有物；窈兮冥兮，其中有精；其精甚真，其中有信。自今及古，其名不去，以阅众甫。吾何以知众甫之状哉？以此。"

尾　声

圣人过去有，现在有，未来还会有。

圣人是最了不起的人，也是最普通的人。

圣人是无所不能的勇士，也是谨慎行事的君子。

圣人就在我们身边，只是世人无法感知他们的存在。

圣人在你需要的时候及时出现，也会在你得意的时候悄然离去。

圣人仰望天空与宇宙星辰细语交流，也会出入巷陌与百姓大众把手言欢。

圣人如同遥远的恒星，要经历漫长的岁月，才能感知到他们思想的光辉。

本书的由来

我们这一代人，曾以"老子"自称，只为在别人面前逞强；"文革"时，也曾将孔子蔑称为"孔老二"以示不屑。那时因为狂妄自居，我们对于古之圣人的深恶痛绝铭刻在心、溢于言表，将丰富的中国传统思想全部归于反动的封建迷信。我们曾经坚信，就是这些不合时宜的理论和思想禁锢才导致了近代中国的全面落后，才造成了自鸦片战争开始的百年屈辱。所以，我们兴高采烈地把那些被称为"四旧"的圣贤著作、历史文物、祠堂庙宇统统毁掉。

然而，各种激烈的运动之后，随后而来的不是社会文明进步和民众富足，在个人崇拜的热潮过后民众变得更加惶恐、无措，因为我们的日子实在是太穷了，城市中所有的生活必需品都要凭票供应，农村生活更是艰难，即使是在丰收的年份农民却还是吃不饱饭。我们的国家也确实太孤立了，一方面，是不间歇的内部争斗；另一方面，贫穷使得我们尊严全失，大家对于未来迷茫苦闷而又敏感。

于是，我们开始将目光转向富裕文明的西方国家，将他们的思想、理论和行为规范奉若神明，有人甚至主张全盘学习西方。

在改革开放四十年的奋起直追和跨越式发展之后，中国似乎如此轻易地就又回到世界强国之列。然而，我们发现自己是富而不安、强而不尊。经济发展了而环境被破坏了，物质生活改善了而人际关系和社会公德恶化了。国家的强大换来的不是更多国家的尊重和友谊，而是宿敌的对抗依旧，原先的同志和兄弟渐生隔阂。

蓦然回首，上一个时代的伟人已经逝去，曾经的孩童已经人至中年，不禁感叹一代人在历史长河中不过是转瞬之间。在宇宙万物的运行大道中，我们不可能做到人定胜天。在周而复始、运行不殆的自然规律中，找好我们这代人的定位，让我们亲历的这段时间成为人类历史中的精彩片段之一，那就算得上是我们的幸运了。

一个好的时代需要民众的支持，更需要治理阶层的智慧。

经过了三十年世人瞩目的快速发展，今日的中国已经不再是生活贫穷、产业落后、基础设施简陋的贫穷国家，而且一跃成为世界第二大经济大国。大国崛起已是不争的现实。

我们是幸运而传奇的一代人，在短短的三十年中亲历了西方近二百年的发展历程，既真实又虚幻。

但在真实拥抱了世界之后，却发现西方所谓"先进"的文化却屡屡暗合了中国传统的圣人训言，惶惶之际，重新翻出本已弃之如敝履的圣人著作，却发现意趣盎然颇有所得。2013年有机会到边疆挂职，随身携带的全是这类书籍，天高云淡处江湖之远，工作之余挑灯夜读，每每感触颇多。

虽然历经千载风云，世事已经变化万千，反复研读老子的著作以后，依然被他那积淀在平静古文下的伟大智慧所激荡，终于忍不住要动笔写点什么。只是，以孔子之大材尚且"述而不作"，以自己浅薄的国学底子更难奢望能够全面理解和诠释老子的深邃思想。

百般纠结之后终于想到一个方法，就是把披阅老子著作时的点滴思考记录下来，以读书笔记的形式汇集成册，就当是边疆工作期间的读书札记，给自己和朋友们提供一些静下心来的思考吧。

春成
2013 年 3 月 16 日夜
于赤峰新城

续：转瞬之间，已是 2021 年的中秋，全书体例已完全更新。风轻云淡，花好月圆，久违的好天气，带来了天地系统对主动减排的积极反馈，也让"为道"的意念更加深入人心。此时此刻，再赘述几句话，心中完全释然，也愿意与各方同道分享。

秋实
2021 年 9 月 21 日夜
于首都明月之下

参考文献

第一部分：古本《道德经》及相关研究

[1] 河上公著，王卡点校：《老子道德经河上公章句》，中华书局，1993 年

[2] 河上公：《宋刊老子道德经》，福建人民出版社，2008 年

[3] 河上公著，唐子恒点校；王弼注，边家珍点校：《老子道德经王弼道德经注》，凤凰出版社，2017 年

[4]（魏）王弼著，楼宇烈校释：《老子道德经注校释》，中华书局，2016 年

[5]（魏）王弼等著，彭小钰校注：《老子四种》，"国立"台湾大学出版中心，2016 年

[6] 唐玄宗等著：《御批道德经缀辑》，灵宝老子文化研究会整理出版

[7]（汉）严遵著，王德友译注：《老子的指归译注》，商务印书馆，2004 年

[8]（晋）王弼注，陆德明释文坿：《老子》，光绪二十三年文瑞楼

[9]（晋）王羲之：《王羲之道德经》，上海大众书局印行

[10]（宋）苏辙：《苏子由道德经注》

[11]（春秋）老子：《道德经——宋建安虞氏家塾刻本》

[12]（南宋）白玉蟾：《道德宝章》

[13]（元）赵文敏：《元赵文敏道德经》，安素轩刻石拓本，上海艺苑真尝社精印

[14]（元）陈观吾：《道德经释义》

[15]（明）周如砥：《道德经集义》

[16]【清】胡薇元：《道德经达诂》

[17]（清）毕沅：《老子道德经考异（官版）》

[18]（清）王夫之：《老子衍》

[19] 灊水宇先生考订：《王注老子道德经》，江都书肆

[20]《王羲之道德经》，上海大众书局印行

[21]（宋）吕惠卿著，张钰翰点校：《老子吕惠卿注》，华东师范大学出版社，2015 年

[22]（唐）吕岩释义，韩起编校：《吕祖密注道德经心转》，广西师范大学出版社，2014 年

[23]（宋）范应元：《老子道德经古本集注直解》，国家图书馆出版社，2014 年

[24]（明）焦竑著，黄曙辉校：《老子翼》，华东师范大学出版社，2011 年

[25]（明）憨山德清注，尚之煜校释：《老子道德经解》，中华书局，2020 年

[26]（清）王引之著，魏鹏飞点校：《经义述闻》，中华书局，2021 年

[27]（清）宋常星注解：《道德经讲义》，东大图书股份有限公司，1970 年

[28]（清）黄元吉：《道德经讲义》，九州出版社，2014 年

[29]（清）魏源：《老子本义》，商务印书馆，1934 年

[30]【日】佐藤楚才：《老子讲义》，三轮次郎，明治十七年（1884 年）

[31]【日】木山鸿吉：《评注老子道德经》，明治廿三年（1890 年）

[32]【日】小柳司气太：《老庄的思想和道教》，森北书店，昭和十七年（1942年）

[33] 支伟成：《老子道德经》，上海泰东图书局印行，中华民国十二年（1923年）

[34] 缪尔纾：《老子新注》，上海新文化出版社，中华民国二十二年（1933年）

[35] 严复：《点评老子道德经》，台湾广文书局，1975年

第二部分：现代译注《道德经》及相关研究

[36] 杨柳桥：《老子译话》，古籍出版社，1958年

[37] 哲学研究编辑部：《老子哲学讨论集》，中华书局，1969年

[38] 冯振：《老子通证》，华东师范大学出版社，2012年

[39] 马叙伦：《老子校诂》，中华书局，1974年

[40] 王煜：《老庄思想论集》，台北联经出版事业公司，1979年

[41] 林语堂：《老子的智慧》，时代文艺出版社，1988年

[42] 张松如、陈鼓应、赵明、张军：《老庄论集》，齐鲁书社，1987年

[43] 张松如：《老子解说》，齐鲁书社，1998年

[44] 张松如：《老子校读》，吉林人民出版社，1981年

[45] 杨逢春、蔡清旦：《东方大智慧：竹书老子》，苏州大学出版社，2015年

[46] 陈鼓应：《老子今注今译及评介》，台湾商务印书馆股份有限公司，1970年

[47] 陈鼓应：《老子注释及评价》（修订增补本），中华书局，1984年

[48] 陈鼓应：《老子今注今译》，中华书局，2020年

[49] 陈鼓应、蒋丽梅：《老子》，中华书局（香港）有限公司，2012年

［50］任继愈:《老子今译》,古籍出版社,1956 年

［51］任继愈:《老子新译》,上海古籍出版社,1985 年

［52］任继愈:《任继愈谈老子哲学》,石油工业出版社,2018 年

［53］任继愈:《任继愈谈老学源流》,石油工业出版社,2018 年

［54］任继愈:《老子绎读》,国家图书馆出版社,2006 年

［55］陈高傭:《老子今解》,商务印书馆,2016 年

［56］林木乾:《道德经:宇宙人生老君正解》,文津出版社有限公司,
2018 年

［57］高明:《帛书老子校注》,中华书局,1996 年

［58］吴怡:《新译老子解义》,三民书局股份有限公司,1994 年

［59］赵锋:《新译帛书老子》,三民书局股份有限公司,2018 年

［60］顾宝田、张中立:《新译老子想爾注》,三民书局股份有限公司,
1997 年

［61］刘金胜:《修行者的〈道德经〉:循天机而起、改天机而行,〈道
德经〉的解析与运用》,商周出版,2014 年

［62］谢先铭:《道德真经学》,黑龙江人民出版社,1999 年

［63］马恒军:《老子正宗》,华夏出版社,2007 年

［64］韦明辉:《道德经智慧新解》,地震出版社,2007 年

［65］熊春锦:《老子人法地思想揭秘》,团结出版社,2008 年

［66］范永胜:《老子》,黄山出版社,2011 年

［67］傅佩荣:《我读〈老子〉》,北京理工大学出版社,2011 年

［68］傅佩荣:《解读老子》,上海三联书店,2007 年

［69］许渊冲:《〈老子〉译话》,北京大学出版社,2016 年

［70］杨郁、黎荔:《老子新学大全集》,中国城市出版社,2012 年

［71］王国瑚:《老子发微》,经济科学出版社,2008 年

［72］洪登亮:《老子正辩》,中国书籍出版社,2016 年

［73］詹剑峰：《老子其人其书及其道论》，华中师范大学出版社，2006 年

［74］老子著，James Legge 译，高志超白话文：《英汉双语国学经典：道德经》，中州古籍出版社，2016 年

［75］【日】池田知久著，王启发等译：《问道：〈老子〉思想细读》，广西师范大学出版社，2019 年

［76］【印】奥修著，谦达那译：《老子心解》，陕西师范大学出版社，2007 年

［77］熊逸：《道可道：〈老子〉的要义与诘难》，北京联合出版公司，2018 年

［78］熊逸：《中国思想地图：老子》，山西人民出版社，2010 年

［79］曾仕强：《道德经的玄妙》，北京时代毕文书局，2018 年

［80］爱新觉罗毓鋆：《毓老师说老子》，天地出版社，2018 年

［81］《道德经全集》，北京联合出版公司，2017 年

［82］兰喜并：《〈老子〉衍说》，人民出版社，2020 年

［83］马松源主编：《道德经》，线装书局，2014 年

［84］熊春锦校注：《老子道德经》，国际文化出版公司，2019 年

［85］崇贤馆整理：《道德经》，北京联合出版公司，2018 年

［86］邓启铜注释：《老子·大学·中庸》，东南大学出版社，2013 年

［87］戴建业：《戴建业精读老子》，上海文艺出版社，2019 年

［88］白云先生：《老子之道：治国安民的至道真言》，江苏凤凰文艺出版社，2018 年

［89］王邦雄：《老子道德经的现代解读》，北京联合出版公司，2019 年

［90］韩鹏杰：《道德经说什么》，江西人民出版社，2019 年

［91］罗大伦：《道德经说什么》，北京联合出版公司，2020 年

［92］唐汉：《道德经新解》，北京联合出版社，2019 年

［93］张松辉：《老子新解》，人民出版社，2019 年

［94］止庵：《老子演义》，山东画报出版社，2017 年

［95］莫道明：《重读道德经》，中华书局（香港）有限公司，2018 年

［96］赵妙果：《道德经问道心得》，文物出版社有限公司，2020 年

［97］逸尘：《老子道德经憨山注解读》，中国文史出版社，2007 年

［98］任犀然：《图解道德经》，北京联合出版公司，2019 年

［99］黄明哲：《黄明哲正解〈道德经〉》，中华书局，2020 年

［100］唐汉：《道德经新解》，北京联合出版社，2019 年

［101］老子著，杨广恩注译：《道德经》，民主与建设出版社，2017 年

［102］老子著，陈忠译评：《道德经》，吉林文史出版社，2014 年

［103］老子著，李若水译评：《道德经》，中国华侨出版社，2014 年

［104］李耳原著，余庆编译：《道德经》，万卷出版公司，2018 年

［105］老子著，思履主编：《道德经：纯美典藏版》，中国华侨出版社，2018 年

［106］（春秋）老子著，余长保解译：《道德经全鉴：典藏通读版》，中国纺织出版社，2018 年

［107］老子著，杨明华编辑：《道德经》，内蒙古人民出版社，2019 年

［108］老子著，唐海燕编注：《道德经》，北京时代华文书局，2018 年

［109］老子著，焦亮评议：《道德经》，华龄出版社，2017 年

［110］刘庭华：《老子与〈道德经〉》，江西人民出版社，2019 年

［111］张南：《〈道德经〉诗译》，海天出版社，2019 年

［112］杨昌洪：《杨昌洪新解〈道德经·通玄经〉》，当代世界出版社，2019 年

［113］周新民：《道德经新鉴》，商务图书馆国际有限公司，2020 年

［114］李飞：《每天半小时读懂〈道德经〉》，中国华侨出版社，

2018 年

[115] 崇贤书局:《〈道德经〉200 句》，文化艺术出版社，2019 年

[116] 齐善鸿，《齐善鸿讲〈道德经〉》，天地出版社，2020 年

[117] 陈大明:《老子与道德经》，中国文史出版社，2017 年

[118] 张焕良:《〈道德经〉·函谷关》，花山文艺出版社，2016 年

[119] 胡百涛:《玄门首经:道德经》，中州古籍出版社，2017 年

[120] 和振刚:《和道同行:和解〈道德经（道篇）〉》，当代世界出版社，2018 年

[121] 纪连海:《纪连海读道德经》，石油工业出版社，2019 年

[122] 周南:《万水千山:〈道德经〉的启示》，北京大学出版社，2020 年

[123] 刘振阳:《〈道德经〉到底在讲什么》，九州出版社，2019 年

[124] 夏海:《老子与哲学》，三联书店，2016 年

[125] 董平:《老子研读》，中华书局，2015 年

[126] 湖南省道教协会:《老子道德经书画集》，2005 年

[127] 韩金英:《内在小孩解道德经》，团结出版社，2010 年

第三部分：相关参考文献

[128] 陈广忠注:《淮南子》，中华书局，2012 年

[129] 杨天才、张善文注:《周易》，中华书局，2011 年

[130]《汉书》，中华书局，2012 年

[131]《资治通鉴》，中华书局，2019 年

[132] 汤可敬译注:《说文解字》，中华书局，2018 年

[133]（清）朱骏声:《说文通训定声》，中华书局，1984 年

[134]（清）钱大昭著，黄建中、李发舜校:《广雅疏义》，中华书局，2016 年

[135]《毛泽东选集》，人民出版社，1991 年

［136］杨伯峻译：《论语译注》，中华书局，2004 年

［137］（明）王守仁著，吴光编：《王阳明全集》，上海古籍出版社，2011 年

［138］【英】亚当·斯密著，郭大力等译：《国民财富的性质和原因的研究》（上下卷），商务印书馆，1972 年

［139］【英】亚当·斯密著，蒋自强等译：《道德情操论》，商务印书馆，1977 年

［140］吕振中译：《圣经》，香港圣经公会出版社，1970 年

［141］【美】威尔·杜兰特著，蒋剑峰、张程程译：《哲学的故事》，浙江大学出版社，2015 年

［142］【美】撒穆尔·伊诺克·斯通普夫、詹姆斯·菲泽著，邓晓芒译：《西方哲学史》，北京联合出版公司，2019 年

［143］【英】伯特兰·罗素著，何兆武、李约瑟、马元德译：《西方哲学史》，商务印书馆，2020 年

［144］【美】梯利著，伍德〈增补〉编，葛力译：《西方哲学史》（增补修订版），商务印书馆，2015 年

［145］【德】弗里德里希·尼采著，钱春琦译：《查拉图斯特拉如是说》，生活·读书·新知三联书店，2021 年

［146］【德】卡尔·马克思著，郭大力、王亚南译：《资本论》，上海三联书店，2009 年

［147］饶宗颐主编，净因法师导读及译注：《中信国学大典·心经金刚经》，中信出版集团，2014 年

［148］赖永海编，陈秋平注：《金刚经·心经》，中华书局，2010 年

［149］【英】约翰·梅纳德·凯恩斯著，徐毓枬译：《就业利息和货币通论》，商务印书馆，1983 年

［150］【英】弗里德里希·奥古斯特·冯·哈耶克著，杨玉生译：《自

由宪章》，中国社会科学出版社，1999 年

[151]【英】弗里德里希·奥古斯特·冯·哈耶克著，王明毅译：《通往奴役之路》，中国社会科学出版社，1997 年

[152]【英】弗里德里希·奥古斯特·冯·哈耶克著，冯克利译：《科学的反革命：理性滥用之研究》，译林出版社，2003 年

[153]【英】弗里德里希·奥古斯特·冯·哈耶克著，邓正来译：《自由秩序原理》，三联书店，1997 年

[154]【美】迈克尔·波特著，陈小悦译：《竞争战略》，华夏出版社，2005 年

[155]【美】约翰·H. 霍兰著，陈禹译：《涌现：从混沌到有序》，上海科学技术出版公司，2006 年

[156]【美】约翰·H. 霍兰著，周晓牧译：《隐秩序：适应性造就复杂性》，上海科技教育出版社，2011 年

[157]【美】米歇尔·沃尔德罗普：《复杂》，陈玲译，三联书店，1997 年

[158]【美】詹姆斯·C. 斯科特著，王晓毅译：《国家的视角——那些试图改善人类状况的项目是如何失败的》，社会科学文献出版社，2011 年

[159]【美】L. 贝塔兰菲著，秋同等译：《一般系统论——基础、发展、应用》，社会科学文献出版社，1987 年

[160] 亚里士多德著，苗力田译：《形而上学》，中国人民大学出版社，2003 年

[161]【美】欧文·拉兹洛著，钱兆华等译：《系统哲学引论——一种当代思想的新范式》，商务印书馆，1998 年

[162]【美】欧阳莹之著，田宝国等译：《复杂系统理论基础》，上海科技教育出版社，2002 年

[163] 苗东升：《系统科学精要（第 3 版）》，中国人民大学出版社，

2010 年

[164] 颜泽贤、范冬萍、张华夏:《系统科学导论》，人民出版社，2006 年

[165] 邬焜:《古代哲学中的信息、系统、复杂性思想:希腊·中国·印度》，商务印书馆，2010 年

[166] 陈禹、方美琪:《复杂性研究视角中的经济系统》，商务印书馆，2015 年

[167] 魏宏森等:《复杂性系统理论与方法研究探索》，内蒙古人民出版社，2007 年

[168]【美】丹尼斯·舍伍德著，邱昭良、刘昕译:《系统思考》，机械工业出版社，2008 年

[169]【德】克劳斯·迈因策尔著，曾国屏译:《复杂性中的思维》，中央编译出版社，2000 年

[170]【美】丹尼斯·缪勒:《公共选择》，商务印书馆，1992 年

[171] 许国志:《系统科学》，上海科技教育出版社，2000 年

[172]【加】彼得·A. 维克托著，刘春成等译:《不依赖增长的治理:探寻发展的另外一种可能》，中信出版社，2012 年

[173]【奥】西格蒙德·弗洛伊德著，林尘译:《自我与本我》，上海译文出版社，2015 年

[174]【奥】西格蒙德·弗洛伊德著，谭慧译:《弗洛伊德:灵魂与身体总有一个在路上》，吉林出版集团股份有限公司，2018 年

[175]【德】康德著，李秋零译:《康德著作全集第 7 卷:学科之争、实用人类学》，中国人民大学出版社，2020 年

[176]【德】康德著，李秋零译:《康德著作全集第 8 卷:1871 年以后的论文》，中国人民大学出版社，2020 年

[177]【德】康德著，李秋零译:《康德著作全集第 9 卷:逻辑学、自

然地理学、教育学》，中国人民大学出版社，2020 年

[178]【德】尼采著，杨恒达译：《查拉图斯特拉如是说》，译林出版社，2016 年

[179]【德】尼采著，刘家庆译：《尼采：我的心灵咒语》，吉林出版集团股份有限公司，2018 年

[180]【法】让·雅克·卢梭著，星汉译：《卢梭：孤独是与生俱来的幸福》，吉林出版集团股份有限公司，2018 年

[181]【法】阿图尔·叔本华著，李秀霞译：《叔本华：活出人生的意义》，吉林出版集团股份有限公司，2018 年

[182]【法】阿尔弗雷德·阿德勒著，星汉译：《阿德勒：这样和世界相处》，吉林出版集团股份有限公司，2018 年

[183]【美】史蒂文·温伯格：《最初三分钟：关于宇宙起源的现代观点》，重庆大学出版社，2015 年

[184]【美】司马贺：《人工科学：复杂性面面观》，上海科技教育出版社，2004 年

[185]【美】路易斯·亨利·摩尔根：《古代社会》（新译本），中央编译出版社，2007 年

[186]【法】托克维尔：《旧制度与大革命》，商务印书馆，2012 年